die 43 wichtigsten Fälle zum Immobiliarsachenrecht

Sachenrecht II

Hemmer/Wüst/Birn

Hemmer/Wüst Verlagsgesellschaft

Hemmer/Wüst/Birn, die 43 wichtigsten Fälle zum Immobiliarsachenrecht,
Sachenrecht II

ISBN 978-3-86193-752-4

10. Auflage 2018

gedruckt auf chlorfrei gebleichtem Papier
von Schleunungdruck GmbH, Marktheidenfeld

Vorwort

Die vorliegende Fallsammlung ist für **Studenten in den ersten Semestern** gedacht. Gerade in dieser Phase ist es wichtig, bei der Auswahl der Lernmaterialien den richtigen Weg einzuschlagen. **Auch in den späteren Semestern und im Referendariat** sollte man in den grundsätzlichen Problemfeldern sicher sein. Die essentials sollte jeder kennen.

Die Gefahr zu Beginn des Studiums liegt darin, den Stoff zu abstrakt zu erarbeiten. Nur ein **problemorientiertes Lernen**, d.h. ein Lernen am konkreten Fall, führt zum Erfolg. Das gilt für die kleinen Scheine / die Zwischenprüfung genauso wie für das Examen. In juristischen Klausuren wird nicht ein möglichst breites Wissen abgeprüft. In juristischen Klausuren steht der Umgang mit konkreten Problemen im Vordergrund. Nur wer gelernt hat, sich die Probleme des Falles aus dem Sachverhalt zu erschließen, schreibt die gute Klausur. Es geht darum, Probleme zu erkennen und zu lösen. Abstraktes anwendungsunspezifisches Wissen, sog. „Träges Wissen", täuscht Sicherheit vor, schadet aber letztlich.

Bei der Anwendung dieser Lernmethode sind wir Marktführer. Profitieren Sie von der über 40-jährigen Erfahrung des **Juristischen Repetitoriums hemmer** im Umgang mit Examensklausuren. Diese Erfahrung fließt in sämtliche Skripten des Verlages ein. Das Repetitorium beschäftigt **ausschließlich Spitzenjuristen**, teilweise Landesbeste ihres Examenstermins. Die so erreichte Qualität in Unterricht und Skripten werden Sie anderswo vergeblich suchen. Lernen Sie mit den Profis!

Ihre Aufgabe als Jurist wird es einmal sein, konkrete Fälle zu lösen. Diese Fähigkeit zu erwerben ist das Ziel einer guten juristischen Ausbildung. Nutzen Sie die Chance, diese Fähigkeit bereits zu Beginn Ihres Studiums zu trainieren. Erarbeiten Sie sich das notwendige Handwerkszeug anhand unserer Fälle. Sie werden feststellen: Wer Jura richtig lernt, dem macht es auch Spaß. Je mehr Sie verstehen, desto mehr Freude werden Sie haben, sich neue Probleme durch eigenständiges Denken zu erarbeiten. Wir bieten Ihnen mit unserer **juristischen Kompetenz** die notwendige Hilfestellung.

Fallsammlungen gibt es viele. Die Auswahl des richtigen Lernmaterials ist jedoch der entscheidende Aspekt. Vertrauen Sie auf unsere Erfahrungen im Umgang mit Prüfungsklausuren. Unser Beruf ist es, **alle klausurrelevanten Inhalte** zusammenzutragen und verständlich aufzubereiten. Prüfungsinhalte wiederholen sich. Wir vermitteln Ihnen das, worauf es in der Prüfung ankommt – verständlich – knapp – präzise.

Achten Sie dabei insbesondere auf die richtige Formulierung. Jura ist eine Kunstsprache, die es zu beherrschen gilt. Abstrakte Floskeln, ausgedehnte Meinungsstreitigkeiten sollten vermieden werden. Wir haben die Fälle daher bewusst kurz gehalten. Der Blick für das Wesentliche darf bei der Bearbeitung von Fällen nie verloren gehen.

Wir hoffen, Ihnen den Einstieg in das juristische Denken mit der vorliegenden Fallsammlung zu erleichtern und würden uns freuen, Sie auf Ihrem Weg in der Ausbildung auch weiterhin begleiten zu dürfen.

Karl-Edmund Hemmer & Achim Wüst

Inhaltsverzeichnis:

Die Zahlen beziehen sich auf die Seiten des Skripts.

6. Abschnitt: Der Rechtserwerb kraft Gesetz

Kapitel III: Die Belastung eines Grundstücks

1. Abschnitt: Die Hypothek

Einleitung

Der Begriff des Immobiliarsachenrechts umschließt neben den spezifisch auf den Grundstücksverkehr zugeschnittenen besonderen sachenrechtlichen Regelungen des BGB (§§ 873 ff., 1018- 1203 BGB) und der GBO, auch die allgemeingültigen Besitz- und Eigentumsrechte der §§ 854 ff., 903 ff., 985 ff. BGB. Gemäß § 903 BGB kann der Eigentümer, soweit nicht das Gesetz oder Rechte Dritter entgegenstehen, mit seinem Grundstück nach Belieben verfahren und andere von jeder Einwirkung ausschließen. Genau wie im Fahrnisrecht stellt das Eigentum das umfassendste und absolut wirkendste Herrschafts- und Schutzrecht über eine Sache dar, das unsere Rechtsordnung einer Person zuweisen kann.

In erster Linie ist davon auszugehen, dass der Eigentümer sein erworbenes Grundstück in eigener Person in Anspruch nehmen, d.h. seinen Grund und Boden selbst besitzen, benutzen und verbrauchen möchte. Im Gegenzug hierzu ist es aber ebenso häufig der Fall, dass der Eigentümer infolge seiner Verfügungsfreiheit vollständig auf seine Eigentumsrechte verzichtet und das gesamte Grundstück an eine andere Person übereignet. Inmitten dieser Extreme besteht zudem die dritte, aus juristischer Sicht besonders ansprechende Möglichkeit, dass der Eigentümer aus wirtschaftlichen oder finanziellen Gründen einzelne seiner Herrschaftsrechte am Grundstück abspaltet und auf eine dritte Person überträgt. Rechtsfolge dieser Grundstücksbelastung ist, dass der im Grundbuch rechtmäßig eingetragene Eigentümer auch für die Zukunft Eigentümer bleibt und nur die spezifischen Nutzungs-, Gebrauchs- oder Verwertungsrechte an seinem Grundstück einer anderen Person zustehen.

Sowohl diesen drei geschilderten Alternativen als auch der gesetzlichen Normenfolge im BGB entsprechend wurde diese Fallsammlung konzipiert:

In **Kapitel I: Das Grundstückseigentum** steht neben der Übersicht über die Bestandteile des Grundstückseigentums, die Fixierung des Umfanges sämtlicher dem Grundstückseigentümer gesetzlich gewährten Schutzmechanismen im Vordergrund.

Kapitel II: Die Übereignung von Grundstücken hat, ausgehend von der Darstellung der allgemeinen Vorschriften der §§ 873 ff. BGB zum Hauptgegenstand, unter welchen besonderen immobiliarsachenrechtlichen Voraussetzungen das Eigentum an einem Grundstück auf einen Dritten übertragen werden kann.

Daran anschließend befasst sich das **Kapitel III: Die Belastung eines Grundstücks** mit der äußerst klausurrelevanten Thematik, wie und mit welchen Rechtsfolgen ein Grundstückseigentümer seinen Grund und Boden mit fremdem Sicherheits-, Verwertungs- bzw. Nutzungsrechten belasten kann.

Schließlich erfolgt an den entsprechenden Stellen eingestreut eine ausgiebige Auseinandersetzung mit den fallrelevanten Regelungen der Grundbuchordnung und deren Auswirkungen auf das materielle Immobiliarsachenrecht.

Kapitel I: Das Grundstückseigentum

Fall 1: Der Schutz des unwissenden Erben

Sachverhalt:

Alleinerbe E wird ordnungsgemäß als neuer Eigentümer des in den Nachlass seiner kürzlich verstorbenen Mutter fallenden Grundstücks im Grundbuch eingetragen. Als E an mehreren Tagen auf dem Grundstück anwesend ist, um Obstbäume zu pflanzen, bemerkt er den Nachbarn N, der immer wieder mit seinem PKW am Rande über das Grundstück des E fährt. Als er den N daraufhin von seinem Grundstück verweist und ihm jede weitere Überfahrt verbietet, erwidert dieser nur, er sei notgedrungen auf diesen „Schleichweg" angewiesen, weil er ansonsten mit der Benutzung der öffentlichen Verkehrswege einen Umweg von 900 m in Kauf nehmen müsse. Außerdem sei sein Haus an der Nordseite zudem 50 m von einem öffentlichen Weg entfernt und nur über das Grundstück des E könne er von der Südseite her bequem an sein Wohnhaus heranfahren. Der in Grundstücksangelegenheiten völlig unkundige E lässt diese Gründe des N nicht gelten und will, dass die Belästigungen endlich aufhören, bevor sein Grundstück durch das Befahren noch Schaden nimmt. Er stellt dem beauftragten Anwalt folgende Fragen:

Frage 1: *Was genau umfasst das Eigentum an einem Grundstück?*

Frage 2: *Welche allgemeinen rechtlichen Befugnisse hat ein Grundstückseigentümer?*

Frage 3: *Welche Ansprüche kann E speziell gegen den N geltend machen?*

I. Einordnung

Die letzten Examenstermine zeigten, dass häufig in direktem Bezug auf die gestellten Fälle zunächst in abstrakter Form praxisrelevante Problemstellungen aus der konsiliarischen Tätigkeit eines Juristen abgefragt werden und erst gegen Ende der Klausur auf die typische studentische Prüfung von Anspruchsgrundlagen übergeleitet wird. Diese beabsichtigte Verzögerung sorgt für eine völlig neue, verwirrende und nicht einstudierte Prüfungssituation, auf die nur der flexible und auf Verständnis der Materie bauende Klausurbearbeiter in der gebotenen Kürze reagieren kann.

Der Schlüssel zum Erfolg ist ein lediglich sauberes und systemisch logisches Vorgehen:

Fragen 1 und 2: Erstellen Sie zu jeder einzelnen abstrakten Fragestellung ähnlich einer Klausurgliederung eine Übersicht über die wichtigsten Fakten und bringen Sie diese in eine juristisch schlüssige Reihenfolge.

Versuchen Sie dabei Ihre Gedanken immer mit Gesetzesfundstellen zu fixieren und mit Beispielen zu untermauern.

Frage 3: Richtet der Klausurersteller wie hier seine Fragen nicht speziell auf Herausgabe- oder Schadensersatzansprüche, ist es fallentscheidend, ganz genau zu bestimmen, was der Anspruchsteller von seinem Anspruchsgegner fordern könnte.

Sollte sich dies nicht unmittelbar aus den Sachverhaltsumständen ergeben, müssen Sie überlegen, was primär dem wirtschaftlichen Interesse des Klägers entsprechen könnte.

hemmer-Methode: Denken Sie dabei immer an den Grundsatz „**W**er von **W**em **W**as **W**oraus?“

Im vorliegenden Fall ist klar, dass E ausschließlich das weitere Befahren seines Grundstückes verhindern möchte.

Die gewünschte Rechtsfolge ist folglich das Unterlassen einer Handlung des N, die einschlägige Anspruchsgrundlage der **§ 1004 I S. 2 BGB**. Mangels Eintritt eines konkreten Schadens scheidet ein Anspruch aus den §§ 823 ff. BGB aus. Nicht vergessen werden darf die Prüfung des Besitzschutzanspruches aus § 862 BGB.

II. Gliederung

Frage 1:

1. Grundstück im Rechtssinn

Vermessener Teil der Erdoberfläche, sowie Luftraum über und Erdkörper unter der Oberfläche

Wesentliche Bestandteile §§ 93, 94 BGB

§ 96 BGB

Ausnahme: Scheinbestandteile § 95 BGB

2. Grundstück im wirtschaftlichen Sinn

Zubehör § 97 BGB

Frage 2:

Ausgangsnormen: §§ 903-924 BGB

1. Positive Befugnisse

- Übereignung
- Eigentumsaufgabe
- Belastung mit beschränkt dinglichen Rechten
- Tatsächlich durch Besitz, Benutzung, Veränderung, Verbrauch
- Befugnisse gegen Nachbarn aus §§ 907-911 BGB

2. Negative Befugnisse

- Ausschluss der Einwirkung von Dritten auf das Grundstück
- Schutzrechte aus §§ 227, 1004, 985, 823, 826 BGB

Frage 3:

1. Anspruch auf Unterlassen der Eigentumsstörung aus § 1004 I S. 2 BGB

- Anspruchssteller ist Eigentümer (+)
- Eigentumsbeeinträchtigung (+), tatsächliches Betreten oder Befahren reicht aus
- Anspruchsgegner ist Störer (+)
- (P): Keine Duldungspflicht aus § 1004 II BGB
  ⇨ hier, evtl. Recht des N auf Notweg nach § 917 I BGB

2. Anspruch auf Unterlassen der Besitzstörung aus § 862 BGB

- Anspruchssteller ist Besitzer
- Besitzstörung durch verbotene Eigenmacht, § 858 BGB
- Anspruchsgegner ist Störer
- Kein Ausschluss aus § 862 II BGB
- Kein Erlöschen nach § 864 BGB

3. Anspruch auf Schadensersatz nach § 823 I BGB

Kein entstandener Schaden

Außerdem Verschulden des N nicht ersichtlich

III. Lösung Frage 1

1. Grundeigentum

Das Eigentum an einem Grundstück besteht nicht nur an dem räumlich abgetrennten Teil der Erdoberfläche, das katastermäßig vermessen und im Grundbuch auf einem gesonderten Grundbuchblatt oder unter einer besonderen Nummer eines gemeinschaftlichen Grundbuchblattes geführt wird. Es umfasst auch den Erdkörper unter der Oberfläche und den darüber liegenden Luftraum, § 905 S. 1 BGB.

2. Wesentliche Bestandteile, § 93 BGB und die Ergänzung aus § 94 BGB

Ferner gehören zum Grundstück im rechtlichen Sinn die wesentlichen Bestandteile i.S.d. § 93 BGB. Bestandteile sind sowohl die Teile einer natürlichen Sacheinheit als auch die unselbständigen Teile einer zusammengesetzten Sache.

Sie sind immer dann als wesentlich einzustufen, wenn sie nach der allgemeinen Verkehrsanschauung nicht voneinander getrennt werden können, ohne dass der eine oder der andere Teil zerstört oder in seinem Wesen verändert wird.

hemmer-Methode: Gesetzeswortlaut beachten! Wesentliche Bestandteile können nicht Gegenstand besonderer Rechte sein! Wird eine bewegliche Sache mit einem Grundstück dergestalt verbunden, dass sie wesentlicher Bestandteil des Grundstücks wird, so erstreckt sich das Eigentum an dem Grundstück auf diese Sache, § 946 BGB. Sie kann folglich nicht selbständig übereignet werden, sondern das Eigentum geht kraft Gesetzes über.

Der § 93 BGB erfährt gerade für das Grundstücksrecht durch den § 94 BGB eine wichtige Ergänzung. Nach § 94 I BGB gehören zu den wesentlichen Bestandteilen eines Grundstücks zum einen die mit dem Grund und Boden fest verbundenen Sachen, insbesondere Gebäude und Erzeugnisse des Grundstücks, solange sie mit dem Boden zusammenhängen, zum anderen nach § 94 II BGB die zur Herstellung des Gebäudes eingefügten Sachen, wie z.B. Dachgebälk, Heizungsanlage, Fenster, Türen etc.

3. Mit dem Grundstück verbundene Rechte nach § 96 BGB

Nicht zu vergessen ist in diesem Zusammenhang die Regelung des **§ 96 BGB**. Nach dessen Wortlaut gelten Rechte, die mit dem Eigentum an einem Grundstück verbunden sind, als Bestandteile des Grundstückes. Die Rede ist vor allem von subjektiv dinglichen Rechten, die dem Eigentümer des herrschenden Grundstücks hinsichtlich eines dienenden Grundstücks zustehen, wie z.B. Grunddienstbarkeit §§ 1018 ff. BGB, Reallasten §§ 1105, 1110 BGB, dingliches Vorkaufsrecht, §§ 1094 ff. BGB etc.

4. Zubehör i.S.d. § 97 BGB

Bewertet man ein Grundstück rein nach wirtschaftlichen Aspekten (Grundstück im wirtschaftlichen Sinn) muss auch sämtliches **Zubehör** zum Grundstückseigentum gezählt werden.

Unter Zubehör sind die selbständigen beweglichen Sachen zu verstehen, die dazu bestimmt sind, der Hauptsache zu dienen und die zu ihr in einem entsprechenden räumlichen Verhältnis stehen, § 97 BGB, wie z.B. Maschinen, Baumaterialien, Kfz.

hemmer-Methode: Achtung bei der Fallbearbeitung!! Zubehörteile sind wie die nicht wesentlichen Bestandteile rechtlich selbständige Sachen und können ohne das Grundstück als Hauptsache übereignet werden. Dennoch hat der Gesetzgeber der besonderen Verbindung zwischen diesen Komponenten in den Regelungen der §§ 926 I S. 2, 1120 BGB und § 865 ZPO Rechnung getragen.

5. Scheinbestandteile, § 95 BGB

Im Gegensatz hierzu gehören solche Sachen nicht zu den Bestandteilen eines Grundstücks, die nur zu einem vorübergehenden Zweck mit dem Grund und Boden verbunden sind, § 95 BGB. Diese sog. Scheinbestandteile, wie beispielsweise vom Mieter oder Pächter zu besonderen Zwecken errichtete Baulichkeiten, Holzhäuser, Teppichböden bleiben rechtlich selbständige bewegliche Sachen und unterliegen den für diese geltenden Regeln.

IV. Lösung Frage 2

Die Ausgangsnorm des § 903 BGB unterteilt die Befugnisse eines Eigentümers in eine positive und in eine negative Komponente.

1. Positive Befugnisse

Erste umschreibt die innere Beziehung des Eigentümers zu seiner Sache. Er kann nach seinem Willen mit ihr verfahren, d.h. die Sache besitzen, benutzen, verbrauchen, zerstören, übereignen oder sie mit beschränkt dinglichen Rechten belasten. Geht es speziell um Nachbargrundstücke bzw. um Gefahren die für ein Grundstück von einem Nachbargrundstück ausgehen, haben die §§ 907-909 BGB besondere Befugnisse des Eigentümers in Form von spezifischen Abwehransprüchen zum Gegenstand.

2. Befugnisse negativen Charakters

In negativer Richtung hat der Eigentümer zugleich sämtliche Befugnisse, dritte Personen von jeglicher Einwirkung auf die Sache (Wegnahme, Zerstörung, Beschädigung, unbefugte Benutzung des Eigentums) auszuschließen. In diesem Sinn steht ihm zum absoluten und effektiven Schutz seiner Eigentumsrechte mit den §§ 227, 823, 826, 985, 1004 BGB ein umfangreicher Normenkomplex zur Verfügung.

3. Gesetzlich eingeschränkte Reichweite, §§ 904 ff. BGB

Wie die Lektüre der §§ 904 ff. BGB aber auch zeigt, gewährt das Gesetz diesen Eigentumsschutz gerade im Grundstücksrecht nicht grenzenlos. Dritteinwirkungen sind den gesetzlichen Regelungen zufolge zu tolerieren, wenn das Eigentümerinteresse nicht schutzbedürftig erscheint oder die Belange des Einwirkenden höher einzustufen sind.

Aus diesen Gründen muss ein Eigentümer Einwirkungen auf sein Grundstück immer dann dulden, wenn die Voraussetzungen der § 904 S. 1 BGB (Notstand), § 905 S. 2 (Einwirkungen in großer Höhe oder Tiefe), § 906 BGB (privatrechtlicher Immissionsschutz), § 912 I BGB (Überbau) oder § 917 I S. 1 BGB (Notwegerecht) vorliegen.

V. Lösung Frage 3

1. Anspruch aus § 1004 I S. 2 BGB

E könnte gegen den N einen Anspruch aus § 1004 I S. 2 BGB haben, wenn die Voraussetzungen des § 1004 I BGB vorlägen und der E dem N gegenüber nicht gem. § 1004 II BGB zur Duldung verpflichtet wäre.

a) Anspruchsteller ist Eigentümer

E als Anspruchssteller war Eigentümer des Grundstücks, dass N überfahren hat.

b) Eigentumsbeeinträchtigung

Es müsste eine Eigentumsbeeinträchtigung in anderer Weise als durch Besitzentziehung oder –vorenthaltung vorliegen. Eine Beeinträchtigung ist jeder dem Inhalt des Eigentums widersprechende Eingriff in die rechtliche oder tatsächliche Herrschaftsmacht des Eigentümers, wie z.B. eine rechtsgeschäftliche Verfügungen, die tatsächliche Benutzung, die Verursachung von Immissionen oder die sonstige Be- und Verhinderung tatsächlicher Nutzung.

Im vorliegenden Fall hat N das Grundstück des E mehrmals überfahren und dadurch das Grundstück unbefugt benutzt.

Eine tatsächliche Eigentumsbeeinträchtigung liegt mithin vor.

c) Anspruchsgegner ist Störer

N müsste Störer gewesen sein. Nach dem BGH ist Störer jeder, auf dessen Willen der beeinträchtigende Zustand zurückgeht und von dessen Willen die Beseitigung abhängt. In diesem Zusammenhang ist zwischen Handlungs- und Zustandsstörer zu unterscheiden: Handlungsstörer ist derjenige, welcher die Eigentumsbeeinträchtigung durch sein Verhalten, sei es durch aktives Tun oder pflichtwidriges Verhalten, adäquat kausal verursacht.

Zustandsstörer ist dagegen jeder, der die Herrschaft über eine gefahrbringende Sache ausübt, durch welche die Störung allein oder mitverursacht wird, wenn die Beseitigung der Störung vom Willen des Störers abhängt.

N hat durch das aktive Befahren des fremden Grundstücks das Eigentum des E beeinträchtigt. Er ist Handlungsstörer.

d) Wiederholungsgefahr

In der Zukunft ist in der Tat mit weiteren Beeinträchtigungen durch Überfahrten des N zu rechnen, so dass ein Unterlassungsanspruch des E gegeben ist, § 1004 I S. 2 BGB.

e) Duldungspflicht aus § 1004 II BGB

Äußerst problematisch ist jedoch, ob der Unterlassungsanspruch des E eventuell durch den § 1004 II BGB ausgeschlossen sein könnte. Dies wäre dann zu bejahen, wenn E zur Duldung verpflichtet wäre.

Einschlägige Duldungspflichten können sich aus Verträgen, aus dem nachbarschaftlichen Gemeinschaftsverhältnis (§ 242 BGB), aus den Regelungen der §§ 906, 904 S. 1, 912 I, 917 I BGB, kraft eines VA oder aus dem BImSchG ergeben.

Hier könnte sich N möglicherweise auf § 917 I BGB berufen.

hemmer-Methode: Über die Rechtsnatur des § 1004 II BGB herrscht Streit. Während sich e.A. (Palandt: § 1004, Rn. 31) auf den Wortlaut („ausgeschlossen") beruft und eine rechtshindernde Einwendung nahe legt, nimmt eine a.A. hingegen eine Einrede an (RGZ 144, 271).

Fehlt demnach einem Grundstück die zur ordnungsgemäßen Benutzung notwendige Verbindung mit einem öffentlichen Wege, so kann der Eigentümer von den Nachbarn verlangen, dass sie bis zur Hebung des Mangels die Benutzung ihrer Grundstücke zur Herstellung der erforderlichen Verbindung dulden, § 917 I S. 1 BGB.

Diese Voraussetzungen sind im vorliegenden Fall zweifelhaft.

Zwar besitzt das Grundstück des N tatsächlich keine direkte Verbindung, weil die Entfernung zum nächsten öffentlichen Weg 50 m beträgt. Die erste Voraussetzung des § 917 I S. 1 BGB wäre damit erfüllt.

Eine Duldungspflicht für einen Notweg darf aber grds. nur dann ausgesprochen werden, wenn eine Verkehrsverbindung zu dem Grundstück für eine ordnungsgemäße Benutzung unerlässlich ist und somit die Überquerung des angrenzenden Grundstückes auch wirklich notwendig ist.

Die Rspr. wendet hier aufgrund des Eingriffs in ein grundrechtlich geschütztes Rechtsgut einen sehr strengen Maßstab an und erachtet die rein persönlichen oder vorübergehend außergewöhnlichen Bedürfnisse des vermeintlich Notwegberechtigten alleine als nicht maßgebend und entscheidend an. Vielmehr sind alle konkreten Umstände des Einzelfalles, also die objektiv schützenswerten Bedürfnisse und Interessen beider Parteien gegeneinander abzuwägen, wobei insbesondere auch die Größe, Umgebung und Zweckbestimmung des verbindungslosen Grundstückes einer besonders genauen Prüfung unterzogen werden muss.

Im vorliegenden Fall bringt N lediglich vor, dass er von der Südseite her bequemer auf sein Grundstück einfahren könne und er sich zudem einen Umweg von 900 m, einschließlich eines weiteren Fußmarsches von 50 m ersparen könne. Diese reinen Bequemlichkeits- und Praktikabilitätsgründe des N können jedoch alleine keineswegs höherwertig als die entgegenstehenden Eigentumsrechte des E eingestuft werden.

Eine andere Entscheidung wäre eventuell dann zu treffen, wenn der Umstand hinzukäme, dass für N überhaupt keine oder keinesfalls ausreichende Zufahrtsmöglichkeit zu seinem Hausgrundstück bestünde und dieser Missstand nur durch eine Überquerung des Grundstücks des E aufgehoben werden könnte.

Für N besteht jedoch in einer Entfernung von 50 m eine andere und auch ausreichende Straßenanbindung, durch deren Nutzung bis auf die Einschränkung der persönlichen Bequemlichkeit keine weiteren Unannehmlichkeiten erwachsen und der PKW dort problemlos abgestellt werden kann.

Aufgrund des großen Missverhältnisses der beiden entgegenstehenden Interessen sind deshalb die geringen Zeitverzögerungen sowie die unbequemeren und teureren, jedoch im Verhältnis unbedeutenden Umwege eher von N in Kauf zu nehmen, bevor sie sich zu Lasten des E auswirken und eine ungerechtfertigte Einschränkung von Eigentumsrechten bedeuten würden.

Bemerkenswert ist jedoch, dass selbst wenn in gewisser Entfernung eine andere ausreichende Straßenanbindung genutzt werden konnte, die Rspr. in Einzelfällen den Antragstellern dennoch ein Notwegerecht über das Nachbargrundstück zugesprochen hat. Diese Ausnahmen hatten aber zum einen gemeinsam, dass es sich bei den verbindungslosen Grundstücken stets um gewerblich genutzte Flächen gehandelt hatte und deren Betrieb das Laden und Transportieren von schweren Lasten direkt vor Ort erforderte und deshalb nicht über eine Distanz von 50 m abgewickelt werden konnte. Zum anderen wurden in all diesen Fällen einvernehmliche Lösungen gefunden, indem die Eigentümer des überfahrenen Grundstücks nur geringfügig beeinträchtigt wurden (nur sehr kleine am Rand des belasteten Grundstücks liegende Grundstücksflächen werden für die Zufahrt genutzt), so dass eine Vernachlässigung derer Eigentumsrechte im Sinne einer größtmöglichen Effektivität gerechtfertigt war. Die erste erforderliche Ausnahmevoraussetzung erfüllen reine Wohngrundstücke wie das des N sicher nicht, so dass auch eine direkte Zufahrt mit einem KFZ zu keiner Zeit notwendig ist.

Die Voraussetzungen des § 917 I BGB sind i.E. nicht erfüllt. E hat die Benutzung seines Grundstücks i.S.d. § 1004 II BGB durch N nicht zu dulden.

Ein Unterlassungsanspruch aus § 1004 I S. 2 BGB ist zu bejahen.

1. Anspruch aus § 862 BGB

Zum selben Ergebnis kommt man auch bei der Prüfung des Besitzschutzanspruches aus § 862 BGB.

E ist unmittelbarer Eigenbesitzer seines Grundstückes. N hat als Handlungsstörer (s.o.) den E ohne dessen Willen in seinem Besitz gestört. Da das Gesetz i.S.d. § 858 I BGB diese Besitzstörung nicht gestattet, handelte N zudem widerrechtlich und i.E. mit verbotener Eigenmacht.

Für einen Ausschluss nach § 862 II BGB bzw. nach § 864 BGB ist nichts ersichtlich.

2. Anspruch aus § 823 I BGB

In der Tat stellt die Eigentums- und Besitzstörung eine rechtswidrige Rechtsgutsverletzung i.S.d. § 823 I BGB dar.

Laut seiner eigenen Aussage möchte E gegen den N vorgehen, bevor sein Grundstück noch einen Schaden nimmt. Mangels derzeitigen Schadenseintritts scheidet folglich ein Anspruch aus § 823 I BGB aus. Darüber hinaus dürfte sich der E beim Nachweis eines Verschuldens des N schwer tun.

3. Ergebnis

E kann gegen den N Unterlassungsansprüche aus §§ 1004 I S. 2 und 862 BGB geltend machen.

VI. Zusammenfassung

- Nachbarrechtliche Streitigkeiten sind nicht nur in der Praxis, sondern auch bei den Klausurerstellern beliebt. Fallentscheidend ist es, über die §§ 1004 I und 862 BGB richtig in die Klausur einzusteigen, um anschließend die §§ 903 ff. BGB oder öffentlich-rechtliche Normen des BImSchG, der LärmschutzVO oder des AtomG in die Prüfung miteinzubeziehen.
- Einzelwissen bzgl. dieser Rechtsnormen wird von Ihnen sicher nicht verlangt. Es wird jedoch erwartet, dass anhand des Gesetzestextes sauber subsumiert und gut argumentiert wird.
- Schließlich sind das Grundstückseigentum und dessen Umfang nicht nur bei abstrakten Fragestellungen oder in der mündlichen Prüfung wichtig. Eine umfangreiche Kenntnis ist auch im Hypothekenrecht i.R.d. § 1147 BGB und einer anschließenden Zwangsversteigerung unerlässlich, wenn es darum geht, welche Bestandteile eines Grundstücks in den Haftungsverband einer Hypothek fallen, §§ 1120 ff. BGB.

VII. Zur Vertiefung

Ausführlich zum Umfang des Grundstücksrechts und den Befugnissen des Eigentümers

- Hemmer/Wüst Sachenrecht III, Rn. 13 f.

Zu den Einschränkungen der Eigentümerbefugnisse durch § 917 I BGB

- Hemmer/Wüst Sachenrecht III, Rn. 37.

Über den Eigentumsschutz nach § 1004 I BGB

- Hemmer/Wüst Sachenrecht I, Rn. 422 ff.

Der Besitzschutzanspruch aus § 862 BGB

- Hemmer/Wüst Sachenrecht I, Rn. 221.

Zum Schadensersatz bei unbefugtem Parken auf Privatparkplatz

- BGH, Life&Law 2009, 511 ff.; 2012, 853 ff.

Zur Eigenschaft „wesentlicher Bestandteil“ bei einem im Erdreich vergrabenen Öltank

- BGH, Life&Law 2013, 257 ff.

Zu der Frage, ob eine Windkraftanlage Scheinbestandteil ist

- BGH, Life&Law 2017, 521 ff.

Fall 2: Immissionen über Immissionen

Sachverhalt:

Dem Grundstückseigentümer G ist das sich in unmittelbarer Nachbarschaft befindliche Baumaterialienlager der Baufirmeninhabers N in vielerlei Hinsicht ein Dorn im Auge. Er beabsichtigt aus folgenden Gründen gerichtlich gegen den N vorzugehen:

1. *G ist der Grundsatzmeinung, ein Baustofflager habe schon aus ästhetischen Gründen nichts in einem Wohngebiet zu suchen. Diese Einschränkung müsse ausreichen, um eine Schließung zu erreichen.*
2. *Durch das Befahren des Firmengeländes mit schweren Maschinen werden große Gesteinsbrocken durch die Luft gewirbelt und landen schließlich auf dem Grundstück des G. G möchte, dass die Gesteinsbrocken entfernt werden. N ist der Meinung dass dies bei dem Betrieb eines Baufirmengeländes üblich sei und vom G geduldet werden müsse.*
3. *N hat, um mit seinen Arbeitern auf den Baustellen ständig in Kontakt bleiben zu können, auf seinem Firmengebäude eine Sprechfunkantenne angebracht. G will deren Abbau bewirken. Als Gründe bringt er hervor, er sei in seinem Ausblick gestört, außerdem werfe „dieses Monstrum“ Schatten auf seinen Grund und Boden.*
4. *Die Fahrer von Baustoffzulieferfirmen bleiben in Wartezeiten, bevor sie schließlich auf das Firmengelände des N einfahren, mehrmals in der Woche bis zu 5 Minuten mit laufendem Motor in unmittelbarer Nähe zum Haus des G stehen. G möchte in Zukunft von diesem unerträglichen Lärm und Dieselgeruch nicht mehr belästigt werden.*
5. *An der Grundstücksgrenze steht eine alte Kastanie, deren Laub nicht nur sämtliche Dachrinnen verstopft, sondern auch die Beete des G abdeckt und darin gepflanztes Gemüse im Wachstum behindert. Der im Verhältnis übermäßige Laubabwurf bringt zudem erhöhte Reinigungs- und Entsorgungskosten mit sich, die G von N ersetzt oder zumindest annähernd ausgeglichen haben möchte. Dabei sollen auch Schäden Berücksichtigung finden, die durch herabfallende Kastanien am Gemüse und an Jungbäumen entstanden sind. Der N sieht das seiner Meinung nach widersprüchliche Verhalten des G nicht ein, zumal eine starke Begrünung gerade das Ortsbild ihrer Waldrandgemeinde ausmacht und schon immer landschaftstypisch mit sehr viel Laubanfall zu rechnen war.*
6. *Die auf dem Areal des N abgelagerten Schalhölzer bieten Ratten hervorragende Nistplätze, so dass sich diese rasend schnell vermehren und auf der Suche nach neuen Revieren auf das Grundstück des G ausweichen. Schnell entstehen an neu gepflanzten Nutzbäumen Verbissschäden, welche G von N bezahlt haben möchte.*
7. *G versucht zudem für die Zukunft zu verhindern, dass die Hauskatze des N über sein Grundstück streunt. N hingegen ist der Ansicht, dass ein Tier unbedingt seinen Auslauf brauche und aufgrund der seltenen und hauptsächlich zur Nachtzeit stattfindenden Übertritte der Katze doch nicht wirklich von einer Störung die Rede sein könne.*

Frage: *Wie wird das Gericht bei einer zulässigen Klage des G entscheiden?*

I. Einordnung

Angesichts dieser vielen Anspruchsposten, ist es hinsichtlich eines logischen Klausuraufbaus immer sehr hilfreich, zunächst wieder nach dem Grundsatz „Wer von Wem Was Woraus?“ der gewünschten Rechtsfolge entsprechend zu ordnen. Häufig ist es so, dass mehrere Ansprüche des Klägers mit denselben Anspruchsgrundlagen verfolgt werden und deshalb innerhalb einer Gesamtprüfung zusammengefasst werden können. So auch hier: G verlangt neben der Beseitigung (Baustofflager an sich, Gesteinsbrocken, Antenne) und dem Unterlassen (Lärmbelästigung, Herumstreunen der Katze), auch den Ersatz seiner Schäden (Verbissschaden durch Rattenbefall), und Aufwendungen (Kosten für die Laubbeseitigung).

Es bietet sich hier in der Niederschrift also geradezu an, diesen Schwerpunkten vier große Abschnitte zu widmen. Anhand eines solchen allgemeingültigen Aufbaus wird dann erfahrungsgemäß auch schnell die didaktische Systematik erkennbar, warum der Klausurersteller gerade diese Anspruchsgegenstände ausgewählt hat bzw. welche Unterschiede zwischen ihnen vom Examenskandidaten unbedingt erkannt und herausgearbeitet werden müssen.

hemmer-Methode: Derartige Klausuren sind bzgl. des Auffindens der einschlägigen Anspruchsgrundlagen eher als leicht einzuschätzen; die Kunst liegt hier in der Subsumtion und der juristischen Argumentation.

Eine absolute Ausnahme wäre es, wenn hier zwei Anspruchsgegenstände parallel nebeneinander herlaufen würden- die Regel hingegen, wenn ein Posten nach dem anderen an der Subsumtion unter die verschiedenen Voraussetzungen der Anspruchsgrundlage scheitert, bis schließlich am Ende ein Anspruch „durchgeht“.

II. Gliederung

Teil I:
Beseitigungsansprüche des G (Gesteinsbrocken, Baustofflager, Antenne)

1. Anspruch aus § 1004 I S. 1 BGB (+/-)

Anspruchssteller ist Eigentümer (+)

(P): Eigentumsbeeinträchtigung: Gesteinsbrocken (+), „Antenne“ als negative Einwirkung (-), „Baustofflager an sich“ als ideelle Einwirkung (-)

Anspruchsgegner ist Störer (+)

(P): Duldungspflicht gem. § 1004 II BGB (-) ⇨ Gesteinsbrocken als Grobimmission gerade nicht von § 906 BGB erfasst

Ergebnis: Bzgl. Gesteinsbrocken § 1004 I S. 1 BGB (+)

2. Anspruch aus § 862 I S. 1 BGB (+/-)

Teil II:
Unterlassungsansprüche des G gegen den N (Motorenlärm, Hauskatze)

1. Anspruch aus § 1004 I S. 2 BGB (+/-)

Anspruchssteller ist Eigentümer (+)

(P): Eigentumsbeeinträchtigung:
⇨ Unzul. Halten mit laufendem Motor (+); Betreten durch Hauskatze (+)

Anspruchsgegner ist Störer (+)

(P): Duldungspflicht nach § 1004 II BGB
⇨ § 906 BGB: Motorenlärm (-), Streunende Katze (-),
⇨ nachbarschaftliches Gemeinschaftsverhältnis, § 242 BGB: nach h.M. Duldungspflicht bei einer streunenden Katze (+)

Ergebnis: Bzgl. Motorengeräusche § 1004 I S. 2 BGB ganz klar (+), bzgl. Katze nach h.M. (-)

2. Anspruch aus § 862 I S. 2 BGB (+/-)

Teil III:
Schadensersatzansprüche des G gegen den N (Verbissschaden)

1. §§ 280 I, 241 II BGB i.V.m. nachbarschaftlichem Gemeinschaftsverhältnis (-)

(-), da nachbGV kein gesetzliches Schuldverhältnis darstellt

2. § 823 I BGB

Anwendbarkeit (+)

Rechtsgutsverletzung (+)

(P): Verletzungshandlung (-): Pflichtverletzung durch Unterlassen (-)

3. § 906 II S. 2 BGB analog (-)

besondere Gründe, die Analogie rechtfertigen (-)

Teil IV:
Aufwendungsersatzanspruch des G gegen den N (Laubentfernung)

1. Anspruch aus berechtigter GoA, §§ 683 S. 1, 670 BGB (-)

(-), kein fremdes Geschäft

2. § 823 I BGB (-)

(-) keine Pflichtverletzung durch N

3. Verschuldensunabhängiger Ausgleichsanspruch aus § 906 II S. 2 BGB

ortsübliche Benutzung (+)

durch Maßnahmen zu verhindern (-)

(P): wesentliche Beeinträchtigung (+), normaler Laubfall ist nach h.M. zwar unwesentlich, hier aber außerordentliche Verhältnisse und Schäden

(P): Beeinträchtigungen über das zumutbare Maß hinaus (-)

III. Lösung Teil I

G möchte die Beseitigung des Baustofflagers, der Gesteinsbrocken und der Antenne erreichen. Das Gericht wird der Klage stattgeben, wenn dem G materiell rechtliche Ansprüche zustünden.

I. Anspruch aus § 1004 I S. 1 BGB

Ein solcher Anspruch könnte sich zunächst aus § 1004 I S. 1 BGB ergeben.

1. G als Eigentümer

G ist als Eigentümer des betroffenen Grundstücks antragsberechtigt.

2. Eigentumsbeeinträchtigung

§ 1004 I S. 1 BGB setzt eine Eigentumsbeeinträchtigung, die nicht zugleich eine Besitzentziehung darstellt, voraus. Sie liegt vor, wenn in einer dem Inhalt des Eigentumsrechts (§ 903 BGB) widersprechenden Art und Weise in tatsächliche oder rechtliche Herrschaftsbefugnisse des Eigentümers eingegriffen wird. Fraglich ist, ob dies bei allen drei Anspruchsgegenständen ausnahmslos zugebilligt werden kann.

a) Gesteinsbrocken als Beeinträchtigung des Eigentums

Das Eigentum wird in erster Linie beeinträchtigt, wenn es sich um unbefugte rechtsgeschäftliche Verfügungen über das Eigentum, um die tatsächliche Benutzung (Betreten, Bebauen oder Lagerung beweglicher Sachen) oder um die sonstige Be- und Verhinderung der tatsächlichen Nutzung geht. Das gleiche gilt nach h.M. auch bei Beeinträchtigungen durch Immissionen.

Dabei ist völlig unbeachtlich, ob es sich um die in § 906 I S. 1 BGB aufgeführten unwägbaren Stoffe, sog. Imponderabilien (Gase, Dämpfe, Rauch, Ruß, Staub usw.), um wägbare Stoffe (Ponderabilien) als „ähnliche Einwirkungen" i.S.d. § 906 I S. 1 BGB (Laub, Nadeln, Kleintiere, Licht etc.) oder schließlich um sog. Grobimmissionen (Gesteinsbrocken bei Sprengungen, größere Tiere, wie Hunde, Katzen, Ratten) geht.

Die Gesteinsbrocken, die durch die schweren Geräte des N aufgewirbelt und auf das Grundstück des G geschleudert werden, wo sie schließlich liegen bleiben, erfüllen diese Voraussetzungen. Eine Eigentumsbeeinträchtigung liegt mithin vor.

hemmer-Methode: Nicht zu den Beeinträchtigungen i.S.d. § 906 BGB gehört das Entziehen von Luft und Licht durch Anpflanzungen auf dem Nachbargrundstück. Diesbezüglich ist ein hinreichender Schutz durch die sich aus dem Landesrecht ergebenden Abstände gewahrt, die zwischen Grenze und Bepflanzung eingehalten werden müssen, BGH, Life&Law 2015, 882 ff.

b) Eigentumsbeeinträchtigung durch Unterhalten eines Baustofflagers

Fraglich ist, ob sich für die reine Unterhaltung eines Baustofflagers dasselbe ergibt. Es stellt sich das Problem, dass sich dieser Umstand nicht direkt unter die dargestellten Beeinträchtigungstatbestände des § 1004 I S. 1 BGB einordnen lässt. Dies liegt in erster Linie daran, dass Eigentumsbeeinträchtigungen aus nachbarrechtlicher Sicht stets die Zuführung von Einwirkungen voraussetzen, was wiederum rein vom Begriff her eine tatsächliche Grenzüberschreitung der Beeinträchtigung erforderlich werden lässt. Dies lässt den Schluss zu, dass alle Handlungen, die nicht die Grundstücksgrenze überschreiten, sondern sich gegenständlich im Bereich des eigenen Grundstücks bewegen, auch nicht Gegenstand eines Abwehrrechts gem. § 1004 I S. 1 BGB sein können.

hemmer-Methode: Dies bestätigt auch der Schutzcharakter der §§ 907-909 BGB, die ausschließlich ganz bestimmte Handlungen eines Unbefugten auf dem Nachbargrundstück untersagen möchten.

Sogenannte immaterielle oder ideelle Einwirkungen, also Handlungen auf dem eigenen Grundstück, die dessen begrenzten Bereich tatsächlich nicht verlassen, sondern nur das ästhetische oder sittliche Empfinden des Nachbarn verletzen oder möglicherweise den Verkehrswert des Nachbargrundstücks mindern, können folglich nicht als Eigentumsbeeinträchtigung nach §§ 1004, 862 BGB einzustufen sein.

Das Klagevorbringen des G, ein Baustofflager habe aus ästhetischen Gründen nichts in einem Wohngebiet verloren, kann deshalb keinen Abwehranspruch aus § 1004 I S. 1 BGB auslösen.

c) Antenne als negative Einwirkung

Aus den genannten Gründen ist dieselbe Entscheidung geboten, wenn es um Handlungen auf dem eigenen Grundstück geht, die lediglich natürliche Vorteile und Zuführungen vom Nachbargrundstück, wie z.B. Licht, Luft, Wind etc. abhalten oder Ableitungen von diesem verhindern (sog. negative Einwirkungen).

Das Gericht wird also bzgl. der Errichtung einer baulichen Anlage in Form einer Funkantenne, welche dem Nachbarn den Ausblick versperrt und Schatten auf das Nachbargrundstück wirft, keine Eigentumsbeeinträchtigung feststellen.

hemmer-Methode: Nach Ausscheiden der Anspruchsposten „Antenne“ und „Baustofflager“ wird die Prüfung im Teil I nur noch bzgl. der Gesteinsbrocken fortgeführt!!!

3. N als Handlungsstörer

N hat entweder durch ein aktives Handeln in seiner eigenen Person oder durch ein pflichtwidriges Unterlassen für die Erzeugung von Immissionen gesorgt. Unbeachtlich der Tatsache, ob er selbst die Handlungen unternommen hat (unmittelbarer Störer) oder ob die Beeinträchtigung durch die Handlung eines Dritten von seiner Willensbetätigung adäquat verursacht wurde (mittelbarer Störer, bei beispielsweise Anweisung eines Arbeitnehmers), ist er als Handlungsstörer zu qualifizieren.

4. Duldungspflicht nach § 1004 II BGB

Bzgl. der Gesteinsbrocken ist im Folgenden zu prüfen, ob der Anspruch aus § 1004 I S. 1 BGB wegen einer Duldungspflicht ausgeschlossen sein könnte.

a) Duldungspflicht aus § 906 I BGB

G könnte gem. § 906 I BGB verpflichtet sein, das Hereinfallen von Gesteinsbrocken auf seinen Grund und Boden zu dulden.

Nach § 906 I S. 1 BGB kann der Eigentümer eines Grundstücks die Zuführung von Gasen, Dämpfen, Gerüchen, Rauch, Ruß, Wärme, Geräusch, Erschütterungen und ähnliche von einem anderen Grundstück ausgehende Einwirkungen insoweit nicht verbieten, als die Einwirkungen die Benutzung seines Grundstücks nicht oder nur unwesentlich beeinträchtigt.

Dies setzt mangels expliziter Aufzählung zunächst voraus, dass § 906 BGB überhaupt auf sog. Grobimmissionen anwendbar ist.

Wie bereits aufgezeigt umfasst diese Vorschrift in ihrem unmittelbaren Anwendungsbereich nur Immissionen der in § 906 I BGB genannten Art (unwägbare Stoffe, ähnliche Einwirkungen, d.h. wägbare Stoffe in Form von Kleinstkörpern). Im vorliegenden Fall handelt es sich jedoch um einen Ausgleich für andere als die in der Norm genannten Immissionen und auch nicht um „ähnliche Einwirkungen“ i.S.d. § 906 I S. 1 BGB. Feste Körper mit nicht unerheblichem Umfang wie die Gesteinsbrocken sind mit den im Gesetz genannten unwägbaren Immissionen nicht zu vergleichen. Ihre Zuführung braucht der Grundstückseigentümer selbst dann nicht zu dulden, wenn die Beeinträchtigungen ausnahmsweise unwesentlich oder ortsüblich sein sollten; derartige Grobimmissionen sind stets rechtswidrig (vgl. BGH 62, 162).

b) Duldungspflicht aus § 242 BGB

des Weiteren könnte eine Duldungspflicht auch aus dem nachbarschaftlichen Gemeinschaftsverhältnis i.V.m. § 242 BGB abzuleiten sein.

Aus diesem Rechtsinstitut werden Rechte und Pflichten entnommen, die es erlauben einen gerechten Ausgleich widerstreitender Interessen von Nachbarn zu erreichen, indem über die gesetzlichen Regelungen des NachbarR hinausgegangen wird. Von dieser Ausnahme darf aber nur dann Gebrauch gemacht werden, wenn es das friedliche Zusammenleben von Grundstücksnachbarn und die Pflicht zur gegenseitigen Rücksichtnahme erfordert. Eine solche Ausnahmesituation liegt hier aber offensichtlich nicht vor.

Ganz im Gegenteil würde man mit der Gewährung einer Duldungspflicht bzgl. der Grobimmissionen nicht nur den Grundsatz der nachbarschaftlichen Rücksichtnahme außer Kraft setzen, sondern auch sämtliche allgemeingültigen Rechtsgedanken der §§ 903 ff. BGB völlig in sich verkehren. Ein rein objektiver Vergleich der widerstreitenden Interessen ergibt, dass es bei dem Rechtsgedanken des § 906 I S. 1 BGB bleiben muss: G hat in einem Wohngebiet Grobimmissionen in einem solchen Ausmaß unter keinen Umständen zu dulden.

II. Anspruch aus § 862 I S. 1 BGB

Voraussetzung eines possessorischen Besitzschutzanspruches ist eine Besitzstörung durch verbotene Eigenmacht, § 858 BGB. Sie ist im vorliegenden Fall darin zu sehen, dass eine Beeinträchtigung des unmittelbaren Besitzers G in seiner Sachherrschaft vorliegt, weil ihm die darin liegende allumfassende und uneingeschränkte Sachnutzungsmöglichkeit an seinem Grundstück rechtswidrig durch N genommen wurde.

III. Endergebnis Teil I

G hat gegen N einen Anspruch auf Beseitigung der Gesteinsbrocken gem. §§ 1004 I S. 1, 862 BGB. Ansprüche aufgrund ideeller oder negativer Einwirkungen entfallen.

hemmer-Methode: Wichtiger Hinweis für die Klausur!!! Hätte G bzgl. der Gesteinsbrocken zusätzlich einen Ausgleichsanspruch geltend gemacht, müsste die analoge Anwendung des § 906 II S. 2 BGB diskutiert werden, der auch noch bei den Verbissschäden durch Ratten ein Thema sein wird (hierzu BGHZ 28, 225, 230 ff. = **juris**byhemmer. Wenn dieses Logo hinter einer Fundstelle abgedruckt wird, finden Sie die Entscheidung online unter „juris by hemmer“: www.hemmer.de). Mangels eines faktischen Duldungszwangs, G ist ja nicht daran gehindert, die Gesteinsbrocken ohne weitere Einschränkungen sofort entfernen zu lassen, ist eine Analogie im vorliegenden Fall strikt abzulehnen.

IV. Lösung Teil II

G möchte weiterhin verhindern, dass in Zukunft Zulieferfirmen - LKWs mit laufendem Motor für mehrere Minuten vor seinem Haus abgestellt werden und dass die Nachbarskatze sein Grundstück kreuzt.

Unterlassungsansprüche des G aus §§ 1004 I S. 2, 862 I S. 2 BGB

Hinsichtlich der Grundvoraussetzungen eines Anspruches aus § 1004 I S. 2 BGB ergeben sich zu oben keine Abweichungen:

Sowohl das unnötige Laufen lassen der Motoren als Immission als auch das unbefugte Betreten des Grundstücks durch die Nachbarkatze als tatsächliche unbefugte Benutzung stellen ohne weiteres Eigentums- bzw. Besitzstörungen dar. Anspruchsgegner ist N als mittelbarer Handlungsstörer.

Einzig und allein entscheidend ist, ob möglicherweise eine Duldungspflicht i.S.d. § 1004 II BGB auszumachen ist.

I. Duldungspflichten nach § 906 BGB

1. Anwendungsbereich

An erster Stelle steht wiederum die Frage, ob die geltend gemachten Beeinträchtigungen überhaupt Regelungsgegenstand des § 906 BGB sind.

Geräuschimmissionen sind ausdrücklich in § 906 I S. 1 BGB erwähnt. Obwohl die Lkw auf der Straße stehen bleiben, gehen die Geräuscheinwirkungen auch von dem Grundstück des N aus. Denn hierfür genügt, dass die Immissionen zurechenbare Folge eines auf dem Grundstück eingerichteten Betriebs sind. Bzgl. einer Hauskatze aber fehlt auf den ersten Blick eine explizite gesetzliche Regelung. Man könnte zwar den Versuch unternehmen, ein Tier mangels unwägbarer Stoffeigenschaft dem Begriffspaar der „ähnlichen Einwirkungen“ zuzuordnen.

Die Berücksichtigung der im Gesetz aufgezählten Beispiele, die sich ausschließlich auf unwägbare Stoffe bezieht, lässt aber den Schluss zu, dass es der Intention des Gesetzgebers widerspräche, wenn allzu weit vom Gesetzeswortlaut abgewichen würde.

Die Rspr. betont deshalb, dass eine stets einzelfallabhängige Ausdehnung des Anwendungsbereichs des § 906 BGB auf wägbare Stoffe wenn überhaupt nur gerechtfertigt sein kann, wenn es sich um Kleinstkörper handelt. Damit gemeint sind neben Nadeln, Blüten und Laub auch Kleintiere, wie Bienen, Tauben, Fliegen, nicht aber Katzen, Hühner oder Kaninchen. Aufgrund ihrer Größe fallen letztere nach h.M. nicht in den angesprochenen kritischen Ausnahmebereich, sondern vielmehr unter den Begriff der „Grobimmission“ (Palandt: § 906, Rn. 14), wodurch eine Duldungspflicht nach § 906 I BGB entfällt. G steht bzgl. der Katze der Anspruch aus § 1004 I S. 2 BGB grds. zu.

hemmer-Methode: Damit ist die Prüfung des Anspruches aus § 1004 I S. 2 BGB bzgl. der streunenden Katze zunächst abgeschlossen, wird aber später bei der Prüfung einer Duldungspflicht aus dem nachbGV wieder aufgenommen. Bis dahin muss geklärt werden, ob der Motorenlärm, der diese „erste Hürde genommen hat“, evtl. nach § 906 BGB von G geduldet werden muss.

2. Wesentliche Beeinträchtigung

Die Geräusch- und Geruchsimmissionen durch die LKWs können nicht abgewehrt werden, wenn sie die Benutzung des betroffenen Grundstücks nicht oder nur unwesentlich beeinträchtigen, § 906 I S. 1 BGB.

Gem. § 906 I S. 2 BGB liegt in der Regel eine unwesentliche Beeinträchtigung vor, wenn die, in den Gesetzen oder Rechtsverordnungen festgelegten Grenz- oder Richtwerte, von den nach diesen Vorschriften ermittelten und bewerteten Einwirkungen nicht überschritten werden.

Nach § 906 I S. 3 BGB gilt gleiches für Werte in allgemeinen Verwaltungsvorschriften, die nach § 48 des BImSchG erlassen worden sind und den Stand der Technik wiedergeben.

Fehlen allerdings Angaben von Messwerten i.V.m. einschlägigen Verwaltungsvorschriften (DIN, VDE, VDI, BImSchV) heißt das nicht, dass der zu bearbeitende Fall keiner Entscheidung zugeführt werden kann.

Vielmehr muss auf allgemeingültige Maßstäbe der Wesentlichkeit zurückgegriffen werden.

Demnach ist allgemein das Empfinden eines verständigen Durchschnittsbenutzers des betroffenen Grundstücks in seiner durch Natur, Gestaltung und Zweckbestimmung geprägten konkreten Beschaffenheit maßgebend; unerheblich ist ein bloß subjektives Empfinden des Gestörten (BGHZ 120, 239, 259 = **juris**byhemmer). Darüber hinaus sind i.S. eines Durchschnittsbenutzers, ein konkretes Umweltbewusstsein, die Lage in einem Wohn- oder Gewerbegebiet bzw. im Außenbereich sowie besondere immissionsschützende Einrichtungen (Schallschutzfenster, gesamte Hausisolation) mit zu berücksichtigen. In diesem Bereich hat die Rspr. angesichts der Parallelität vieler Sachverhalte bestimmte Fallgruppen entwickelt (Palandt: § 906, Rn. 22).

So ist von „Wesentlichkeit“ die Rede bei schädlichen Umwelteinwirkung i.S.d. Legaldefinition des § 3 I BImSchG, bei Sach- und Gesundheitsschädigungen und sogar bei Geräuschen und Gerüchen, außer wenn ein durchschnittlicher Mensch sie kaum noch empfinden kann. Ein weiteres wichtiges Indiz ist noch, ob die Einwirkung nur einmalig blieb oder wiederholt vorkommt.

Angewandt auf den Fall bedeutet dies Folgendes: Da Angaben zu Gesetzen und Rechtsverordnungen fehlen, ist bei der Ermittlung der Wesentlichkeit der Grundstücksbeeinträchtigung ausschließlich von allgemeinen Denkansätzen auszugehen. Zwar fehlen auch in diesem Bezug Detailkenntnisse über gesonderte Lärmisolationsvorkehrungen, es ist jedoch verständlich, dass es selbst eine handelsübliche Doppelverglasung nicht vermag, den dumpfen Motorenlärm und vor allem die starken Vibrationsgeräusche eines direkt vor dem Haus abgestellten schweren LKWs zu kompensieren.

Das Gleiche gilt für den besonders scharfen Dieselverbrennungsgeruch, der nicht nur Atemluft im und um das Haus herum verpestet, sondern zudem zu einer Verschmutzung der gesamten Fassade führt. Dies würde zugleich bedeuten, dass die Fenster stets verschlossen sein müssten, woraus gerade nicht nur im Sommer aus einer unzureichenden Belüftung unerträgliche Wohnkonditionen resultieren können.

Erschwerend kommt hinzu, dass es hier gerade nicht um ein Gewerbegebiet geht, indem mit Beeinträchtigungen durch LKW Verkehr jederzeit zu rechnen ist. Wohngebiete dienen hauptsächlich der Erholung. Lärmbelästigungen in einer solchen meist auch verkehrsberuhigten Zone werden deshalb von Anwohnern als besonders auffällig und störend empfunden.

Schließlich ist noch anzuführen, dass es sich nicht nur um eine einmalige Belästigung handelt, sondern die Situation mittlerweile so weit fortgeschritten ist, dass mehrmals in der Woche ein LKW auf diese Art und Weise Standzeit beansprucht. Somit ist hier eindeutig von einer wesentlichen Beeinträchtigung auszugehen.

3. Duldungspflicht nach § 906 II S. 1 BGB

Selbst wenn sich eine Beeinträchtigung als wesentlich entpuppt und nicht nach § 906 I S. 1 BGB zu dulden ist, kann sich eine entsprechende Duldungspflicht dennoch aus § 906 II S. 1 ergeben.
Zum einen müsste die wesentliche Beeinträchtigung durch eine ortsübliche Benutzung des Nachbargrundstücks herbeigeführt werden.

Ortsüblich ist die Benutzung des emittierenden Grundstücks, wenn in dem maßgeblichen Vergleichsbezirk eine Mehrzahl von Grundstücken mit annähernd gleich beeinträchtigender Wirkung für andere Grundstücke tatsächlich genutzt wird. Die im Vergleich mitberücksichtigten Einwirkungen müssen ferner gleichartig sein, wobei der entscheidende Vergleichsbezirk regelmäßig das ganze Gemeindegebiet ist.

Aufgrund der Tatsache, dass die hier betroffenen Grundstücke nicht in einem Gewerbegebiet liegen, sondern Bestandteil eines reinen Wohngebietes sind, könnte eine ortsübliche Nutzung des emittierenden Grundstücks des N nur noch dann bejaht werden, wenn auch in der Mehrzahl der anderen Wohngebiete des Gemeindebezirks gleiche Gegebenheiten vorherrschten. Diesbzgl. fehlen jedoch die entsprechenden Sachverhaltsinformationen, so dass eine Entscheidung mit letzter Sicherheit nicht getroffen werden kann.

Dies ist hier jedoch nicht erheblich, da die zweite unerlässliche Voraussetzung des § 906 II S. 1 BGB nicht vorliegt.

Die durch die ortsübliche Benutzung des anderen Grundstücks herbeigeführte wesentliche Beeinträchtigung hätte nämlich durch eine den Benutzern wirtschaftlich zumutbare Maßnahme durchaus verhindert werden können. N hätte nicht nur durch Rundschreibeaktionen auf das Fehlverhalten der Zulieferer hinweisen können, sondern er hätte auch einen Mitarbeiter beauftragen können, die LKW-Fahrer in Empfang zu nehmen und sie entsprechend anzuweisen. Selbst wenn dies nichts nutzen sollte, könnten diese „Störenfriede“ bewusst langsamer abgefertigt werden bzw. deren Firmen namhaft gemacht werden, um der Bekämpfung der Ruhestörung und dem Verstoß gegen den § 30 StVO den entsprechenden Druck zu verleihen.

II. Nachbarschaftliches Gemeinschaftsverhältnis i.V.m. § 242 BGB

Fraglich ist, ob sich eine Duldungspflicht nicht zumindest aus dem nachbarschaftlichem Gemeinschaftsverhältnis ergibt.

Vergleichbar der Argumentation zur Immission durch Gesteinsbrocken ist dies auch für den Motorenlärm zu verneinen (s.o.). Bzgl. der streunenden Katze ist jedoch eine abweichende Entscheidung geboten.

Die Grundstücke der beiden Parteien liegen in einer begrünten Wohngegend, in der es in der Tat üblich ist, die Katzen in freiem Auslauf zu halten.

Diese Art der Haltung entspricht in vollen Zügen den Bedürfnissen der Tiere, die im Zuge ihrer eigenständigen und autonomen Lebensführung als Jagdtiere ihren Beutetieren nachstellen und sich nicht durch Grundstücksgrenzen aufhalten lassen. Es versteht sich von selbst, dass sich diese Tiere unter Einengung ihres natürlichen Triebes nicht artgerecht in der Wohnung halten oder an der Leine spazieren führen lassen. Ein Verbot dieser Tiere führte zwangsläufig zu einem faktischen Gebot, Hauskatzen gänzlich abzuschaffen.

Darüber hinaus ist ein Tier gerade bei alten Menschen in vielerlei Hinsicht ein nicht wegzudenkender Ersatz für eine fehlende Bezugsperson.

Hinzu kommt, dass von Katzen nur geringfügige Belastungen ausgehen, da diese ihre Ausscheidungen sorgfältig vergraben.

I.E. ist damit zum Zweck der Vereinbarkeit mit dem Gebot der nachbarschaftlichen Rücksichtnahme eine Ausnahme von dem Grundsatz zu machen, wonach jede Einwirkung auf Eigentum untersagt werden darf.

hemmer-Methode: Achtung Wertung!! Das Ergebnis kann schon wieder in eine ganz andere Richtung ausschlagen, wenn es nicht um die Haltung eines Tieres, sondern um mehrere Katzen geht. Ein einzelnes Tier mag noch hinsichtlich des geringeren Beeinträchtigungsumfanges vom Grundsatz der nachbarschaftlichen Rücksichtnahme erfasst werden, zwei höchstwahrscheinlich aber schon nicht mehr. Ganz anders ist zudem zu entscheiden, wenn sich der Fall um die Haustierhaltung in der Großstadt dreht.

III. Endergebnis Teil II

G hat aufgrund der gerechtfertigten Befürchtungen weitergehender Verstöße gegen N bzgl. der Lärm- und Geruchsbelästigungen durch die LKW, Unterlassungsansprüche aus §§ 1004 I S. 2, 862 I S. 2 BGB. Das Betreten seines Grundstücks durch die Nachbarskatze hingegen hat er zu dulden.

V. Lösung Frage 3

G verlangt den Ersatz seiner durch den Rattenbefall hervorgerufenen Verbissschäden.

I. §§ 280 I, 241 II BGB i.V.m. nachbarschaftlichem Gemeinschaftsverhältnis

Ein Anspruch aus § 280 I BGB wegen Pflichtverletzung des nachbarschaftlichen Gemeinschaftsverhältnisses scheidet aus, da letzteres von der h.M. als gesetzliches Schuldverhältnis nicht anerkannt wird, zumal die gesetzlichen Bestimmungen zur Regelung der Beziehungen unter Nachbarn genügen (BGH, NJW 1997, 2234, 2236 a.E.).

II. § 823 I BGB

Es könnte jedoch ein deliktsrechtlicher Anspruch aus § 823 I BGB bestehen.

1. Rechtsgutsverletzung

Durch die Ratten wurden in der Tat diverse Pflanzen des G zerstört oder zumindest beschädigt. Aufgrund dieser tatsächlichen Substanzverletzung liegt eine Verletzung des Rechtsguts Eigentum vor.

2. Verletzungshandlung

Problematisch ist jedoch die Feststellung einer Verletzungshandlung durch den N. N selbst hat als mittelbar Beteiligter die Eigentumsverletzung nicht durch ein aktives Tun hervorgerufen, so dass eine Verletzungshandlung nur in einem pflichtwidrigen Unterlassen erblickt werden könnte.

Ein Unterlassen wäre aber nur dann rechtserheblich, wenn für N eine Pflicht zum Handeln gerade gegenüber dem Geschädigten besteht (Garantenstellung). Eine solche Beschützer- oder Überwachungsgarantenpflicht ist hier nicht nachweisbar.

Selbst eine gesonderte Verkehrssicherungspflicht besteht nicht.

Weder aus dem bürgerlichen, noch aus dem öffentlichen Recht wird eine Pflicht begründet, Ratten durch entsprechende bauliche Anlagen auf dem eigenen Grundstück zurückzuhalten. Es gibt auch keine gesetzlichen Gebote zur strengen Bekämpfung von Ratten, die der N durch sein Nichtstun mutwillig missachtet haben könnte.
Damit bleibt es bei dem Grundsatz, dass jeder Eigentümer und Besitzer eines Grundstücks die zum Schutze seines Rechtsguts erforderlichen Maßnahmen entweder selbst oder mit behördlicher Hilfe wahrzunehmen und möglicherweise ihm erwachsende Schäden selbst zu tragen hat (vgl. hierzu HRR Nr. 12 vom 15. Juni 1930).

III. Nachbarrechtlicher Ausgleichsanspruch analog § 906 II S. 2 BGB

Möglicherweise könnte ein verschuldensunabhängiger nachbarrechtlicher Ausgleichsanspruch unter analoger Anwendung des § 906 II S. 2 BGB bestehen.

Ein solcher Anspruch kommt selbst bei Grobimmissionen und anderen nicht von § 906 BGB erfassten Beeinträchtigungen in Betracht. Aufgrund seiner strengen Subsidiarität greift er nur dann ein, wenn die von einem Grundstück auf das benachbarte Grundstück ausgehende Einwirkung zwar rechtswidrig ist und deshalb nicht geduldet zu werden braucht, der betroffene Eigentümer oder Besitzer aber aus besonderen Gründen gehindert ist, diese Einwirkungen gem. §§ 1004 I, 862 I BGB zu unterbinden und wenn er dadurch Nachteile erleidet, die das zumutbare Maß einer entschädigungslos hinzunehmenden Beeinträchtigung übersteigen (WM 1985, 1041).

Solche besonderen Gründe liegen mithin vor, wenn der Betroffene die abzuwehrende Gefahr nicht rechtzeitig erkannt hat und auch nicht erkennen konnte (BGHZ 85, 375, 384 f. = **juris**byhemmer).
So liegt es hier aber gerade nicht. Der Rechtsgedanke hinter der analogen Anwendung des § 906 II S. 2 BGB ist der, dass eine grds. rechtswidrige und damit unzulässige Einwirkung, welche die Klägerin an sich nach § 1004 I BGB hätte verhindern können aufgrund eines faktischen Duldungszwangs nicht rechtzeitig erkannt und bekämpft werden konnte und deshalb ein Ausgleich gewährt werden soll.

Die Verbissspuren und -schäden wurden jedoch von G unmittelbar nach ihrer Entstehung festgestellt und hätten auch bei Vorliegen sämtlicher Tatbestandsmerkmale ohne weiteres mit einem Unterlassungsanspruch aus § 1004 I S. 2 BGB abgewehrt werden können.

Wie bereits i.R.d. § 823 I BGB festgestellt, liegt aber überhaupt keine rechtswidrige Handlung des N vor, die nach § 1004 I S. 1 BGB hätte abgewehrt werden können. Es fehlt also schon an der ersten Voraussetzung des § 906 II S. 2 BGB analog.

hemmer-Methode: Im Fall einer Bodenverseuchung durch Schrotblei wurde ein Anspruch aus § 906 II S. 2 BGB analog ohne weiteres bejaht (BGHZ 62, 158 ff.). Der Kläger hatte erst nach Jahren eine Kontaminierung seines Bodens durch herabfallendes Schrotblei, das von einem Schießstand aus auf Tontauben abgefeuert wurde, entdeckt. Wenn durch einen vom Nachbargrundstück abgefeuerten Feuerwerkskörper ein Brand ausgelöst wird, weil die Rakete, die ordnungsgemäß abgefeuert wird, querschießt und unter den Dachpfannen ins Haus eindringt, ist kein Anspruch aus § 906 II S. 2 analog gegeben. Der BGH verlangt für diesen Anspruch, dass die sich verwirklichende Gefahr eine solche ist, die von einer der konkreten Nutzung entsprechenden Benutzung des Nachbargrundstücks ausgeht und zu diesem einen sachlichen Bezug aufweist. Das ist bei Feuerwerkskörpern nicht der Fall, BGH, Life&Law 2010, 1 ff.

IV. Endergebnis Teil III

Ein Anspruch auf Schadensersatz bzw. auf einen entsprechenden Ausgleich entfällt.

VI. Lösung Teil IV

Schließlich begehrt G für seine sämtlichen Laubbeseitigungskosten und –mühen, als auch durch den Blattfall entstandene Schäden Ersatz.

I. Aufwendungsersatzanspruch aus berechtigter GoA, §§ 683 S. 1, 670 BGB

Ein Anspruch aus berechtigter GoA scheitert schon daran, dass G kein objektiv fremdes Geschäft des N geführt hat. In den Rechtskreis des N fällt zwar, den Laubfall soweit wie ihm möglich, z.B. durch Ausästung des Baumes gering zu halten; er ist jedoch nicht zuständig bereits abgefallenes Laub im Garten des G zu beseitigen.

Auch eine Befreiung von der Beseitigungspflicht aus § 1004 I S. 1 BGB ist nicht maßgebend, weil G, wenn nicht schon nach § 906 I S. 1 BGB infolge der Ortsüblichkeit von Laubfall in einem sehr durchgrünten Gemeindegebiet ohnehin zur Duldung verpflichtet wäre, § 906 II S. 1 BGB.

II. § 823 I BGB

In der Tat wurden durch die herabfallenden Blätter und vor allem durch die abgeworfenen Kastanien, Jungbäume und angepflanztes Gemüse, welche im Eigentum des G standen, beschädigt oder sogar zerstört.

Ein Ersatzanspruch aus § 823 I BGB scheidet aber dennoch aus, weil G dem N diesbezüglich keine schuldhafte Pflichtverletzung zur Last legen kann.

III. Nachbarrechtlicher Ausgleichsanspruch gem. § 906 II S. 2 BGB

Zu prüfen ist nunmehr, ob dem G eventuell ein verschuldensunabhängiger Ausgleichsanspruch aus § 906 II S. 2 BGB zustehen könnte.

Voraussetzung wäre zunächst die Eröffnung des Anwendungsbereichs des § 906 BGB sowie die Herbeiführung einer wesentlichen Beeinträchtigung durch eine ortsübliche Benutzung des emittierenden Grundstücks, welche nicht durch Maßnahmen verhindert werden kann, die Benutzern dieser Art wirtschaftlich zumutbar sind, § 906 II S. 1 BGB.

Unter den Begriff der „ähnlichen Einwirkungen“ i.S.v. § 906 I S. 1 BGB fallen auch pflanzliche Immissionen von Nachbargrundstücken, die durch den Wind herübergeweht werden, wie beispielsweise Samen, Blätter, Blüten etc. (Palandt: § 906, Rn. 13).

Ob eine Beeinträchtigung wesentlich oder unwesentlich ist hängt in erster Linie davon ab, inwieweit das betroffene Grundstück in seiner Zweckbestimmung gestört ist und über die bloße Belästigung hinausgeht (Mü/Ko: § 906, Rn. 22). Für ein Wohngrundstück ist dabei wichtiges Indiz in welchem Maß die Wohnqualität und der Grundstückswert gemindert werden.

In diesen Zusammenhang ist nicht auf die Beurteilung nach dem subjektiven Empfinden des Immissionsbelasteten, sondern nach dem objektiven Gefühl des durchschnittlichen Nutzers abzustellen.

Wie die aktuelle Rspr. zeigt, ist es gerechtfertigt den ganz gewöhnlichen Blätterfall in einem begrünten Wohngebiet grds. als eine unwesentliche Beeinträchtigung einzustufen.

Geht diese Immission jedoch wie im vorliegenden Fall über ein durchschnittliches Maß hinaus, indem Beschädigungen von Saatfrüchten und Jungbäumen, Verstopfungen von sämtlichen Dachrinnen sowie ein überdurchschnittlichen Reinigungsaufwand hervorgerufen wird, kann durchaus eine wesentliche Beeinträchtigung vorliegen.

hemmer-Methode: Mehrere Gerichte haben bereits wesentliche Beeinträchtigungen bejaht in BGH NJW 1979, 2617; 1983, 2886; NJW-RR 1987, 532 = **juris**byhemmer; NJW 1984, 2207 = **juris**byhemmer.

Die Einstufung einer Immission als ortsüblich erfolgt aufgrund eines Vergleichs der gewöhnlichen und typischen Benutzung des störenden Grundstücks mit anderen Grundstücken im selben Bezirk.

Ergibt sich daraus, dass die Mehrheit der Grundstücke so genutzt wird, dass diese nach Art und Maß in annähernd gleicher Weise wie das störende Grundstück Beeinträchtigungen der Umgebung zur Folge haben, ist eine Immission ortsüblich.

Demzufolge liegt eine ortsübliche Einwirkung bei Laubfall vom Nachbargrundstück vor, sofern eine solche Bepflanzung von Gartengrundstücken typisch ist und völlig dem Gebietscharakter entspricht. Dies ist hier bei einem durchgrünten Bezirk, in dem die Mehrzahl der Grundstücke auch über Gartenflächen verfügen zu bejahen.

N kann darüber hinaus auch die von der Kastanie ausgehenden Einwirkungen nicht durch wirtschaftlich zumutbare Maßnahmen verhindern. Darunter werden alle Maßnahmen verstanden, welche die Beeinträchtigungen unter die Schwelle der Wesentlichkeit herabsetzen, im vorliegenden Fall also das Ausästen der Bäume.

Aber selbst wenn man den Baum rigoros zurückstutzen würde, wäre nicht mit letzter Sicherheit ausgeschlossen, dass die Immissionen auf ein erforderliches Maß reduziert würden.

Ferner ist nicht unwahrscheinlich, dass durch das Zurückschneiden in einem begrünten Bezirk aufgrund der Verminderung der Dichte noch mehr Pflanzenteile auf das Grundstück des G gelangen.

Bei den hier in Rede stehenden Baumimmissionen gibt es somit keine Maßnahmen, die diese verhindern könnten; jedenfalls dann nicht, wenn die Nutzung des Grundstücks auf diese Art und Weise typisch ist, denn dann wäre allein die vollständige Beseitigung der Bäume denkbar, was wiederum der Aufgabe der zulässigen Nutzung gleichkäme.

§ 906 II S. 2 BGB verlangt als weitere Voraussetzung, dass die Einwirkung eine ortsübliche Benutzung seines Grundstücks oder dessen Ertrag über das zumutbare Maß hinaus beeinträchtigt. Welche wesentliche Nutzung dementsprechend noch zumutbar ist und welche nicht, hängt entscheidend davon ab, was in einem nachbarschaftlichem Gemeinschaftsverhältnis als sozialadäquat hingenommen werden muss. In diesem Zusammenhang sind nicht nur die Belange des Störers mit denen des betroffenen Grundstückseigentümers, sondern vielmehr auch mit denen der übrigen Nachbarschaft zu vergleichen.

Natürlich spricht das Vorbringen des G, dass der Laub- und Kastanienfall Beschädigungen an seinen Pflanzen hervorruft und sämtliche Dachrinnen verstopft sowie einen übermäßigen Entsorgungsaufwand verursacht gegen die Zumutbarkeit.

Weitaus schwerer sind jedoch die Gegenargumente zu gewichten. Zum einen machen Bäume und Sträucher in einem begrünten Wohngebiet einen Großteil der Wohn- und Lebensqualität aus und prägen entscheidend die Art und das Ausmaß der Benutzbarkeit sämtlicher Grundstücke. Sie besitzen als Sauerstofflieferant, Luftbefeuchter, Entgaser, Kühlaggregat, Windbremse und Schallisolierer eine für das Leben der Gemeinschaft fördernde Funktion.

Alleine diesem Aspekt gegenüber müssen die Beschwerlichkeiten, die mit der Beseitigung des Laubes verbunden sind, eine untergeordnete Rolle spielen.

Des Weiteren muss unbedingt berücksichtigt werden, dass es sich hier nicht um eine Beeinträchtigung über einen sehr langen Zeitraum hinweg handelt, sondern die Immissionen beschränken sich auf eine im Verhältnis kurze Zeitperiode, nämlich ausschließlich auf die Herbstzeit zwischen September und November.

Sie ist nur die geringfügige Kehrseite von all den Annehmlichkeiten und Nützlichkeiten, die eine begrünte Landschaft für den Menschen mit sich bringt. Die Beseitigung des Herbstlaubes ist somit i.E. dem G durchaus zumutbar.

hemmer-Methode: Würde man hier zu einem anderen Ergebnis gelangen, müsste man sich noch über die Höhe des Ausgleichsanspruches Gedanken machen. Richtigerweise und gesetzesgetreu wäre hier nur ein Ausgleich für den unzumutbaren Teil zu gewähren, also der zumutbare Teil von den Gesamtaufwendungskosten abzuziehen (NJW-RR 1983, 2886). Das LG Lübeck und das LG Wiesbaden haben gegenteilig entschieden und die gesamten Beseitigungskosten ersetzen lassen (NJW-RR 1987, 533 = **juris**byhemmer, NJW 1979, 2617 = **juris**byhemmer).

IV. Endergebnis Teil IV

Dem G kann infolge dieser Ergebnisse kein Ausgleichsanspruch zugestanden werden.

VII. Zusammenfassung

- Ein Eigentümer hat eine rechtswidrige Einwirkung auf sein Grundstück, die von einem anderen Grundstück ausgeht stets zu dulden, wenn sie die Benutzung seines Grundstückes nur unwesentlich beeinträchtigt, § 906 I S. 1 BGB.
- Dasselbe gilt für wesentliche Beeinträchtigungen, die durch eine ortsübliche Benutzung des emmitierenden Grundstücks herbeigeführt werden und nicht den Benutzern dieser Art wirtschaftlich zumutbaren Maßnahmen verhindert werden können, § 906 II S. 1 BGB

Ergibt sich hieraus eine Duldungspflicht, kann der Eigentümer vom Benutzer des anderen Grundstücks einen Geldausgleich verlangen, wenn die Beeinträchtigung eine ortsübliche Nutzung oder dessen Ertrag über das zumutbare Maß hinaus beeinträchtigt, § 906 II S. 2 BGB.

- Ist der Eigentümer aus besonderen Gründen an der Geltendmachung seiner Ansprüche aus §§ 1004, 862 BGB gehindert (faktischer Duldungszwang), kann ihm ein Anspruch aus § 906 II S. 2 BGB zugesprochen werden.

VIII. Zur Vertiefung

Zu den Begrenzungen durch Nachbarrechte des § 906 BGB

- Hemmer/Wüst Sachenrecht III, Rn. 16 ff.

Über den Eigentumsschutz nach § 1004 I BGB

- Hemmer/Wüst Sachenrecht I, Rn. 422 ff.

Zum Anspruch aus § 823 I BGB

- Hemmer/Wüst Deliktsrecht I, Rn. 17 ff.

§ 906 II analog erfasst kein Schmerzensgeld

- Life&Law 2010, 804 ff.

Übersicht über die Rechtsprechung

- Zur Duldung der Grenzüberschreitung durch Haustiere: NJW-RR 86, 821 = **juris**byhemmer; 1986, 883; 1994, 147; 1999, 892; LG Kass AgrarR 87, 58.
- Grobimmissionen BGH 62, 158 = **juris**byhemmer; Negative Einwirkungen BGH NJW 1991, 1671 = **juris**byhemmer; 92, 2569; 1979, 2618; ideelle Einwirkungen NJW-RR 1989, 464 = **juris**byhemmer; Staubimmissionen BGH 62, 186 = **juris**byhemmer; unzulässiges Halten mit laufendem Motor NJW 1982, 440 = **juris**byhemmer; Laub NJW-RR 1988, 204 = **juris**byhemmer; NJW 1988, 2618 = **juris**byhemmer und 2587; 1985, 440.

Kapitel II: Die Übereignung eines Grundstücks

1. Abschnitt: Der Erwerb vom Berechtigten

Fall 3: Die verunglückte Auflassung

Sachverhalt:

Aus Angst vor neugierigen Nachbarn beschließen E und sein Arbeitskollege A ihre Wohnhäuser nebeneinander zu errichten. Um diesen Wunsch verwirklichen zu können, verkauft E eine Teilfläche von 1000 qm seines insgesamt 2500 qm großen Grundstückes an A und dessen Freundin F. Eine Woche später wird ein Notartermin vereinbart, bei dem E und A persönlich erscheinen. F musste wegen des Ausfalls einer Arbeitskollegin kurzfristig absagen, erteilt jedoch schriftlich ihrem Freund A die entsprechende Vollmacht, für sie beim Grundstücksgeschäft tätig zu werden. Die beiden Parteien werden sich in der erforderlichen Form des § 925 BGB einig, dass das Eigentum des veräußerten Teilgrundstücks auf A und F übergehen soll. Da das verkaufte Teilgrundstück bislang noch nicht vermessen ist, wird in der notariellen Urkunde auf einen Auszug aus dem Liegenschaftskataster verwiesen, auf dem in roter Farbe das zu veräußernde Teilgrundstück skizziert ist und eine Größe von ca. 1000 qm haben soll.

Frage 1: *Welche weiteren Schritte sind nunmehr noch erforderlich bis A und F schließlich Eigentümer des Teilgrundstückes werden?*

Frage 2: *Wie ist zu entscheiden, wenn ein Grundstück zwar ausreichend aber falsch bezeichnet wird?*

I. Einordnung

Im Grundstücksverkehr ist bei der Prüfung der Wirksamkeit einer jeden Rechtsänderung von den allgemeinen Vorschriften der §§ 873 ff. BGB auszugehen. Diese Rechtsnormen enthalten sämtliche materiell rechtlichen Grundanforderungen an die Begründung, Übertragung, Inhaltsänderung oder Aufhebung von Grundstücksrechten. Gebunden an die jeweilige Verfügungsart werden sie nur in Einzelfällen durch deren besonderen sachenrechtlichen Regelungen (§§ 925 ff., 1113 ff., 1191 ff. BGB etc.) ergänzt und evtl. auch abgewandelt.

Als wichtigste und praxisrelevante Beispiele sind die Formerfordernisse bei Grundstücksübereignungen oder beim Erwerb von Wohnungseigentum zu nennen. Prinzipiell ist die Einigung i.S.d. § 873 I BGB formlos gültig.

Handelt es sich allerdings um die Übereignung von Grundeigentum oder um die Begründung von Wohnungseigentum bedarf die Einigung ausnahmsweise der für die Auflassung vorgeschriebenen Form, § 925 I S. 1 BGB bzw. § 4 II S. 1 WEG.

In Kombination der beiden Normenkomplexe sind somit bei der Übertragung des Grundstückseigentums durch den Berechtigten nach §§ 873, 925 BGB folgende Voraussetzungen erforderlich:

1. **Einigung** zwischen Veräußerer und Erwerber in der Form des § 925 I S. 1 BGB
2. **Eintragung** des Erwerbers im Grundbuch
3. **Einigsein** im Zeitpunkt der Eintragung
4. **Berechtigung** des Veräußerers

Über den Eintritt der Rechtsänderung muss zunächst eine Einigung erzielt werden, § 873 I BGB.
Sie setzt den Rechtsentäußerungswillen des einen Teils und den entsprechenden Rechtserwerbswillen des anderen Teils voraus. Infolge der Notwendigkeit zweier übereinstimmender Willenserklärungen stellt sie einen dinglichen Vertrag dar und unterfällt den Regelungen des BGB-AT (§§ 104 ff., 145 ff., 164 ff. BGB). Auf die Einigung sind des Weiteren auch die allgemeinen sachenrechtlichen Grundsätze anwendbar, wie das Trennungs- und das Abstraktionsprinzip, der Absolutheits-, der Publizitäts- und der Akzessorietätsgrundsatz sowie das numerus- clausus- und das Spezialitätsprinzip. Besondere Bedeutung gebührt dem Bestimmtheitsgrundsatz, der verlangt, dass eindeutige Erklärungen hinsichtlich des übereigneten Grundstücks und der Erwerbspersonen abgegeben werden. Ein Verstoß gegen diesen Grundsatz hat die Unwirksamkeit der Auflassung zur Folge.

II. Gliederung

Voraussetzungen der §§ 873, 925 BGB

1. Einigung zwischen E und A-F

Erforderliche Einigung des Veräußerers und des Erwerbers bei gleichzeitiger Anwesenheit beider Teile vor einer zuständigen Stelle (Auflassung)

(P): Nur E und A anwesend, nicht aber die F

(P): Verstoß gegen den Bestimmtheitsgrundsatz durch Verweis auf Katasterauszug ⇨ Identitätserklärung notwendig!!

(P): Verstoß gegen Bestimmtheitsgrundsatz durch Nichtangabe des Gemeinschaftsverhältnisses A-F ⇨ Angabe der Eigentumsverhältnisse!!

2. Eintragung von A und F

3. Einigsein bei Eintragung

4. Berechtigung des E

III. Lösung Frage 1

A und F werden dann Eigentümer des Teilgrundstücks, wenn die Voraussetzungen der §§ 873, 925 BGB vorliegen.

1. Einigung zwischen E und A-F

Erste Voraussetzung der Grundstücksübereignung ist die formgerechte Einigung über den Eigentumsübergang zwischen Veräußerer und Erwerber, § 873 I BGB. Sie ist ausschließlich nur dann wirksam, wenn sie bei gleichzeitiger Anwesenheit der Parteien vor einer zuständigen Stelle geschlossen wird (Auflassung), § 925 I S. 1 BGB. Zuständig ist nach § 925 I S. 2 BGB der Notar.

E und A haben sich vor einem Notar geeinigt, dass das Teilgrundstück mit einer Größe von 1000 qm auf den A und die F übergehen soll.

a) Stellvertretung der F durch A

An der Wirksamkeit der Auflassung ändert auch der Umstand nichts, dass die F im Notartermin gefehlt hat. Aufgrund der Tatsache, dass die Einigung zwei übereinstimmende Willenserklärungen erfordert und somit als dinglicher Vertrag den §§ 104 ff., 145 ff., 164 ff. BGB folgt, ist die Auflassung infolge der Bevollmächtigung des F, § 164 I BGB auch für die F wirksam geworden. Das Gesetz meint also mit gleichzeitiger Anwesenheit nicht auch ein persönliches Beisein.

b) Erforderlichkeit einer Identitätserklärung

Fraglich ist, ob es dieser an sich wirksamen Auflassung entgegensteht, wenn deren Gegenstand weder ein Grundstück im Rechtssinne, noch eine vermessene Erdoberfläche ist. Da grds. die Einigung den Übergang des Eigentums an einem bestimmten Teil der Erdoberfläche zum Gegenstand haben muss, könnte hier ein Verstoß gegen den sachenrechtlichen Bestimmtheitsgrundsatz vorliegen, der unvermeidlich zur Unwirksamkeit der Übereignung führen würde.

Die Rspr. tritt dieser Ansicht eindeutig entgegen. Es soll ausreichen, wenn unvermessene Teilflächen nach Lage und Größe dem Verkehrsbedürfnis entsprechend zweifelsfrei bezeichnet sind (BGH NJW 1984, 1959 = **juris**byhemmer; Palandt: § 925, Rn. 13).

Ist also wie im vorliegenden Fall das abzumessende Teilgrundstück durch Planeinzeichnung und Flächenmaßangabe ausreichend bezeichnet, so ist i.d.R. die eingezeichnete Fläche wirksam aufgelassen.

Es stellt sich jedoch das formelle Problem, dass das Grundbuchamt wegen § 28 GBO die Eintragung aufgrund einer solchen Auflassungserklärung nicht vornehmen darf. Der Grund hierfür liegt darin, dass in dem Eintragungsantrag das Grundstück übereinstimmend mit dem Grundbuch oder durch Hinweis auf das Grundbuchblatt zu bezeichnen ist, § 28 S. 1 GBO. Gerade dies ist aber bei einem noch nicht vermessenen und eingetragenen Teilgrundstück nicht der Fall. Eine Grundbucheintragung von A und der F wird deshalb in der Praxis erst dann erfolgen, wenn nach der Vermessung und Einschreibung des Grundstücks im Grundbuch von den Beteiligten eine Erklärung abgegeben wird, dass die Vermessung als vertragsgemäß anerkannt wird (sog. Messungsanerkennung), d.h. dass die auf dem Katasterauszug skizzierte Grundstücksfläche mit dem im Grundbuch eingetragenen Grundstück identisch ist (sog. Identitätserklärung). Hierbei reicht nach h.M. die Erklärung nur einer Partei aus.

c) Angabe des Gemeinschaftsverhältnisses

Ein weiteres Problem ist darin zu sehen, dass im vorliegenden Fall ohne weitere Bezeichnung und Aufschlüsselung der zukünftigen Eigentumsverhältnisse ein Grundstück an mehrere Erwerber aufgelassen wurde.

Zur Vermeidung von Rechtsstreitigkeiten und im Sinne einer effektiven Rechtsklarheit hat der Gesetzgeber in § 47 GBO ein besonderes Eintragungserfordernis festgeschrieben, das von den Parteien eindeutig missachtet wurde.

Soll nach dessen Wortlaut ein Recht für mehrere gemeinschaftlich eingetragen werden, so soll die Eintragung in der Weise erfolgen, dass entweder die Anteile der Berechtigten in Bruchteilen angegeben werden oder das für die Gemeinschaft maßgebende Rechtsverhältnis bezeichnet wird.

Es ist also erforderlich, dass Inhalt der Einigung auch die Angabe des Gemeinschaftsverhältnisses wird, z.B. „in Gütergemeinschaft“, „Miteigentum zu je ½“ oder „in BGB-Gesellschaft“ bzw. dass zumindest auf den formgerechten schuldrechtlichen Vertrag verwiesen wird.

Die Auflassung der Parteien wäre somit in dieser Form mangels bestimmter Bezeichnung der Parteien zu unbestimmt und i.E. unwirksam. Der Notar muss sie auf die Angabe der Anteile der Berechtigten in Bruchteilen hinweisen.

2. Eintragung

Die materiellen Wirksamkeitsvoraussetzungen der Rechtsänderung sind erst dann vollständig, wenn die Eintragung der Auflassung im Grundbuch vorgenommen wird. Dabei müssen Einigung und Eintragung inhaltlich übereinstimmen.

3. Einigsein

Die Auflassung muss auch noch im Zeitpunkt der Eintragung fortbestehen. Sie kann noch widerrufen werden, sofern keine Bindung unter den Voraussetzungen des § 873 II BGB eingetreten ist.

4. Berechtigung des E

E ist verfügungsberechtigter Eigentümer, so dass er ohne weiteres den Eigentumswechsel vollziehen konnte.

5. Ergebnis

A und F werden erst dann Eigentümer des Grundstücks, wenn das Grundstück vermessen und im Grundbuch eingeschrieben wird, beide eine Identitätserklärung abgegeben haben und sie daraufhin im Grundbuch eingetragen werden.

IV. Lösung Frage 2

Wollen die Parteien ein bestimmtes und bereits vermessenes Grundstück übereignen und bezeichnen sie dieses Grundstück nur falsch, dann ist nicht auf den Wortlaut der dinglichen Erklärungen, sondern auf den wahren Willen von Veräußerer und Erwerber abzustellen. Die irrtümliche Falschbezeichnung ist mithin rechtlich unerheblich; es gilt der Grundsatz „falsa demonstratio non nocet“.

V. Zusammenfassung

Halten Sie sich bei der Prüfung der Entstehung und Änderung von Grundstücksrechten immer die vier Punkte „Einigung, Eintragung, Einigsein und Berechtigung“ vor Augen und durchforsten Sie darauf aufbauend die besonderen sachenrechtlichen Regeln des in Frage stehenden Rechts nach denknotwendigen Modifikationen dieser allgemeinen Grundsätze.

VI. Zur Vertiefung

Zu den allgemeinen sachenrechtlichen Grundsätzen

- Hemmer/Wüst SachenR III, Rn. 7.

Rechtsänderung an Grundstücken

- Allgemeine Vorschriften der §§ 873 ff.: Hemmer/Wüst SachenR III, Rn. 50 ff.
- Zur Formvorschrift des § 925 I S. 1 BGB: Hemmer/Wüst SachenR III, Rn. 64 ff.
- Zur Grundbuchfähigkeit der GbR: Hemmer/Wüst SachenR III, Rn. 85a.
- Zur Grundbuchfähigkeit eines nicht eingetragenen Vereins: BGH, Life&Law 2016, 685 ff.

Einschlägige Rechtsprechung

- BGH NJW 1984, 1959.

Fall 4: Auflassung - aber nur unter einer Bedingung

Sachverhalt:

Eigentümer E muss wegen Geldsorgen sein Grundstück an den reichen Nachbar N verkaufen. Nachdem ein notariell beurkundeter Kaufvertrag geschlossen wurde, reut den E der Verkauf und er verweigert fortan strikt die Auflassung. N lässt sich dieses „widersprüchliche Verhalten“ nicht bieten und verklagt den E auf Auflassung des Grundstücks. E hat vor Gericht keine Chance. Seinem Anwalt gelingt es jedoch mit der Gegenpartei einen Vergleich zu auszuhandeln, in dem die Einigung der Parteien mit dem Inhalt festgehalten wird, dass das im Grundbuch eingetragene Grundstück des E auf den Kläger N übergehen soll. In einem weiteren Punkt wird hinzugefügt, dass ein schriftlicher Widerruf des geschlossenen Vergleichs innerhalb einer Frist von 4 Wochen beim zuständigen Gericht eingereicht werden kann.

Frage 1: *Ist mit seiner Eintragung der N Eigentümer des Grundstücks geworden?*

Frage 2: *Angenommen es wäre keine Widerrufsmöglichkeit in die gerichtliche Vergleichsklausel eingefügt worden. Was hätte sich geändert, wenn E noch vor Einreichung der Einigungsunterlagen beim Grundbuchamt widerrufen hätte?*

Frage 3: *Nach Abschluss des notariell beurkundeten Kaufvertrages bezahlt N in bar den ausgehandelten Kaufpreis. Als E daraufhin die Auflassung verweigert, wird er von N verklagt.*

Wie wird N Eigentümer des Grundstücks, wenn er sich nicht auf einen gerichtlichen Vergleich einlassen möchte?

I. Einordnung

Der Erfolg einer Klausurbearbeitung hängt entscheidend davon ab, welches Problembewusstsein der Ersteller mitbringt. Letzteres wird vor allem dadurch geschärft, indem man die Sachverhaltsinformationen wie eine „imaginäre Schablone“ über die einschlägigen Rechtsvorschriften legt und ermittelt, an welchen Stellen sich Abweichungen ergeben. Hat man diese schließlich offengelegt, ist danach zu fragen, ob das Gesetz hierfür eine gesonderte Lösung bereithält. Falls nicht, kann eventuell mit Hilfe von Analogien oder unter Wertungsgesichtspunkten eine sachgerechte Lösung gefunden werden.

Frage 1

Die Eintragung sowie das Einigsein und die Berechtigung des E sind im zu bearbeitenden Fall völlig unproblematisch. Alleine die Einigung weist hier zwei Besonderheiten auf. Zum einen wurde sie nicht vor einem Notar, sondern als Vergleich vor dem Gericht geschlossen.

Zum anderen wurde der Übereignungsgegenstand zwar hinreichend bestimmt, die Wirksamkeit der dinglichen Einigung wurde jedoch aufgrund der Widerrufsmöglichkeit an eine Bedingung gebunden. Es ist somit die Frage zu beantworten, ob diese Vorgehensweise überhaupt zulässig ist und wenn nein, welche Rechtsfolgen dies für die Wirksamkeit der Einigung mit sich bringt.

Frage 2

Im 2. Teil steht die Bindungswirkung eines dinglichen Vertrages im Grundstücksrecht in Frage. Erster Schritt zu einer sauberen Lösung ist die richtige Verortung dieses Problems im Klausuraufbau. Es geht nicht um die Diskussion der Einigung, Eintragung oder der Berechtigung. Vielmehr ist zu fragen, ob die Einigung der Beteiligten auch noch im Zeitpunkt der Eintragung fortbesteht oder ob wirksam widerrufen wurde. Letzteres ist nicht mehr möglich, wenn inzwischen eine Bindungswirkung nach § 873 II BGB eingetreten ist.

Frage 3:

Ähnlich wie bei Frage 1 geht es um das Wirksamwerden der Auflassung. Hauptproblem in dieser Fallkonstellation ist, ob eine dingliche Einigung trotz der ausdrücklichen Verweigerung durch E noch auf eine andere Weise als durch dessen persönliche Erklärung erreicht werden kann.

II. Gliederung

Frage 1:
Voraussetzungen der §§ 873 I, 925 BGB

1. Einigung

Einigung über Eigentumsübergang bei gleichzeitiger Anwesenheit beider Teile vor einer zuständigen Stelle

(P): in der Regel Notar, hier § 925 I S. 2 BGB
(-), aber Erklärung der Auflassung in einem gerichtlichen Vergleich, § 925 I S. 3 BGB

(P): Erfolg der Auflassung von Geltendmachung des Widerrufsrechts abhängig
⇨ Auflassung aber nach § 925 II BGB bedingungsfeindlich

2. Ergebnis:

Auflassung unwirksam; E bleibt Eigentümer

Frage 2:
Widerruf und § 873 II BGB

1. Einigung (+)

2. Eintragung (+)

3. Einigsein

(P): Wirksamkeit des Widerrufs

Grundsatz: Einigung ist widerruflich
⇨ Umkehrschluss aus § 873 II BGB

Ausnahme: Bindungswirkung explizit in § 873 II BGB gesetzlich angeordnet

Frage 3:
§§ 873, 925 BGB

1. Einigung

(P): Klage auf Abgabe der Auflassungserklärung ⇨ mit Rechtskraft des Urteils gilt Erklärung des E als abgegeben, § 894 I ZPO

(P): gleichzeitiges Auftreten vor dem Notar nicht möglich ⇨ Eigene Erklärung des N und Vorlage des Gerichtsurteils reichen aus

2. Eintragung

(P): Eintragung bei Antrag nur einer Partei ⇨ § 13 GBO

3. Einigsein (+)

4. Berechtigung (+)

III. Lösung Frage 1

Zur Übertragung des Eigentums an einem Grundstück müssen die Anforderungen der §§ 873 I, 925 BGB erfüllt sein.

1. Auflassung von E an N

Erste Voraussetzung der Übereignung ist die Einigung zwischen dem Veräußerer und dem Erwerber über den Eigentumsübergang in der Form des § 925 I S. 1 BGB. Sie muss bei gleichzeitiger Anwesenheit beider Teile vor einer zuständigen Stelle erklärt werden.

a) Auflassung im gerichtlichen Vergleich

E und N haben sich im Rahmen eines gerichtlichen Vergleiches dahingehend geeinigt, dass das Grundstückseigentum des E auf den N übergehen soll. Zwar wird in der Praxis die Auflassung in erster Linie vor einem Notar als zuständige Stelle erklärt, § 925 I S. 2 BGB, sie kann aber laut Gesetz genauso gut Gegenstand eines gerichtlichen Vergleichs sein, § 925 I S. 3 BGB. M.a.W.: Die Form des § 925 I S. 2 BGB wird einfach durch die Form des § 925 I S. 3 BGB ersetzt.

b) Bedingungsfeindlichkeit

Weitaus problematischer ist die Tatsache, dass die Parteien eine Klausel in den gerichtlichen Vergleich mit aufgenommen haben, die es beiden Seiten ohne weiteres erlaubt, den Vergleich und damit die Einigung innerhalb von vier Wochen beim zuständigen Gericht zu widerrufen.

Aufgrund dieses Inhalts könnte ein Verstoß gegen § 925 II BGB vorliegen.

Gem. § 925 II BGB ist eine Auflassung, die unter einer Bedingung oder einer Zeitbestimmung erfolgt, unwirksam. Unter einer Bedingung i.S.d. § 925 II BGB sind alle vorgesehenen Umstände zu verstehen, welche die Wirksamkeit der Auflassung von ihrem künftigen Eintritt oder Ausbleiben abhängig machen. So sind beispielweise die Auflassungen unwirksam, die in einem gerichtlichen Scheidungsvergleich für den Fall der rechtskräftigen Scheidung (KG FGPrax 96, 140 = **juris**byhemmer), für den Fall des Weiterverkaufs des Grundstücks durch den Käufer, für den Fall der Nichtbebauung innerhalb einer gesetzten Frist oder für den Fall der vollständigen Zahlung des Kaufpreises erklärt werden (Palandt: § 925, Rn. 19).

hemmer-Methode: Ob eine Bedingung unter § 925 II BGB zu subsumieren ist, fällt in der Tat nicht immer leicht. Zum direkten Vergleich deshalb einige Beispiele, die nicht zu einer Unwirksamkeit führen:

- Zug-um-Zug Verurteilung zur Auflassung
- Wirksamkeit der gleichzeitigen Bestellung eines Grundstücksrechts für den Veräußerer
- Abrede über Bedingung für Grundbuchvollzug
- bedingte Auflassungsvollmacht (ausführlich hierzu Palandt: § 925, Rn. 20).

Besonderer Klausurrelevanz ist in diesem Zusammenhang dem § 2 GrdstVG beizumessen: Wird die Auflassung von der behördlichen Genehmigung nach § 2 GrdstVG abhängig gemacht, so ist die Auflassung nicht nach § 925 II BGB unwirksam.

Nach h.M. handelt es sich hierbei nämlich nicht um eine Bedingung i.S.d. § 158 I BGB, sondern um eine Rechtsbedingung, die nicht unter den § 925 II BGB fällt.

Angesichts dieser Beispiele kann natürlich nichts anderes gelten, wenn die Auflassung in einem gerichtlichen Vergleich einen Widerrufsvorbehalt enthält (BGH, NJW 1984, 312 = **juris**byhemmer; 1988, 415).

Der Umstand, dass die dingliche Einigung vom Nichteintritt eines Ereignisses in Form des Widerrufs abhängig gemacht wird, stellt eine echte Bedingung i.S.d. § 925 II BGB dar.

hemmer-Methode: Sehr beliebte Klausurvariante! Wie ist vorzugehen, wenn im Kaufvertrag, in dem auch zugleich die Auflassung erklärt ist, Bedingungen enthalten sind? Sie müssen dann anhand sämtlicher Auslegungskriterien ermitteln, ob sich die Bedingungen nur auf den Kaufvertrag beziehen (⇨ Auflassung wirksam) oder ob sie auch für die dingliche Übereignung gelten sollen (⇨ Auflassung unwirksam).

2. Ergebnis

Die Voraussetzungen des § 925 II BGB liegen vor. Die Auflassung ist unwirksam. E ist weiterhin Eigentümer des Grundstücks.

hemmer-Methode: Gerade in der Zeit, in der die Vertragsgestaltung immer häufiger Klausurgegenstand ist, noch ein letzter Hinweis zu § 925 II BGB:

Möglicherweise werden Sie gefragt, wie ein Vertrag gestaltet werden könnte, dass ein Verstoß gegen § 925 II BGB ausgeschlossen ist, die Grundstücksübereignung rein faktisch aber dennoch einer Bedingung unterliegt ⇨ Es besteht die Möglichkeit nicht die Auflassung, sondern den schuldrechtlichen Vertrag (Kauf) auflösend zu bedingen oder zu befristen und den aufschiebend bedingten bereicherungsrechtlichen Rückübereignungsanspruch durch eine Vormerkung zu sichern.

IV. Lösung Frage 2

1. Einigsein der Beteiligten

Voraussetzung für eine wirksame Übereignung an Grundstücken ist neben der Einigung, der Eintragung und der Berechtigung auch das Einigsein der Beteiligten im Zeitpunkt der Eintragung.

Ein Einigsein des E und des N wäre im vorliegenden Fall zu verneinen, wenn E die dingliche Einigung inzwischen wirksam widerrufen hätte. Fraglich ist jedoch, ob ein Widerruf ohne Einschränkung erfolgen kann oder ob die Beteiligten ab einem gewissen Zeitpunkt an ihre dinglichen Erklärungen gebunden sind.

Diesbezüglich gilt nichts anderes als bei der rechtsgeschäftlichen Übereignung einer beweglichen Sache gem. § 929 S. 1 BGB. Da ihr im Gegensatz zu ihrem zugrundeliegenden schuldrechtlichen Verpflichtungsgeschäft die Bindungswirkung fehlt, ist die dingliche Rechtsänderung frei widerruflich. Nur in den bestimmten Fällen des § 873 II BGB ist wegen besonderer Umstände eine Bindungswirkung gesetzlich vorgesehen.

Die Einigung des E ist deshalb solange frei widerruflich, wie noch keine Alternative des § 873 II BGB erfüllt wurde.

hemmer-Methode: Der Grundsatz der freien Widerruflichkeit resultiert aus dem Umkehrschluss aus § 873 II BGB. Ist unter bestimmten Voraussetzungen eine Bindungswirkung vorgesehen, muss in allen anderen Fällen frei widerrufen werden können.

Die Einigung wird unwiderruflich, sobald sie sich im Rechtsverkehr in einer spezifischen Form nach außen offenbart hat, d.h. wenn die Erklärungen notariell beurkundet (§ 873 II Alt.1 BGB) oder vor dem Grundbuchamt abgegeben oder bei diesen eingereicht sind (§ 873 II Alt.2 BGB) oder wenn der Berechtigte dem anderen Teil eine den Vorschriften der Grundbuchordnung entsprechende Eintragungsbewilligung ausgehändigt hat (§ 873 II Alt.3 BGB).

hemmer-Methode: Zu diesem Thema noch eine wichtige Anmerkung: Die bindende Wirkung des § 873 II BGB zieht keine Verfügungsbeschränkung nach sich, d.h. der Veräußerer kann also auch trotz der Bindungswirkung weiterhin über sein Grundstück verfügen!

E hat noch bevor die Unterlagen beim zuständigen Grundbuchamt eingereicht wurden, die dingliche Einigung widerrufen. Ferner liegt auch keine notarielle Beurkundung bzw. eine Eintragungsbewilligung vor. Die Voraussetzungen der Bindungswirkung nach § 873 II BGB scheinen demnach nicht vorzuliegen. E hätte wirksam widerrufen.

Dieses Ergebnis berücksichtigt jedoch nicht den Umstand, dass die Einigung der Beteiligten der Hauptgegenstand eines gerichtlichen Vergleichs ist. Dieser steht einer notariellen Beurkundung gleich, d.h. der gerichtliche Vergleich vermag die notarielle Beurkundung zu ersetzen. Nach § 873 II Alt.1 BGB ist doch eine Bindungswirkung entstanden, was zur Folge hat, dass E die Einigung nach Abschluss des gerichtlichen Vergleichs durch Widerruf nicht mehr rückgängig machen konnte.

2. Ergebnis

Mit seiner Eintragung wird N Eigentümer.

V. Lösung Frage 3

N wird wiederum dann rechtmäßiger Eigentümer, wenn die Voraussetzungen der §§ 873, 925 BGB erfüllt sind.

1. Einigung E- N

Es müsste zunächst von E und N die dingliche Einigung bei gleichzeitiger Anwesenheit beider Parteien vor einer zuständigen Stelle erklärt werden, §§ 873 I, 925 I S. 1 BGB.

a) Auflassungserklärung des E

Problematisch ist hier, dass E die nötige Auflassungserklärung strikt verweigert. Es stellt sich nunmehr die Frage, ob N diese Erklärung in Anknüpfung an das Fehlverhalten des E auch ohne dessen Mithilfe auf andere Weise erhalten kann.

Um dieses Ziel erreichen zu können, bleibt dem N nur der Weg vor das Zivilgericht, d.h. N muss Klage auf Abgabe der Auflassungserklärung erheben. Steht nach Auffassung des Gerichts dem N eindeutig ein Anspruch aus § 433 I S. 1 BGB zu, so wird das entscheidende Gericht ein Leistungsurteil aussprechen, mit dem Inhalt, dass E zu der Abgabe der Auflassungserklärung verurteilt ist. Gem. § 894 I S. 1 ZPO gilt die Erklärung des E daraufhin als abgegeben, sobald das Urteil die Rechtskraft i.S.d. § 322 ZPO erlangt hat.

hemmer-Methode: § 894 BGB ist grds. nicht anwendbar, soweit die Rechtskraft gar nicht eintreten kann, wie beispielsweise beim Prozessvergleich. Die Norm ist ferner unanwendbar im Fall einer vollstreckbaren Urkunde; in diesem Fall richtet sich die Zwangsvollstreckung nach den §§ 887 ff. ZPO.

Im vorliegenden Fall wird also die persönliche Erklärung des E bzgl. der Auflassung durch das rechtskräftige Leistungsurteil des Gerichts ersetzt. Es findet eine Unterstellung einer Willenserklärung, m.a.W. eine reine Fiktion statt.

Sobald das Urteil in Rechtskraft erwächst, gilt die Auflassungserklärung des E als abgegeben.

b) Auflassungserklärung vor dem Notar, § 925 I S. 1 BGB

Fraglich ist jedoch, wie der Umstand überwunden werden kann, dass die Auflassungserklärungen nach § 925 I S. 1 BGB bei gleichzeitiger Anwesenheit beider Teile vor einer zuständigen Stelle erklärt werden müssen und diesbezüglich eine Handlung des E nicht erwartet werden kann.

Die passende Antwort gibt wiederum § 894 ZPO bzw. die Auslegung seiner beabsichtigten Rechtsfolgewirkungen. Bei Anwendbarkeit dieser Norm treten dieselben Folgen ein, wie wenn der Verurteilte im Zeitpunkt der Rechtskraft und nicht etwa schon vorher die Erklärung formgerecht und wirksam abgegeben hätte. Die Rechtskraft des Leistungsurteils vermag es also jede beliebige vom Schuldner zu beachtende sachenrechtlich geforderte Form der Erklärung zu ersetzen. So gilt demzufolge eine Auflassungserklärung als vor dem zuständigen Notar erklärt (BayObLG Rpfleger 83, 391 = **juris**byhemmer).

Nicht ausgeweitet werden darf allerdings diese Rechtswirkung auf den Gläubiger, da die angesprochene Rechtskraft keine weiteren Erfordernisse, d.h. vor allem keine notwendigen Erklärungen des Gläubigers oder eines Dritten ersetzen kann. Im vorliegenden Fall muss N also weiterhin im Fall eines Urteils seinerseits die Einigung erklaren, und zwar anschließend an die Rechtskraft des Urteils und nicht etwa davor. Erst unter diesen Voraussetzungen ist die Auflassung wirksam.

2. Eintragung

Die Rechtsänderung muss, damit sie wirksam wird, in das Grundbuch eingetragen werden, § 873 I BGB. Fraglich ist, ob N dies alleine erreichen kann, oder ob wiederum eine Kooperation mit E notwendig ist. Dies ist alleine davon abhängig, was im formellen Grundbuchrecht für solche Fälle vorgesehen ist. Grds. ist davon auszugehen, dass das Grundbuchamt die Eintragung vornehmen wird, wenn sämtliche Voraussetzungen der §§ 13, 19, 20, 29 GBO gewährleistet sind.

a) Antrag und Antragsbefugnis des N

Laut § 13 I S. 1 GBO soll eine Eintragung, soweit das Gesetz nichts anderes vorschreibt, nur auf Antrag erfolgen. Antragsberechtigt ist jeder, dessen Recht von der Eintragung betroffen wird oder zu dessen Gunsten die Eintragung erfolgen soll, § 13 I S. 2 GBO. N alleine wäre insoweit antragsberechtigt.

a) Eintragungsbewilligung des E

Eine Eintragung darf nur erfolgen, wenn derjenige sie bewilligt, dessen Recht von ihr betroffen ist, § 19 GBO. Im vorliegenden Fall wird die Eintragungsbewilligung des E durch das rechtskräftige Urteil ersetzt, § 894 ZPO.

b) Erfordernisse der §§ 20, 29 GBO

Nach § 20 GBO darf im Falle einer Auflassung die Eintragung nur erfolgen, wenn die erforderliche Einigung des Berechtigten und des anderen Teils erklärt wird. Darüber hinaus soll diese Eintragung auch nur dann vorgenommen werden, wenn die Eintragungsbewilligung und die Auflassung durch eine öffentliche, § 415 ZPO, oder durch eine öffentlich beglaubigte Urkunde, § 129 I BGB, nachgewiesen wird.

N muss also zu seiner Eintragung im Grundbuch unter Vorlage des rechtskräftigen Urteils einen entsprechenden Antrag beim Grundbuchamt stellen. Des Weiteren ist erforderlich, dass er seine eigene Auflassungserklärung aus formell-rechtlichen Gründen (§ 29 GBO) vor dem Notar beurkunden lässt. Bzgl. der fingierten Erklärungen des E wird jedwede Form durch das Urteil ersetzt.

hemmer-Methode: Unterscheiden Sie immer zwischen der materiellen und formellen Seite!! Für die Wirksamkeit der materiellen Auflassung ist nicht erforderlich, dass auch die formellen Vorschriften des Grundbuchrechts (§§ 13, 19, 20, 29, 39 GBO) eingehalten werden.
So ist eine Rechtsänderung auch bei Eintragung in eine falsche Abteilung oder Spalte des GB, bei Täuschung, Unzuständigkeit nach Geschäftsverteilung oder Geschäftsunfähigkeit des Grundbuchbeamten etc., materiell rechtswirksam (hierzu mwN. Palandt: § 873, Rn. 13).

VI. Zusammenfassung

- Die Auflassung ist nach § 925 II BGB bedingungsfeindlich.
- Sie kann grds. frei widerrufen werden, wenn nicht ausnahmsweise eine Bindungswirkung nach § 873 II BGB eintritt.
- Die Erklärung der Auflassung kann auch Gegenstand eines gerichtlichen Vergleichs sein, § 925 I S. 3 BGB.
- Verweigert eine Partei die Auflassung, kann die fehlende Auflassungserklärung auch durch ein rechtskräftiges Leistungsurteil ersetzt werden, § 894 I ZPO.
- Die Nichteinhaltung der formellen Anforderungen der GBO - Vorschriften haben keine Auswirkungen auf die materielle Wirksamkeit einer Rechtsänderung.

hemmer-Methode: Die Bindungswirkung spielt nicht nur eine Rolle, wenn es um den Widerruf bzw. um das Einigsein beim Grundstückserwerb geht. Sie muss auch beim Erwerb von einem Nichtverfügungsbefugten i.R.d. § 878 BGB geprüft werden, wenn entschieden werden muss, ob die Erklärung für den Veräußerer bindend geworden ist.

VII. Zur Vertiefung

Über die Bindungswirkung des § 873 II BGB

- Hemmer/Wüst SachenR III, Rn. 56.

Zu den fallrelevanten Vorschriften der GBO

- Hemmer/Wüst SachenR III, Rn. 58.

Einschlägige Rechtsprechung

- BGH NJW 1984, 312; BGH NJW 1988, 415; BVerwG NJW 1995, 2179 **alle Entscheidungen = juris**byhemmer.

Über die Zulässigkeit von Rechtsbedingungen

- BGH NJW 1952, 1330; BayObLG NJW 1972, 2131; BGH NJW 1988, 416 **alle Entscheidungen = juris**byhemmer.

2. Abschnitt: Der Erwerb vom Nichtberechtigten

Fall 5: Die konkludente oder nachträgliche Genehmigung

Sachverhalt:

V ist als Eigentümer eines 1200 qm großen Grundstücks im Grundbuch eingetragen. Als er verstirbt, findet sich ein Testament, in dem sein Sohn S als Alleinerbe bestimmt ist. Da dieser nichts mit einem Grundstück anfangen kann, verkauft er es am 10.10. für 200.000 € an den G und lässt es ihm am nächsten Tag auf. Am 15.10. erfahren G und S von einem guten alten Freund des V, dass das Grundstück nicht V, sondern schon immer E gehörte. Daraufhin hat es G sehr eilig und beantragt gleich am nächsten Tag beim GBA seine Eintragung, die schließlich am 17.11. vom zuständigen Rechtspfleger vollzogen wird.

S hingegen hat es kurze Zeit später mit E zu tun, der als wahrer Eigentümer den S zur Herausgabe des erzielten Kaufpreises i.H.v. 200.000 € auffordert.

Frage: *Muss S das Geld wirklich an E herausgeben?*

I. Einordnung

Wie Sie nunmehr wissen, muss der Veräußerer eines Grundstücks bis zum vollständigen Abschluss des Eigentumserwerbs nach §§ 873, 925 BGB berechtigt und verfügungsbefugt sein. Handelt es sich dementsprechend bei dem Veräußerer um einen Nichtberechtigten oder um einen Nichtverfügungsbefugten, so ist die Übereignung grundsätzlich unwirksam.

Vergleichbar den §§ 185, 932 ff. BGB im Mobiliarrecht hält das Gesetz auch für das Grundstücksrecht Ausnahmevorschriften bereit, die es erlauben, die im Zeitpunkt der Vollendung des Rechtserwerbs fehlende Berechtigung oder Verfügungsbefugnis zu überwinden. Eine Erleichterung des Auffindens der einschlägigen Rechtsvorschrift stellt das folgende Vorgehensschema dar: Nach Feststellung der Nichtberechtigung bzw. der Nichtverfügungsbefugnis ist zunächst nach einer Zustimmung des berechtigten Eigentümers zu suchen, § 185 BGB. Sollte eine solche nicht zu finden sein, muss bei Fehlen der Verfügungsbefugnis im Anschluss zunächst § 878 BGB und dann erst § 892 BGB geprüft werden, bei Fehlen der Berechtigung ist sofort auf § 892 BGB abzustellen.

Ist einmal die richtige Norm gefunden, können Sie sich an die in den nächsten Fällen vorgestellten Prüfungsschemata halten. **Zum Fall**: Als ersten Schritt müssen Sie sich Gedanken machen, wer nun Eigentümer des veräußerten Grundstücks ist. War die Übereignung S-G unwirksam, so kann E aus § 985 BGB vorgehen, hat aber keine Ansprüche auf Herausgabe des Geldes. War der Eigentumserwerb des G hingegen erfolgreich, so entfällt ein Anspruch aus § 985 BGB.

E könnte jedoch bzgl. der 200.000 € auf das Bereicherungsrecht zurückgreifen.

II. Gliederung

Anspruch des E auf Auszahlung des erzielten Verkaufspreises aus § 816 I S. 1 BGB
1. Verfügung (+) Übertragung des Eigentums von S auf G
2. durch einen Nichtberechtigten (+) G war weder Rechtsinhaber, noch vom Berechtigten E ermächtigt
3. dem Berechtigten gegenüber wirksam
(P): nachträgliche Genehmigung der Verfügung durch den E
⇨ ausdrücklich (-), aber konkludent im Herausgabeverlangen des Geldes
4. erlangtes Etwas: 200.000 €

III. Lösung

Anspruch des E gegen den S auf Herausgabe der 200.000 € aus § 816 I S. 1 BGB

E könnte gegen S einen Anspruch aus § 816 I S. 1 BGB auf Herausgabe der 200.000 € haben.

1. Verfügung

Dann müsste S als Nichtberechtigter über das Grundstück des E verfügt haben. Unter einer Verfügung versteht man alle Rechtsgeschäfte, durch die ein bestehendes Recht unmittelbar aufgehoben, übertragen, belastet oder inhaltlich verändert wird.

Der wichtigste Fall ist, wie hier geschehen, die Übertragung des Eigentums.

2. Nichtberechtigter S

S war weder Inhaber des Rechts, noch im Zeitpunkt der Rechtsänderung vom Berechtigten zur Verfügung ermächtigt.

3. Dem Berechtigten gegenüber wirksam

Äußerst problematisch ist, ob die Verfügung des S dem E gegenüber wirksam ist. Das wäre nur dann der Fall, wenn das Eigentum gem. den §§ 873, 925 BGB tatsächlich auf den G übergegangen wäre.

a) Grundvoraussetzungen des Eigentumserwerbs

S hat das Grundstück ordnungsgemäß am 11.10. an den G aufgelassen, §§ 873, 925 I S. 1 BGB. Die erforderliche Eintragung des G im Grundbuch erfolgte am 17.11.

Beide Parteien waren sich bis dahin einig, dass das Eigentum am Grundstück übergehen soll. Ein Widerruf erfolgte nicht.

b) S als Nichtberechtigter

Da S Nichtberechtigter gewesen ist, könnte der G das Eigentum lediglich nach § 185 BGB bzw. nach den Gutglaubensvorschriften der §§ 892 ff. BGB erworben haben.

aa) § 892 BGB

Die Nichtberechtigung des S könnte möglicherweise mit Hilfe des § 892 BGB überwunden werden.

Ein gutgläubiger Eigentumserwerb vom Nichtberechtigten S käme somit in Betracht, wenn dem G die Unrichtigkeit des Grundbuchinhalts bei Vollendung des Rechtserwerbs nicht bekannt gewesen wäre, § 892 I S. 1 BGB. Dies ist hier jedoch gerade nicht der Fall. G wusste bereits vor Vollendung des Rechtserwerbs mit der Eintragung am 17.11., dass V nicht rechtmäßiger Eigentümer des Grundstücks gewesen ist und S deshalb nicht berechtigt sein kann, das Grundstück nach Eintritt des Erbfalles weiter zu veräußern.

G kann sich zudem nicht auf § 892 II BGB berufen. Über § 892 II BGB erfolgt eine Vorverlagerung des für die Gutgläubigkeit maßgeblichen Zeitpunkts. Allerdings hatte G hier bereits zum Zeitpunkt der Stellung des Eintragungsantrags am 16.10. aufgrund der Vorfälle vom 15.10. Kenntnis davon, dass V nur Bucheigentümer des Grundstücks war und S deswegen Nichtberechtigter ist. G war somit auch im Zeitpunkt der Antragstellung nicht mehr gutgläubig.

Überdies scheitert der Erwerb bereits daran, dass der Veräußerer nicht im Grundbuch als Eigentümer eingetragen ist. Das Grundbuch legitimiert den S nicht als Eigentümer, entfaltet insoweit also auch keinen Gutglaubensschutz.

bb) Nachträgliche Genehmigung der Verfügung durch den E

Die Wirksamkeit der Verfügung des S könnte jedoch durch ihre Genehmigung durch den Berechtigten E wirksam geworden sein, §§ 184 I, 185 II 1.Var. BGB.

Rechtsfolge wäre, dass im Gegensatz zu den Fällen des gutgläubigen Erwerbs, bei denen die Verfügung von Beginn an wirksam ist, die Wirksamkeit der Verfügung durch die Genehmigung erst nachträglich eintritt.

hemmer-Methode: Achtung! Die Genehmigung betrifft lediglich die Rechtsfolge der Verfügung.

Der Verfügende bleibt auch weiterhin Nichtberechtigter!! Wäre dies nicht so, müsste man den Handelnden als Berechtigten qualifizieren und so einen Anspruch aus § 816 I BGB konsequenterweise ablehnen, weil eine seiner Tatbestandsvoraussetzungen entfiele.

Eine Genehmigung wird in der Regel ausdrücklich, sie kann aber genauso gut auch stillschweigend erklärt werden. Sie ist nicht an eine Form gebunden, § 182 II BGB.

E hat im vorliegenden Fall keine ausdrückliche Genehmigung erteilt. Er hat sich lediglich dahingehend geäußert, dass er den an S bezahlten Kaufpreis überwiesen haben möchte. Sein Verhalten lässt aber darauf schließen, dass er als Gegenleistung für den erhaltenen Geldbetrag in Zukunft bereit wäre, auf sein Eigentum am Grundstück zu verzichten und mit dem Eigentumserwerb des G einverstanden ist. Da dieses von beiden schützenswerten Parteien gewollte Resultat aber wiederum eine wirksame Verfügung des S voraussetzt, ist die Erklärung des E unter laiengünstigen Gesichtspunkten auszulegen. Sie ist deshalb so zu verstehen, dass sie neben der Forderung, zugleich auch die konkludente Genehmigung der bis dahin unwirksamen Verfügung des S mit beinhalten soll.

4. Erlangtes Etwas

Rechtsfolge des § 816 I S. 1 BGB ist die Herausgabe des durch die Verfügung Erlangten. Hierzu zählt nach h.M. unter anderem auch das Entgelt aus dem der Verfügung zugrundeliegenden Verpflichtungsgeschäft, wie z.B. der bezahlte Kaufpreis.

5. Ergebnis

E kann von S die Herausgabe des erhaltenen Kaufpreises i.H.v. 200.000 € verlangen.

IV. Zusammenfassung

- Die wirksame Übereignung erfordert neben der Einigung, dem Einigsein und der Eintragung die Berechtigung des Veräußerers. Berechtigt zur Rechtsänderung ist der verfügungsbefugte Eigentümer.
- Eigentumsübertragungen sind unwirksam, wenn sie von einem Nichtberechtigten oder Nichtverfügungsbefugten getätigt werden.
- Dennoch ist der Erwerb eines Grundstücks von einem Nichtberechtigten nach § 892 BGB, oder wie der Fall zeigt, durch eine ausdrückliche oder stillschweigende Genehmigung des Eigentümers möglich, §§ 184 I, 185 II Alt.1 BGB.

hemmer-Methode: Bisher war stets von der nachträglichen Zustimmung des Eigentümers bei Verfügungen eines Nichtberechtigten die Rede. Wie bereits kurz angedeutet, ist jedoch genauso denkbar, dass ein an sich voll berechtigter Eigentümer in seiner Verfügungsbefugnis beschränkt ist. Rein dem Wortlaut folgend („Nichtberechtigter“) ist in diesem Fall der § 185 BGB nicht direkt, sondern analog anzuwenden. Ferner versteht sich von selbst, dass dann auch nicht auf die Genehmigung des Eigentümers, sondern auf die des tatsächlich Verfügungsbefugten abgestellt werden muss. Sie werden schnell merken, dass die Begriffe des Nichtberechtigten und des Verfügungsbeschränkten in der Literatur oft synonym verwendet werden. Es wird jedoch dringend empfohlen diese beiden grundverschiedenen Begriffe strikt zu trennen!!!

V. Zur Vertiefung

Zur Nichtleistungskondiktion in Form des § 816 I S. 1 BGB

- Hemmer/Wüst Bereicherungsrecht, Rn. 365 ff.

Über den Gutglaubenserwerb im Grundstücksrecht

- Hemmer/Wüst Sachenrecht III, Rn. 71 ff.

Speziell zum § 185 BGB

- Hemmer/Wüst Sachenrecht III, Rn. 72.

Fall 6: Der Erwerb vom Nichtverfügungsbefugten

Sachverhalt:

E verkauft sein Grundstück an den A. Die Auflassung findet zu notarieller Urkunde am 01.06. statt. Den entsprechenden Antrag auf seine Eintragung im Grundbuch stellt A am 05.06. Am 02.07. wird über das Vermögen des E das Insolvenzverfahren eröffnet. A wird am 03.08. als neuer Eigentümer im Grundbuch eingetragen.

Frage 1: *Ist A trotz Eröffnung des Insolvenzverfahrens Eigentümer geworden?*

Frage 2: *Muss anders entschieden werden, wenn am 03.07. ein Hinweis auf das Insolvenzverfahren in das Grundbuch eingetragen wurde und A noch am selben Tag hiervon Kenntnis erlangte?*

I. Einordnung

Wollen Sie hinsichtlich eines äußerst datenreichen Sachverhalts nicht den Überblick über den Fall verlieren, müssen Sie sich daran gewöhnen mit einem Zeitstrahl zu arbeiten. Die chronologische Verwechslung zweier Sachverhaltsumstände führt oft zu einem völlig konträren Ergebnis und kostet Sie mit Sicherheit einige Punkte.

Zum Fall: Der berechtigte Eigentümer E veräußert sein Grundstück. Noch vor Beendigung des Rechtserwerbs wird er in seiner Verfügungsmacht beschränkt. Eine Genehmigung durch den zuständigen Insolvenzverwalter ist nicht ersichtlich (§ 185 BGB analog). Wie oben angedeutet wird von Ihnen nunmehr eine Auseinandersetzung mit § 878 BGB und falls dieser nicht greifen sollte, anschließend mit § 892 BGB erwartet.

II. Gliederung

Frage 1: §§ 873, 925, 878 BGB

1. Einigung (+)

2. Eintragung (+)

3. Einigsein (+)

4. Berechtigung (+)

(P): Beschränkung in der Verfügungsbefugnis durch Insolvenzverfahren
⇨ Überwindung der fehlenden VB fraglich

a) § 185 I BGB analog (-)

b) § 878 BGB

Bindung an die Verfügungserklärung

Eingang des Eintragungsantrages

Fehlen ausschl. der Eintragung

5. Ergebnis:
Wirksamkeit der Verfügungserklärung; A wird mit seiner Eintragung Eigentümer des Grundstücks

Frage 2:

Voraussetzungen des § 878 BGB (+)

(P): Erwerb des Eigentums vom Nichtverfügungsbefugten auch bei Bösgläubigkeit des Käufers

Spätere Kenntniserlangung des Erwerbers von der beschränkten Verfügungsbefugnis hat im Rahmen des § 878 BGB keine fallentscheidenden Auswirkungen

III. Lösung Frage 1

Eigentumserwerb des A nach §§ 873, 925, 878 BGB

A ist dann rechtmäßiger Eigentümer des Grundstücks geworden, wenn sämtliche Voraussetzungen der §§ 873, 925 BGB gegeben wären.

1. Einigung, Einigsein, Eintragung

Die gem. §§ 873 I, 925 BGB erforderliche formgerechte Auflassung zwischen E und A sowie die Eintragung des A wurde vollzogen. Darüber hinaus waren sich die Parteien bis zur Vollendung der Rechtsänderung einig, dass das Eigentum am Grundstück auf den A übergehen soll.

2. Berechtigung des E

Zwar war E als Eigentümer hinsichtlich der Verfügung zunächst Berechtigter. Aufgrund der Eröffnung des Insolvenzverfahrens am 02.07., also noch vor endgültiger Vollendung des Rechtserwerbs des A durch dessen Eintragung (03.08.), wurde E jedoch in seiner Verfügungsbefugnis beschränkt. Damit war nicht mehr E, sondern ausschließlich der zuständige Insolvenzverwalter befugt, etwaige Entscheidungen über Rechtsänderungen am Grundstück zu treffen. Der Verlust der Verfügungsbefugnis geht deshalb mit der Unwirksamkeit der Übereignung des Grundstückseigentums einher, § 81 I S. 1 InsO.

3. Überwindung der fehlenden Befugnis

Trotz dieser Auswirkungen eines Insolvenzverfahrens wäre ein Eigentumserwerb des A dennoch möglich, wenn zumindest eine der Vorschriften der §§ 185, 878, 892 BGB zu einer Überwindung der fehlenden Verfügungsbefugnis des E führen würde.

a) § 185 BGB analog

Der Verfügung des E könnte nachträglich zur Wirksamkeit verholfen werden, wenn der verfügungsbefugte Insolvenzverwalter zustimmt, § 185 BGB analog, § 81 InsO. Für eine ausdrückliche oder konkludente Erklärung dieser Art fehlen jedoch jegliche Anhaltspunkte im Sachverhalt.

b) Anwendung des § 878 BGB

Es könnten die Voraussetzungen des § 878 BGB vorliegen.

Nach dessen Wortlaut wird eine von dem Berechtigten in Gemäßheit der §§ 873, 875, 877 BGB abgegebene Erklärung nicht dadurch unwirksam, dass der Berechtigte in der Verfügung beschränkt wird, nachdem die Erklärung für ihn bindend geworden und der Antrag auf Eintragung bei dem Grundbuchamt gestellt worden war.

aa) Bindung an die Verfügungserklärung

Ob die Parteien an ihre dingliche Einigung gebunden sind, richtet sich nach der Regelung des § 873 II BGB. Demnach sind die Beteiligten vor der Eintragung an die Einigung nur gebunden, wenn die Erklärungen notariell beurkundet (§ 873 II 1.Var. BGB) oder vor dem Grundbuchamt abgegeben (§ 873 II 2.Var. BGB) oder bei diesem eingereicht sind (§ 873 II 3.Var. BGB) oder wenn der Berechtigte dem anderen Teil eine den Vorschriften der Grundbuchordnung entsprechende Eintragungsbewilligung ausgehändigt hat (§ 873 II 4. Var. BGB).

hemmer-Methode: Die Aushändigung einer den §§ 28, 29 GBO entsprechenden Eintragungsbewilligung ist an dieser Stelle nicht im Stande, eine Bindungswirkung herzustellen. Die Übertragung des Eigentums an einem Grundstück bedarf immer des Zusammenwirkens beider Parteien, so dass eine einseitige Bewilligung keineswegs zu einem vollständigen Rechtserwerb verhelfen kann. Die einseitige Eintragungsbewilligung führt deshalb vor allem dann zu einer Bindung, wenn es um die Eintragung dinglicher Rechte an einem Grundstück geht.

Am 01.06. hat E das Grundstück zu notarieller Urkunde an den A aufgelassen. Gem. § 873 II 1.Var. BGB ist die dingliche Einigung für die Beteiligten noch vor der Eröffnung des Insolvenzverfahrens bindend geworden.

bb) Eingang des Eintragungsantrages beim zuständigen Grundbuchamt

A hat den entsprechenden Eintragungsantrag am 05.06. und damit auch noch weit vor der Durchführung des Insolvenzverfahrens beim Grundbuchamt gestellt.

cc) Fehlen der Eintragung

Schließlich dürfte zu einem vollständigen Rechtserwerb des A nur noch die Eintragung ins Grundbuch gefehlt haben.

hemmer-Methode: Hieran fehlt es z.B., wenn noch eine Genehmigung des Vormundschaftsgerichts aussteht. Dann ist zum Rechtserwerb nicht nur noch die Eintragung erforderlich.

Dieses ungeschriebene Tatbestandsmerkmal ergibt sich, wenn man den Sinn und Zweck des § 878 BGB hinterfragt! Hat der Erwerber erst einmal seine Eintragung beim zuständigen GBA beantragt, hat er auf den weiteren Fortgang keinen weiteren Einfluss mehr. Da sich die Eintragung erfahrungsgemäß über einen sehr langen Zeitraum hinziehen kann, versucht der Gesetzgeber anhand verschiedener Gesetze den Käufer, der für seinen Rechtserwerb alles Mögliche getan hat, vor unvorhersehbaren Ereignissen, die sich nachteilig auf den Eigentumserwerb auswirken würden, zu schützen. Damit sich solche Nachteile des sog. Eintragungsgrundsatzes nicht zuungunsten des A auswirken, bestimmt § 878 BGB, dass eine Rechtsänderung, die nur noch von der Grundbucheintragung abhängt, nicht mehr von nachträglichen Verfügungsbeschränkungen beeinträchtigt werden soll (Palandt § 878, Rn. 1).

Die Parteien haben i.S.d. §§ 873, 925 BGB alles Erdenkliche getan, um das Grundstück von E auf den A zu übereignen. Nach der Beantragung der Eintragung durch A am 05.06. fehlte nur noch deren tatsächlicher Vollzug.

4. Ergebnis

Die Voraussetzungen des § 878 BGB liegen vor. A wurde trotz Eröffnung des Insolvenzverfahrens Eigentümer des Grundstücks.

IV. Lösung Frage 2

Es stellt sich die Frage, ob das Eigentum an einem Grundstück auch von einem in der Verfügungsbefugnis beschränkten Eigentümer übertragen werden kann, wenn der Erwerber noch vor Abschluss des Rechtserwerbs von der Verfügungsbeschränkung Kenntnis erlangt. Unter Wertungsgesichtspunkten wäre es durchaus billig der Eigentumsübertragung auf einen Bösgläubigen grds. einen Riegel vorzuschieben.

Die Kenntnis des Erwerbers von der Nichtberechtigung oder Nichtverfügungsbefugnis spielt aber nur, wie der strenge Wortlaut schon verrät, bei der Prüfung des § 892 BGB, nicht aber i.R.d. § 878 BGB eine Rolle. Damit bleibt die Verfügungserklärung wirksam und die Rechtsänderung tritt mit Eintragung ein, selbst wenn die Verfügungsbeschränkung noch vor Eintragung der Rechtsänderung eingetragen wird und dem Erwerber bekannt geworden ist (m.w.N.: Palandt § 878, Rn. 16).

V. Zusammenfassung

- Die Übereignung eines Grundstücks ist nur wirksam, wenn der Verfügende im Zeitpunkt der Grundbucheintragung noch verfügungsberechtigt ist. Eine Rechtsänderung scheitert deshalb, wenn der Verfügende noch vor dem endgültigen Rechtsübergang auf den Erwerber in seiner Verfügung beschränkt wird.
- Nach § 878 BGB steht der Wirksamkeit einer Grundstücksübereignung nichts im Wege, wenn die Verfügungsbeschränkung des Eigentümers in der Zeit, nachdem die Einigung für die Parteien bindend wurde und der Antrag auf Eintragung beim Grundbuchamt gestellt wurde, eintritt.
- Liegen die Voraussetzungen des § 878 BGB nicht vor, so ist die Verfügung unwirksam. Es können jedoch die §§ 2113 (Nacherbschaft) 1984 (Nachlassverwaltung), 2211 (Testamentsvollstreckung), 81 InsO (Insolvenzverwaltung) oder 892 ff. BGB zur Anwendung kommen.

hemmer-Methode: § 878 und § 892 BGB schließen sich in ihrer Anwendung aus! Während § 878 BGB den Fall regelt, dass die Verfügungsbeschränkung nach der Antragstellung eintrat, muss diese i.R.d. § 892 BGB vor der Antragstellung vorliegen, § 892 II BGB (Palandt § 878, Rn. 3). Greift § 878 BGB erst einmal ein, ist die Prüfung des § 892 BGB falsch, weil die Verfügungsbefugnis durch die Bejahung des § 878 BGB als fortbestehend gilt.

VI. Zur Vertiefung

Über den Anwendungs- und Regelungsbereich des § 878 BGB

- Hemmer/Wüst Sachenrecht III, Rn. 73 ff.

Fall 7: Der Erwerb vom Nichtberechtigten

Sachverhalt:

E ist eingetragener Eigentümer eines 1500 qm großen Hanggrundstücks. Nachdem er aus familiären Gründen seinen Wohnort verlassen muss, veräußert er am 02.05. sein Grundstück an den K. Die Auflassung zu notarieller Urkunde findet am folgenden Tag statt. K stellt am 01.06. den Eintragungsantrag und wird am 12.06. als neuer Eigentümer des Grundstücks im Grundbuch eingetragen. Erst jetzt stellt sich heraus, dass das Grundstück nicht dem E, sondern dem G gehört hat.

Frage 1: *Wer ist Eigentümer des Grundstücks?*

Frage 2: *Würde es etwas ändern, wenn K bereits am 07.06. vom G aufgeklärt worden wäre? Was gilt bzgl. einer Kenntnis des K von G ab dem 10.05.?*

Frage 3: *Wie ist die Rechtslage zu bewerten, wenn das Grundbuch am 26.05. bzgl. der Eigentümerstellung berichtigt worden wäre?*

I. Einordnung

Der Gutglaubenserwerb über § 892 BGB spielt in der Klausurpraxis eine überragende Rolle. Damit entweder die fehlende Berechtigung des Verfügenden oder eine der Verfügung entgegenstehende Beschränkung der Verfügungsbefugnis den Rechtserwerb nicht hindert, müssen folgende fünf Voraussetzungen gegeben sein:

- Unrichtigkeit des Grundbuchinhalts
- Rechtsgeschäftliche Verfügung i.S. eines Verkehrsgeschäfts
- Legitimation des Verfügenden
- Keine Kenntnis des Erwerbers von der Unrichtigkeit
- Keine Eintragung eines Widerspruchs

Sind diese Punkte zu bejahen, fingiert § 892 BGB die Richtigkeit und Vollständigkeit des Grundbuchs zugunsten des gutgläubigen Erwerbers; der Eingetragene gilt mithin als der wahre Berechtigte. Der Rechtsschein ersetzt folglich das fehlende Recht.

II. Gliederung

Frage 1:
Übereignung E-K, §§ 873, 925, 892 BGB

1. **Einigung (+)**
2. **Eintragung (+)**
3. **Einigsein (+)**
4. **Berechtigung:**

(P): G ist wahrer Eigentümer
⇨ fehlende Berechtigung des E

§§ 185, 878 BGB (-)

Gutglaubenserwerb nach § 892 BGB

Unrichtigkeit des Grundbuchs (+)

Rg. Erwerb/ Verkehrsgeschäft (+)

Legitimation des E (+)

Keine Kenntnis des K (+)

Keine Eintragung eines Widerspruchs

5. **Ergebnis:** K Eigentümer

Frage 2:
Zeitpunkt der Kenntnis

1. **Grundsatz:** Gutglaubenserwerb nur bei fehlender Kenntnis bis Vollendung des Rechtserwerbs, hier (-)
2. **Ausnahme:** Zwischen Antrag und Eintragung ist der Zeitpunkt der Antragstellung auf Eintragung maßgebend
   ⇨ § 892 II BGB
3. Kein Gutglaubenserwerb bei Kenntniserlangung bereits vor Antragstellung

Frage 3:
Berichtigung des Grundbuchs

1. **Unrichtigkeit des Grundbuchs (-),** denn mit der Berichtigung des Grundbuchs wurde das wahre Eigentumsverhältnis eingetragen
2. **Ergebnis**: kein gutgläubiger Erwerb mehr möglich, § 892 BGB (-)

III. Lösung Frage 1

Übereignung des Grundstücks von E auf K gem. §§ 873, 925, 892 I BGB

Die Eigentumslage am Grundstück hängt davon ab, ob die dingliche Übereignung von E auf K wirksam gewesen ist.

1. Voraussetzungen der §§ 873, 925 BGB

Eine wirksame Auflassung zu notarieller Urkunde zwischen E und K sowie die erforderliche Eintragung des K in das Grundbuch liegen vor. Beide Parteien waren sich auch darüber einig, dass das Eigentum am Grundstück auf den K übergehen soll, §§ 873, 925 BGB.

2. Nichtberechtigung des E

Wie sich jedoch herausstellt, war nicht E sondern der G Eigentümer des Grundstücks. Es stellt sich somit die Frage, ob die fehlende Berechtigung des E dem Eigentumserwerb entgegenstehen könnte, denn prinzipiell muss die Verfügungsberechtigung des Eigentümers immer bis zur Vollendung des Eigentumserwerbs bestehen.

In den Fällen fehlender Berechtigung des Verfügenden ist dennoch ein Eigentumserwerb denkbar, wenn die Voraussetzungen der §§ 185, 878 oder 892 BGB vorlägen.

3. §§ 185, 878 BGB

Für eine Genehmigung der Verfügung des E durch den wahren Eigentümer G fehlen jegliche Anhaltspunkte.

E war von Beginn an Nichtberechtigter und wurde nicht erst zwischen der Stellung des Antrages und der eigentlichen Eintragung in seiner Verfügungsmacht beschränkt. § 878 BGB scheidet aus.

4. Gutglaubenserwerb nach § 892 BGB

So bleibt zu prüfen, ob § 892 BGB greift.

a) Unrichtigkeit des Grundbuchs

Zunächst müsste der Inhalt des Grundbuchs unrichtig sein. Dies wäre zu bejahen, wenn Eintragungen im Grundbuch über dingliche Rechtsverhältnisse (Eigentum), aber auch über Bestand, Inhalt und Berechtigung bei dinglichen Grundstücksrechten (Grunddienstbarkeit, Nießbrauch, Hypothek, Grundschuld etc.) oder Rechten an Grundstücksrechten nicht der Wahrheit entsprechen würden.

hemmer-Methode: Der Begriff des „Inhalts“ des Grundbuchs kann zweckmäßigerweise nicht alle Umstandsangaben enthalten. Im Zuge einer teleologischen Auslegung führen deshalb rein tatsächliche Angaben zum Grundstück (Fläche, Art, Größe einer Bebauung), Eintragungen aus denen auf persönliche Verhältnisse (z.B. Geschäftsfähigkeit) geschlossen werden kann oder Rechte, Belastungen und Beschränkungen, die nicht eintragungsfähig sind sowie inhaltlich unzulässige Eintragungen, grds. nicht zu einer Unrichtigkeit des GB (Palandt § 892, Rn. 9 ff.).

Im vorliegenden Fall ist das Grundbuch unrichtig, weil nicht der wahre materiellrechtliche Eigentümer G, sondern der Nichtberechtigte E nach dem Grundbuch als Eigentümer ausgewiesen ist.

b) Rg. Erwerb i.S.e. Verkehrsgeschäfts

§ 892 BGB schützt ausschließlich den rechtsgeschäftlichen Erwerb von Rechten durch ein Verkehrsgeschäft; hingegen nicht umfasst sein soll der Erwerb kraft Gesetz (z.B. Erbfolge, § 1922) oder durch Staatsakt (z.B. Zuschlag, § 90 ZVG; Zwangshypothek auf ein schuldnerfremdes Grundstück).

hemmer-Methode: Gehen Sie auf diesen Punkt nur ein, wenn sich diesbezüglich im Sachverhalt besondere Angaben finden lassen. Ansonsten darüber kein Wort!!

Das auf eine dingliche Rechtsänderung gerichtete wirksame Rechtsgeschäft zwischen E und K ist eindeutig als ein Verkehrsgeschäft zu qualifizieren.

c) Legitimation des E

§ 892 BGB erlaubt den Gutglaubenserwerb aufgrund eines Rechtsscheins. Dieser kann aus der Sicht des Erwerbers überhaupt nur entstehen, wenn der Veräußerer in irgendeiner Weise nach außen hin als mutmaßlicher und glaubhafter Grundstückseigentümer auftritt. Während im Fahrnisrecht ausschließlich der Besitz an der zu veräußernden Sache maßgebend ist, dient im Grundstücksrecht als Anhaltspunkt für die Berechtigung eines Verfügenden einzig und allein die Grundbucheintragung.

Da E im Grundbuch als Eigentümer des Grundstücks eingetragen wurde, ist er in der Tat als Berechtigter legitimiert.

hemmer-Methode: Beachten Sie, dass § 892 BGB nur den guten Glauben an die Richtigkeit des Grundbuchs schützt, soweit es um die Berechtigung geht. Bezugspunkt ist die Vermutungswirkung des § 891 BGB. Der Gesetzgeber hat mit Einfügung des § 899a BGB eine Erweiterung des Gutglaubensschutzes vorgenommen.
Diese Erweiterung ist erforderlich geworden, weil der BGH die GbR als grundbuchfähig eingestuft hatte (BGH, Life&Law 2009, 159 ff.), es aber – anders als bei der OHG – kein Register gibt, in dem man sich Klarheit über den Gesellschafterbestand, d.h. über die für die Gesellschaft handelnden Personen, verschaffen kann.
Um das Vertrauen in die Wirksamkeit der mit einer GbR geschlossenen Verträge zu gewährleisten, wird nicht nur vermutet, dass eine eingetragene GbR Eigentümerin ist (§ 892 BGB direkt), sondern dass die eingetragenen Gesellschafter tatsächlich Gesellschafter sind und dass es keine weiteren gibt, § 892 i.V.m. § 899a S. 1, 2 BGB (siehe zu § 899a BGB Hemmer/Wüst, Sachenrecht III, Rn. 85a).

d) Unkenntnis des K

Schließlich ist bei einem Erwerb von einem Nichtberechtigten nur der Gutgläubige schützenswert. Der Erwerber ist gutgläubig, wenn er keine positive Kenntnis von der Unrichtigkeit des Grundbuchs hatte.

So liegt der Fall hier. Erwerber K hatte bis zur Vollendung des Rechtserwerbs am 12.06. nicht gewusst, dass E nichtberechtigter Verfügender ist - die Aufklärung erfolgte erst nach diesem Zeitpunkt.

e) Widerspruch i.S.d. § 899 BGB

Zudem war auch kein Widerspruch gegen die Richtigkeit des Grundbuchs eingetragen, § 899 I BGB.

5. Ergebnis Frage 1

Die Nichtberechtigung des E hat keinen Einfluss auf den wirksamen Rechtserwerb des K. Letzterer hat mit seiner Eintragung gutgläubig Eigentum am Grundstück erworben.

IV. Lösung Frage 2

1. Kenntnis ab dem 07.06.

I.R.d. § 892 BGB ist als letzter Zeitpunkt für die Kenntnis der Grundbuchunrichtigkeit grds. immer die Vollendung des Rechtserwerbs maßgebend, d.h. der Erwerber darf bis zu seiner Eintragung, die Nichtberechtigung bzw. die Beschränkung in der Verfügungsbefugnis des anderen Teils nicht positiv gekannt haben.

Würde man diesen Grundsatz uneingeschränkt zur Anwendung bringen, brächte dies vor allem dann ungerechte Ergebnisse mit sich, wenn der Erwerber im Zeitraum zwischen der Stellung seines Eintragungsantrages und der eigentlichen Eintragung im Grundbuch von der Nichtberechtigung der Gegenpartei Kenntnis erlangt. Die Eintragung des Erwerbers lässt nach Antragsstellung in der Rechtspraxis nicht selten sehr lange auf sich warten. Das Risiko, in diesem Zeitraum von der Nichtberechtigung des Veräußerers zu erfahren ist sicherlich nicht gering und müsste alleinig vom Erwerber getragen werden, obwohl dieser sich während des bisherigen Erwerbsvorganges vorschriftgemäß verhalten hat.

Der Erwerber wäre somit, ohne auf den Eintragungsvorgang aktiv und beschleunigend einwirken zu können, dazu verdonnert, völlig hilflos den Vollzug der Eintragung abzuwarten und sämtliche nachträglichen, negativen Sachverhaltsänderungen hinzunehmen.

Genauso wie bei den nachträglichen Verfügungsbeschränkungen hat der Gesetzgeber auch hier auf die unbilligen Ergebnisse durch Wahrung des Eintragungsgrundsatzes reagiert.

In § 892 II BGB wurde deshalb auch bei einem Erwerb von einem Nichtberechtigten eine Norm in das BGB aufgenommen, die nach Sinn und Zweck exakt der Vorschrift des § 878 BGB entspricht. Demzufolge ist ausnahmsweise die Kenntnis des Erwerbers im Zeitpunkt der Stellung des Antrages auf Eintragung maßgebend, wenn zu dem Erwerb des Rechts nur noch die Eintragung erforderlich ist, § 892 II BGB.

hemmer-Methode: Erinnern Sie sich an die Ausführungen zu § 878 BGB! Das keine weiteren Erfordernisse, wie z.B. die Genehmigung oder die Einigung, sondern nur noch die tatsächliche formelle Eintragung fehlen darf, ist ein ungeschriebenes Tatbestandsmerkmal. Der Gesetzestext des § 892 II BGB ist deshalb dahingehend auszulegen!!

Dies ist hier ohne weiteres zu bejahen. K wurde von G am 07.06. über die wahre Eigentumslage aufgeklärt. Dieses Ereignis lag genau zwischen dem Eingang des Eintragungsantrages beim GBA (01.06.) und der tatsächlichen Eintragung des K im Grundbuch (12.06.). Da K somit im Zeitpunkt der Antragstellung keine Kenntnis von der Nichtberechtigung des E hatte, war die Übereignung E-K wirksam, § 892 II BGB.

Anmerkung: Die Wirkung des § 892 II BGB hilft nicht, wenn nach Antragstellung ein Widerspruch eingetragen wird oder wenn die Unrichtigkeit des Grundbuchs noch vor Eintragung korrigiert wird! (Palandt, § 892, Rn.9).

2. Zeitpunkt des 10.05.

Nach diesen Ergebnissen ist ein gutgläubiger Erwerb bei Kenntnis ab dem 10.05. ausgeschlossen, weil K noch vor Vollendung der Rechtsänderung bösgläubig wurde und zudem gerade nicht die Voraussetzungen des § 892 II BGB vorliegen.

V. Lösung Frage 3

Selbstverständlich muss die zwischenzeitliche Berichtigung des Grundbuchs Auswirkungen auf einen gutgläubigen Erwerb haben.

§ 892 I BGB verlangt an erster Stelle die Unrichtigkeit des Grundbuchinhaltes, die bis zur Vollendung des Rechtserwerbs fortbestehen muss (Eintragung am 12.06.). Wird allerdings wie in der vorliegenden Fallvariante das Grundbuch vorher einer Berichtigung unterzogen (26.05.), so scheitert § 892 BGB schon daran, dass das Grundbuch nicht mehr unrichtig ist. G ist der materiell-rechtlichen Lage entsprechend eingetragen und bleibt Eigentümer des Grundstücks.

VI. Zusammenfassung

- Wie der Fall deutlich macht, können in der Tat unrichtig eingetragene Grundstücksrechte von Dritten unter bestimmten Voraussetzungen gutgläubig erworben werden. Dies ist aber nur dann der Fall, wenn der Erwerber für die gesamte Dauer des Rechtserwerbs gutgläubig ist.
- Erlangt der Erwerber vor Vollendung des Rechtserwerbs positive Kenntnis, ist ein gutgläubiger Erwerb außer in der Sonderkonstellation des § 892 II BGB ausgeschlossen.

hemmer-Methode: Der Schutz desjenigen, der im Grundstücksverkehr auf die Richtigkeit des Grundbuchs vertraut ist aber nur die eine Seite der Medaille. Auch die Rechtsposition des bereits im Grundbuch Eingetragenen wird gerade hinsichtlich der Beweislastverteilung im Zivilprozess entscheidend gestärkt.

Nach § 891 I BGB wird vermutet, dass demjenigen, für den ein Recht eingetragen ist, dieses Recht auch zusteht. Dementsprechend muss nicht der Eingetragene, sondern derjenige, der dieses Recht bestreitet, sein Recht einem Beweis zuführen.

VII. Zur Vertiefung

Über den Gutglaubenserwerb nach § 892 BGB

- Hemmer/Wüst Sachenrecht III, Rn. 79 ff.

Zum § 892 II BGB

- Hemmer/Wüst Sachenrecht III, Rn. 90 ff.

Übersicht über lesenswerte Rechtsprechung

- BGH BB 63, 286; BGH Rpfleger 80, 336= **juris**byhemmer; BGH NJW 2001, 359 = **juris**byhemmer.

Fall 8: Der Erwerb eines Dritten vom Nichtberechtigten

Sachverhalt:

E ist als Eigentümer eines Grundstücks im Grundbuch eingetragen, wahrer Eigentümer ist G. E stirbt, sein Sohn B ist Alleinerbe. Eine Grundbuchumschreibung bzgl. des Grundstücks von E auf B wird zunächst zurückgestellt und schließlich vergessen. Kurze Zeit später findet der B in den Unterlagen seines Vaters ein der Wahrheit tatsächlich entsprechendes schuldrechtliches Anerkenntnisschreiben mit dem Inhalt, dass das Eigentum am Grundstück nicht dem E sondern dem G zusteht und er es aus „Kameradschaft nur bebauen und nutzen dürfe, bis er nach Überwindung der schrecklichen Kriegszeit wieder auf eigenen Beinen stehen könne".

B überlegt sich was er nun tun könne, um den Grundstückswert nicht wieder zu verlieren. Er entschließt sich kurzerhand, das Grundstück an den D zu verkaufen und aufzulassen, was drei Tage später auch passiert. Während der Vertragsverhandlungen und dem Termin beim Notar, fällt dem D an B eine übermäßige Nervosität auf, so dass er sich überlegt, ob mit dem Eigentum am Grundstück irgendetwas nicht stimmen könnte. Ferner macht es ihm Sorgen, dass nicht der B selbst, sondern noch immer der E im Grundbuch eingetragen ist. Er verwirft jedoch sein Misstrauen schnell wieder, als er sich überlegt, dass eine Überprüfung des B nur Geld und Arbeit kostet. D wird daraufhin als Eigentümer ins Grundbuch eingetragen.

Frage 1: *Überprüfen Sie, wer Eigentümer des Grundstücks ist!*

Frage 2: *Es stellt sich heraus, dass das Grundstück des G mit einem Nutzungsrecht am Kanalanschluss zugunsten des Grundstücks des H belastet gewesen ist. Diese Dienstbarkeit war zunächst auch ordnungsgemäß eingetragen worden, bei der fälschlicherweise erfolgten Umschreibung und Eintragung des E ist diese jedoch aus Versehen nicht mehr berücksichtigt worden. H will den Anschluss auch weiterhin nutzen, schließlich war das doch „ordnungsgemäß mit G ausgemacht". Wie ist zu entscheiden, wenn angenommen wird, dass D Eigentümer des Grundstücks geworden ist?*

I. Einordnung

Ein Fall, der auf den ersten Blick nicht sehr viele Problemstellungen beinhaltet. In solchen Fällen gilt das Motto: Juristisch schlüssig aufbauen und beginnen - die Probleme finden sich unter Beachtung der angebotenen Prüfungsschemata von selbst!

Eine typische sachenrechtliche Klausurfrage stellt sich unter 1.

Wird völlig abstrakt nach der Eigentumslage an einem Grundstück gefragt, ist ein chronologischer Prüfungsaufbau geboten. Ausgehend vom Eigentum des G ist der Reihe nach zu prüfen, ob E, S oder schließlich D Eigentum am Grundstück erworben haben könnten.

Unter 2. sollen Sie sich mit der Frage auseinandersetzen, ob die Grunddienstbarkeit auch gegenüber D fortbesteht oder ob eventuell ein lastenfreier Erwerb eingetreten ist.

II. Gliederung

Frage 1

1. **Eigentum des G**
2. **Übereignung G-E**

§§ 873, 925 BGB (-), weil zu keiner Zeit dingliche Einigung stattfand

3. **Übereignung E-B**

§§ 873, 925 BGB (-)

Eigentumsübergang nach § 1922

(P): E war nicht Eigentümer und damit Nichtberechtigter

Kein Gutglaubenserwerb nach § 892 BGB möglich: Zwar Unrichtigkeit des GB, aber kein rg. Erwerb des B

4. **Übereignung B-D gem. §§ 873, 925, 892 BGB**

Einigung (+)

Eintragung (+)

Einigsein (+)

Berechtigung (-), aber evtl. gutgläubiger Erwerb **nach § 892 I BGB**

- Unrichtigkeit des Grundbuchs (+)
- rg. Erwerb/ Verkehrsgeschäft (+)
- Legitimation des B: **(P):** B eigentlich nicht im GB eingetragen, seine Legitimation ergibt sich aber aus § 1922 BGB
- Kenntnis des D: **(P):** positive Kenntnis? Zweifel oder Misstrauen reichen nicht

Frage 2:
Lastenfreier Erwerb (+)

Diesbzgl. ergeben sich im Rahmen der Prüfung des § 892 BGB keine Besonderheiten

III. Lösung Frage 1

1. Eigentum des G

Ursprünglich war G Eigentümer des Grundstücks.

2. Übereignung G-E

G hat das Eigentum auch nicht an seinen Kriegskameraden E verloren. §§ 873, 925 BGB setzen eine Auflassung voraus, die zu keiner Zeit erklärt wurde.

3. Eigentumsübertragung E-B

Auch hier haben sich die Parteien E-B nicht über einen Eigentumsübergang geeinigt, so dass aufgrund der Nichtberechtigung des E sein Sohn auch nicht gutgläubig Eigentum am Grundstück erwerben konnte. Die §§ 873, 925, 892 BGB scheiden aus.

Fraglich ist jedoch, ob B eventuell als Erbe des E Eigentümer des Grundstücks geworden sein könnte. Gem. § 1922 I BGB geht mit dem Tode einer Person (Erbfall) deren Vermögen (Erbschaft) als Ganzes auf eine oder mehrere andere Personen (Erben) über. Damit erwirbt der Erbe sämtliche bereits bestehenden, vermögensrechtlichen Beziehungen, Anwartschaftsrechte, Bindungen und Lasten, schwebende Rechtsbeziehungen sowie auch bedingte oder künftige Rechte. Bei Grundstücken ist nicht nur das Eigentum vererblich, sondern schon die Rechtsstellung aus der erblichen Auflassung. Davon ausgeschlossen sind lediglich die höchstpersönlichen Rechte des Verstorbenen.

Im vorliegenden Fall muss jedoch festgestellt werden, dass dem E in keiner Hinsicht Rechte am Grundstück des G zustanden. Eine lediglich schuldrechtlich wirkende Nutzungs- und Bebauungsregelung vermag es möglicherweise ein Recht zum Besitz i.S.d. § 986 BGB einzuräumen, nicht jedoch eine Eigentümerstellung des G aus den Angeln zu heben. Da E folglich nicht Eigentümer des Grundstücks gewesen ist, konnte B auch kein Eigentum erben.

Es ist aber zu diskutieren, ob nicht B eventuell gutgläubig Eigentum am Grundstück des G erworben haben könnte.

In der Tat ist das Grundbuch infolge der Eintragung des E als Eigentümer unrichtig. Unter strenger Beachtung des Wortlautes möchte § 892 I BGB jedoch nur den rechtsgeschäftlichen Erwerb durch Verkehrsgeschäfte, also auf dingliche Rechtsänderung gerichtete Rechtsgeschäfte schützen. Hierzu zählen gerade Rechtserwerbstatbestände kraft Gesetz, wie z.B. die Erbfolge oder kraft Staatsakt nicht. Ein gutgläubiger Erwerb des B scheidet i.R.d. § 1922 I BGB aus.

4. Eigentumserwerb des D

Möglicherweise könnte D gutgläubig vom Nichtberechtigten B Eigentum erworben haben, §§ 873, 925, 892 BGB.

a) §§ 873, 925 BGB

Die Auflassung von B an D wurde formgerecht erklärt.

Die Parteien waren sich auch bis zur Eintragung des D ins Grundbuch über den Eigentumserwerb des D einig.

b) Voraussetzungen des § 892 I BGB

Die Nichtberechtigung des B könnte eventuell durch § 892 I BGB überwunden werden.

aa) Unrichtigkeit des Grundbuchs

Nicht der materiell-rechtlich wahre Eigentümer G, sondern der E war im Grundbuch eingetragen. Das Grundbuch ist unrichtig.

bb) Rg. Erwerb/ Verkehrsgeschäft

Mithin liegt auch ein rechtsgeschäftlicher Erwerb i.S.e. Verkehrsgeschäftes vor.

cc) Legitimation des B

Nach dem Erbfall wurde die grundbuchrechtliche Umschreibung von E auf B zunächst ausgesetzt und schließlich ganz vergessen. Mangels Eintragung des B könnte es deshalb an der für § 892 I BGB erforderlichen Legitimation des B fehlen.

Wie bereits angesprochen, tritt jedoch nach § 1922 I BGB der Erbe in sämtliche Rechtspositionen des Erblassers ein, also auch in dessen Grundbuchposition. Der Erbe ist also direkt als Berechtigter legitimiert, obwohl noch der Erblasser im Grundbuch eingetragen ist. Durch diese Gleichstellung wird also auch der von § 892 I BGB geforderte Rechtsschein auf den B übertragen. Grundbuchrechtlich ergibt sich die Entbehrlichkeit der Umschreibung aus § 40 GBO.

I.E. war B im Zuge der Gesamtrechtsnachfolge i.S.d. § 1922 I BGB direkt als Berechtigter legitimiert.

hemmer-Methode: Bedenken Sie noch Folgendes: Im vorliegenden Fall kauft D von einer ihm unbekannten Person, die nicht einmal im GB eingetragen ist, ein Grundstück. Hätten Sie sich nicht die Erbenstellung durch einen Erbschein nachweisen lassen? Wäre also auch hier der B nur bei Erbscheinsvorlage legitimiert gewesen? – Nein! Hier krankt das Rechtsgeschäft ja gerade nicht an der fehlenden Erbenstellung des B, sondern an der Nichtberechtigung des E. Nur diese soll mit § 892 I BGB überwunden werden!

dd) Keine positive Kenntnis des D

Dem D fiel bereits bei Wahrnehmung des Notartermins eine übermäßig hohe Nervosität des B auf, woraus neben einem allgemeinen Misstrauen des B auch seine Überlegungen resultierten, ob mit dem Eigentum des B eventuell etwas nicht stimmen könnte. Lediglich von Bequemlichkeits- und Kostengründen geleitet, lässt sich der D nicht weiter dazu hinreißen, weitere Untersuchungen und Nachprüfungen bzgl. der Eigentumssituation am Grundstück anzustellen. Hätte D jedoch den Sachverhalt weiter ermittelt, hätte sich mit großer Wahrscheinlichkeit die Eigentumsposition des G aufgetan. Es stellt sich also die Frage, ob sich diese Untätigkeit des D als eine fahrlässige Unkenntnis der rechtswidrigen Lage zu werten sein könnte und so eventuell einem Gutglaubenserwerb nach § 892 I BGB scheitert.

hemmer-Methode: Aber Vorsicht an dieser Stelle!! Lassen Sie sich vom Klausurersteller nicht in die Irre führen!! Im Sachverhalt geht es immer nur darum, was D bzgl. seines persönlichen Vertragspartners B denkt.

Da aber noch immer der E im Grundbuch eingetragen ist und der B nach seinem Rechtseintritt nur als legitimierter Berechtigter handelt, muss bzgl. der positiven Kenntnis des D auf das Eigentum des E abgestellt werden.
M.a.W.: Hatte der D positive Kenntnis davon, dass in Wirklichkeit das Grundstück nicht dem E gehörte?

Gem. § 892 I BGB gilt zugunsten desjenigen, der ein Recht an einem Grundstück durch Rechtsgeschäft erwirbt, der Inhalt des Grundbuchs als richtig, es sei denn, dass die Unrichtigkeit dem Erwerber bekannt ist.

Wie der Wortlaut dieser Vorschrift zeigt, reicht im krassen Gegensatz zur mobiliarsachenrechtlichen Regelung des § 932 II BGB eine grob fahrlässige Unkenntnis des Nichteigentums gerade nicht aus. Vielmehr muss die Kenntnis des Erwerbers positiv festgestellt werden können. Dies führt eben dazu, dass bloße Zweifel an der Rechtslage oder die billigende Inkaufnahme der Nichtberechtigung des Veräußerers den gutgläubigen Erwerb nach § 892 I BGB nicht zu Fall bringen können (m.w.N.: Palandt: § 892, Rn. 24 f.). Die Rspr. geht an dieser Stelle sogar noch einen Schritt weiter, indem sie feststellt, dass den Erwerber selbst bei Misstrauen keine weitere Erkundungspflicht trifft.

hemmer-Methode: Den Begriff der „positiven Kenntnis" einzugrenzen, ist sicherlich nicht immer leicht. Klärt der Veräußerer den Sachverhalt insoweit auf, dass sich ein redlich Denkender der Überzeugung von ihr nicht mehr verschließen kann (BGH LM Nr. 5), ist positive Kenntnis wohl zu bejahen.

D war demzufolge nicht verpflichtet weitere Erkundigungen über die Rechtslage am Grundstück einzuholen. Seine Zweifel rechtfertigen indes die Annahme einer positiven Kenntnis der Nichtberechtigung des E i.S.d. § 892 I BGB nicht. D hat rechtswirksam Eigentum am Grundstück des G erlangt.

IV. Lösung Frage 2

G hat sein Grundstück mit einer Dienstbarkeit zugunsten des Grundstücks des H belastet, §§ 1018 ff. BGB. Dieses Kanalanschlussrecht wirkt grds. auch gegenüber dem D fort, es sei denn es käme ein gutgläubiger lastenfreier Erwerb des Grundstücks nach § 892 I BGB in Frage.

Voraussetzungen des § 892 I BGB

Aus Versehen wurde die Grunddienstbarkeit vom zuständigen Rechtspfleger bei der nicht gerechtfertigten Umschreibung der Grundbuchposition auf den E fälschlicherweise nicht mehr berücksichtigt. Gem. § 46 II GBO gilt ein Recht in Ansehung des Grundstücks oder des Teils als gelöscht, wenn es bei der Übertragung nicht mitübertragen wird. Allerdings ist die Nichtübertragung und Löschung aus dem GB ein rein formelles Problem, das auf die materiell-rechtliche Situation keinen Einfluss hat. Da die Grunddienstbarkeit weiter fortbesteht, nicht aber im GB vermerkt wurde, ist der Grundbuchinhalt unrichtig.

D hat von B das Grundstück rechtsgeschäftlich i.S. eines Verkehrsgeschäfts erworben. B war zudem als Gesamtrechtsnachfolger direkt als Berechtigter legitimiert, § 1922 I BGB (s.o.).

Zudem hatte er bis zur Vollendung des Rechtserwerbs (Eintragung) keine Kenntnis vom Bestehen einer derartigen Dienstbarkeit bzw. der diesbzgl. Nichtberechtigung des E. Schließlich war auch ein gegen diese Rechtslage sprechender Widerspruch nicht eingetragen, § 899 I BGB.

Die Voraussetzungen des § 892 I BGB sind erfüllt. Damit gilt das Grundbuch zugunsten des D als richtig bzw. als vollständig und ist infolge der Löschung der Dienstbarkeit aus dem GB als unbeschränkt anzusehen. D hat lastenfreies Eigentum am Grundstück erworben, die Grunddienstbarkeit ist untergegangen (Palandt: § 892, Rn. 15 f.).

V. Zusammenfassung

- § 892 BGB schützt nur einen rechtsgeschäftlichen Erwerb.
- Selbst wenn der unmittelbar verfügende Erbe nicht im Grundbuch eingetragen ist, gilt er als direkt legitimiert.
- Dem Erwerber darf die Nichtberechtigung nicht positiv bekannt sein. Dies ist selbst dann zu bejahen, wenn der Erwerber ernsthafte Zweifel oder hohes Misstrauen empfindet. Eine grds. Nachforschungs- und Erkundungspflicht besteht nicht.
- Ein Grundstück kann unter den Voraussetzungen des § 892 I BGB auch frei von beschränkt dinglichen Rechten erworben werden.

VI. Zur Vertiefung

Zu den Einzelproblemen des § 892

- Hemmer/Wüst SachenR III, Rn. 86 ff.

Rechtsprechungsübersicht

- Karlsruhe NJW-RR 98, 445 = **juris**byhemmer; LG Bayr MittBayNot 87, 200; BayObLG NJW-RR 89, 907 = **juris**byhemmer; RG 156, 122; Hamm NJW-RR 93, 1295 = **juris**byhemmer.

Fall 9: Der Vorerbe und seine Beschränkungen

Sachverhalt:

Die Eheleute E und F haben sich nach Muster des ehemaligen sog. „Berliner Testaments“ unter Berücksichtigung des Trennungsprinzips im Falle ihres Ablebens gegenseitig und ihren Sohn S als Erben des Überlebenden eingesetzt.

Zum Vermögen des E gehört unter anderem ein 2000 qm großes Grundstück in einem anliegenden Gewerbegebiet, welches sich im Besitz des S befindet. Als E 2018 verstirbt, wird seine Frau F als neue Eigentümerin des Grundstücks eingetragen, ein Verweis auf die im Testament geregelte Erbfolge unterbleibt. Frau F möchte nach einiger Zeit das Grundstück an die D-KG, an der sie selbst als Kommanditistin beteiligt ist, veräußern. Ihr Sohn S ist damit nicht einverstanden. Er will das Grundstück später für seine eigene Firma benutzen. Nach langatmigen Streitereien verkauft die F dennoch und lässt das Grundstück an die D-KG auf, die daraufhin in das Grundbuch eingetragen wird. Was alle Beteiligten nicht wissen ist, dass E das Grundstück im Jahre 2015 von C gekauft hatte und als Eigentümer ins GB eingetragen wurde. Allerdings war C zu dieser Zeit wegen seiner geistigen Behinderung nicht in der Lage, das Grundstück rechtswirksam zu übereignen. Dieser Sachverhalt konnte von den Berechtigten jedoch bisher nicht aufgeklärt werden.

Frage 1: *Kann die D-KG Herausgabe des Grundstücks von S verlangen?*

Frage 2: *Stellen Sie sich vor, das Grundstück gehörte wirklich dem E. Hat die D-KG Eigentum am Grundstück erworben?*

I. Einordnung

Soll die Rechtslage an einem Grundstück geprüft werden, wird Ihnen neben der abstrakten Fragestellung nach dem Eigentümer wahrscheinlich ein Anspruch aus § 985 BGB über den Weg laufen. Halten Sie sich dann an folgendes Prüfungsschema:

- Anspruchsberechtigter ist Eigentümer
- Anspruchsgegner ist unmittelbarer oder mittelbarer Besitzer
- Besitzer hat kein Recht zum Besitz i.S.d. § 986 BGB

Auch im Fall 9 geht es wieder um Problempunkte des § 892 I BGB, die sich Ihnen schnell offenbaren werden, wenn Sie das angegebene Prüfungsschema im Auge behalten.

Aber vergessen Sie auch hier nicht den Grundsatz „Wer von wem was woraus?“

Anspruchssteller ist eine KG, so dass gleich zu Beginn auch die einschlägigen Normen zur Rechtsfähigkeit und zur Stellvertretung durch den Geschäftsführer genannt werden müssen.

II. Gliederung

Frage 1:
E als Nichteigentümer

Anspruch der D-KG gegen S auf Herausgabe des Grundstücks, § 985 BGB

Voraussetzungen:

(P): D-KG als Personengesellschaft
⇨ Rechtsfähigkeit §§ 161 II, 124 I HGB
⇨ Vertretung durch den Gesellschafter §§ 161 II, 125 I, 170 HGB

1. Eigentum der D-KG

- Ursprünglich war C Eigentümer
- Übereignung C-E: **(P):** Geistige Behinderung des C ⇨ Auflassung (-), da dingliche Einigung an den §§ 104 Nr. 2, 105 I BGB scheitert.
- Eigentum der F (-), § 1922 (-), kein gutgläubiger Erwerb möglich
- Übereignung F - D-KG: §§ 873, 925 BGB: **(P):** Nichtberechtigung der F über § 892 I BGB überwunden ⇨ Unrichtigkeit des GB (+), **(P):** rg. Erwerb an sich (+), aber Verkehrsgeschäft nur bei Personenverschiedenheit ⇨ bei bloßer Beteiligung als Kommanditist (+), da keine wirtschaftliche Identität; Legitimation der F (+), positive Kenntnis (-).

Ergebnis: D-KG wird Eigentümerin

2. S als unmittelbarer Besitzer (+)

3. Kein Recht zum Besitz (+)

4. Ergebnis: Anspruch aus § 985 BGB

Frage 2:
E als Eigentümer

Voraussetzungen der §§ 873, 925 BGB

1. Einigung (+)

2. Eintragung (+)

3. Einigsein (+)

4. Berechtigung (+), **(P):** Verfügungsbefugnis eines Vorerben nach § 2113 I BGB beschränkt ⇨ aber: Geltung dieses Grundsatzes nur bei Eintritt der Nacherbfolge ⇨ hier (-) ⇨außerdem Schutz der D-KG über § 2113 III i.V.m. § 892 BGB ⇨ D-KG ist auch hier Eigentümerin des Grundstücks

III. Lösung Frage 1

Die D-KG könnte gegen S einen Anspruch auf Herausgabe des Grundstücks aus § 985 BGB haben.

Trotz ihres Charakters als Personengesellschaft kann die D-KG anspruchsberechtigt sein. Sie ist nach den §§ 161 II, 124 I HGB rechtsfähig und wird gem. §§ 161 II, 125 I HGB von ihrem Komplementär V gerichtlich und außergerichtlich vertreten.

Voraussetzung des Herausgabeanspruchs aus § 985 BGB wäre neben dem Eigentum der D-KG ein fehlendes Besitzrecht des unmittelbaren Besitzers S, § 986 I BGB.

1. Eigentum der D-KG

An erster Stelle ist zu ermitteln, ob die anspruchsberechtigte D-KG überhaupt Eigentümerin des Grundstücks geworden ist.

a) Eigentum des C

Ursprünglich war C rechtmäßiger Eigentümer und im Grundbuch eingetragen.

b) Übereignung an den E

Fraglich ist, ob der C sein Eigentum an den E verloren hat. In der Tat haben sich beide Parteien über den Eigentumsübergang formgerecht geeinigt, woraufhin auch E ins Grundbuch eingetragen wurde. Allerdings war die Auflassung C-E unwirksam, da sich C wegen seiner geistigen Behinderung nicht über den Eigentumsübergang wirksam einigen konnte, §§ 104 Nr. 2, 105 I BGB.

hemmer-Methode: Begehen Sie nicht den tödlichen Fehler und prüfen den § 892 I BGB an. C war Eigentümer und Berechtigter des Grundstücks. Die §§ 878, 892 BGB überwinden ausschließlich Mängel dieser Art, nicht aber Fehler bei Vertragsschlüssen oder Willenserklärungen i.R.d. Einigung.

C blieb Eigentümer des Grundstücks.

c) Eigentum der F nach Eintritt des Erbfalls

C hat auch sein Eigentum nicht an die gutgläubige F verloren. F kann als alleinige Vorerbin des E nur in dessen tatsächlich bestehende Eigentümerrechte eintreten, was bzgl. des Grundstücks gerade nicht der Fall war.

Möglich wäre aufgrund der Nichtberechtigung des E lediglich ein gutgläubiger Erwerb nach § 892 I BGB, der jedoch mangels eines rechtsgeschäftlichen Erwerbs ausscheiden muss (s.o.).

d) Eigentumsverlust durch gutgläubigen Erwerb der D-KG

Möglicherweise hat C sein Eigentum infolge der Übereignung F - D-KG verloren, §§ 873, 925, 892 I BGB.

aa) Auflassung und Eintragung

Die Auflassung F - D-KG sowie die Eintragung der D-KG ins Grundbuch sind erfolgt.

bb) Nichtberechtigung der F

Die Nichtberechtigung der F könnte evtl. durch die Anwendung des § 892 I BGB zu überwinden sein.

Das Grundbuch ist unrichtig, da die F und nicht der in Wahrheit Berechtigte C als Eigentümer ausgewiesen ist. Ferner liegt ein rechtsgeschäftlicher Erwerb der D-KG vor; die F ist durch ihre Grundbucheintragung direkt legitimiert. Schließlich kann keine positive Kenntnis weder des Gesellschafters, noch der Kommanditistin F festgestellt werden, die evtl. der D-KG entsprechend zugerechnet werden müsste. Da auch kein Widerspruch besteht, scheint einem gutgläubigen Erwerb der D-KG von der F nichts im Wege zu stehen.

cc) Problem der wirtschaftlichen Identität

Es muss jedoch berücksichtigt werden, dass die F das Grundstück nicht an eine unbekannte und völlig unabhängige dritte Person übereignet hat, sondern an eine KG, in der sie selbst als Kommanditistin involviert ist. Würde man das vorliegende Verfügungsgeschäft deshalb nicht als sog. Verkehrsgeschäft einstufen, so wäre auch ein gutgläubiger Erwerb nach § 892 I BGB unmöglich, der dieses ungeschriebene Tatbestandsmerkmal in sich birgt.

Ein Verkehrsgeschäft liegt vor, wenn auf der Erwerberseite mindestens eine Person beteiligt ist, die nicht auch der Veräußererseite angehört. Daraus ist zu folgern, dass gerade kein Gutglaubensschutz gewollt ist, wenn eine persönliche oder wirtschaftliche Identität zwischen den beiden Vertragsparteien nachgewiesen werden kann.

Mit einer persönlichen Identität ist der Fall gemeint, dass nur eine einzige Person handelt und sich hierbei selbst Rechte einräumt, wie z.B. der Bucheigentümer bestellt sich Eigentumsrechte oder behält sich bei der Übereignung eines Grundstücks beschränkt dingliche Rechte vor (Palandt. § 892, Rn. 6).

Unter einer wirtschaftlichen Identität hingegen ist zu verstehen, dass zwar auf beiden Vertragsseiten in wirtschaftlicher Hinsicht dieselben Personen handeln, diese aber rein formell aufgrund ihrer Verbindung oder ihrer Geschäftsform im Rechtsverkehr strikt zu trennen sind. Veräußert beispielsweise der einzige Gesellschafter G sein Grundstück an seine GmbH, so stehen auf beiden Seiten aus objektiver Sicht zwei verschiedene Personen, in wirtschaftlicher Hinsicht kommt das Rechtsgeschäft aber nur dem G zugute. Die gleichen Grundsätze gelten darüber hinaus auch dann, wenn es um Übertragungen auf den Strohmann oder Treuhänder des Veräußerers geht oder Gesamthandanteile auf eine juristische Person, die aus denselben Mitgliedern wie die Gesamthandgemeinschaft besteht, übereignet werden sollen (m.w.N.: Palandt: § 892, Rn. 6).

Im vorliegenden Fall hat F als Kommanditistin ihr Grundstück an die D-KG übereignet. Auf der einen Seite steht somit die F als Veräußerin, auf der anderen Seite die D-KG als Erwerberin. Dem Gutglaubenserwerb der D-KG steht somit schon einmal keine reine Personenidentität entgegen.

Trotz der Feststellung einer objektiven Personenverschiedenheit wäre § 892 I BGB abzulehnen, wenn eine wirtschaftliche Identität gegeben wäre. Eine derart enge wirtschaftliche Verbindung zwischen einer KG und der Kommanditistin zu konstruieren, so dass gleich von einer wirtschaftlichen Identität ausgegangen werden könnte, ist jedoch eher zweifelhaft.
Die Kommanditisten fungieren in praktischer Hinsicht als Geldgeber der KG. Ihre insgesamt schwache Stellung zeigt sich vor allem darin, dass die Geschäftsführung den Komplementären zusteht, § 164 S. 1 1. HS HGB, während die Kommanditisten grds. von der Geschäftsführung ausgeschlossen sind. Nur bei außergewöhnlichen Geschäften der KG bedarf es eines Beschlusses, bei dem auch die Kommanditisten mitzuwirken haben, §§ 164 S. 1, 116 II HGB. Zudem erhalten sie auch bei der Gewinnausschüttung nur einen ihrem Anteil entsprechenden Betrag.

Unter verständiger Würdigung dieser Gesichtspunkte ist nur von einer reinen Beteiligung der Kommanditisten an der KG zu sprechen. Aufgrund der vielen Trennungskriterien sind KG und Kommanditist wirtschaftlich betrachtet personenverschieden; eine wirtschaftliche Identität ist zu verneinen.

I.E. liegt ein Verkehrsgeschäft vor. Da mithin kein Widerspruch eingetragen wurde, hat die D-KG, vertreten durch ihren Gesellschafter V gutgläubig von der F Eigentum am Grundstück erworben.

2. S als unmittelbarer Besitzer

S ist durch seine permanente Nutzung unmittelbarer Besitzer des Grundstücks.

3. Kein Recht zum Besitz

Da dem S weder dingliche, obligatorische oder sonstige Rechte zustehen, hat er kein Recht zum Besitz nach § 986 I S. 1 BGB.

4. Endergebnis Frage 1

Der D-KG steht ein Anspruch aus § 985 I BGB zu.

IV. Lösung Frage 2

1. §§ 873, 925 BGB

Dem Grunde nach liegen alle Voraussetzungen der §§ 873, 925 BGB vor.

F hat als berechtigte Vorerbin hinsichtlich des Vermögens ihres Mannes das Grundstück an die D-KG aufgelassen, die daraufhin im Grundbuch als neue Eigentümerin eingetragen worden ist.

2. Beschränkung der Verfügungsbefugnis, §§ 2269 I, 2113 I BGB

Es stellt sich jedoch die Frage, ob die F aufgrund ihrer erbrechtlichen Stellung, zum Zwecke der Sicherung und Aufrechterhaltung von Vermögenswerten zu Gunsten des Nacherben S, von vornherein in ihrer Verfügungsbefugnis beschränkt gewesen sein könnte.

a) Gegenseitige Erbeinsetzung - Trennungsprinzip

Gemäß den Anforderungen des § 2269 I BGB haben die Ehepartner E und F in einem gemeinschaftlichen Testament bestimmt, dass sie sich gegenseitig als Erben einsetzen und dass nach dem Tode des Überlebenden der beiderseitige Nachlass an ihren Sohn S fallen soll. Unter Berücksichtigung des Trennungsprinzips, was bedeutet, dass beide Vermögensmassen der Eheleute grds. getrennt bleiben, wird die F mit dem Tode ihres Mannes E bzgl. dessen Vermögen Vorerbin, der einzige Sohn S Nacherbe.

b) Verfügungsbeschränkung für den Fall des Eintritts der Nacherbschaft

F kann demnach über ihr eigenes Vermögen frei verfügen, während sie hinsichtlich des Nachlasses ihres verstorbenen Mannes der allgemeinen Verfügungsbeschränkung eines Vorerben unterworfen ist.

Gem. § 2113 I BGB ist eine Verfügung des Vorerben über ein zur Erbschaft gehörendes Grundstück oder Recht an einem Grundstück im Falle des Eintritts der Nacherbfolge insoweit unwirksam, als sie das Recht des Nacherben vereiteln oder beeinträchtigen würde.

hemmer-Methode: Der Nacherbe erwirbt bereits mit dem Erbfall, d.h. mit dem Tod des zuerst versterbenden Ehepartners ein Anwartschaftsrecht an dessen Nachlass.

c) Keine Verfügungsbeschränkung der F im vorliegenden Fall

Diese Regelung gilt explizit erst, wenn der Nacherbfall eingetreten ist. Die Verfügungen des Vorerben über den Nachlass des Verstorbenen sind also vor diesem Zeitpunkt zunächst wirksam. Erst mit dem Eintritt des Nacherbfalles entfaltet der Schutzcharakter des Anwartschaftsrechts des Nacherben seine volle Wirkung, indem gem. § 2113 I BGB der Erwerber sein Eigentumsrecht nachträglich wieder verlieren kann.

Nachdem F noch nicht verstorben ist, hat dies für den vorliegenden Fall zur Konsequenz, dass F im Zeitpunkt der Übereignung des Grundstücks an die D-KG keiner Verfügungsbeschränkung unterworfen war und folglich die D-KG rechtmäßige Eigentümerin des Grundstücks geworden ist.

3. Gutglaubenserwerb der D-KG bzgl. Eintritts des Nacherbfalls

Trotz dieses Ergebnisses dürfte der neue Eigentümer nicht sehr glücklich sein, denn was soll er mit einem Grundstück anfangen, dass ihm nach einer gewissen Zeit wieder vom Nacherben S ohne weiteres weggenommen werden kann.

Dieser Diskrepanz hinsichtlich der Schutzbedürftigkeit des Anwartschaftsberechtigten und dem Schutz von bestandskräftigem Eigentum des Erwerbers hat der Gesetzgeber in § 2113 III BGB Rechnung getragen.

Demnach finden die Vorschriften zugunsten derjenigen, welche Rechte von einem Nichtberechtigten herleiten, entsprechende Anwendung. Die von F vorgenommene Verfügung würde also im Nacherbfall nicht unwirksam, wenn die Erwerberin hinsichtlich der Verfügungsbeschränkung des § 2113 I, II BGB gutgläubig gewesen war.

Dies war hier der Fall. Die D-KG vertreten durch den Gesellschafter V hatte keine positive Kenntnis von der Anordnung der Nacherbschaft, zumal diese auch nicht aus dem Grundbuch ersichtlich war.

Dasselbe gilt auch für die Kommanditistin F. Diese hatte zwar Kenntnis von der Existenz der Anordnung einer Nacherbschaft. Es kann ihr aber mangels näherer Angaben nicht unterstellt werden, sie hätte als Laie auch bzgl. der Verfügungsbeschränkung positive Kenntnis.

4. Ergebnis

Die D-KG hat nach §§ 2113 III, 892 I BGB gutgläubig bestandskräftiges Eigentum von der F erworben. S kann ihr das Grundstück auch nach Eintritt des Nacherbfalles nicht wieder entziehen.

V. Zusammenfassung

- Ein Verkehrsgeschäft i.S.d. § 892 I BGB scheitert nicht nur an einer persönlichen, sondern auch an einer wirtschaftlichen Identität.
- Der Vorerbe ist bei Eintritt des Nacherbfalls an die Beschränkungen des § 2113 I, II BGB gebunden. Der Erwerber wird allerdings unter den Voraussetzungen der §§ 2113 III i.V.m. 892 I BGB vor etwaigen Rechtsfolgen des Eintritts der Nacherbschaft geschützt.

VI. Zur Vertiefung

Zur wirtschaftlichen Identität im Rahmen des Verkehrsgeschäfts

- Hemmer/Wüst SachenR III, Rn. 84 ff.
- BGH Life&Law 2007, 741 ff.

Über die gegenseitige Erbeinsetzung

- Hemmer/Wüst Erbrecht, Rn. 107 ff.

Fall 10: Der Schutzbereich des § 892 I S. 2 BGB

Sachverhalt:

E ist als rechtmäßiger Eigentümer eines Grundstücks im Grundbuch eingetragen. Über sein Vermögen wird eines Tages das Insolvenzverfahren eröffnet und im Grundbuch vermerkt. Als der Glückspilz E eine Millionärstochter von seinen Vorzügen überzeugen kann und beide heiraten, gehören alle seine Geldsorgen schlagartig der Vergangenheit an. Seine Frau befriedigt nicht nur sämtliche Gläubiger, sondern veranlasst auch die Aufhebung des Insolvenzverfahrens. Der aus dem Amt enthobene Insolvenzverwalter I gönnt dem E das gefundene Glück keineswegs und verkauft das Grundstück des E unter Hinweis auf die grundbuchrechtliche Lage an den gutgläubigen D. Letzterer wird drei Wochen nach der Auflassung in das Grundbuch eingetragen. E beauftragt nach Bekanntwerden der eigenmächtigen Übereignung des Grundstücks durch den I den Rechtsanwalt R mit der Verfolgung seiner Interessen.

Frage: *Welche Ansprüche stehen dem E gegen D zu?*

I. Einordnung

Wie sich bei der Bearbeitung der letzten Fälle herausgestellt hat, umfasst die Rechtsfolge des § 892 I S. 1 BGB eine positive und eine negative Funktion. Der Erwerber kann sich zum einen darauf verlassen, dass ein eingetragenes Recht auch wirklich besteht (positive F.), er kann aber auch darauf vertrauen, dass ein nicht eingetragenes oder wieder gelöschtes Recht im materiell-rechtlichen Sinne fortan nicht mehr existiert.

Aufbauend auf diese Kenntnis stellt sich eingekleidet in den gewöhnlichen dinglichen Herausgabeanspruch nunmehr die Frage, ob diese Doppelfunktion auch im Rahmen des § 892 I S. 2 BGB zur Geltung kommt und ob deshalb der gutgläubige Erwerb bei Auftreten eines nicht mehr befugten Insolvenzverwalters anderen Entscheidungskriterien zu unterwerfen ist.

II. Gliederung

I. Anspruch des E gegen den D auf Herausgabe des Grundstücks, § 985 BGB

Voraussetzungen:

Eigentum des E

Ursprünglich Eigentum des E

Verlust durch Übereignung I-D

Auflassung, Eintragung, Einigsein (+)

- **(P): Nichtberechtigung** des I; grds. zwar als Insolvenzverwalter zur Verfügung über Gegenstände aus der Insolvenzmasse befugt; hier aber Aufhebung des Insolvenzverfahrens und Entlassung des I aus seinem Amt
- **Gutgläubiger Erwerb** des D nach § 892 I BGB an sich (+): Unrichtigkeit des Grundbuchs (+), rg. Erwerb i.S.e. Verkehrsgeschäfts (+), Legitimation des I (+), Gutgläubigkeit des D (+), kein Widerspruch i.S.d. § 899 I BGB (+)

- **(P):** Wortlaut des § 892 I S. 2 BGB ⇨ Schutzbereich nur bzgl. nicht bestehender Rechte (negative Funktion) eröffnet ⇨ Berufen auf (positiv) unrichtig vermerkte Befugnis des I nicht vom Schutzbereich des § 892 I S. 2 BGB umfasst

1. **Besitz des D (+)**
2. **Recht zum Besitz, § 986 I S. 1 BGB (-)**

II. Anspruch auf Zustimmung zur Berichtigung des Grundbuchs, § 894 BGB

Voraussetzungen:

1. **Gläubiger:** der durch die Unrichtigkeit unmittelbar Beeinträchtigte ⇨ E
2. **Schuldner:** dessen eingetragenes Recht von der Berichtigung getroffen wird ⇨ D
3. **Unrichtigkeit des Grundbuchs (+)**
4. **Einreden, Einwendungen (-)**

III. Lösung

1. Anspruch des E gegen den D auf Herausgabe des Grundstücks, § 985 BGB

Dem E könnte gegen den D ein dinglicher Herausgabeanspruch nach § 985 BGB zustehen.

Voraussetzung wäre, dass E tatsächlich Eigentümer des Grundstücks geblieben ist und der unmittelbare Besitzer D kein Recht zum Besitz hat, § 986 I BGB.

a) Eigentum des E

Ursprünglich war E Eigentümer des Grundstücks.

aa) Eigentumsverlust des E durch die Übereignung des I an den D

Möglicherweise hat E jedoch sein Grundstück durch die rechtsgeschäftliche Eigentumsübertragung des I an den D verloren, §§ 873, 925, 892 I BGB.

bb) Grundvoraussetzungen der Eigentumsübertragung

I und D haben sich in der Form des § 925 BGB über den Eigentumsübergang geeinigt, und D ist daraufhin als neuer Eigentümer des Grundstücks im Grundbuch eingetragen worden, §§ 873, 925 BGB.

cc) Nichtberechtigung des I

Zweifelhaft ist jedoch die Berechtigung des I, das Grundstück an den D zu veräußern.

Richtigerweise ging zwar das Recht des Schuldners E, das zur Insolvenzmasse gehörende Vermögen zu verwalten und über es zu verfügen, auf den Insolvenzverwalter I über, § 80 I InsO. In dieser Zeit wäre also auch ein direkter Erwerb des Eigentums von I als Verfügungsberechtigten möglich gewesen, §§ 873, 925 BGB.

hemmer-Methode: Bedenken Sie, dass sich an der Berechtigung des Eigentümers auch nach Eröffnung des Insolvenzverfahrens nichts ändert. Der Berechtigte verliert lediglich sein Recht über Gegenstände der Insolvenzmasse wirksam zu verfügen. In dieser Zeit ist ein Kauf von Massegegenständen nur direkt vom Insolvenzverwalter möglich. Letzterer kann aber auch relativ unwirksame Übereignungen des Eigentümers nachträglich genehmigen, § 185 BGB analog.

Es muss im konkreten Fall jedoch berücksichtigt werden, dass noch vor der Aufnahme der Vertragsverhandlungen zwischen I und D das Insolvenzverfahren nach § 212 S. 1 InsO wegen Wegfalls des Eröffnungsgrundes bereits wieder eingestellt worden war. Mit der Einstellung des Insolvenzverfahrens erhält der Schuldner das Recht zurück, über die Insolvenzmasse frei zu verfügen, der Insolvenzverwalter verliert dieses Recht, § 215 II InsO.

dd) Gutgläubiger Erwerb des D

Aufgrund der Tatsache, dass I im Zeitpunkt der Rechtsänderung wieder Nichtberechtigter war und der E als Berechtigter der Verfügung nicht zugestimmt hat, könnte D nur noch unter den Voraussetzungen des § 892 I BGB Eigentum erworben haben.

Aus dem Grundbuch ist noch immer die Durchführung eines Insolvenzverfahrens und damit die Verfügungsbefugnis des I ersichtlich. Nach zwischenzeitlicher Einstellung des Insolvenzverfahrens entspricht dies jedoch gerade nicht mehr der Wahrheit. Der Grundbuchinhalt ist mithin unrichtig.

Ein rechtsgeschäftlicher Erwerb eines dinglichen Rechts i.S.e. Verkehrsgeschäfts liegt vor.

I ist zudem als Verfügungsberechtigter legitimiert. Ferner ist diesbezüglich kein Widerspruch eingetragen, § 899 BGB.

Schließlich sind keinerlei Anhaltspunkte festzumachen, die auf eine positive Kenntnis des D bzgl. der Einstellung des Insolvenzverfahrens und dem damit verbundenen Wegfall der Verfügungsbefugnis des I schließen lassen.

Damit wären an sich die Voraussetzungen eines gutgläubigen Erwerbs des D gegeben.

ee) Wortlaut des § 892 I S. 2 BGB

Dieses Ergebnis widerspricht jedoch dem eindeutigen Wortlaut des § 892 I S. 2 BGB, der den Fall des gutgläubigen Erwerbs bei Bestehen einer Verfügungsbeschränkung abschließend regelt. Ist demzufolge der Berechtigte in der Verfügung über ein im Grundbuch eingetragenes Recht zugunsten einer bestimmten Person beschränkt, so ist die Beschränkung dem Erwerber gegenüber nur wirksam, wenn sie aus dem Grundbuch ersichtlich oder dem Erwerber bekannt ist, § 892 I S. 2 BGB.

Ohne Zweifel versucht der Gesetzgeber den Fall zu regeln, in dem der berechtigte Eigentümer infolge der Eröffnung des Insolvenzverfahrens gem. § 80 I InsO in seiner Verfügung beschränkt wird, diese Verfügungsbeschränkung jedoch nicht ins Grundbuch aufgenommen wird. Aufgrund dieser Unrichtigkeit des Grundbuchs kann dann der Erwerber von dem in der Verfügung beschränkten Eigentümer Eigentum erwerben, wenn er bzgl. der Nichtexistenz der Verfügungsbeschränkung in gutem Glauben war.

hemmer-Methode: M.a.W.: Der Erwerber kann also nach § 892 I S. 2 BGB immer nur dann gutgläubig erwerben, wenn nichts für eine relative Verfügungsbeschränkung aus dem Grundbuch ersichtlich war - § 892 I S. 2 BGB schützt also nur den guten Glauben daran, dass keine Beschränkung für den Berechtigten besteht (negative Schutzfunktion). Sobald jedoch ein Eintrag im Grundbuch besteht, scheidet ein derartig gelagerter Erwerb stets aus (kein positiver Schutz).

Exakt das Gegenteil ist hier der Fall. Es wurde nämlich durchaus die Eröffnung des Insolvenzverfahrens und damit eine Beschränkung des E in der Verfügungsbefugnis in das Grundbuch aufgenommen.

Ein gutgläubiger Erwerb des D vom inzwischen entlassenen und nichtberechtigten I wäre deshalb nur dann denkbar, wenn man den guten Glauben an das Bestehen der Verfügungsbeschränkung und der damit verbundenen Verfügungsmacht des I schützen würde. Aus einem Umkehrschluss aus § 892 I S. 2 BGB ergibt sich jedoch, dass ausschließlich der gute Glaube an das Nichtbestehen (negative Funktion) einer Verfügungsbeschränkung und gerade nicht an das Bestehen einer eingetragenen Verfügungsbeschränkung (positive Funktion) geschützt werden soll.

hemmer-Methode: D kann sich folglich nicht darauf berufen, dass die eingetragene Verfügungsbefugnis positiv, d.h. in Wirklichkeit auch besteht!!

§ 892 I S. 2 BGB greift nicht. E ist Eigentümer des Grundstücks geblieben.

b) D als unmittelbarer Besitzer

D ist mithin unmittelbarer Besitzer.

c) Recht zum Besitz nach § 986 BGB

Dem D stehen schließlich keinerlei Rechte zum Besitz i.S.d. § 986 I BGB zu.

d) Ergebnis

E kann gegen D einen Herausgabeanspruch nach § 985 BGB geltend machen.

2. Grundbuchberichtigungsanspruch des E gegen den D

Des Weiteren steht dem E ein Anspruch auf Zustimmung zur Grundbuchberichtigung gem. § 894 BGB gegen den D zu.

a) Gläubigerstellung des E

Gläubiger dieses Anspruches ist der E als unmittelbar Beeinträchtigter durch die unrichtige Eigentumseintragung.

b) D als Schuldner

D soll zur Beseitigung seiner Grundbuchposition beitragen. Dadurch dass sein Recht von der Berichtigung betroffen wird, ist D Schuldner des Berichtigungsanspruches.

c) Unrichtigkeit des Grundbuchs

D ist zu Unrecht in das Grundbuch eingetragen, da er durch die Übereignung des Grundstücks durch den I kein Eigentum erworben hat.

d) Keine Einreden und Einwendungen

Hinweislich stehen dem D auch keinerlei Zurückbehaltungsrechte aus § 273 I BGB (z.B. wegen Kaufpreisrückzahlung, Schadensersatzansprüche) oder aufgrund einer unzulässigen Rechtsausübung (Verwirkung des Anspruchs, schuldrechtliche Verpflichtung zur Rechtsverschaffung) zu.

e) Ergebnis

E kann gegenüber dem D neben § 985 BGB auch einen Anspruch auf Zustimmung zur Grundbuchberichtigung geltend machen, § 894 BGB.

hemmer-Methode: Vielleicht fragen Sie sich wie der Anspruch aus § 894 BGB in der Praxis umgesetzt wird. Erste Voraussetzung für eine berichtigende Eintragung ist immer ein entsprechender **Antrag** des Antragsberechtigten gem. §§ 13 f. GBO. Antragsberechtigt sind der vermeintliche Buchberechtigte und der materiell-rechtliche Eigentümer. Wie § 22 I S. 1 GBO zeigt, muss ferner die Unrichtigkeit des Grundbuchs in der Form des § 29 GBO **nachgewiesen** oder vom Betroffenen bewilligt werden, § 19 GBO. Sollte weder ein Nachweis noch eine freiwillige Bewilligung des Betroffenen erreicht werden, führt kein Weg daran vorbei die Bewilligungserklärung auf dem Klagewege zu erreichen (⇨ Anspruchsgrundlage ist dann § 894 BGB ⇨ bei Stattgabe der Klage greift zugunsten des Eigentümers § 894 ZPO).

Weitere unerlässliche Verfahrensvoraussetzungen der Grundbuchberichtigung sind noch die Beachtung der **Formvorschriften** aus § 29 I GBO sowie die **Voreintragung** des Betroffenen nach §§ 39, 40 GBO.

IV. Zusammenfassung

- Ein positives Vertrauen auf eine in Wahrheit nicht bestehende aber zu Unrecht im Grundbuch eingetragene Verfügungsbefugnis eines Testamentsvollstreckers bzw. eines Insolvenz- oder Nachlassverwalters ist vom Schutzbereich des § 892 BGB nicht umfasst.
- Ein gutgläubiger Erwerb ist deshalb von einem in der Verfügung beschränkten nur dann möglich, wenn die entsprechende Beeinträchtigung in der Verfügung nicht im Grundbuch eingetragen ist, § 892 I S. 2 BGB (negative F.).

V. Zur Vertiefung

Zum Schutzbereich des § 892 I S. 1 BGB

- Hemmer/Wüst Sachenrecht III, Rn. 82.

Über die Reichweite des § 892 I S. 2 BGB

- Hemmer/Wüst Sachenrecht III, Rn. 96.
- Baur/Stürner Sachenrecht § 23, Rn. 40 ff.

Zum Grundbuchberichtigungsanspruch aus § 894 BGB

- Hemmer/Wüst Sachenrecht III, Rn. 97 ff.

Fall 11: Der Rückerwerb vom „Berechtigten“

Sachverhalt:

B ist zu Unrecht im Grundbuch als Eigentümer eines Baugrundstücks eingetragen. Diese „Glückssituation“ will er sich zu Nutze machen und richtig Kohle einstreichen. Deshalb veräußert er das Grundstück an den gutgläubigen G und lässt ihm das Grundstück zu notarieller Urkunde auf. G wird im Grundbuch eingetragen.

Das Glück des B währt aber nicht lange. In seiner Unwissenheit hat er dem G bzgl. Baubeschränkungen sowie Bebaubarkeit des Grundstücks Zusagen gemacht, die sich im Nachhinein als absolut falsch herausstellen. G ficht den Kaufvertrag an und übereignet unter Rücküberweisung des gezahlten Kaufpreises das Grundstück an B zurück.

Zu allem Überfluss muss B sich jetzt auch noch vor Gericht verantworten. Der wirkliche Eigentümer des Grundstücks E hat den B inzwischen ausfindig gemacht und verklagt den B auf Herausgabe des Grundstücks.

Frage: *Besteht ein Herausgabeanspruch des E?*

I. Einordnung

Wider Erwarten kann die Gutglaubensregel des § 892 BGB einem vehementen Missbrauch ausgesetzt sein. In erster Linie in den von der Rspr. entwickelten Fallgruppen, in welchen die Rückübertragung sich als bloße Rückabwicklung darstellt (z.B. Kondiktion bei einem unwirksamen Grundgeschäft oder bei der absichtlichen „Hin-und-Her-Übereignung“), würde man alleine anhand einer ordnungsgemäßen Subsumtion unter den Gesetzestext zwangsläufig zu unbilligen Ergebnissen gelangen. Umso wichtiger ist es deshalb für den Klausurersteller seine Ergebnisse fernab von jeglichem juristischen Vorwissen nur unter Bemühung seines menschlichen Rechtsinstinktes zu hinterfragen. Lassen sich dann Defizite an der Rechtsfindung feststellen, sind diese eventuell mit Analogien oder unter Wertungsgesichtspunkten noch zu korrigieren. Wie dies beim sog. Rückerwerb vom ehemals Nichtberechtigten aussehen könnte, zeigt Fall 11.

II. Gliederung

Anspruch des E-B auf Herausgabe des Grundstücks, § 985 BGB

Voraussetzungen:

1. **Eigentum des E**

   Ursprüngliches Eigentum des E

   Verlust des Eigentums durch gutgläubigen Erwerb des G von B, §§ 873, 925, 892 BGB (+)

   (P): Rückübereignung des Grundstücks an B nach Anfechtung durch den G
   ⇨ B würde neuer Eigentümer
   ⇨ h.M.: Eigentum muss unter Berücksichtigung des Schutzzwecks des § 892 BGB wieder an den ursprünglichen Eigentümer E zurückfallen; a.A.: Verstoß gegen das Abstraktionsprinzip

2. **B als Besitzer (+)**
3. **Besitzrecht des B § 986 BGB (-)**
4. **Ergebnis:** Anspruch aus § 985 BGB nach h.M. (+), hier wohl eher (-)

III. Lösung

Anspruch des E gegen den B auf Herausgabe des Grundstücks, § 985 BGB

E könnte gem. § 985 BGB vom B die Herausgabe des Grundstücks verlangen.

Dazu müsste der E noch immer Eigentümer des Grundstücks sein und der unmittelbare Besitzer B dürfte kein Recht zum Besitz i.S.d. § 986 I BGB haben.

1. Eigentum des E

Ursprünglich war E rechtmäßiger Eigentümer des Grundstücks.

2. Eigentumserwerb des G

E könnte sein Eigentum aufgrund der rechtsgeschäftlichen Übertragung von B auf G verloren haben, §§ 873, 925, 892 BGB.

B und G haben sich in der von § 925 I S. 1 BGB vorgeschriebenen Form darüber geeinigt, dass das Eigentum auf den G übergehen soll. G wurde auch als neuer Eigentümer im Grundbuch eingetragen. Wegen der fehlenden Übereignungsberechtigung des B und mangels einer entsprechenden Genehmigung durch E nach § 185 BGB, konnte G das Eigentum nur unter den Voraussetzungen des § 892 I BGB erworben haben.

Ein rechtsgeschäftlicher Erwerb sowie ein Verkehrsgeschäft ist genauso wie die Unrichtigkeit des Grundbuchs zu bejahen. B war durch die fehlerhafte Einschreibung seiner Person in das Grundbuch direkt legitimiert und der G war bzgl. der Eigentumsstellung des B gutgläubig.

G hat somit gem. den §§ 873, 925, 892 BGB gutgläubig Eigentum am Grundstück des E erworben.

3. Rückerwerb des B

Es stellt sich nunmehr die Frage, wie sich die Anfechtung des der Übereignung zugrundeliegenden Rechtsgeschäfts durch G auf dessen Eigentümerstellung auswirkt.

a) Anfechtung des G gegenüber dem B

G hat dem B fristgerecht, § 121 I BGB die Anfechtung des Kaufvertrages über das Grundstück erklärt, § 143 I BGB. Der Anfechtungsgrund ist darin zu sehen, dass das Grundstück weder die vorausgesetzten Bebaubarkeitsbedingen erfüllt, noch von sämtlichen Baubeschränkungen befreit ist. Diese Eigenschaften eines Grundstücks sind durchaus als verkehrswesentlich zu qualifizieren, ein diesbezüglicher Irrtum ist ein Eigenschaftsirrtum gem. § 119 II BGB. Rechtsfolge dieser Anfechtung ist, dass der Kaufvertrag zwischen B und G als von Anfang an nichtig anzusehen ist, § 142 I BGB. Die Eigentumsübertragung von B auf G war somit rechtsgrundlos, so dass dem B grds. ein Anspruch auf Rückübereignung nach § 812 I S. 1 Alt.1 BGB zusteht. Gleiches gilt natürlich für einen Anspruch des G gegen den B auf Rückzahlung des Kaufpreises.

b) Eigentum des B

B erhält somit nach erfolgter Anfechtung gem. §§ 873, 925 BGB uneingeschränktes Volleigentum zurück.

Ein Rückgriff auf den § 892 I BGB ist insoweit nicht nötig, denn der gutgläubige G wurde zwischenzeitlich selbst Eigentümer und konnte deshalb als Berechtigter über das Grundstück verfügen.

c) Unbedingter Eigentumserwerb in bes. Fallkonstellationen heftig umstritten

Auf den ersten Blick erscheint dieses Ergebnis legitim, aber dennoch war der unbedingte Rückerwerb des ehemals Nichtberechtigten zu Recht in dreierlei Hinsicht Gegenstand heftiger juristischer Diskussionen.

Einigkeit zwischen der h.M. und einer a.A. herrscht noch insoweit, dass eine Rückübereignung auf den einst Nichtberechtigten grds. juristisch nicht anstößig erscheint, wenn diese in zeitlicher und faktischer Hinsicht von der ersten Übereignung an den Gutgläubigen völlig unabhängig ist.

Nach einhelliger Rechtsansicht entsprechen derartige Rechtsgeschäfte unter Verweis auf den Grundsatz der Privatautonomie dem Willen und den Vorgaben des Gesetzgebers und sind gegenüber einem etwaigen Schutzinteresse des ursprünglichen Eigentümers auf Rückerhalt seiner Sache vorrangig.

Besonders unter drei Gesichtspunkten gehen die Meinungen und Lösungsansätze allerdings weit auseinander. Im Allgemeinen dreht es sich hierbei um die Sachverhalte, in welchen die Übereignung und die sofortige Rückübereignung chronologisch und nach dem Willen der Parteien voneinander unselbständige Rechtsgeschäfte darstellen.

aa) Erreichen unbilliger Ergebnisse

(1) Das erste und beste Beispiel hierfür ist der absichtliche Missbrauch der besagten „Übereignungskette“, um sich einen ungerechtfertigten Vorteil zu verschaffen. Die Rede ist vornehmlich von den Fällen, in denen die „Hin-und-Her-Übereignung“ von vornherein geplant war, um den Nichtberechtigten das Eigentum zu verschaffen.

(2) Ein zweiter Brennpunkt liegt vor, wenn zwar der Rückerwerb nicht zur ungerechtfertigten Vorteilsverschaffung ausgenutzt wird, die Übereignung aber aus anderen Gründen nur vorläufiger Natur sein soll, wie z.B. bei einer Sicherungsübereignung.

(3) Dieser Situation nicht weit entfernt und zugleich Hauptstreitpunkt der Diskussion ist jedoch die Sachlage, dass die Rückübereignung lediglich ein unselbständiges Rechtsgeschäft darstellt, das die Rückgängigmachung des ersten Vertrages bezweckt.

Ließe man in diesen drei Fallvarianten einen unbedingten Rückerwerb des Eigentums zugunsten des ehemals Nichtberechtigten zu, würde dies gerade hinsichtlich der wiederaufflammenden Schutzbedürftigkeit des ursprünglichen Eigentümers zwangsläufig zu nicht hinnehmbaren Ergebnissen führen.

bb) H.M.: Rückerwerb des urspr. ET

Die h.M. lehnt deshalb einen uneingeschränkten Rechtserwerb des einst Nichtberechtigten strikt ab.

Als Hauptargument wird angeführt, dass die Gutglaubensregel des § 892 BGB bzw. im Fahrnisrecht der §§ 932 ff. BGB hauptsächlich den gutgläubigen Erwerber und keineswegs den nichtberechtigten Veräußerer schützen oder auch nur in geringster Weise bevorzugen soll.

Kommt es also zu einer Rückübereignung, so steht diese mit dem vorherigen gutgläubigen Erwerb in Rechtseinheit und muss deshalb sachgerechterweise auch im betroffenen Rechtsverhältnis rückabgewickelt werden. Aufgrund der Tatsache, dass der Dritte gerade nicht gutgläubig das Eigentum des Nichtberechtigten selbst, sondern vielmehr das des ursprünglichen Eigentümers erlangt, muss gerechterweise auch genau diese Eigentumslage wiederhergestellt werden. Erneuter Eigentümer würde also der ursprüngliche Eigentümer.

hemmer-Methode: Diese Meinung hört sich in der Tat plausibel und billig an, lässt sich aber in dogmatischer Hinsicht nur sehr schwer begründen. In dieser Hinsicht werden mit dem „Geschäft für den, den es angeht“, mit der Anwendung des § 139 BGB und mit der teleologischen Reduktion der Gutglaubensvorschriften nur unzureichende und leicht angreifbare Lösungsvorschläge ins Feld geführt (zum weiteren Verständnis lesen Sie H/W Sachenrecht III, Rn. 111).

cc) A.A.: Eigentumserwerb des früheren Nichtberechtigten

Eine a.A. vertritt die Meinung, dass diese Argumentation einen schweren Verstoß gegen Grundregeln des Abstraktionsprinzips mit sich bringt. Es lässt sich deshalb nicht vermeiden, dass die Rückübertragung ohne Ausnahme zum Eigentumserwerb des ursprünglich Nichtberechtigten führen müsse. Außerdem sei der ursprüngliche Eigentümer unter gewissen Umständen eventuell durch Schadensersatzansprüche ausreichend geschützt.

Es ist sogar denkbar, dass zwischen dem ursprünglichen Eigentümer und dem Nichtberechtigten bzgl. der an den Dritten übereigneten Sache ein Rechtsverhältnis bestand, so dass sich ohne weiteres aus § 241 II BGB, aus Delikt i.V.m. § 249 BGB oder aus Bereicherungsrecht noch immer eine Verpflichtung des Nichtberechtigten zur Rückübereignung entfalten kann.

dd) Anwendung auf den vorliegenden Fall

Aufgrund der einschneidenden Missachtung des Abstraktionsprinzips ist im vorliegenden Fall eher der a.A. zu folgen. I.E. ist nach der Rückübereignung nicht der E, sondern der ehemals Nichtberechtigte B als neuer Eigentümer des Grundstücks anzusehen. Mangels einschlägigem Rechtsverhältnis zwischen E und B kann E diesem gegenüber zwar keine Rückgabeansprüche geltend machen, er hat aber infolge eines nachweisbaren Verschuldens des B einen deliktsrechtlichen Anspruch auf Ersatz seines Schadens.

hemmer-Methode: In der Klausur müssen Sie diesen Streit nur kennen und beide Meinungen in aller Kürze darstellen. Wie Sie sich daraufhin entscheiden ist zweitrangig. Selbst wenn die h.M. einen Rückerwerb des urspr. ET annimmt ist es gerade in dogmatischer Hinsicht oftmals cleverer unter „Hochachtung“ des Abstraktionsprinzips sich für die a.A. zu entscheiden.

IV. Zusammenfassung

Die h.M. lässt in drei Fällen den automatischen Rückerwerb des ursprünglichen Eigentümers zu:

- Die „Hin-und-Her“ Übereignung wird absichtlich vollzogen, um den Nichtberechtigten Eigentum zu verschaffen.
- Es handelt sich um ein unselbständiges Rechtsgeschäft, dass alleine den Zweck verfolgt, das zugrundeliegende Rechtsgeschäft rückgängig zu machen
- Die Übereignung sollte aus der Natur der Sache her nur vorläufig sein.

V. Zur Vertiefung

Thematik des Rückerwerbs vom ehemals nichtberechtigten Veräußerer

- Hemmer/Wüst Sachenrecht III, Rn. 85.
- Hemmer/Wüst Sachenrecht II, Rn. 110.

Fall 12: Das Zusammenspiel von § 892 BGB und § 2366 BGB

Sachverhalt:

Im Grundbuch der Stadt S ist E als Eigentümer eines Grundstücks eingetragen, wahrer Eigentümer ist aber W. Zwei Wochen nach dem Tod des E wird dessen Sohn S ein Erbschein ausgestellt. Nachdem S das Grundstück unter Vorlage dieses Erbscheins an den G veräußert hat und Letzterer im Grundbuch eingetragen wird, findet sich ein von E verfasstes Testament, welches den B als Alleinerben ausweist.

Frage: *Wie ist die Eigentumslage am Grundstück zu beurteilen, wenn dem G hinsichtlich des Eigentums des E und der Erbenstellung des S Gutgläubigkeit unterstellt werden kann?*

I. Einordnung

Bei der Kombination von § 892 I BGB mit § 2366 BGB sind zunächst verschiedene Grundfälle genau zu unterscheiden:

Völlig unkompliziert ist der Fall, dass der *wahre* Erbe S ein, dem auch weiterhin im Grundbuch eingetragenen Erblasser E, nicht gehörendes Grundstück an den gutgläubigen G veräußert. § 892 I BGB ist ohne weiteres anwendbar, auch wenn S nicht eingetragen ist. Denn die Grundbuchposition geht gem. § 1922 BGB auf den wahren Erben über. Dies führt zum gutgläubigen Eigentumserwerb des G (s.o.).

Gleiches muss gelten, wenn E tatsächlich Eigentümer des Grundstücks war und der inzwischen (mit Hilfe des Erbscheins) eingetragene Scheinerbe S das Grundstück an den G übereignet, denn hier streitet § 892 I BGB unmittelbar für das Eigentum des S.

War S nicht im Grundbuch eingetragen, könnte er mithilfe des Erbscheins die Eigentumsübertragung gem. § 2366 BGB bewirken, sofern das Grundstück dem E gehörte.

War S hingegen nicht im GB eingetragen, und gehörte das Grundstück auch nicht dem E, fehlte ihm neben der Erbenstellung ferner die notwendige Legitimation nach §§ 892 I, 1922 I BGB, so dass ein gutgläubiger Erwerb eigentlich ausscheiden würde. Fraglich ist, ob über eine Kombination der Vorschriften §§ 892 I, 2366 BGB ein Erwerb begründet werden kann.

II. Gliederung

1. Ursprüngliches Eigentum des W

2. Übereignung des Eigentums von S auf G, gem. §§ 873, 925, 892 BGB

Auflassung, Eintragung, Einigsein (+)

(P): Nichtberechtigung des S
⇨ Überwindung durch § 892 I BGB (-),
Unrichtigkeit des zwar Grundbuchs (+),
rg. Erwerb i.S.d. Verkehrsgeschäfts (+),
kein Widerspruch (+),
Gutgläubigkeit des G (+),
Legitimation des S aber (-), da nicht eingetragen, GB-position geht auf wahren Erben über

3. Übereignung des Eigentums von S auf G, gem. §§ 873, 925, 892, 2366 BGB

(P): S war nur Scheinerbe
⇨ Überwindung der fehlenden Erbenstellung nach § 2366 BGB; G wird behandelt als habe er vom wahren Erben erworben. Von diesem wäre aber ein gutgläubiger Erwerb möglich gewesen.

Ergebnis: Aufgrund der doppelten Gutgläubigkeit des G erwirbt er nach §§ 892, 2366 BGB Eigentum am Grundstück.

III. Lösung

1. W als ursprünglicher Eigentümer

W war ursprünglich Eigentümer des Grundstücks.

2. Gutgläubiger Erwerb des G gem. § 892 BGB

G könnte gem. §§ 873, 925, 892 I BGB das Eigentum durch Verfügung des S erlangt haben.

a) Rechtsgeschäftliche Grundvoraussetzungen nach §§ 873, 925 BGB

Die allgemeinen Voraussetzungen der rechtsgeschäftlichen Rechtsänderung an einem Grundstück liegen vor. S und G haben zu notarieller Urkunde die Auflassung erklärt; der G ist ferner als neuer Eigentümer im Grundbuch eingetragen worden.

b) Problem des „Doppelmangels“

Aufgrund der Tatsache, dass S nicht Eigentümer des Grundstücks war, könnte G nur über § 892 I BGB Eigentum am Grundstück erworben haben.

aa) Grundvoraussetzungen des § 892 BGB

Nicht der in Wahrheit berechtigte Eigentümer W, sondern der E war im Grundbuch eingetragen; das Grundbuch ist deshalb unrichtig. Es liegt ein rechtsgeschäftlicher Erwerb i.S.e. Verkehrsgeschäftes vor.

bb) Legitimation als Berechtigter

Fraglich ist, wo eine Legitimation des S als Berechtigter hergeleitet werden könnte. Unter normalen Umständen tritt der Erbe gem. § 1922 I BGB als Gesamtrechtsnachfolger in sämtliche Rechtspositionen des Erblassers ein.

Dies umfasst zugleich, dass der Erbe die Buchposition und damit trotz eigener Nichteintragung die direkte Legitimation erhält.

Tritt jedoch wie hier ein Scheinerbe auf, kann dieser grds. die Buchberechtigung und damit die, für einen gutgläubigen Erwerb notwendige Legitimation, nicht auf sich vereinigen.

Da das Grundbuch nicht für das Eigentum des S streitet, ist ein gutgläubiger Erwerb möglich.

3. Gutgläubiger Erwerb des G gem. §§ 892, 2366 BGB

Dieser Mangel wird jedoch überwunden, sobald dem Scheinerben ein Erbschein ausgestellt worden ist.

Gem. § 2366 BGB gilt zu Gunsten des Erwerbers der Inhalt des Erbscheins - soweit die Vermutung des § 2365 BGB reicht - als richtig, wenn jemand von demjenigen, welcher im Erbschein als Erbe bezeichnet ist, durch Rechtsgeschäft einen Erbschaftsgegenstand, ein Recht an einem solchen Gegenstand oder die Befreiung von einem zur Erbschaft gehörenden Recht erwirbt, es sei denn, dass der Erwerber die Unrichtigkeit kennt oder weiß, dass das Nachlassgericht die Rückgabe des Erbscheins wegen Unrichtigkeit verlangt hat.

So lag der Fall hier. S war zwar grds. nicht selbst unmittelbar legitimiert das Grundstück zu veräußern und konnte diese Legitimation aufgrund der fehlenden Erbenstellung auch nicht vom Erblasser E ableiten. Er konnte sich jedoch durch einen Erbschein ausweisen und galt somit als Erbe. Es wird fingiert, dass S deshalb in die Erbenstellung (Buchposition) des E eintritt und somit auch die Legitimation erwarb. M.a.W.: § 2366 BGB heilt das fehlende Erbrecht des S. G wird so gestellt, als habe er vom wahren Erben erworben. Von diesem wäre aber ein Erwerb gem. § 892 I BGB möglich gewesen, da die Grundbuchposition auf diesen gem. § 1922 BGB übergeht.

cc) Doppelte Gutgläubigkeit des G

Der Erwerber G war gutgläubig. Er besaß weder positive Kenntnis von der fehlenden Erbenstellung, noch von der Unrichtigkeit des Grundbuchinhalts.

4. Ergebnis

Die Voraussetzungen für einen Erwerb vom Nichtberechtigten nach §§ 892 I, 2366 BGB liegen vor. G ist Eigentümer des Grundstücks.

IV. Zusammenfassung

- Bestand am Grundstück kein Eigentum des Erblassers, überwindet der § 2366 BGB die mangelnde Erbenstellung des Verfügenden und § 892 BGB das fehlende Eigentum.
- Voraussetzung ist jedoch, dass der Dritte sowohl bzgl. des Eigentums des Erblassers als auch bzgl. der Erbenstellung des Scheinerben gutgläubig gewesen ist.

V. Zur Vertiefung

Zur Überwindung des Doppelmangels gem. §§ 2366, 892 BGB

- Hemmer/Wüst Erbrecht, Rn. 228.
- Hemmer/Wüst Basics Zivilrecht Band III, Erb- und Familienrecht, S. 93, 94.

3. Abschnitt: Die Vormerkung

Fall 13: Der bedingte und der künftige Anspruch

Sachverhalt:

E verkauft sein Grundstück an den K. Dabei vereinbaren sie mündlich einen Kaufpreis von 250.000 €. In der notariellen Urkunde wird jedoch in der Absicht Steuern zu sparen, lediglich ein Kaufpreis von 150.000 € festgeschrieben. Um den K ausreichend abzusichern, bewilligt E dem K eine Auflassungsvormerkung, die drei Tage später im Grundbuch eingetragen wird.

Hat der K eine wirksame Vormerkung erworben?

Abwandlung 1:

E vereinbart mit K einen Termin, um einen Grundstückskaufvertrag „dingfest" zu machen. Er ist verwundert, als nicht K selbst, sondern dessen Schwester S auftritt, welche sich als rechtmäßige Stellvertreterin des K ausgibt. Die S hatte ein Entschuldigungsschreiben des K, mit dem Inhalt, dass ihr Bruder den vereinbarten Termin wegen Krankheit nicht wahrnehmen könne, nicht wie versprochen zur Post gebracht, sondern sich selbst auf den Weg gemacht. S schließt mit E einen formgültigen Kaufvertrag, wobei sich die S in der Absicht dem K zu schaden, absichtlich auf einen um 20.000 € erhöhten Kaufpreis einlässt. Zur Sicherung des K wird eine Auflassungsvormerkung eingetragen. Eine Woche später verkauft E das Grundstück an den D, der auch als neuer Eigentümer im Grundbuch eingetragen wird. Als K von den Handlungen der S Kenntnis erlangt, ist er über das eigenmächtige Verhalten der S empört. Da er das Grundstück jedoch als Firmengelände dringend benötigt, ist er mit sämtlichen von S abgeschlossenen Rechtsgeschäften einverstanden.

Welche Ansprüche kann K gegen den E geltend machen, wenn D die Herausgabe des Grundstücks strikt verweigert?

Abwandlung 2:

E veräußert zu notarieller Urkunde sein Grundstück an seinen Sohn K. Kurze Zeit nach der Auflassung wird K als neuer Eigentümer im Grundbuch eingetragen. Unter Punkt III des Urkunde findet sich folgende Passage: „Der Erwerber verpflichtet sich, das Grundstück zu Lebzeiten des E weder zu belasten, noch zu veräußern. Der Veräußerer behält sich das Recht vor, die Rückübereignung des Grundstücks auf sich zu verlangen, wenn (1) der Erwerber ohne Hinterlassung von leiblichen Abkömmlingen vor E verstirbt oder (2) das Grundstück ohne Zustimmung des E ganz oder teilweise veräußert oder belastet wird, gleich ob im Wege eines Rechtsgeschäfts oder einer Zwangsversteigerung". Zur Sicherung dieser bedingten Ansprüche bewilligt K entsprechende Vormerkungen. Der zuständige Rechtspfleger verweigert allerdings die Eintragung, da er die zu sichernden Ansprüche als nicht vormerkungsfähig einstuft.

Ist eine vom Notar eingelegte Erinnerung begründet?
(Von der Zulässigkeit dieses Rechtsmittels ist auszugehen)

I. Einordnung

Die aus dem Abschluss eines Kaufvertrages über ein Grundstück resultierende schuldrechtliche Verpflichtung vermag es keineswegs dem Eigentümer die Möglichkeit zu nehmen, in der darauffolgenden Zeit erneut wirksam über das Grundstück zu verfügen. Gerade im Grundstücksverkehr ist eine unter Umständen sehr lange Zeitspanne zwischen dem Abschluss des Verpflichtungsgeschäfts und dem endgültigen Rechtserwerb kraft Eintragung im Grundbuch die Regel. Da in dieser Zeit der Käufer keinen Einfluss mehr auf die Rechtsänderung ausüben kann, erscheint er in Bezug auf mögliche nachteilige Verfügungen durch den Verkäufer völlig schutzlos. Als Ausgleich hat derjenige, der eine dingliche Rechtsänderung verlangen kann, einen Anspruch auf Bestellung einer Vormerkung gem. §§ 883 ff. BGB. Dieser Anspruch ergibt sich ebenfalls aus §§ 433 I S. 1, 241 II BGB. Das wirksame Entstehen der Vormerkung ist von vier Voraussetzungen abhängig:

- Vormerkungsfähiger Anspruch, § 883 I S. 1 BGB
- Bewilligung bzw. einstweilige Verfügung, § 885 I S. 1 BGB
- Eintragung der Vormerkung ins Grundbuch, § 883 I BGB
- Berechtigung bzw. gutgläubiger Erwerb

Die Vormerkung sichert sämtliche schuldrechtlichen Ansprüche auf Einräumung oder Aufhebung eines dinglichen Rechts an einem Grundstück oder an einem Grundstücksrecht.

Ohne das Vorliegen eines entsprechenden Anspruchs ist die Existenz einer Vormerkung nicht denkbar, d.h. die Vormerkung ist in ihrer Entstehung, ihrer Übertragung und ihrem Bestand von dem Vorhandensein einer gesicherten Forderung abhängig (sog. Akzessorietät der Vormerkung; von lat. accedere: hinzukommen, hinzutreten, anlehnen, abhängen von)

Welcher Anspruch vormerkungsfähig ist und welchen inhaltlichen Anforderungen er diesbezüglich genügen muss, zeigt nun im Detail Fall 13.

II. Gliederung

Vormerkung zugunsten des K

Voraussetzungen:

Vormerkungsfähiger Anspruch gem. § 883 I S. 1 BGB

(P): Kaufvertrag in notarieller Form nach § 117 I BGB, mündlich geschlossene Vereinbarung nach § 311b I S. 1, 125 BGB nichtig; keine Heilung nach § 311b I S. 2 BGB; damit zunächst kein vormerkbarer Anspruch i.S.d. § 883 I S. 1 BGB

§ 883 I S. 2 aber auch künftige und bedingte Ansprüche vormerkungsfähig Rechtsboden aber nicht hinreichend bereitet

Heilung wirkt auch **nicht „ex tunc“** und kann somit Vormerkung nachträglich nicht mehr zur Existenz verhelfen

Ergebnis:

vormerkbarer Anspruch (-)

Abwandlung 1:

Auftreten des falsus procurator

Anspruch K/E auf Übereignung des Grundstücks gem. § 433 I S. 1 BGB

Wirksamer Kaufvertrag, § 433 BGB

1. Beachtung der Form nach § 311 b I S. 1 BGB (+)

2. **(P):** Annahme der Kaufofferte nicht durch den K persönlich, sondern durch falsus procurator, § 177 I BGB ⇨ hier aber Genehmigung durch den K gem. § 177 I, 184 I BGB
3. **(P):** Eigentumsverschaffungspflicht könnte dem E durch Veräußerung an den D unmöglich geworden sein, § 275 I BGB ⇨ Gem. § 883 II BGB wäre dem K gegenüber der E weiterhin Berechtigter, wenn er Vormerkungsberechtigter wäre
4. **(P):** Anspruchsentstehung von Genehmigung des K abhängig ⇨ künftiger Anspruch bei Auftreten eines f.p. vormerkungsfähig ⇨ (+), wenn f.p. auf Seiten des Käufers am Grundstückskauf beteiligt war
5. **Bewilligung, Eintragung, Berechtigung (+) ⇨ Vormerkung und damit Anspruch aus § 433 I S. 1 BGB (+)**

Abwandlung 2:

Begründetheit des Rechtsmittels

1. **Erinnerung**, §§ 11 I RPflG, 573 I ZPO
2. **Begründetheit** (+) wenn ein materiell-rechtlicher Anspruch des K besteht ⇨ Vormerkung nach §§ 883 ff. BGB

(P): Vormerkungsfähiger Anspruch (+)⇨ Eintragung einer Vormerkung auch zur Sicherung bedingter Ansprüche zulässig ⇨ auch Art der vorliegenden Bedingungen ändert hieran nichts

Bewilligung und Berechtigung (+)

3. **Ergebnis**: Anspruch auf Eintragung (+)

III. Lösung Frage 1

K hat dann eine wirksame Vormerkung erworben, wenn sämtliche Entstehungsvoraussetzungen einer Vormerkung nach §§ 883 ff. BGB gegeben sind.

1. Vormerkungsfähiger Anspruch, § 883 I S. 1 BGB

Fraglich ist, ob überhaupt ein vormerkungsfähiger Anspruch besteht. Aufgrund ihrer Akzessorietät kann eine Vormerkung grds. nur dann rechtswirksam werden, wenn und solange ein schuldrechtlicher Anspruch auf Einräumung oder Aufhebung eines dinglichen Rechts am Grundstück oder an einem Grundstücksrecht besteht, § 883 I S. 1 BGB.

a) Kein schuldrechtlicher Anspruch des K aus § 433 I S. 1 BGB

Im vorliegenden Fall wurde in der notariellen Urkunde fälschlicherweise ein Kaufpreis von 150.000 € festgelegt, um höhere Steuerbelastungen zu vermeiden. Die Kaufparteien sind allerdings in den vorangegangenen mündlichen Verhandlungen von einem Kaufpreis von 250.000 € ausgegangen.

Aus diesen Umständen ergibt sich die Rechtsfolge, dass wegen Vorliegens eines Scheingeschäfts der in notarieller Form geschlossene Vertrag (150.000 €) nach § 117 I BGB nichtig ist.

Der mündlich abgeschlossene Kaufvertrag (250.000 €) scheitert an den Formerfordernissen des § 311b I S. 1 BGB i.V.m. § 125 S. 1 BGB. Ein wirksamer Kaufvertrag bestand im Zeitpunkt der Eintragung der Vormerkung nicht, so dass mangels eines schuldrechtlichen Anspruchs keine Vormerkung entstehen konnte.

b) Vormerkungsfähigkeit eines künftigen Anspruchs

Im Zeitpunkt der Vormerkungseintragung bestand aber durchaus noch die Möglichkeit der Heilung des an sich formnichtigen Vertrages. Gem. § 311 b I S. 2 BGB würde der Kaufvertrag seinem ganzen Inhalt nach gültig, sobald die Auflassung und die Eintragung des K in das Grundbuch erfolgt.

Da die Entstehung eines schuldrechtlichen Anspruchs somit von einem noch ausstehenden Ereignis (Eintragung) abhängt, steht dem K im Zeitpunkt der Eintragung seiner Vormerkung ein evtl. künftiger Anspruch auf Eigentumsübertragung zu. Es stellt sich folglich die Frage, ob auch künftige Ansprüche ausnahmsweise ausreichen, um eine rechtswirksame Vormerkung bestellen zu können.

aa) Rechtsgrundsätze der Rspr. und der Lit.: gefestigte Rechtsgrundlage

In Rspr. und Literatur wird eine Eintragung einer Vormerkung zur Sicherung künftiger Ansprüche nur unter strengsten Voraussetzungen bejaht. Ein künftiger Anspruch fällt i.d.S. nur dann unter den § 883 I S. 2 BGB, wenn für seine Entstehung eine feste Rechtsgrundlage geschaffen ist, was nach h.M. in erster Linie dann der Fall sein soll, wenn der Schuldner ohne die Mithilfe des Erwerbers die entsprechende Rechtsgrundlage nicht mehr einseitig beseitigen oder widerrufen kann.

Diese Annahme in Bezug auf einen künftigen Anspruch rechtfertigt die Tatsache, dass ab diesem Zeitpunkt eine dermaßen gefestigte Bindung des Schuldners eintritt, so dass diesem kein schützenswertes Interesse mehr an einer ungehinderten weiteren Verfügung unterstellt werden kann.

Als Beispiele für einen typischen künftigen Anspruch dienen das bindende formgültige Grundstücksverkaufsangebot, der behördlich noch genehmigungsbedürftige Kaufvertrag oder der den Schuldner zum Abschluss des Hauptvertrages verpflichtende Vorvertrag (mit weiteren Beispielen: Palandt § 883, Rn. 16).

hemmer-Methode: Der Streit, ob nun ein künftiger Anspruch besteht, wenn die Rechtsgrundlage nicht mehr einseitig vom Schuldner beseitigt werden kann oder ob darüber hinaus die Anspruchsentstehung nur noch vom Willen des Vormerkungsberechtigten abhängen darf, sollte falls Ihnen so viel Zeit in der Klausur verbleibt, angesprochen werden. Er kann jedoch nicht selten offen gelassen werden. Dazu Hemmer/Wüst Sachenrecht III, Rn. 106 a.E.

Fraglich ist, ob diese Grundsätze auch bei einem formnichtigen, aber nach § 311 b I S. 2 BGB heilbaren Grundstückskaufvertrag angewendet werden können. Es könnte hier an einer gefestigten Rechtsgrundlage fehlen.

Gegen eine gefestigte Rechtsgrundlage spricht vor allem der folgende Umstand.

Unter Berücksichtigung der obigen Darstellungen soll eine Rechtsgrundlage als gefestigt gelten, wenn der Schuldner die Rechtsgrundlage nicht mehr einseitig beseitigen kann. E hat hier aber durchaus die Möglichkeit zuungunsten des K auf die Übereignung einzuwirken, da sie noch immer in seinem Belieben liegt.

Allein hinsichtlich der Eintragung des K im Grundbuch bedarf es noch gem. § 19 GBO einer Bewilligung durch den E, die er ohne Weiteres unterlassen und so einen direkten Eigentumserwerb des K verhindern könnte.

c) Heilung hat nur ex-nunc Wirkung

Von einem vormerkungsfähigen Anspruch könnte man allenfalls dann ausgehen, wenn der Heilungstatbestand des § 311b I S. 2 BGB ex-tunc Wirkung entfaltet. Dann würde aufgrund der Heilung von Anfang an ein sicherungsfähiger Anspruch bestehen.

So liegt der Fall hier aber gerade nicht. Wie bereits der Wortlaut des § 311b I S. 2 BGB verrät, wird ein ohne Beachtung der Form geschlossener Vertrag seinem ganzen Inhalt nach gültig, wenn die Auflassung und die Eintragung in das Grundbuch erfolgen.

Die Heilung des formnichtigen Vertrages setzt also ausschließlich für die Zukunft (ex nunc) ein und entwickelt keinerlei Rückwirkung, so dass das nachträgliche Wirksamwerden eines Übereignungsanspruches durch die Heilung nicht mehr erreicht werden kann. Im Zeitpunkt der Eintragung der Vormerkung ist i.E. kein gegenwärtiger oder künftiger Anspruch mit fester Rechtsgrundlage festzustellen.

2. Ergebnis

K konnte keine wirksame Vormerkung erwerben.

IV. Lösung Abwandlung 1

1. Anspruch des K gegen den E aus § 433 I S. 1 BGB

K könnte evtl. die Übereignung des Grundstücks nach § 433 I S. 1 BGB fordern.

2. Wirksamer Kaufvertrag

Voraussetzung hierfür wäre der Abschluss eines wirksamen Kaufvertrages zwischen E und K, § 433 BGB.

a) Stellvertretung durch S

Da K die Verhandlungen zu keiner Zeit selbst führte, konnte ein Vertrag mit E nur geschlossen werden, wenn K durch seine Schwester S wirksam vertreten wurde.

Dazu müsste die S eine eigene Willenserklärung im Namen des K mit Vertretungsmacht abgegeben haben, §§ 164 ff. BGB.

Die eigene Willenserklärung ist hier darin zu sehen, dass S die Annahme der Verkaufsofferte des E erklärt hat, § 147 I BGB. Ebenso ist das Offenkundigkeitsprinzip gewahrt, weil S ausdrücklich im Namen des K aufgetreten ist, § 164 I S. 1 BGB.

S müsste ferner mit Vertretungsmacht gehandelt haben, § 164 I S. 1 BGB. S hatte hier jedoch weder gesetzliche noch rechtsgeschäftliche Vertretungsmacht (Vollmacht), §§ 167 ff. BGB. Aus diesem Grund war sie zu keiner Zeit ermächtigt für den K aufzutreten und ist folglich als falsus procurator zu behandeln, §§ 177 ff. BGB. Die von S abgegebene Willenserklärung wirkt nicht für oder gegen den Vertretenen K.

Rechtsfolge dieses Umstandes ist keineswegs die Nichtigkeit des gesamten Vertrages, vielmehr ist das Rechtsgeschäft zunächst schwebend unwirksam. Der Erwerber hat vielmehr weiterhin die Möglichkeit das Geschäft durch eine einseitige empfangsbedürftige Willenserklärung in Form einer Genehmigung an sich zu ziehen, §§ 177 I, 183 ff. BGB. Das Geschäft wird dann nach § 184 I BGB nachträglich wirksam.

K hat, weil er das Grundstück unbedingt für seine berufliche Planung benötigte, sämtliche Rechtsgeschäfte und damit auch den Kaufvertrag genehmigt. Dieser wurde demzufolge nach § 184 I BGB wirksam.

b) Beachtung des § 311 b I S. 1 BGB

Grds. entsprach der Grundstückskaufvertrag den Anforderungen einer notariellen Beurkundung, § 311b I S. 1 BGB. Es stellt sich jedoch die Frage, ob auch die Genehmigung des schwebend unwirksamen Vertrages durch den K diese Voraussetzungen erfüllen muss.

Dies ist jedoch zu verneinen. Gem. § 182 II BGB bedarf die Zustimmung nicht der für das Rechtsgeschäft bestimmten Form.

3. Übereignung an den D

Fraglich ist, wie es sich auswirkt, dass E das Grundstück noch vor der Genehmigung des K an den D veräußert hat.

Aufgrund der Tatsache, dass eine Vormerkung den Eigentümer keineswegs an weiteren Verfügungen über das Grundstück hindern kann, hat der E mit der Eintragung des D im Grundbuch nach §§ 873 I, 925 BGB sein Eigentum vollständig an den D verloren. E wird mithin bzgl. des Grundstücks Nichtberechtigter.

Zudem verweigert D strikt die Herausgabe des Grundstücks bzw. die Zustimmung zur Eintragung des K im Grundbuch. E kann infolge dieser Umstände dem K grds. nicht mehr das Eigentum verschaffen; die Erfüllung seiner Eigentumsverschaffungspflicht nach § 433 I S. 1 BGB ist ihm möglicherweise nach § 275 I BGB unmöglich geworden.

4. Vormerkung zugunsten des K

An diesem Ergebnis könnte sich nur dann etwas ändern, wenn noch vor der Weiterveräußerung an den D zugunsten des K eine wirksame Vormerkung entstanden wäre, §§ 883 ff. BGB. Die Vormerkungsberechtigung brächte den Vorteil mit sich, dass gem. § 883 II BGB die Verfügung des E, die nach der Eintragung der Vormerkung über das Grundstück getroffen wurde, insoweit unwirksam ist, als sie den Anspruch des K vereiteln oder beeinträchtigen würde.
Im Zuge dieser beschriebenen relativen Unwirksamkeit der vollzogenen Rechtsänderung gälte E ausschließlich im Verhältnis zu K auch noch in der Zukunft als wahrer Berechtigter und könnte ihm das Grundstück ohne weiteres noch übereignen.

a) Vormerkungsfähiger Anspruch

Einzig problematisch ist, ob dem K ein vormerkungsfähiger Anspruch zusteht, § 883 I S. 1 BGB.

Vergleichbar dem Sachverhalt zu Frage 1 bestand ein vollexistenter Anspruch aus § 433 I S. 1 BGB im Zeitpunkt der Eintragung der Vormerkung gerade nicht. Es kam allerdings von Beginn an die nachträgliche Genehmigung der Handlungen des f.p. durch K in Frage, §§ 177 I, 183 ff. BGB.

Ein solcher künftiger Anspruch wird jedoch nach h.M. nur dann von § 883 I S. 2 BGB erfasst, wenn für ihn eine gefestigte Rechtsgrundlage vorliegt, was hauptsächlich dann der Fall sein soll, wenn der Schuldner die Rechtsgrundlage nicht mehr einseitig widerrufen kann (s.o.). Bei Auftreten eines Vertreters ohne Vertretungsmacht ist diesbezüglich zu unterscheiden.

aa) Stellvertretung auf Seiten des Schuldners E

Tritt der falsus procurator auf Seiten des Verkäufers auf, scheidet nach allen Ansichten eine feste Rechtsgrundlage aus. Dies wird richtigerweise damit begründet, dass die Entstehung eines Übereignungsanspruches ausschließlich vom Willen des Veräußerers abhängt. Alleine Letzterer könne entscheiden, ob er das Handeln seines vollmachtlosen Vertreters genehmigen oder zurückweisen möchte.

bb) Falsus procurator auf Seiten des K

Handelte hingegen ein falsus procurator auf Seiten des Käufers, liegt es ausnahmslos an ihm, den Vertragsschluss zu genehmigen, während dem Verkäufer hierauf keinerlei Einflussmöglichkeiten zukommen.

cc) Vorliegender Fall

Im zu entscheidenden Fall hat S als vollmachtlose Vertreterin des K gehandelt. Durch die ausschließlich dem K offenstehende Genehmigung wurde das Rechtsgeschäft nachträglich wirksam.

Der entscheidende Unterschied zu dem Heilungsprozess eines formnichtigen Vertrages aus dem Vorfall 1 ist der, dass eine nachträgliche Zustimmung des Vertretenen gerade nicht wie § 311b I S. 2 BGB festlegt, eine Wirkung ex nunc entwickelt, sondern den schwebend unwirksamen Vertrag mit rückwirkender Kraft vollwirksam werden lässt, d.h. ex tunc wirkt. Das Rechtsgeschäft kommt also nachträglich so zustande, als ob der Vertreter von Beginn an umfassend bevollmächtigt gewesen wäre.

Die Rspr. leitet aus dieser ex tunc Wirkung ab, dass bereits bei Eintragung der Vormerkung ein gegenwärtiger Anspruch vorlag, der über eine ausreichend gefestigte Rechtsgrundlage verfügte. I.E. liegt ein vormerkungsfähiger künftiger Anspruch i.S.d. § 883 I S. 2 BGB vor.

b) Übrige Entstehungsvoraussetzungen einer Vormerkung

Des Weiteren liegen auch mit der wirksamen Bewilligung, Berechtigung und der Eintragung der Vormerkung sämtliche weitere Entstehungsvoraussetzungen einer Vormerkung gem. §§ 883 I, 885 BGB vor.

5. Wirkungen der Vormerkung

Entsprechende Rechtsfolge der Vormerkung ist, dass die den vorgemerkten Anspruch beeinträchtigende Verfügung des E zugunsten des D dem K als Vormerkungsberechtigten gegenüber unwirksam ist, § 883 II BGB.

6. Ergebnis

K kann von E Übereignung des Grundstücks nach § 433 I S. 1 BGB verlangen.

hemmer-Methode: In den meisten Klausuren ist nicht wie hier abstrakt nach den Ansprüchen des Käufers nur gegen den Eigentümer gefragt, sondern allgemein nach Ansprüchen des Vormerkungsberechtigten.
Gerade in praktischer Hinsicht ist deshalb zu beachten, dass das Grundbuchamt den Käufer nur dann im Grundbuch eintragen wird, wenn der Dritte als unmittelbar Betroffenen dies bewilligt, § 19 GBO.
Um vollumfängliches Eigentum zu erwerben, muss dem Käufer deshalb gegen den Dritten ein Anspruch auf Abgabe der entsprechenden Bewilligungserklärung zustehen.
Für Sie heißt das in der Klausur, dass im Anschluss an die Prüfung eines Anspruches aus § 433 I S. 1 BGB gegen den Verkäufer, ein Anspruch auf Zustimmung zur Eintragung ins Grundbuch nach §§ 888 I, 883 I BGB gegen den Dritten zu prüfen ist (Hierzu ausführlich die folgenden Fälle 16 und 17).

V. Lösung Abwandlung 2

Gem. § 11 I RPflG ist gegen die Entscheidung eines Rechtspflegers das Rechtsmittel gegeben, das nach den allgemeinen verfahrensrechtlichen Vorschriften zulässig ist. Somit kann gegen die Entscheidung eines Urkundsbeamten in der Form der Erinnerung binnen einer Notfrist von zwei Wochen die Entscheidung des Gerichts beantragt werden, § 573 I S. 1 ZPO. Die hier im Fall zulässige Erinnerung nach § 573 I ZPO wäre begründet, wenn K tatsächlich einen Anspruch auf Eintragung der Vormerkung im Grundbuch geltend machen könnte.

1. Materiell-rechtlicher Anspruch nur unter besonderen Voraussetzungen

Grds. muss der Grundbuchbeamte eine Eintragung vornehmen:
Wenn (1) der Antragsberechtigte einen entsprechenden Antrag gestellt hat, § 13 GBO, (2) eine Eintragungsbewilligung des Betroffenen gemäß § 19 GBO vorliegt, (3) die zur Eintragung erforderlichen Erklärungen durch öffentliche oder öffentlich beglaubigte Urkunden nachgewiesen sind, § 29 GBO, und (4) der Betroffene nach §§ 39, 40 GBO voreingetragen ist.

Hinterfragt man den Sinn und Zweck des Grundbuchs wird man allerdings feststellen müssen, dass zur Vermeidung einer Überladung des Grundbuchs nicht jedes Recht eingetragen werden darf. Um einer faktischen „Grundbuchsperre" vorzubeugen, werden, wie sich am Beispiel der künftigen Ansprüche gezeigt hat, aus diesem Grund die einzutragenden Rechte unter dem Begriff der „eintragungsfähigen Rechte" strengen einschränkenden Kriterien unterstellt. Eine Vormerkung zur Sicherung künftiger oder bedingter Ansprüche darf somit nur dann in das Grundbuch eingetragen werden, wenn es sich bei den zugrunde gelegten Ansprüchen überhaupt um eintragungs- bzw. vormerkungsfähige Ansprüche handelt.

2. Vormerkungsfähigkeit eines doppelt bedingten Anspruchs

Wie oben dargelegt, darf eine Vormerkung zur Sicherung eines künftigen Anspruchs eingetragen werden, wenn bereits der Rechtsboden für ihre Existenz soweit vorbereitet ist, dass ihre Entstehung nur noch vom Willen des künftigen Gläubigers abhängig ist.

Ob diese Rechtsgrundsätze allerdings ohne weiteres auch auf die Vormerkungsfähigkeit bedingter Ansprüche anzuwenden sind, ist umstritten.

Rspr. und Literatur lassen möglicherweise gerechtfertigte Unterscheidungskriterien außen vor und beziehen die Sicherung bedingter Ansprüche in die zur Sicherung künftiger Ansprüche entwickelten Einschränkungsmerkmale ohne weiteres mit ein.

Dem tritt richtigerweise die h.M. mit der besseren Begründung entgegen.

Die Tatsache, dass bedingte Ansprüche im Gegensatz zu künftigen Ansprüchen bereits im Zeitpunkt ihrer Vereinbarung entstehen und nicht erst im Zeitpunkt des Bedingungseintritts, so dass schon bei ihrer Entstehung eine gesicherte Rechtsgrundlage besteht, rechtfertigt alleine eine strenge Differenzierung. Hinzu kommt, dass zwar auch bei der Sicherung bedingter Ansprüche für eine gewisse Zeit eine Rechtsunsicherheit und Rechtserschwerung im Grundbuchverkehr eintritt, diese jedoch im direkten Vergleich zu einem künftigen Anspruch weitaus geringer einzustufen und damit durchaus hinnehmbar ist.

3. Berücksichtigung der Art der Bedingung

Möglicherweise könnte der Inhalt der festgelegten Bedingungen zu einem Eintragungsverbot führen.

Die vertraglich vereinbarte Bedingung bestand im vorliegenden Fall darin, dass der Erwerber ohne die Hinterlassung leiblicher Abkömmlinge vor dem Veräußerer verstirbt.

Dies könnte gegen den Grundsatz verstoßen, dass der Anspruch, der gesichert werden soll, immer gegen den bestehen muss, dessen Grundstück von der Vormerkung betroffen ist, denn E müsste bei Versterben seines Sohnes K die Auflassung von dessen Erben verlangen.

Es ist jedoch zu berücksichtigen, dass Schuldner des bedingten Auflassungsanspruches zunächst der Erwerber, und nach der Umschreibung des Grundbuchs der Eigentümer des Grundstücks wird. An dieser Situation ändert natürlich auch ein Todesfall nichts. Schuldner bliebe weiterhin der K, nur müsste diese Pflicht als gewöhnliche Nachlassverbindlichkeit von den jeweiligen Erben erfüllt werden, § 1967 BGB.

Die zweite Bedingung bezog sich auf die vertragswidrige Veräußerung oder Belastung des Vertragsobjekts. Einer derartigen Verpflichtung stehen grds. gem. § 137 S. 2 BGB keinerlei Bedenken entgegen. Das gleiche gilt für die Verpflichtung zur Rückauflassung, ganz egal ob der E oder dessen Ehefrau als Berechtigte gelten.

Es ist jedoch denkbar, dass die Bewilligung einer Vormerkung zur Sicherung des bedingten Auflassungsanspruches eine gesetzeswidrige Umgehung der Norm des § 137 S. 1 BGB darstellt. Nach dessen Wortlaut kann die Befugnis zur Verfügung über ein veräußerliches Recht nicht durch Rechtsgeschäft ausgeschlossen oder beschränkt werden. In Hinblick auf die Regelungen des § 883 II, III BGB, die in gewissem Maße sehr wohl eine Verdinglichung der Verfügungsbeschränkung mit sich bringen, könnte der Regelungsbereich des § 137 S. 1 BGB relativiert werden. In Übereinstimmung mit der herrschenden Meinung in der Literatur ist dies jedoch deshalb zu verneinen (BGH NJW 1978, 701), weil der Schutzbereich des § 137 S. 1 BGB schon gar nicht eröffnet ist.

Der § 137 S. 1 BGB verfolgt zum einen das Hauptziel die Verfügungsfreiheit des Rechtsinhabers, zum anderen aber auch hinsichtlich einer effektiven Rechtssicherheit den numerus clausus der dinglichen Rechte vor einer unsachgemäßen Ausweitung zu schützen.

So liegt der Fall hier aber gerade nicht. Es ist nicht als unzulässig zu erachten, dass sich die Parteien eines Verfügungsunterlassungsvertrages einer der sonstigen rechtlichen Gestaltungsmöglichkeiten bedienen, die das Gesetz zur Verfügung stellt, um den Erwerber einer Sache eine wirksame Weiterverfügung über sie zu verwehren (BGH NJW 1978, 701).

Hierdurch ist nicht § 137 S. 1 BGB verletzt, vielmehr geht es lediglich um die Sicherung der nach § 137 S. 2 BGB zulässigen Verpflichtung (Baur/Stürner SachenR § 20, Rn. 24).

4. Ergebnis

I.E. ist auch ein bedingter Anspruch auf Rückauflassung vormerkungsfähig. Bei Erfüllung sämtlicher grundbuchrechtlicher formeller Voraussetzungen muss der Grundbuchbeamte die Eintragung der Vormerkung vollziehen.

VI. Zusammenfassung

- Die Eintragung einer Vormerkung bezweckt die Sicherung schuldrechtlicher Ansprüche auf Einräumung oder Aufhebung eines Rechts an einem Grundstück oder an einem das Grundstück belastenden Recht oder auf Änderung des Inhalts oder des Ranges eines solchen Rechts, § 883 I S. 1 BGB.
  Künftige Ansprüche sind i.S.d. § 883 I S. 2 BGB vormerkungsfähig, wenn für die Entstehung des Anspruchs eine feste Rechtsgrundlage insoweit besteht, dass diese vom Schuldner nicht mehr rückgängig gemacht werden kann.
- Die Heilung eines formnichtigen Vertrages nach § 311b I S. 2 BGB rechtfertigt die Annahme eines künftigen Anspruchs mangels einer gefestigten Rechtsgrundlage nicht.
- Handelt auf Seiten des Käufers ein Vertreter ohne Vertretungsmacht, so besteht hinsichtlich der ex tunc - Wirkung der nachträglichen Genehmigung ein künftiger Anspruch i.S.d. § 883 I S. 2 BGB.
- Nach § 883 I S. 2 BGB sind auch bedingte Ansprüche vormerkungsfähig. Die Voraussetzungen für die Eintragungsfähigkeit von Vormerkungen zur Sicherung künftiger Ansprüche sind auf bedingte Ansprüche nicht anwendbar.

VII. Zur Vertiefung

Entstehungsvoraussetzungen einer Vormerkung

- Hemmer/Wüst Sachenrecht III, Rn. 103.

Zum Problem des künftigen oder bedingten Anspruchs

- Hemmer/Wüst Sachenrecht III, Rn. 104 ff.

Formnichtige Verträge und Vormerkung

- Hemmer/Wüst Sachenrecht III, Rn. 107.

Zum falsus procurator

- Hemmer/Wüst BGB AT I, Rn. 289 ff.
- Hemmer/Wüst Sachenrecht III, Rn. 107 a.E.

Aufsätze

- Knöpfle, JuS 1981, 157 ff.; Tiedtke, Jura 1981, 354 ff.; Hager, JuS 1990, 432.

Rechtsprechung

- BGH NJW 1978, 700 f.; BGH 54, 56; BGH NJW 2001, 2883 f. = **juris**byhemmer; BGH NJW 1981, 446.
- Life&Law 2008, 308 ff. zur Ausdehnung der gesicherten Ansprüche.

Fall 14: Der gutgläubige Ersterwerb

Sachverhalt:

V veräußert am 02.03. sein Grundstück an den K und lässt es ihm auf. Am nächsten Tag wird zu Gunsten des K eine Auflassungsvormerkung im Grundbuch eingetragen. K bezahlt am 16.03. den Kaufpreis i.H.v. 300.000 € und stellt am 26.03. unter Vorlage aller relevanten Urkunden den Antrag auf seine Eintragung im Grundbuch.

Frage 1: *Kann K auch noch dann Eigentümer des Grundstücks werden, wenn am 23.03. über das Vermögen des V ein Insolvenzverfahren eröffnet wurde und auf der Stelle ein entsprechender Vermerk im Grundbuch eingetragen wurde?*

Frage 2: *Was gilt, wenn sich im Nachhinein herausstellt, dass nicht der zu Unrecht eingetragene V, sondern der E Eigentümer des Grundstücks gewesen ist. Hat K dann eine Vormerkung erworben? (die Insolvenz des V bleibt bei Frage 2 unberücksichtigt).*

I. Einordnung

Bzgl. der Berechtigung desjenigen, der die Vormerkung bewilligt, gelten die im Rahmen der §§ 873 ff. BGB bereits vorgestellten allgemeinen sachenrechtlichen Regelungen. Berechtigt ist also immer der verfügungsbefugte Rechtsinhaber oder der kraft Gesetzes zur Verfügung befugte, wie z.B. der Insolvenzverwalter, der Testamentsvollstrecker oder der Nachlassverwalter.

Handelt ein Nichtberechtigter oder ein in der Verfügung beschränkter Rechtsinhaber sind natürlich auch hier die §§ 185, 878, 892 BGB anwendbar. Der Vormerkungsberechtigte kann sich dementsprechend auf eine wirksame Vormerkungsbestellung verlassen, wenn derjenige, der die Vormerkung bewilligt, auch tatsächlich im Grundbuch als rechtmäßiger Eigentümer eingetragen ist.

Im vorliegenden Fall 14 soll es um den sog. gutgläubigen Ersterwerb gehen. An dieser Stelle stellt sich die Frage, was beachtet werden muss, wenn eine Vormerkung von einem vermeintlichen Grundstückeigentümer erworben werden soll.

II. Gliederung

Frage 1:
Eigentumserwerb des K trotz Eröffnung des Insolvenzverfahrens

Voraussetzungen der §§ 873, 925 BGB

1. Einigung (+)

2. Eintragung ins Grundbuch (+)

3. Einigsein im Zeitpunkt der Eintragung (+)

4. Berechtigung

(P): durch die Eröffnung des Insolvenzverfahrens wurde der V in seiner Verfügungsbefugnis beschränkt, § 81 I S. 1 InsO.

§ 878 BGB (-), zwar Bindung nach § 873 II Alt.1 BGB, aber Beschränkung der Verfügungsbefugnis noch vor Antragstellung

§ 892 BGB (-), gutgläubiger Erwerb wegen Eintragung des Insolvenzvermerks nicht möglich

§ 106 I S. 1 InsO (+), Gläubiger K kann vom Insolvenzverwalter Auflassung bzw. dessen Zustimmung verlangen.

Frage 2: Gutgläubiger Ersterwerb der Vormerkung

1. Anspruch, Bewilligung, Eintragung (+)

2. Berechtigung?

a) § 892 I BGB direkt (-)

b) aber § 893 Alt.2 BGB analog

3. Ergebnis

III. Lösung Frage 1

K wird dann Eigentümer des Grundstücks, wenn sämtliche Voraussetzungen des rechtsgeschäftlichen Erwerbs eines Grundstücks vorliegen, §§ 873, 925 BGB.

1. Grundvoraussetzungen

V hat dem K das Grundstück in der Form des § 925 BGB aufgelassen. Die Parteien machen keinerlei Anstalten diese Rechtsänderung zu widerrufen, so dass sich die Parteien über den Zeitpunkt der Antragstellung hinaus über den Rechtsübergang einig sind. Zwar ist die Eintragung des K bisher noch nicht erfolgt, K hat aber bereits die Eintragung beantragt. Mangels anderweitiger Anhaltspunkte steht dieser Eintragung in rechtlicher und tatsächlicher Hinsicht auch nichts im Wege, so dass sie ohne weiteres Zutun der Parteien in der nächsten Zeit auch vollzogen werden wird.

2. Nichtberechtigung des V

Der Eigentumserwerb des K könnte jedoch an den Auswirkungen der Eröffnung des Insolvenzverfahrens über das Vermögen des V scheitern. Grds. muss der Veräußerer bis zum Zeitpunkt der Eintragung des Käufers verfügungsbefugter Rechtsinhaber sein. Mit der Eröffnung des Insolvenzverfahrens ging diese Verfügungsbefugnis jedoch gem. § 81 I S. 1 InsO auf den zuständigen Insolvenzverwalter über und V unterlag deshalb ab dem 23.03. einer Verfügungsbeschränkung.

3. Anwendung des § 878 BGB

Mangels einer Zustimmung des Insolvenzverwalters, § 185 BGB analog, könnte diese Nichtberechtigung evtl. nach § 878 BGB überwunden werden. Demnach wird eine vom Berechtigten in Gemäßheit der §§ 873, 875, 877 BGB abgegebene Erklärung nicht dadurch unwirksam, dass der Berechtigte in der Verfügung beschränkt wird, nachdem die Erklärung für ihn bindend geworden und der Antrag auf Eintragung bei dem Grundbuchamt gestellt worden ist.

Im vorliegenden Fall waren die Parteien nach ihren notariell beurkundeten Auflassungserklärungen in der Tat nach § 873 II Alt.1 BGB an die Einigung gebunden. Ferner wurde auch ein ordnungsgemäßer Eintragungsantrag beim Grundbuchamt gestellt.

Die Sonderregelung des § 878 BGB erstreckt hinsichtlich nachträglicher Verfügungsbeschränkungen seinen Schutzbereich jedoch nur auf den Zeitraum zwischen der Stellung des Antrags auf Eintragung und dessen tatsächlichen Vollzugs- nur in dieser Zeitspanne ist der Erwerber mangels Einwirkungsmöglichkeiten auf den weiteren Rechtserwerb völlig schutzlos.

Die Verfügungsbefugnis des V fiel weg (23.03.) bevor der Antrag des K auf Eintragung (26.03.) beim zuständigen Grundbuchamt gestellt wurde, so dass die Regelung des § 878 BGB in diesem Fall sachlich nicht eingreifen kann.

4. Gutglaubenserwerb, § 892 I S. 2 BGB

Ein gutgläubiger Erwerb des Eigentums durch den K nach den §§ 873, 925, 892 I S. 2 BGB, scheitert bereits daran, dass aufgrund der Aufnahme eines entsprechenden Insolvenzvermerks am 23.03. die Verfügungsbeschränkung des V für den K sehr wohl aus dem Grundbuch ersichtlich war.

5. Berücksichtigung der Rechtsstellung des K als Vormerkungsberechtigter

Am 03.03. wurde zugunsten des K eine Auflassungsvormerkung in das Grundbuch eingetragen. Fraglich ist, ob diese Rechtsstellung des K, ihre Wirksamkeit vorausgesetzt, eine abweichende Beurteilung des gefundenen Ergebnisses rechtfertigen kann.

a) Anwendung des § 106 I S. 1 InsO

Nach § 106 I S. 1 InsO kann der Gläubiger für seinen Anspruch Befriedigung aus der Insolvenzmasse verlangen, wenn zur Sicherung eines Anspruchs auf Einräumung oder Aufhebung eines Rechts an einem Grundstück des Schuldners oder an einem für den Schuldner eingetragenen Recht oder zur Sicherung eines Anspruchs auf Änderung des Inhalts oder des Ranges eines solchen Rechts eine Vormerkung eingetragen ist.

b) Wirksamkeit der Auflassungsvormerkung

Es sind keinerlei Anhaltspunkte ersichtlich, die gegen die Wirksamkeit einer Vormerkung zugunsten des K sprechen könnten.

K hatte gegen den D aus § 433 I S. 1 BGB einen Anspruch auf Übertragung des Grundstückeigentums. Ein vormerkungsfähiger Anspruch lag mithin vor. Die Vormerkung wurde ordnungsgemäß vom Betroffenen V bewilligt und daraufhin im Grundbuch eingetragen. Im Zeitpunkt der Bestellung dieser Auflassungsvormerkung am 03.03. war V mithin noch Berechtigter, da seine Verfügungsbefugnis erst am 23.03. beschränkt wurde.

6. Endergebnis Frage 1

Aufgrund der wirksamen Bestellung einer Vormerkung vor Eröffnung des Insolvenzverfahrens kann K von V trotz bestehender Verfügungsbeschränkung gem. § 106 I S. 1 InsO die Auflassung bzw. die Zustimmung zur Rechtsübertragung gem. § 185 I BGB durch den Insolvenzverwalter verlangen.

IV. Lösung Frage 2

Wie sich später herausstellt, ist nicht der verfügende V, sondern der E rechtmäßiger Eigentümer des Grundstücks, so dass sich sämtliche Verfügungen des V als solche eines Nichtberechtigten darstellen.

Fraglich ist, ob nicht der V mit Hilfe der Grundsätze, die für den Erwerb von einem Nichtberechtigten gelten, die Vormerkung gutgläubig erworben haben könnte.

1. Grundvoraussetzungen nach §§ 883 I, 885 BGB

Wie bereits erläutert bestand ein vormerkungsfähiger Anspruch. Die Vormerkung wurde wirksam bewilligt und eingetragen.

2. Problem des gutgläubigen Ersterwerbs einer Vormerkung

Der V war hinsichtlich des Grundstückseigentums Nichtberechtigter. K konnte somit eine Vormerkung nur unter den Voraussetzungen des § 892 I BGB erwerben.

a) Anwendungsbereich

Fraglich ist, ob diese Norm auf derart gelagerte Fälle überhaupt anwendbar ist.

Gem. § 892 I S. 1 BGB gilt zugunsten desjenigen, welcher ein Recht an einem Grundstück oder ein Recht an einem solchen Recht durch Rechtsgeschäft erwirbt, der Inhalt des Grundbuchs als richtig, es sei denn, dass ein Widerspruch gegen die Richtigkeit eingetragen oder die Unrichtigkeit dem Erwerber bekannt ist.

Rein dem Wortlaut folgend erfasst § 892 BGB somit nur die Fälle, in denen es sich um den rechtsgeschäftlichen Erwerb eines dinglichen Rechts handelt. Aufgrund der Zwitterstellung einer Vormerkung zwischen obligatorischem und dinglichem Recht ist in der Rspr. und der Lit. bis heute umstritten, welcher Rechtsnatur die Vormerkung zugewiesen werden soll.

Eine Mindermeinung begreift die Vormerkung als ein dingliches Recht, da die Vormerkung gem. § 883 II BGB auch Rechtswirkung im Verhältnis zu Dritten entfalten könne, was für ein dingliches Recht geradezu charaktertypisch sei. § 892 BGB ist demnach direkt anzuwenden (Kempf in JuS 1961, 21; Wunner in NJW 1969, 113).

Die h.M. verneint eine unmittelbare Anwendung des § 892 BGB aufgrund des Rechtscharakters einer Vormerkung als Sicherungsmittel eigener Art bzw. als ein sich in der Entwicklung zum Vollrecht befindliches Zwischenrecht, das nur in einem gewissen Rahmen dingliche Wirkungen entfalten kann. Vielmehr sei eine entsprechende Anwendung des § 892 BGB über den § 893 Alt.2 BGB geboten, weil die Bestellung einer Vormerkung als eine Belastung eines Grundstücks bzw. Grundstücksrechts verstanden werden muss und deshalb eine Verfügung i.S.d. § 893 Alt.2 BGB darstellt.

b) Tatbestandsvoraussetzungen

Die Voraussetzungen eines gutgläubigen Erwerbs nach § 892 I BGB liegen vor.

Ein rechtsgeschäftlicher Erwerb i.S.e. Verkehrsgeschäftes liegt vor. Nicht der eingetragene V, sondern der E war Eigentümer des Grundstücks; das Grundbuch ist deshalb unrichtig. Aufgrund seiner Eintragung ist der V als Berechtigter direkt legitimiert. K war bzgl. der Eigentümerstellung des V gutgläubig, ein Widerspruch wurde zu keiner Zeit im Grundbuch vermerkt.

3. Endergebnis Frage 2

K hat vom Nichtberechtigten V gem. §§ 893 Alt.2, 892 I BGB eine Auflassungsvormerkung erworben.

hemmer-Methode: Zusatzfrage: warum ist der Erwerb der Auflassungsvormerkung im vorliegenden Fall für die Frage nach der Möglichkeit des *Eigentumserwerbs* eigentlich irrelevant?
Antwort: Wenn die Auflassung bereits erklärt und ein Antrag auf Umschreibung des Eigentums bereits gestellt wurde, kommt es für die Gutgläubigkeit des Erwerbers nicht auf den Zeitpunkt der Vollendung des Rechtserwerbs an, sondern auf den Zeitpunkt der Stellung des Eintragungsantrags, § 892 II BGB. Da dieser Antrag vorliegend bereits gestellt wurde (vgl. Sachverhalt), kann K gutgläubig das Eigentum erwerben, auch wenn er vor Eintragung als Eigentümer bösgläubig wird. Aber: wenn dieser Antrag noch nicht gestellt ist und der Erwerber dann bösgläubig wird, hilft § 892 II BGB nicht mehr. Nach absolut h.M. ist dann aber gleichwohl ein gutgläubiger Eigentumserwerb möglich, wenn der Erwerber zuvor eine Vormerkung gutgläubig erworben hat. Argument: die Bösgläubigkeit würde die Sicherungswirkung der Vormerkung andernfalls vereiteln. Daher soll die Bösgläubigkeit analog § 883 II BGB den Erwerb nicht mehr hindern können.

V. Zusammenfassung

- Fällt der Verkäufer nach Eintragung einer Auflassungsvormerkung zugunsten des Käufers in Insolvenz, kann der Erwerber trotz bestehender Verfügungsbeschränkung seinen Anspruch gem. § 433 I S. 1 BGB mit Hilfe des § 106 I S. 1 InsO durchsetzen.
- Nach h.M. ist ein gutgläubiger Ersterwerb einer Vormerkung gem. den §§ 893 Alt.2, 892 BGB möglich, da die Bewilligung einer Vormerkung eine Verfügung darstellt.

VI. Zur Vertiefung

Der gutgläubige Ersterwerb einer Vormerkung

- Hemmer/Wüst Sachenrecht III, Rn. 114 ff.

Übersicht über die Rechtsprechung und Kommentierungsstellen

- Tiedtke, Jura 1981, S. 361 f.; Wunner, NJW 1969, 113; RGZ 118, 230; Wiegand, JuS 1975, 211 ff.; Kempf, JuS 1961, 21; RGZ 121, 44; BGHZ 57, 341 = **juris**byhemmer; BGH NJW 1981, 446 = **juris**byhemmer; Knöpfle, JuS 1981, 157.

Fall 15: Der gutgläubige Zweiterwerb

Sachverhalt:

V hat von seinem Onkel ein Grundstück geschenkt bekommen. V veräußert das Grundstück an den K. Die Bewilligung und Eintragung einer entsprechenden Auflassungsvormerkung für den K folgt.

Einige Tage später veräußert K seinen Anspruch gegen V an den gutgläubigen G.

Frage 1: *Was bis dahin niemand wusste ist, dass sich V nach wochenlangem Alkoholabusus im Zustand der Volltrunkenheit mit K über die Grundstücksübereignung einigte. Nach einer längeren Entziehungskur kann sich der V an keinerlei Grundstücksgeschäfte mehr erinnern. Er veräußert das Grundstück angesichts seiner wieder erlangten vollen Geschäftsfähigkeit an den gutgläubigen D.*

G steht der durchgeführten Grundbucheintragung des D gelassen gegenüber. Unter Verweisung auf seine Auflassungsvormerkung verlangt G von D dessen Zustimmung zu der Löschung seiner grundbuchrechtlichen Eigentümerposition. Zu Recht?

Frage 2: *V war voll geschäftsfähig. Der zuständige Grundbuchbeamte trägt, völlig dem Arbeitstrott verfallen, die Auflassungsvormerkung zugunsten K ein, obwohl V eine solche gar nicht bewilligt hat. Steht dem G trotz dieses Versehens eine Auflassungsvormerkung zu?*

I. Einordnung

Wie der vorherige Fall 14 eindeutig klarstellt, findet ein gutgläubiger Erwerb einer Vormerkung vom vermeintlichen Eigentümer gem. §§ 893 2. Alt, 892 BGB statt, solange ein zu sichernder Anspruch festzustellen ist (gutgläubiger Ersterwerb).

Beim weitaus klausurrelevanteren gutgläubigen Zweiterwerb geht es hingegen um das Problem, ob und auf welchem Weg eine Vormerkung gutgläubig erworben werden kann, wenn eine durch Vormerkung gesicherte (vermeintliche) Forderung von einem Nichtberechtigten, der allerdings laut Grundbuch als Berechtigter legitimiert ist, nach § 398 BGB abgetreten wird und die Vormerkung als streng akzessorisches Recht nach § 401 BGB analog kraft Gesetz mit über geht.

Zum Auffinden des richtigen Lösungsansatzes ist strikt zu unterscheiden, ob der abgetretene, gesicherte Anspruch tatsächlich entstanden ist oder nicht.

II. Gliederung

Frage 1:
Anspruch des G gegen den D auf Zustimmung zur Berichtigung des Grundbuchs nach §§ 888 I, 883 I BGB

Grundvoraussetzung:
Bestehen einer Auflassungsvormerkung zugunsten des G nach §§ 883 ff. BGB

Vormerkungsberechtigung des G infolge der Abtretung des schuldrechtlichen Anspruchs, §§ 433 I S. 1 i.V.m. 398 BGB
⇨ Akzessorietät der Vormerkung

⇨ Übergang kraft Gesetzes nach § 401 BGB

(P) V war bei Abschluss des Kaufvertrages geschäftsunfähig, § 104 Nr. 2, BGB
⇨ Rechtsfolge ist Nichtigkeit seiner Willenserklärung nach § 105 I BGB
⇨ gesicherter Anspruch (-)
⇨ Vormerkung wegen Akzessorietät (-)

(P) Gutgläubiger Erwerb der Vormerkung nach §§ 892 I, 892 Alt.2 BGB

⇨ (-), da das Grundbuch den guten Glauben an das Bestehen der gesicherten Forderung nicht schützt und ein gutgläubiger Forderungserwerb außer nach § 405 BGB ausgeschlossen ist.

Frage 2:
G als Vormerkungsberechtigter

Voraussetzung: Abtretung des gesicherten Anspruchs und Übergang der Vormerkung kraft Gesetzes, §§ 433 I S. 1, 401, 398 BGB

(P): Gutgläubiger Zweiterwerb der Vormerkung, wenn zwar die Forderung besteht, aber die eingetragene Vormerkung aus anderen Gründen nicht entstanden ist

1. **h.L.:** Gutgläubiger Zweiterwerb einer Vormerkung grds. (-) ⇨ kein rechtsgeschäftlicher Eigentumserwerb, so dass sachlicher Anwendungsbereich des § 892 I BGB schon nicht eröffnet ⇨ außerdem kein Bedürfnis des gutgläubigen Zweiterwerbs unter Berücksichtigung des Sicherungscharakters
2. **BGH**: Gutgläubiger Zweiterwerb (+), wenn der Bucheigentümer dem bösgläubigen Käufer eine Vormerkung bewilligt und dieser den Anspruch an einen gutgläubigen Dritten abgetreten hat ⇨ allerdings auch nach dieser Ansicht (-), wenn schon wirksame Bewilligung fehlt.

III. Lösung Frage 1

Anspruch des G gegen den D auf Zustimmung zur Berichtigung des Grundbuchs nach §§ 888 I, 883 I BGB

G kann vom eingetragenen Eigentümer D die Zustimmung zu der Löschung seiner Grundbuchposition verlangen, die zur Verwirklichung des durch die Vormerkung gesicherten Anspruchs erforderlich ist, wenn der Eigentumserwerb des D gegenüber dem G, zu dessen Gunsten die Vormerkung besteht, unwirksam ist, § 888 I BGB.

1. G als Vormerkungsberechtigter

Grundvoraussetzung eines Anspruches aus § 888 I BGB ist die Rechtsposition des Anspruchstellers als Vormerkungsberechtigter.

V hat nach Abschluss des Kaufvertrages mit K diesem eine Auflassungsvormerkung bewilligt, welche kurze Zeit später im Grundbuch eingetragen wurde. Diese Vormerkung ist aufgrund ihrer strengen Akzessorietät nicht als solche übertragbar, sondern geht gem. §§ 401, 398 BGB kraft Gesetzes mit der Abtretung des gesicherten Anspruchs auf den Zessionar über. Für den vorliegenden Fall hat dieser Grundsatz zur Bedeutung, dass G die Vormerkung zugunsten des K mit der Abtretung des schuldrechtlichen Übereignungsanspruchs aus § 433 I S. 1 BGB miterworben haben könnte.

2. Übergang einer Forderung

Dann müsste K zunächst den durch die Auflassungsvormerkung gesicherten Anspruch aus § 433 I S. 1 BGB wirksam an den G abgetreten haben.

Die vertragliche Übertragung einer Forderung gem. §§ 398 ff. BGB setzt an erster Stelle die Existenz einer inhaltlich bestimmten Forderung voraus, § 398 S. 1 BGB. Eine solche könnte in dem Übereignungsanspruch des K gegen den V aus § 433 I S. 1 BGB gesehen werden. Es darf jedoch nicht vergessen werden, dass sich V im Zeitpunkt des Vertragsschlusses i.S.d. § 104 Nr.2 BGB in Hinblick auf seinen chronischen Alkoholabusus, in einem die freie Willensbestimmung ausschließenden Zustand krankhafter Störung der Geistestätigkeit befand (Palandt, § 104, Rn. 5; BayObLG FamRZ 91, 608 = **juris**byhemmer). Gem. § 105 I BGB waren demnach seine Willenserklärungen nichtig, so dass kein wirksamer Kaufvertrag und daraus resultierend kein wirksamer Übereignungsanspruch für den K entstehen konnte.

3. Kein gutgläubiger Zweiterwerb der Vormerkung bei Fehlen eines gesicherten Anspruchs

Fraglich ist, wie weiter zu verfahren ist, wenn der abgetretene gesicherte Anspruch in Wahrheit gar nicht besteht.

Bekanntermaßen ist die Entstehung einer Vormerkung aufgrund ihrer strengen Akzessorietät von einem vormerkungsfähigen Anspruch abhängig. Besteht allerdings ein solcher gesicherter Anspruch nicht, kann auch eine dennoch im Grundbuch eingetragene Vormerkung nicht rechtswirksam bestehen.

Es wäre jedoch durchaus denkbar, dass diese zu Unrecht eingetragene Vormerkung von einem gutgläubigen Dritten erworben werden könnte. Da eine Vormerkung als akzessorisches Recht aber wiederum nur mit der Abtretung des gesicherten Anspruchs auf den Dritten übergeht, §§ 401, 398 BGB, erforderte dies zugleich den gutgläubigen Erwerb der eben nicht vorliegenden Forderung. Das Grundbuch schützt jedoch ausschließlich den guten Glauben an die Berechtigung des Bewilligenden und gerade nicht den guten Glauben an das Bestehen der gesicherten Forderung. Ein gutgläubiger Forderungserwerb ist außer im Fall des § 405 BGB nicht möglich, so dass i.E. ein gutgläubiger Zweiterwerb einer Vormerkung unter diesen Umständen nicht möglich ist.

4. Endergebnis Frage 1

G kann mangels Erwerbs der Vormerkung des K keinen Anspruch aus §§ 888 I, 883 I BGB gegen den D geltend machen.

IV. Lösung Frage 2

Mangels persönlicher Vereinbarungen kann der G eine Vormerkung wiederum nur mit der Abtretung des auf Übereignung gerichteten Anspruchs durch den K erworben haben, §§ 433 I S. 1, 401, 398 BGB.

1. Übergang der Forderung nach § 398 S. 1 BGB

Eine wirksame vertragliche Einigung zwischen dem berechtigten Zedenten K und dem Zessionar G über den Übergang der Gläubigerstellung liegt vor. Vor allem fehlt es infolge der Wiedererlangung der vollen Geschäftsfähigkeit des V nicht wie im Vorfall an der Existenz einer inhaltlich bestimmten Forderung. Mangels Ausschlusstatbeständen der §§ 399 f. BGB wurde der Übereignungsanspruch aus § 433 I S. 1 BGB wirksam an den G abgetreten.

2. Übergang der Vormerkung nach § 401 I BGB

Nach § 401 I BGB gehen mit der abgetretenen Forderung die Hypotheken, Schiffshypotheken oder Pfandrechte, die für sie bestehen sowie die Rechte aus einer für sie bestellten Bürgschaft auf den neuen Gläubiger über.

Im vorliegenden Fall hat ein Grundbuchbeamter aus Versehen eine Vormerkung zugunsten des K eingetragen, obwohl ihm eine solche nicht von V bewilligt worden war. Da jedoch die Bewilligung nach § 885 I S. 1 BGB für eine rechtmäßige Vormerkungsbestellung unerlässlich ist, war somit eine Vormerkung schon im Verhältnis zwischen V und K erst gar nicht entstanden. Nach expliziter Erwähnung in § 401 I BGB können nur existente Sicherungsrechte mit der Abtretung des gesicherten Anspruchs übergehen, so dass G keine Vormerkung von K nach den §§ 433 I S. 1, 398, 401 BGB erwerben konnte.

3. Gutglaubenserwerb nach § 892 BGB analog

Möglicherweise hat G vom Nichtberechtigten K die Vormerkung gutgläubig erworben. Nach § 892 I BGB gilt zugunsten desjenigen, welcher ein Recht an einem Grundstück oder ein Recht an einem solchen Recht durch Rechtsgeschäft erwirbt, der Inhalt des Grundbuchs als richtig, es sei denn, dass ein Widerspruch gegen die Richtigkeit eingetragen oder die Unrichtigkeit dem Erwerber bekannt ist.

a) Erwerb eines dinglichen Rechts

Grds. kommt § 892 I BGB in sachlicher Hinsicht nur dann zur Anwendung, wenn es um den Erwerb eines dinglichen Rechts geht.

Die Vormerkung an sich ist jedoch kein dingliches Recht, sondern ein Sicherungsrecht eigener Art bzw. eine sich in der Entwicklung zum Vollrecht befindliche Rechtsposition. Nach h.M. stellt die Bewilligung einer Vormerkung durch den Veräußerer jedoch eine Verfügung i.S.d. § 893 Alt.2 BGB dar, so dass § 892 I BGB zumindest entsprechend angewendet werden kann.

b) Unrichtigkeit des Grundbuchs

Zugunsten des K wurde zu Unrecht die Rechtsstellung eines Vormerkungsberechtigten im Grundbuch eingetragen. Der Inhalt des Grundbuchs ist unrichtig.

c) Legitimation des K

K war durch diese fehlerhafte Eintragung direkt als Berechtigter legitimiert.

d) Rechtsgeschäft i.S.e. Verkehrsgeschäfts

K müsste außerdem die Vormerkung durch ein Rechtsgeschäft auf den G übertragen haben. An dieser Stelle ergibt sich insoweit das Problem, dass nach § 401 I BGB eine Vormerkung nicht als solche rechtsgeschäftlich übertragbar ist, sondern als akzessorisches Recht immer gebunden an die Abtretung des gesicherten Anspruchs kraft Gesetzes auf den Zessionar übergeht.

aa) Lösungsansatz der h.L.

Mit unterschiedlichster Begründung lehnt die h.L. deshalb die Möglichkeit eines gutgläubigen Zweiterwerbs einer zu Unrecht eingetragenen Vormerkung bei Bestehen eines gesicherten Anspruchs ab.

(1) Vergleich mit dem Anwartschaftsrecht

Nach einer Ansicht erfüllt die Vormerkung im Immobiliarsachenrecht die Funktion, welche das aufschiebend bedingte Eigentum nach §§ 929, 158 BGB im Mobiliarsachenrecht innehat. Überträgt der nichtberechtigte Veräußerer das einem Dritten zustehende Anwartschaftsrecht auf einen gutgläubigen Erwerber, so wird Letzterer nach h.M. nicht geschützt. Überträgt man diese Grundsätze aus dem Fahrnisrecht unmittelbar auf die Vormerkung, so käme man zu dem Ergebnis, dass auch der Abtretungsempfänger einer durch eine Vormerkung gesicherten Forderung nicht schützenswert ist.

(2) Kein rechtsgeschäftlicher Erwerb

Eine andere Meinung orientiert sich ausschließlich am reinen Wortlaut des Gesetzes. Während in § 892 I BGB der rechtsgeschäftliche Erwerb eines dinglichen Rechts ausdrücklich gefordert wird, geht die Vormerkung als akzessorisches Recht kraft Gesetzes über, §§ 398, 401 BGB. Es fehle damit bereits an einer gesetzlich festgelegten Voraussetzung des Gutglaubenserwerbs.

(3) Schuldrechtliche Grundsätze

Eine dritte Meinung sieht in dem gutgläubigen Zweiterwerb einer Vormerkung einen Verstoß gegen das Publizitätsprinzip, das besagt, dass für einen gutgläubigen Erwerb des Eigentums an einer Sache nicht nur der Rechtsschein des Besitzes des Veräußerers ausreicht, sondern darüber hinaus der Erwerber auch Besitz an der Sache erlangen muss. Demnach genügt es nicht, wenn lediglich der Veräußerer im Grundbuch eingetragen ist; der Erwerber selbst muss im Grundbuch eingetragen werden. Im Falle einer Vormerkung geht der Rechtserwerb völlig formlos und nach außen hin unsichtbar auf den Erwerber vonstatten, so dass ein nach außen sichtbarer und fassbarer Publizitätsakt völlig fehlt.

(4) Fehlen eines Schutzbedürfnisses

Schließlich wird in der Literatur (Medicus in Bürgerliches Recht, Rn. 557) die Ansicht vertreten, es fehle schon an dem Bedürfnis die Verkehrsfähigkeit einer Vormerkung zu steigern, indem ein gutgläubiger Zweiterwerb zugelassen wird. Hinsichtlich der langen Wirkungs- bzw. Sicherungsdauer ist dieser Sachverhalt keineswegs mit den Gegebenheiten bei einer Sicherungshypothek vergleichbar, bei der es in erster Linie um Geldforderungen geht und somit der Wunsch nach einer erhöhten Verkehrsfähigkeit verständlich ist. Die Vormerkung hingegen sichert lediglich den Zeitraum zwischen der Einigung und der Eintragung, d.h. also bloß eine vorläufige Rechtsposition des Erwerbers.

bb) Gegenansicht des BGH

Die Rspr. hingegen geht einen anderen Weg. Nach ihr erscheint der unter (1) dargestellte Vergleich mit dem mobiliarsachenrechtlichen Anwartschaftsrechts in diesem Zusammenhang weniger stichhaltig. Die Annahme, der Erwerber eines Anwartschaftsrechts vom Nichtberechtigten sei nicht zu schützen, findet seine Begründung in dem Umstand, dass der Veräußerer im Zeitpunkt der Übereignung zugibt nicht Eigentümer, sondern nur Anwartschaftsberechtigter zu sein.

Damit hat er den für einen gutgläubigen Erwerb unerlässlichen Rechtsschein, - d.h. die Vermutung nach § 1006 I BGB, der Besitzer sei auch Eigentümer der Sache – von sich aus aufgehoben. Ein das Vertrauen auf die Berichtigung des Veräußerers begründender Umstand liegt demnach nicht mehr vor. Verlässt sich der Erwerber dennoch auf „das Gerede des Veräußerers", so ist er nicht zu schützen. Ein solcher Rechtsschein fehlt bei einer Vormerkung aber gerade nicht, da der Käufer des Grundstücks als Inhaber einer Auflassungsvormerkung im Grundbuch eingetragen worden ist.

Auch das Argument unter (2) ist nach der Rspr. nicht unbedingt zwingend. Die Übertragung einer Vormerkung kraft Gesetzes ist dermaßen eng mit dem rechtsgeschäftlichen Erwerb einer Forderung verbunden, dass es durchaus geboten sei, den Forderungsübergang und den Erwerb der Vormerkung in einem direkten Zusammenhang zu betrachten. Die Forderung gehe infolge der Abtretung über und dies habe mittelbar auch den rechtsgeschäftlichen Übergang einer Vormerkung zur Folge. Der Übergang der Vormerkung könne also letztendlich doch auf ein Rechtsgeschäft zurückgeführt werden.

cc) Rechtsprechung des BGH

Da sich die Argumente bzgl. der Nichteinhaltung der Publizität (3) und des fehlenden Schutzbedürfnisses (4) nicht von der Hand weisen lassen, nimmt der BGH in zwei Grundsatzentscheidungen eine Mittelstellung zwischen diesen beiden Extremen ein. Er bejaht auf der einen Seite einen gutgläubigen Zweiterwerb, wenn der Bucheigentümer einem bösgläubigen Käufer eine Vormerkung bewilligt hat und dieser dann den Anspruch mit der vermeintlichen Vormerkung an den gutgläubigen Dritten abtritt.

Auf der anderen Seite wird ein gutgläubiger Zweiterwerb einer Vormerkung dann verneint, wenn es bereits an einer wirksamen Bewilligung fehlt.

hemmer-Methode: Als weiteres Argument wird vom BGH ins Feld geführt, dass schließlich auch ein gutgläubiger Zweiterwerb einer Hypothek möglich sei, obgleich diese auch nur durch einen rechtsgeschäftlichen Erwerb der Forderung übergehe. Dieses Argument hinkt freilich etwas, weil es bei der Übertragung der Hypothek der Beachtung der Form § 1154 I BGB bedarf, so dass hier zumindest ein Publizitätsakt vorliegt, an den der gute Glaube des Erwerbers anknüpfen kann.

dd) Anwendung auf den Fall

Im vorliegenden Fall scheidet ein gutgläubiger Zweiterwerb der Vormerkung dem Großteil der in der Literatur vertretenen Ansichten aus. Auch der BGH kommt mangels wirksamer Bewilligung einer Vormerkung zu keinem abweichenden Ergebnis.

4. Endergebnis Frage 2

G hat keine Vormerkung durch die rechtsgeschäftliche Abtretung des gesicherten Anspruchs aus § 433 I S. 1 BGB erworben.

V. Zusammenfassung

- Wird eine existente Forderung nach den §§ 398 ff. BGB rechtsgeschäftlich abgetreten, so geht die Vormerkung nach § 401 BGB analog kraft Gesetz mit auf den Erwerber über.
- Besteht der gesicherte Anspruch nicht, so kann auch eine eingetragene Vormerkung aufgrund ihres Rechtscharakters als akzessorisches Recht nicht entstehen. Ein gutgläubiger Erwerb dieser Vormerkung scheidet aus, weil nicht der gute Glaube an das Bestehen des gesicherten Anspruchs geschützt wird und zudem ein gutgläubiger Forderungserwerb außer im Fall des § 405 BGB ausgeschlossen ist.
- Liegt eine Forderung vor, ist aber die dennoch eingetragene Vormerkung nicht rechtswirksam, so ist ein gutgläubiger Zweiterwerb dieser Vormerkung umstritten.

Während der Großteil der Literaturmeinungen einen gutgläubigen Erwerb strikt ablehnt, lässt der BGH teilweise einen Zweiterwerb vom Nichtberechtigten nach §§ 893 Alt.2 I.V.m. § 892 BGB zu.

hemmer-Methode: Für den gutgläubigen Erwerb einer Vormerkung muss ein Rechtsgeschäft vorliegen. Bei Abtretung der gesicherten Forderung geht die Vormerkung zwar gem. § 401 BGB kraft Gesetzes mit über, die Abtretung genügt aber i.d.R. als zugrundeliegendes Rechtsgeschäft. Ein gutgläubiger (Zweit-)Erwerb der Vormerkung kann aber nicht stattfinden, wenn die gesicherte Forderung qua cessio legis, § 412 BGB, übergeht. Ebenso scheitert schon ein gutgläubiger Ersterwerb der Vormerkung, wenn sie auf einer einstweiligen Verfügung (§ 885 I S. 1 BGB) beruht. In beiden Fällen fehlt es an einem Rechtsgeschäft.

VI. Zur Vertiefung

Zur Übertragung einer Vormerkung und deren gutgläubiger Zweiterwerb

- Hemmer/Wüst Sachenrecht III, Rn. 126 ff.
- Medicus Bürgerliches Recht, Rn. 555.

Gutgläubiger Zweiterwerb einer Vormerkung

- **Unterstützende Meinungen:** Wunner, NJW 1969, 116 ff.; Kempf, JuS 1969, 119; Hager, JuS 1990, 429, 438 ff.; Mü/Ko, § 883, Rn. 66.
- **Ablehnende Meinungen:** Tiedtke, Jura 1981, 367 ff., Medicus Bürgerliches Recht, Rn. 553-555, Reinicke, NJW 1964, 2374-2376; Kupisch, JZ 1977, 486; Wiegand, JuS 1974, 201, 211.
- **Meinung des BGH:** BGHZ 25, 16, 23, 24; BGHZ 60, 46, 49 ff.; BGHZ 39, 21 ff. alle Entscheidungen = jurisbyhemmer.

Fall 16: Der Wirkungsbereich einer Vormerkung

Sachverhalt:

E ist Alleineigentümer eines Seegrundstücks. Aus Versehen wurde nicht er, sondern sein Nachbar V im Grundbuch eingetragen. Letzterer veräußert dieses Grundstück unter Beachtung aller Formalitäten an den gutgläubigen G und bewilligt eine Auflassungsvormerkung, die einen Tag später auch im Grundbuch eingetragen wird.

E wehrt sich nach Kenntniserlangung dieses Missstandes und bewirkt zu seinen Gunsten eine Grundbuchberichtigung. G ist der Meinung, dass es dafür längst zu spät sei. Er habe doch eine wirksame Auflassungsvormerkung erworben, die ihn vollumfänglich vor sämtlichen Verfügungen des Eigentümers schützen würde. Er verlangt weiterhin Verschaffung des Eigentums am Grundstück.

Frage 1: *Welche Ansprüche kann G gegen den V geltend machen?*

Frage 2: *Angenommen V wäre Eigentümer gewesen. Was gilt, wenn er nach Bestellung der Vormerkung zugunsten des G, für die Dauer von 10 Jahren einen Pachtvertrag mit P über das Grundstück geschlossen hätte?*

I. Einordnung

Wie nun der Gesetzgeber die Wirkungen der Vormerkung bzw. ihre spezifischen Rechtsfolgen am besten gestalten sollte, war lange Zeit umstritten. Dies lag vor allem daran, dass zur Verwirklichung der Sicherung des auf eine dingliche Rechtsänderung gerichteten Anspruchs durch eine Vormerkung grds. mehrere Varianten zur Verfügung standen. Eine Möglichkeit bestand darin, sämtliche Verfügungen, die den gesicherten Anspruch in irgendeiner Weise beeinträchtigen, als absolut unwirksam zu erklären (sog. absolute Verfügungssperre). Dasselbe Ergebnis in faktischer Hinsicht war damit zu erreichen, dass man die Eintragung derartiger Verfügungen in das Grundbuch verbietet (sog. Grundbuchsperre). Schließlich war ebenso denkbar, mit der Veräußerung des Grundstücks sämtliche Verpflichtungen auf den Erwerber übergehen zu lassen.

Weggehend von diesen Extrempositionen hat sich der Gesetzgeber für einen Mittelweg entschieden: Grds. behält der Schuldner die Befugnis, über sein Recht frei zu verfügen, doch ist eine Verfügung des Vormerkungsschuldners demjenigen gegenüber, zu dessen Gunsten eine Vormerkung wirksam bestellt wurde, insoweit unwirksam, als sie den Anspruch vereiteln oder verhindern würde.

M.a.W.: Die Verfügung des Vormerkungsschuldners ist im Verhältnis zum Vormerkungsberechtigten relativ unwirksam, § 883 II BGB.

Wie es jedoch schon der Gesetzeswortlaut verrät, kommt eine relative Unwirksamkeit einer solchen Verfügung nur in Frage, wenn es der Schutz des Vormerkungsberechtigten verlangt. Dies ist ausnahmslos immer dann der Fall, wenn eine weitere, sogenannte vormerkungswidrige Verfügung des Eigentümers vorliegt.

Wie der Fall 16 aufzeigt, kann die Schutzwirkung einer Vormerkung in Sonderfällen und unter besonderen Wertungsgesichtspunkten sogar noch über den Gesetzeswortlaut hinausgehen. Umstritten ist hingegen die Vorgehensweise beim Abschluss einer vormerkungswidrigen schuldrechtlichen Verpflichtung.

II. Gliederung

Frage 1:
Erfüllungsanspruch des G gegen den V aus § 433 I S. 1 BGB

Voraussetzungen:

1. **Wirksamer Kaufvertrag** nach §§ 433, 311b I S. 1 BGB (+)
2. **Unmöglichkeit** der Eigentumsverschaffung in der Person des V, da ausschließlich E Eigentümer ist und im Grundbuch eingetragen wird, § 275 I BGB; außerdem Verweigerung der Zustimmung des Berechtigten
3. **Auflassungsvormerkung** für G nach §§ 883, 885, 893 Alt.2, 892 BGB (+)
4. **Rechtsfolge**: vormerkungswidrige Verfügungen des V sind dem G gegenüber relativ unwirksam, § 883 II BGB
5. **(P):** Grundbuchberichtigung als vormerkungswidrige Verfügung

- **E.A.**: (-), da einer Grundbuchberichtigung nach § 894 BGB der Rechtscharakter einer Verfügung fehlt
- **H.M.**: (+), weil Abstellen auf den reinen Wortlaut nicht ausreicht ⇨ Vormerkungsberechtigter muss sich auf Schutz vor Beschränkungen gleichgültig welcher Art verlassen können ⇨ analoge Anwendung des § 883 II BGB

Frage 2:
Anspruch des G gegen den V aus § 433 I S. 1 BGB

Voraussetzungen:

1. Wirksamer Kaufvertrag (+), s.o.
2. Auflassungsvormerkung (+), s.o.
3. einziges **(P):** Schutz aus § 883 II BGB auch vor Abschluss vormerkungswidriger schuldrechtlicher Verträge durch den Eigentümer ⇨ direkte Anwendung scheidet mangels einer Verfügung grds. aus

- **h.L.**: Gebotenheit einer analogen Anwendung des § 566 BGB auf den Abschluss des Pachtvertrages
- **BGH**: Ablehnung einer analogen Anwendung unter Verweisung auf den Normzweck des § 566 BGB

III. Lösung Frage 1

Anspruch des G gegen den V auf Übereignung des Grundstücks, § 433 I S. 1 BGB

G könnte von V die Erfüllung des Kaufvertrages verlangen, § 433 I S. 1 BGB.

1. Wirksamer Kaufvertrag

V und G haben in der Form des § 311b I S. 1 BGB einen Kaufvertrag geschlossen. Aus diesem Grund ist der V als Veräußerer verpflichtet das Grundstück an den G zu übereignen.

2. Unmöglichkeit nach § 275 I BGB

E hat als wahrer Eigentümer des Grundstücks seine Wiedereintragung erreicht.

Nachdem nun der V auch nach dem Grundbuch Nichtberechtigter ist und der Eigentümer E die Übertragung seines Eigentums auf den G strikt ablehnt, ist dem V seine Eigentumsverschaffungspflicht unmöglich geworden, § 275 I BGB.

3. G als Vormerkungsberechtigter

Eine abweichende Entscheidung wäre geboten, wenn vor Grundbuchberichtigung zugunsten des G eine wirksame Auflassungsvormerkung bestellt worden wäre. Diese würde bewirken, dass V im Verhältnis zu G weiterhin als Berechtigter gelten würde, so dass grds. das Eigentum am Grundstück noch auf den G übertragen werden könnte.

a) Vormerkungsfähiger Anspruch, Bewilligung und Eintragung

V und G haben einen Grundstückskaufvertrag abgeschlossen. G hatte hieraus einen Anspruch auf Eigentumsverschaffung. V hat dem G eine rechtswirksame Auflassungsvormerkung bewilligt, § 885 I S. 1 BGB, welche auch im Grundbuch eingetragen worden ist, § 883 I S. 1 BGB.

b) Überwindung der Nichtberechtigung

Da E gegenüber dem V auch weiterhin berechtigter Eigentümer geblieben ist, waren sämtliche Verfügungen des V die eines Nichtberechtigten. Es stellt sich folglich die Frage nach einem gutgläubigen Erwerb der Vormerkung durch den G.

aa) §§ 893 Alt.2, 892 I BGB

Nach § 892 I S. 1 BGB gilt zugunsten desjenigen, welcher ein Recht an einem Grundstück oder ein Recht an einem solchen Recht durch Rechtsgeschäft erwirbt, der Inhalt des Grundbuchs als richtig, es sei denn, dass ein Widerspruch gegen die Richtigkeit eingetragen oder die Unrichtigkeit dem Erwerber bekannt ist.

Stellt man alleine auf den Wortlaut dieser Norm ab, so kann ein gutgläubiger Erwerb nur dann bejaht werden, wenn es sich um den rechtsgeschäftlichen Erwerb eines dinglichen Rechts handelt. Ob die Vormerkung als ein dingliches Recht zu verstehen ist, hängt von der Bestimmung ihres Rechtscharakters ab und ist seit langem umstritten.

Eine Ansicht sieht in der Vormerkung ein dingliches Recht und wendet den § 892 I BGB direkt an.

Die Rspr. hingegen fasst die Vormerkung als ein Sicherungsrecht eigener Art auf, dass nur sehr eingeschränkte verdinglichte Rechtswirkungen hervorbringen kann und keineswegs einem vollwirksamen dinglichen Recht gleichgestellt werden darf. Allerdings stellt die Bewilligung einer Vormerkung als Grundstücksbelastung durchaus eine Verfügung i.S.d. § 893 Alt.2 BGB dar, so dass der § 892 I BGB zumindest analog anzuwenden ist.

bb) Tatbestandsmäßige Voraussetzungen des § 892 I BGB

Ein rechtsgeschäftlicher Erwerb i.S.e. Verkehrsgeschäfts liegt vor. Nicht der rechtmäßige Eigentümer E, sondern der V war aus Versehen im Grundbuch eingetragen, so dass der Inhalt des Grundbuchs unrichtig ist.

V war mithin als Berechtigter direkt legitimiert und G war mangels entgegenstehender Anhaltspunkte gutgläubig.

cc) Zwischenergebnis

G hat vom Nichtberechtigten V gutgläubig eine Vormerkung erworben, §§ 893 Alt.2, 892 I BGB.

4. Relative Unwirksamkeit, § 883 II BGB

Rechtsfolge der Vormerkungsbestellung ist, dass sämtliche Verfügungen, die nach der Eintragung der Vormerkung über das Grundstück oder das Recht getroffen werden, insoweit unwirksam sind, als sie den Anspruch des Vormerkungsberechtigten vereiteln oder beeinträchtigen würden.

Im vorliegenden Fall wurde nach der Eintragung einer Auflassungsvormerkung zugunsten des G das Grundbuch hinsichtlich der wahren Eigentümerstellung des E berichtigt, § 894 I BGB. In der Tat beeinträchtigt diese Umschreibung des Grundbuchs den gesicherten Anspruch des G auf Eigentumsübertragung, doch fehlt dieser tatsächlichen Handlung der Rechtscharakter einer Verfügung. Es stellt sich deshalb die Frage, ob hinsichtlich der Nichtübereinstimmung mit dem reinen Wortlaut des § 883 II BGB ein Schutz des Vormerkungsberechtigten ausfallen muss, oder ob anhand von Wertungsgesichtspunkten der Schutzbereich dieser Norm auch auf diesen Fall ausgedehnt werden kann.

a) E.A.: Grundbuchberichtigung nicht relativ unwirksam

Eine Ansicht hält sich strikt an den Wortlaut der Norm.

Hätte der Gesetzgeber diesen Fall auch vom Schutzbereich der Norm umfasst wissen wollen, so hätte er dies ausdrücklich regeln können. Die Bewilligung der Grundbuchberichtigung ist somit keine vormerkungswidrige Verfügung des V i.S.d. § 883 II BGB.

b) Rspr.: Beachtung des Normzwecks

Zu einem entgegengesetzten Ergebnis kommt die Rspr. im Hinblick auf den Normzweck des § 883 II BGB. § 883 II BGB verfolgt in erster Linie das Ziel den Vormerkungsberechtigten vor sämtlichen späteren Eintragungen zu schützen, welche die Durchsetzung seines gesicherten Rechts, gleichgültig auf welche Art und Weise, erschweren oder unmöglich machen. Um zu diesem Ergebnis zu gelangen, darf aber in diesem Zusammenhang deshalb nicht nur ein Schutz vor dinglichen Verfügungen, sondern des Weiteren auch vor sämtlichen Rechtsänderungen, Verfügungsbeschränkungen sowie selbst vor bloßen Grundbuchberichtigungen, die den Vormerkungsberechtigten tatsächlich in seinen Rechten bzgl. der Vormerkung beschränken, gewährleistet werden. Abzustellen ist nämlich in diesem Zusammenhang ausnahmslos auf die tatsächlichen Wirkungen der späteren Anweisungen und Handlungen des Eigentümers. Zweitrangig hierbei ist nur, ob die in Frage stehende Verfügung konstitutiven oder auch nur deklaratorischen bzw. aufklärenden Charakter besitzt.

c) Zwischenergebnis

I.E. ist eine analoge Anwendung des § 883 II BGB auf die Grundbuchberichtigung nach § 894 I BGB geboten.

Die Grundbuchberichtigung ist dem G gegenüber relativ unwirksam. Da V ihm gegenüber somit weiterhin Berechtigter ist, ist die Eigentumsverschaffung nicht unmöglich geworden, § 275 BGB.

5. Endergebnis Frage 1

G hat gegen V einen Anspruch auf Übereignung des Grundstücks, § 433 I S. 1 BGB

IV. Lösung Frage 2

Die relative Unwirksamkeit tritt gem. § 883 II BGB nur ein, wenn nach Eintragung der Vormerkung eine Verfügung über das Grundstück erfolgt, die den gesicherten Anspruch vereiteln oder beeinträchtigen würde. Einzig fraglich ist an dieser Stelle, ob die Verpachtung eines Grundstücks durch den Eigentümer an einen Dritten eine vormerkungswidrige Verfügung darstellt. Ein Schutz des Vormerkungsberechtigten nach § 883 II BGB wäre auch hinsichtlich einer solchen schuldrechtlichen Verpflichtung des Eigentümers aus dem Gesichtspunkt heraus besonders zweckmäßig, da der Grundstückserwerber nach §§ 566, 578, 581 II, 593b BGB in einen bereits existierenden Pachtvertrag eintritt und tatsächlich nicht selten für sehr lange Zeit an der Eigennutzung des Grundstücks gehindert sein kann.

1. Direkte Anwendung des § 883 II BGB

Eine direkte Anwendung des § 883 II BGB scheitert an dessen eindeutigen Wortlaut. Dieser umfasst nur Verfügungen und gerade keine schuldrechtlichen Verpflichtungen in Form von Pachtverträgen.

2. § 883 II BGB analog

Einige Stimmen in der Literatur plädieren für die entsprechende Anwendung des § 883 II BGB auf schuldrechtliche Verträge. Begründet wird dies vornehmlich mit dem Argument, ein bloß obligatorisch berechtigter Pächter könnte ansonsten eine weitaus stärkere Position einnehmen, als ein dinglich Berechtigter, der sein Recht auf jeden Fall nach §§ 883 II S. 1 BGB verlieren würde. Außerdem kann der Pachtvertrag unter Umständen eine dermaßen einschneidende „faktische Nutzungssperre“ darstellen, so dass er einem dinglichen Charakter und damit einer Verfügung gleich kommt.

3. Rspr. lehnt entsprechende Anwendung des § 883 II BGB ab

Die Rspr. lehnt eine solche Argumentation unter Verweis auf den Zweck des § 566 BGB strikt ab. Grund einer solchen Regelung durch den Gesetzgeber ist die Überwindung der nur relativen Wirkung eines Mietvertrages. Besonderer Schutz vor der Weiterveräußerung durch den Eigentümer soll dem Mieter zukommen. Dieser würde allerdings völlig verfehlt, wenn die Gleichstellung des Mietvertrages mit einer Verfügung befürwortet würde.

4. Endergebnis Frage 2

Mangels Vorliegen einer vormerkungswidrigen Verfügung kann G einen Anspruch aus § 433 I S. 1 BGB geltend machen.

V. Zusammenfassung

- Liegt keine dingliche Verfügung i.e.S. vor, scheidet eine direkte Anwendung des § 883 II BGB grds. aus.
- § 883 II BGB ist auf berichtigende Eintragungen analog anzuwenden.
- Unter besonderer Berücksichtigung des Zwecks des § 566 BGB wird eine analoge Anwendung des § 883 II BGB auf die Abschlüsse von vormerkungsbeeinträchtigenden Miet- bzw. Pachtverträgen durch den Eigentümer abgelehnt.

VI. Zur Vertiefung

Zum Begriff der vormerkungswidrigen Verfügung

- Hemmer/Wüst Sachenrecht III, Rn. 119 f.

Aufsätze und Kommentierungen

- Tiedtke, Jura 1981, 365; Reinicke, NJW 1954, 1237; Schwerdtner, Jura 1985, 320; Knöpfle, JuS 1981, 162; Palandt § 883, Rn. 21; Mü/Ko, § 883, Rn. 42.

Übersicht über die einschlägige Rechtsprechung

- BayObLG, MittBayNot 91, 78; BGHZ 13, 5; BGH NJW 1989, 451 = **juris**byhemmer.

Fall 17: Die Frage des vormerkungsfreien Erwerbs

Sachverhalt:

E ist Alleineigentümer eines Grundstücks. Als die Kassen immer leerer werden, will er das Grundstück zu Geld machen. Er und seine Ehefrau F treffen deshalb die Vereinbarung, dass falls sich eine Veräußerungsmöglichkeit bieten sollte, auch die F zur vollständigen Abwicklung des Grundstückverkaufs bevollmächtigt sein soll.

E verkauft das Grundstück am 06.04. formgerecht an den D und bewilligt ihm in der notariellen Urkunde die Eintragung. Unter Vorlage dieses Schriftstücks beantragt D am 06.05. seine Eintragung beim zuständigen Grundbuchamt.

Was E und D zu diesem Zeitpunkt noch nicht wissen ist, dass die F auf ihrer 14-tägigen Geschäftsreise das Grundstück ebenfalls formgerecht am 09.04. an ihren Chef C veräußert und aufgelassen hat. Zudem wurde zugunsten des C eine Auflassungsvormerkung bewilligt und eingetragen (03.05.).

Nachdem D schließlich am 07.06. als neuer Eigentümer im Grundbuch erscheint, verlangt C von D umgehend die Zustimmung zur Umschreibung des Grundbuchs nach §§ 883 I, 888 I BGB.

***Frage:** Steht dem C ein solcher Anspruch zu, wenn angenommen werden kann, dass im Zeitpunkt der Antragstellung des D die Vormerkungsberechtigung des C nicht ersichtlich gewesen ist, da der Vormerkungsvermerk aus unerfindlichen Gründen aus Versehen gelöscht wurde?*

I. Einordnung

In den meisten Lehrbüchern und Vorlesungen geht es ausschließlich nur um die Problematik des gutgläubigen Erst- und Zweiterwerbs einer Vormerkung. Geht man jedoch gedanklich wenige Schritte weiter und verschafft man sich einen wertungsmäßigen Überblick über die vorliegende Situation der beteiligten Personen, so sollte man ferner Überlegungen dazu anstellen, ob die durch die Vormerkung erzielten Rechtsfolgen auch für den Dritterwerber immer zu einem billigen Ergebnis führen.

Mit gutem Recht kommen Zweifel auf, wenn man berücksichtigt, dass der Dritte immerhin von einem vollberechtigten Rechtsinhaber wirksam Eigentum erworben und sich selbst hinsichtlich dieser Rechtsänderung als Vertragspartei völlig rechtskonform verhalten hat.

Aus diesem Grund stellt sich die Frage, ob der Schutz des Dritterwerbers in diesem Fall im Vergleich zum Vormerkungsberechtigten höher einzuschätzen sein könnte und ein gutgläubigon („vormerkungsfreien", „lastenfreien") Rechtserwerb des Dritten zuzulassen sein könnte.

II. Gliederung

Anspruch des C gegen den D auf Zustimmung zur Eintragung als Eigentümer in das Grundbuch, §§ 888, 883 I BGB

Voraussetzungen:

1. Vormerkung zugunsten des C

Vormerkungsfähiger Anspruch nach § 883 I S. 1 BGB (+)

Bewilligung nach §§ 885, 167 BGB (+)

Eintragung ins Grundbuch, § 883 I BGB (+)

Berechtigung (+)

2. Erwerb eines eingetragenen Rechts oder eines Rechts an einem solchen Recht durch D, das dem aus der Vormerkung berechtigten C gegenüber unwirksam ist

Eigentumserwerb des D nach §§ 873 I, 925 BGB (+); da Einigung, Auflassung, Einigsein und Berechtigung vorliegen

Unwirksamkeit dieses Rechtserwerbs nach § 883 II BGB (+)

3. Ergebnis: Anspruch des C an sich (+)

(P): Schutz des D durch §§ 878, 892 I S. 2 BGB

E.A.: (+), Schutz muss bestehen, da aufgrund vergleichbarer Sachlage der Dritterwerber in den Schutzbereich der §§ 878, 892 I S. 2 BGB fällt

H.M.: (-), da Vormerkung aufgrund ihrer größeren Reichweite nicht einer Verfügungsbeschränkung i.S.d. §§ 878, 892 I S. 2 BGB gleichgestellt werden darf.

III. Lösung

Anspruch des C gegen den D auf Zustimmung zur Eintragung als Eigentümer in das Grundbuch gem. §§ 888, 883 I BGB

Gemäß § 888 BGB kann der Vormerkungsberechtigte von dem Erwerber die Zustimmung zu der Eintragung oder der Löschung verlangen, soweit der Erwerb des eingetragenen Rechts oder eines Rechts an einem solchen Recht ihm gegenüber unwirksam ist und dies zur Verwirklichung des durch die Vormerkung gesicherten Anspruchs erforderlich ist.

1. Wirksame Vormerkung zugunsten des C

Ein Anspruch aus § 888 BGB setzt zunächst das wirksame Bestehen einer Vormerkung zugunsten des C voraus.

a) Vormerkungsfähiger Anspruch

An erster Stelle ist deshalb nach einem vormerkungsfähigen Anspruch des C zu fragen.

Grds. vormerkungsfähig sind nach § 883 I S. 1 BGB Ansprüche auf Einräumung oder Aufhebung eines Rechts an einem Grundstück oder an einem das Grundstück belastenden Recht oder auf Änderung des Inhalts oder des Ranges eines solchen Rechts sowie nach § 883 I S. 2 BGB künftige oder bedingte Ansprüche.

F hatte auf ihrer Geschäftsreise unter Beachtung der Formvorschrift des § 311 b I BGB in Vertretung des E das Grundstück an ihren Chef C verkauft.

Letzterer hatte deshalb gegen E einen Anspruch auf Übertragung des Eigentums am Grundstück gem. § 433 I S. 1 BGB, d.h. auf Einräumung eines Rechts an einem Grundstück i.S.d. § 883 I S. 1 BGB.

b) Bewilligung

Eine Vormerkung gelangt nur dann zur Entstehung, wenn sie von demjenigen bewilligt wird, dessen Grundstück oder dessen Recht von der Vormerkung betroffen wird. Betroffen ist im Grunde nur der jeweilige Rechtsinhaber, d.h. der Grundstückseigentümer.

Dieses Recht stand im Zeitpunkt der Veräußerung durch die F noch immer dem E zu. Dieser hatte jedoch seine Frau zur vollumfänglichen Abwicklung eines Grundstücksverkaufs, also auch zur Abgabe der entsprechenden Bewilligungserklärung bevollmächtigt, § 167 I, II BGB. Die Bewilligung durch die F ist somit rechtswirksam.

hemmer-Methode: Einen Zusatzpunkt kann man sich verdienen, wenn man in der Klausur anspricht, ob nicht auch schon der D unter den Begriff des „Betroffenen" subsumiert werden könnte. Dieser hat ja immerhin durch den formgerechten Grundstückskauf und der notariell beurkundeten Auflassung eine in dinglicher Hinsicht bindende und schützenswerte Rechtsposition erhalten. Nach h.M. ist Betroffener jedoch nur der Inhaber des Volleigentums, dessen Rechtsposition der D erst mit seiner Eintragung im Grundbuch erlangt hätte. Das Vorliegen eines Anwartschaftsrechts soll i.R.d. § 885 BGB gerade nicht ausreichen.

c) Berechtigung und Eintragung

Die Vormerkung des C wurde nach §§ 883 I, 885 BGB in das Grundbuch eingetragen. Die Berechtigung des E lag mithin vor.

d) Zwischenergebnis

C hat im Zuge der Stellvertretung des E durch dessen Ehefrau F eine wirksam bewilligte Vormerkung erhalten, §§ 883 I, 885 BGB.

2. Relative Unwirksamkeit des von D erworbenen Rechts gegenüber C

Des Weiteren müsste ein eingetragenes Recht des D zu bejahen sein, das dem Vormerkungsberechtigten C gegenüber unwirksam ist, § 888 I BGB.

a) Eigentumserwerb des D

D könnte Eigentum am Grundstück des E erlangt haben. Dazu müssten die Voraussetzungen der §§ 873, 925 BGB vorliegen.

Die Auflassung E-D fand zu notarieller Urkunde am 06.04. statt. Nach Stellung des Antrags am 06.05. wurde D als neuer Eigentümer am 07.06. ins Grundbuch eingetragen. Bis zu diesem Zeitpunkt waren sich die Parteien einig, dass das Eigentum am Grundstück auf den D übergehen soll.

Auch die zwischenzeitliche Bewilligung und Eintragung einer Vormerkung zugunsten des C ändert an der Berechtigung des E nichts. Selbst wenn das Eigentum mit einer Vormerkung belastet ist, steht es dem Rechtsinhaber weiterhin frei, über das Eigentum zu verfügen.

Mit seiner Eintragung im Grundbuch ist der D Eigentümer des Grundstücks geworden.

b) Relative Unwirksamkeit

Dieser Eigentumserwerb des D müsste dem C gegenüber unwirksam gewesen sein. Ob dies der Fall ist, richtet sich nach § 883 II BGB. Demnach ist eine Verfügung, die nach der Eintragung der Vormerkung über das Grundstück oder das Recht getroffen wird insoweit unwirksam, als sie den Anspruch vereiteln oder beeinträchtigen würde.

aa) Problem der Verfügung

Fraglich ist, ob hier überhaupt eine Verfügung nach der Eintragung der Vormerkung zugunsten des C vorlag.

Nach Überprüfung der angegebenen Daten ergibt sich, dass die Auflassung E-D am 06.04. zeitlich vor der Eintragung der Vormerkung am 03.05. lag, während der Antrag (06.05.) und die Eintragung des D (07.06.) chronologisch später erfolgte. Hält man sich einerseits exakt an den Wortlaut des § 883 II BGB, könnte man argumentieren, dass nach der Eintragung der Vormerkung lediglich ein abgetrennter Teil, nicht aber eine vollständige Verfügung vollzogen wurde, so dass § 883 II BGB mangels Erfüllung seiner Voraussetzungen nicht einschlägig sein könnte.

Eine solche Annahme wäre jedoch mit dem Gesetzeszweck des § 883 II BGB völlig unvereinbar. Der Vormerkungsberechtigte soll ab Eintragung seiner Vormerkung vollumfänglich geschützt werden. Um dies zu gewährleisten müssen deshalb auch zeitlich vorverlagerte und dem Vormerkungsberechtigten nicht selten völlig unbekannte Verfügungen, die zu ihrer Wirksamkeit lediglich noch der nachfolgenden Eintragung bedürfen, mitumfasst werden.

Der rechtsgeschäftliche Teil einer Eigentumsübertragung vermag es alleine nicht, dem Erwerber vollständiges Eigentum zu verschaffen, so dass in diesem Zeitpunkt auch noch nicht von einer Verfügung gesprochen werden kann. Eine solche liegt erst dann vor, wenn auch eine entsprechende Eintragung im Grundbuch erfolgte. I.R.d. § 883 II BGB ist zum allumfassenden Schutz des Vormerkungsberechtigten vorrangig auf diesen Zeitpunkt abzustellen.

Im vorliegenden Fall wurde die Vormerkung am 03.05. eingetragen, das Eigentum des D hingegen erst am 07.06. I.E. liegt also eine vollkommene Verfügung des E am 07.06. und damit nach Eintragung der Vormerkung zugunsten des C vor.

bb) Vereitelung und Beeinträchtigung des Anspruchs

Diese nachträgliche Verfügung in Form der Eigentumsverschaffung zugunsten des D würde in der Tat den vorgemerkten Anspruch des C auf Übereignung des Grundstücks vereiteln. Diese Verfügung ist deshalb nach § 883 II BGB gegenüber dem C unwirksam.

3. Erforderlichkeit der Zustimmung

Gem. §§ 888 I, 883 I BGB kann C von D grds. die Zustimmung zu seiner Eintragung ins Grundbuch verlangen. Diese ist zur Verwirklichung seines vorgemerkten Anspruchs insoweit notwendig, da das Grundbuchamt nach § 19 GBO erst dann eine Eintragung des C vornehmen wird, wenn der von der Eintragung betroffene Grundstückseigentümer D diese bewilligt.

4. Problem des gutgläubigen Erwerbs des D

Noch bevor das Grundbuchamt den D als neuen Eigentümer des Grundstücks eintrug, wurde das Eigentumsrecht des E durch die Eintragung einer Vormerkung zugunsten des C beeinträchtigt. Fraglich ist, ob diese Belastung der Rechtsinhaberschaft, die sich natürlich auch nachteilig auf den Eigentumserwerb des D auswirkt, nicht durch die Anwendung der §§ 878, 892 I S. 2 BGB zu dessen Gunsten aufgehoben werden kann.

hemmer-Methode: Die vorliegende Situation ähnelt doch sehr den bereits kennengelernten Gutglaubenstatbeständen. D hat von der Vormerkung zugunsten des C nichts gewusst. Auch aus dem Grundbuch war nichts ersichtlich. Subsumiert man nunmehr eine Vormerkungsbewilligung unter den Begriff einer Verfügungsbeschränkung, so könnte D bei Vorliegen der weiteren Voraussetzungen der §§ 878, 892 I S. 2 BGB das Grundstückseigentum eigentlich lastenfrei (vormerkungsfrei) erwerben.

a) Anwendbarkeit des § 878 BGB

Nach § 878 BGB wird eine von dem Berechtigten in Gemäßheit der §§ 873, 875, 877 BGB abgegebene Erklärung nicht dadurch unwirksam, dass der Berechtigte in der Verfügung beschränkt wird, nachdem die Erklärung für ihn bindend geworden und der Antrag auf Eintragung bei dem Grundbuchamt gestellt worden war.

In der Tat war E an die Einigung gebunden, da die Einigungserklärung gegenüber dem D bereits notariell beurkundet worden war, § 873 II Alt.1 BGB.

§ 878 BGB scheitert jedoch daran, dass die Eintragung der Vormerkung am 03.05. gerade nicht im zeitlichen Schutzbereich zwischen dem Antrag des D am 06.05. und dessen Eintragung am 07.06. lag, sondern drei Tage zuvor.

b) Möglichkeit des Gutglaubenserwerbs nach § 892 I S. 2 BGB

Möglicherweise könnte sich D auf die Gutglaubensvorschrift des § 892 I S. 2 BGB berufen.

Ist demzufolge der Berechtigte in der Verfügung über ein im Grundbuch eingetragenes Recht zugunsten einer bestimmten Person beschränkt, so ist die Beschränkung dem Erwerber gegenüber nur wirksam, wenn sie aus dem Grundbuch ersichtlich oder dem Erwerber bekannt ist.

aa) Grundvoraussetzungen

Dem Grunde nach liegen diese Voraussetzungen hier vor. Aus Versehen wurde der Vermerk der Vormerkung aus dem Grundbuch gelöscht und war folglich für den D keineswegs ersichtlich. Auch hatte D auf keine andere Weise positive Kenntnis von der Unrichtigkeit des Grundbuchs erlangt. Aus seiner Sicht war E als Berechtigter durchaus legitimiert das Grundstück ohne Einschränkungen an ihn zu übereignen.

bb) Verständnis einer Vormerkung als Verfügungsbeschränkung umstritten

Hält man sich allerdings an den genauen Wortlaut dieser Rechtsnorm, so ist § 892 I S. 2 BGB nur dann einschlägig, wenn die Eintragung einer Vormerkung als eine Verfügungsbeschränkung zu verstehen wäre.

Die Beantwortung dieser Frage ist seit langem umstritten.

(1) E.A.: Gleichstellung mit der Verfügungsbeschränkung i.S.d. § 892 I S. 2 BGB

Eine aufkommende Meinung in der Literatur bejaht ohne weiteres diese Frage, indem vor allem der Sinn und Zweck des § 892 I S. 2 BGB in den Vordergrund gestellt wird. § 892 I S. 2 BGB verfolgt den Schutz derjenigen, die alles getan haben, um eine dingliche Rechtsänderung zu erreichen.

Es ist kein Grund denkbar, der es rechtfertigen könnte, dass dieser Schutzgedanke bei der Vormerkung entfallen könnte. Sicherlich ist eine erweiterte Schutzwirkung der Vormerkung im Vergleich zu einer reinen Verfügungsbeschränkung nicht von der Hand zu weisen. Diese wirkt sich aber hauptsächlich zu Dritten, wie z.B. dem Insolvenzverwalter (§ 106 I InsO) oder Erben (§ 884 BGB) aus und hat keinen Einfluss auf das Verhältnis, das § 892 I S. 2 BGB tatsächlich beeinflussen möchte. Es geht hier nämlich nicht um den Schutz vor Dritten, sondern in erster Linie um die Interessen des durch eine relative Verfügungsbeschränkung Geschützten und desjenigen, der das Recht erwerben will.

hemmer-Methode: Von der Literaturmeinung wird auch häufig auf den § 772 ZPO hingewiesen. Seine Schutzwirkung ist wie bei der Vormerkung auch weiter als der einer Verfügungsbeschränkung. Dies steht jedoch bei den Veräußerungsverboten der §§ 136, 137 BGB der Bejahung einer Verfügungsbeschränkung auch nicht im Wege.

(2) A.A.: Verfügungsbeschränkung abzulehnen

Eine andere Ansicht lehnt die Gleichstellung der Vormerkung mit einer Verfügungsbeschränkung mit dem Hauptargument ab, dass die Wirkung einer Vormerkung sich nicht in der bloßen Beschränkung der Verfügungsbefugnis erschöpft, sondern in zweierlei Hinsicht entscheidend darüber hinausgeht. Auf der einen Seite bestimmt sich der Rang des Rechts, auf dessen Einräumung der Anspruch gerichtet ist, nach der Eintragung der Vormerkung - die Vormerkung hat somit rangsichernde Bedeutung.

Auf der anderen Seite bietet die Vormerkung hinsichtlich erheblicher Eingriffe von Dritten einen supplementären Schutz, auf den der Vormerkungsberechtigte, der ansonsten nur durch obligatorische Rechte geschützt wäre, gerade nicht zurückgreifen könnte. Beispielsweise kann sich ein Erbe, wenn ein Anspruch durch eine Vormerkung gesichert ist, nicht auf die Beschränkung seiner Haftung berufen, § 884 BGB oder gem. § 106 InsO kann der Vormerkungsberechtigte als gesicherter Gläubiger vom Insolvenzverwalter Befriedigung seines Anspruchs verlangen (weitere Bsp. Finden sich in den §§ 1971, 2016 II BGB, § 310 InsO). Alleine anhand ihrer größeren Reichweite verbietet sich deshalb eine Gleichstellung mit einer Verfügungsbeschränkung.

(3) Anwendung auf den Fall

Mit der besseren Begründung ist im vorliegenden Fall der Literaturmeinung zu folgen.

Die Ansicht, dass die Vormerkung einen größeren Schutzbereich bietet und deshalb als ein „Mehr“ nicht mit einer Verfügungsbeschränkung auf eine Ebene zu stellen ist, muss im Sinne einer effektiven Rechtssicherheit und zur Wahrung des verfolgten Gesetzeszwecks zurückstehen. § 892 I S. 2 BGB verfolgt das Ziel den Erwerber zu schützen, der sich völlig rechtskonform verhalten hat. Hierbei geht es ausschließlich um das Verhältnis zwischen ihm und dem Vormerkungsberechtigten.

Die Feststellung, dass die Vormerkung ein umfangreicheres Recht ist, tut in diesem Zusammenhang nichts zur Sache, da dies nur für das Verhältnis zu Dritten Wichtigkeit erlangt.

5. Endergebnis

Mit dem Vorliegen einer Verfügungsbeschränkung sind die Voraussetzungen des § 892 I S. 2 BGB zu bejahen. D hat somit vormerkungsfreies Eigentum erworben.

C kann von D gem. §§ 888, 883 I BGB die Zustimmung zu seiner Eintragung im Grundbuch nicht verlangen.

IV. Zusammenfassung

Unter den gebotenen Voraussetzungen des § 892 I S. 2 BGB kann ein Erwerber trotz Bewilligung einer Vormerkung zugunsten einer anderen Person lasten- bzw. vormerkungsfreies Eigentum erwerben.

hemmer-Methode: Im Normalfall ist die Vormerkung immer ordnungsgemäß im Grundbuch eingetragen, so dass mangels Unrichtigkeit des Grundbuchs kein Gutglaubenserwerb möglich sein wird. Darüber hinaus schützt § 892 I S. 2 BGB nur den negativen guten Glauben. Der vorgestellte Fall kann deshalb nur dann eintreten, wenn die Vormerkung aus dem Grundbuch zwar formell gelöscht wurde, materiellrechtlich jedoch fortbesteht. Der Fall 17 beschreibt mithin einen absoluten Spezialfall. Sie sollten deshalb nicht den Fehler begehen und einen lastenfreien Erwerb bei jedem Fall mit einer Vormerkung anzuprüfen. Tun Sie das nur, wenn sie vorher gedanklich die Unrichtigkeit des Grundbuchs festgestellt haben.

V. Zur Vertiefung

Übersicht über die einschlägige Rspr. und Kommentarliteratur

- RGZ 113, 403 ff. (Entscheidung gegen eine Gleichstellung der Rechtsinstitute); MüKo § 878, Rn. 21; Palandt, § 878, Rn. 9.

4. Abschnitt: Das Anwartschaftsrecht

Fall 18: Das Anwartschaftsrecht des Erwerbers

Sachverhalt:

A wurde am 17. Mai ein Grundstück aufgelassen. Am 25. Mai beantragt sie beim Grundbuchamt die Eigentumsumschreibung.

A schuldet dem D in einer Höhe von 35.000 € Darlehensrückzahlungen nebst Säumniszuschlägen. Als D am 24. August aus dritter Hand erfährt, dass A ein Grundstück gekauft hatte, pfändet er mangels anderer vermögenswerter Positionen kurzerhand die „derzeitige Rechtsposition" der A hinsichtlich des Grundstückserwerbsgeschäfts.

A wird schließlich am 24. September als neue Eigentümerin ins Grundbuch eingetragen. Nachdem sie weiteren Zahlungsaufforderungen bewusst nicht nachkommt, möchte D Befriedigung aus dem Grundstück suchen. A ist sich sicher, dass D hierauf keinen Anspruch hat, zumal ihr im Zeitpunkt der Pfändung überhaupt keine vollständige Eigentümer- bzw. andere Rechtsposition zukam, die pfändbar gewesen wäre.

Frage: *Wie ist das Vorhaben des D rechtlich durchsetzbar? (Die Forderungen des D aus Darlehen sind rechtlich nicht zu bestreiten).*

I. Einordnung

Im vorliegenden Fall 18 geht es um die Pfändung des Anwartschaftsrechts der A. Ein solches Recht ist in erster Linie aus dem Mobiliarsachenrecht bekannt. Jeder Jurist kennt den Fall, dass eine bewegliche Sache unter Vereinbarung eines Eigentumsvorbehalts verkauft wird. Der Erwerb des Volleigentums wird dann meist von der vollständigen Bezahlung des Kaufpreises abhängig gemacht, §§ 929, 158 I BGB. In dieser Zeit ist zwar der Erwerber noch kein Eigentümer, doch aufgrund des fortgeschrittenen Rechtserwerbs soll dem Erwerber ein rechtlich garantierter Schutz insoweit zukommen, dass anderweitige Verfügungen des Eigentümers nach § 161 I BGB dem Erwerber gegenüber relativ unwirksam sind. Der Vollrechtserwerb des Käufers kann somit nicht mehr einseitig von der Verkäuferseite her verhindert werden.

Angesichts der Tatsache, dass die Eintragung nach der Auflassung meist Wochen auf sich warten lässt, wäre ein Schutz des Grundstückserwerbers in besonderem Maße geboten. Eine bedingte Übereignung und damit einen Schutz über § 161 I BGB kennt das Immobiliarsachenrecht allerdings nicht, da eine Übereignung nach § 925 II BGB im Vergleich zu einer Übereignung einer beweglichen Sache nach § 929 S. 1 BGB keiner Bedingung unterworfen werden darf.

Um auf einen Schutz aus § 883 II BGB zurückgreifen zu können, ist die Eintragung einer Auflassungsvormerkung nach §§ 883 ff. BGB in der Praxis die Regel.

Wurde jedoch keine Vormerkung bewilligt, § 885 I BGB oder ist eine solche noch nicht eingetragen worden, so ist die Entstehung eines Anwartschaftsrechts seit jeher umstritten.

Neben der Behandlung dieses Problems stellt sich des Weiteren die Frage, wie dann der Pfändungsgläubiger an eine verwertbare Hypothek i.S.d. § 1147 BGB gelangt.

II. Gliederung

Durchsetzbarkeit des Anspruchs D gegen A auf Befriedigung im Wege der Zwangsvollstreckung nach § 1147 BGB

Voraussetzungen:

1. Zwangsversteigerung, § 866 Alt.2 ZPO

⇨ Titel, Klausel, Zustellung ⇨ bei vollstreckbarem Urteil, Antrag des D auf Zwangsverwertung

(P): Titel ⇨ D muss erst auf Duldung der Zwangsversteigerung klagen

2. Anspruchsgrundlage, § 1147 BGB

(P): D als Inhaber einer Hypothek ⇨ rechtsgeschäftlicher Erwerb (-)⇨ Erwerb kraft Gesetz (+): Pfändung des Anwartschaftsrechts der A ⇨ dingliche Surrogation: mit Eigentumserwerb der A erwirbt D am Grundstück eine Sicherungshypothek, § 1287 S. 2 BGB.

III. Lösung

Durchsetzbarkeit des Anspruchs D gegen A auf Befriedigung im Wege der Zwangsvollstreckung gem. § 1147 BGB

1. Zivilprozessuale Voraussetzungen

D kann beim zuständigen AG einen Antrag auf Zwangsversteigerung, § 866 Alt.2 ZPO oder Zwangsverwaltung, § 866 3. Alt. ZPO stellen, wenn sämtliche Zwangsvollstreckungsvoraussetzungen vorlägen.

hemmer-Methode: Möglicherweise suchen Sie die Erwähnung der Alt.1 des § 866 ZPO. Die Eintragung einer weiteren Zwangshypothek scheidet denknotwendig aus, wenn die Durchsetzung einer Hypothek nach § 1147 BGB verfolgt wird.

Neben der Vollstreckungsklausel als Zeichen der Vollstreckbarkeit und der Zustellung an den Schuldner zu dessen Information, ist an erster Stelle ein vollstreckbarer Titel als Grundlage der Zwangsvollstreckung zu erstreiten. In diesem Zusammenhang kommen alle Duldungstitel mit dem Tenor, dass der Beklagte wegen einer Forderung in bezeichneter Höhe die Zwangsvollstreckung in ein präzise bezeichnetes Grundstück zu dulden hat, in Betracht. Des Weiteren genügen diesen spezifischen Anforderungen auch Titel, die den Schuldner zu bestimmten Geldzahlungen verurteilen. In diesem Fall wird dann das zuständige Vollstreckungsorgan auf Antrag des Gläubigers hin, die Vollstreckung in das Grundstück anordnen.

hemmer-Methode: Dieser Ablauf würde bedeuten, dass der Hypothekengläubiger, bevor er die Zwangsvollstreckung in das Grundstück betreiben könnte, immer erst einen Duldungstitel gerichtlich erstreiten müsste, obwohl die Voraussetzungen eines Anspruchs aus § 1147 BGB evident verwirklicht wären. Zur Vermeidung einer Überbelastung der Gerichte und langer Wartezeiten geht die Praxis einen anderen Weg. Bereits im Zuge der notariell beurkundeten Einigung über die Begründung einer Hypothek unterwirft sich der Hypothekenschuldner einer sofortigen Zwangsvollstreckung in das Grundstück. Der Gläubiger kann somit ohne Erkenntnisverfahren und Urteil vollstrecken, weil eine vollstreckbare Urkunde nach § 794 I Nr. 5 ZPO vorliegt.

2. Materiell-rechtliche Voraussetzungen

Im vorliegenden Fall wurde keine vollstreckbare Urkunde i.S.d. § 794 I Nr. 5 ZPO, die als Titel in Frage kommen könnte, erstellt. D ist folglich gezwungen, auf Duldung der Zwangsvollstreckung zu klagen.

a) Anspruchsgrundlage § 1147 BGB

Einschlägige Anspruchsgrundlage für die Forderung des D ist § 1147 BGB.

D könnte Befriedigung aus dem Grundstück und den Gegenständen des Haftungsverbandes verlangen, wenn er eine entsprechende Hypothek erworben hätte.

Mangels rechtsgeschäftlichen Erwerbs kann D die Hypothek allenfalls kraft Gesetzes oder durch Hoheitsakt erlangt haben.

b) Entstehen einer Hypothek kraft Gesetz oder durch Hoheitsakt

Zur Bestellung einer Hypothek ist unter besonderen Umständen eine ausdrückliche Einigung der Beteiligten nicht immer nötig. Es ist ebenso denkbar, dass der Gläubiger kraft Gesetz oder durch einen Hoheitsakt eine Hypothek erwirbt.

D hat vor Erwerb des Volleigentums die zu dieser Zeit bestehende Rechtsposition der A gepfändet. Mit der Eintragung, d.h. mit dem Vollrechtserwerb der A könnte D im Wege einer dinglichen Surrogation eine Sicherungshypothek am Grundstück der A erworben haben, §§ 857 I, 848 II S. 2 ZPO analog.

hemmer-Methode: Ein Beispiel für den Erwerb einer Hypothek kraft Hoheitsaktes ist die Eintragung einer Zwangshypothek nach §§ 866 Alt.1, 867 ZPO.

Im Folgenden ist deshalb danach zu fragen, welche Rechtstellung die A hinsichtlich des Grundstückserwerbs im Zeitpunkt der Pfändung innehatte und ob diese überhaupt ohne weiteres gepfändet werden kann.

aa) Anwartschaftsrecht der A

Die A könnte Inhaberin eines Anwartschaftsrechts gewesen sein.

Unter einem Anwartschaftsrecht versteht man eine rechtlich gesicherte Erwerbsposition, die ein wesensgleiches Minus zum Vollrecht, jedoch weitaus mehr als eine bloße Erwerbsaussicht darstellt.

Das Anwartschaftsrecht liegt immer dann vor, wenn ein mehraktiger Erwerbstatbestand bereits so weit fortgeschritten ist, dass der Veräußerer die Rechtsposition des Erwerbers nicht mehr einseitig zerstören kann, der Erwerb des Vollrechts mithin nur noch vom Willen des Erwerbers abhängt.

Ab wann bei einem Grundstückserwerb von einem solchen Anwartschaftsrecht gesprochen werden kann, ist fraglich.

(1) Auflassungsvormerkung

Unbestritten wird von einem Anwartschaftsrecht des Erwerbers ausgegangen, wenn Letzterem eine Auflassungsvormerkung bestellt worden ist. Diese Annahme rechtfertigt sich dadurch, dass der Erwerber hinsichtlich der relativen Unwirksamkeit weiterer Verfügungen des Eigentümers so weit geschützt ist, dass der Erwerbsvorgang nicht mehr einseitig vom Veräußerer zerstört werden kann, §§ 883 II, 888 BGB.

(2) Auflassung des Grundstücks

Bestand jedoch wie hier keine Auflassungsvormerkung zugunsten der A ist die Bestimmung des Zeitpunktes der Entstehung eines Anwartschaftsrechts in der Literatur und Rechtsprechung heftig umstritten.

(3) Mindermeinung

Eine Mindermeinung ist der Ansicht, ein Anwartschaftsrecht entstehe bereits mit der bindenden Auflassung. Einem Umkehrschluss aus § 873 II BGB kann entnommen werden, dass die Einigung grds. widerrufen werden kann, außer es existiert einer der besonderen Bindungsgründe des § 873 II BGB.

Bei einer Auflassung, die gewöhnlicherweise notariell beurkundet wird, ist dies der Fall, §§ 873 II Alt.1 BGB i.V.m. §§ 20, 29 GBO.

(4) H.M.: Auflassung und Eintragungsantrag des Erwerbers nach § 17 GBO

Richtigerweise wird von der h.M. erkannt, dass die bloße Auflassung nach § 925 BGB nur einen Widerruf des Veräußerers verhindern, ansonsten aber keinen hinreichenden Schutz vor anderweitigen Verfügungen des Eigentümers bieten kann. Vielmehr muss ein entsprechender Eintragungsantrag *des Erwerbers* hinzukommen. Ab diesem Zeitpunkt wirkt dann der Schutzbereich des § 878 BGB, so dass der Erwerber im Zeitraum zwischen Antrag und Eintragung vor nachträglichen Verfügungsbeschränkungen des Veräußerers hinreichend geschützt ist.

hemmer-Methode: Beachten Sie aber, dass es sich in diesem Zusammenhang unbedingt um einen Antrag des Erwerbers handeln muss. Der Rechtscharakter eines Anwartschaftsrechts verlangt es, dass der Eigentumserwerb so weit fortgeschritten ist, dass der Veräußerer seinerseits nicht mehr die Übereignung verhindern kann. Dies wäre aber gerade nicht sichergestellt, wenn ein Eintragungsantrag des Veräußerers vorläge, welcher ohne weiteres vom Veräußerer noch rückgängig gemacht werden könnte.

Darüber hinaus schützt den Erwerber in rein formaler Hinsicht § 17 GBO, nach dessen Wortlaut mehrere dasselbe Recht betreffende Eintragungsanträge nur in ihrer chronologischen Reihenfolge bearbeitet werden dürfen.

Außerdem ist der Veräußerer, wie aus dem Grundbuch ersichtlich ist, auch nicht mehr formell zur Durchführung einer Rechtsänderung berechtigt, § 39 GBO, so dass in der Praxis mit der tatsächlichen Ausführung der Eintragung gerechnet werden darf.

(5) Rspr.: Zeitpunkt der Erledigung des Antrages maßgebend

Die Rspr. geht an dieser Stelle sogar noch einen Schritt weiter. Sie vertritt die Ansicht, die Auflassung in Verbindung mit dem Eintragungsantrag reiche für ein Anwartschaftsrecht immer noch nicht aus, was auf folgende Gründe zurückgeführt wird.

In der Tat darf der Schutzbereich des § 17 GBO gerade in praktischer Hinsicht nicht unterschätzt werden. Allerdings ist dieser Schutz ausschließlich formeller Natur, d.h. der Eigentümer kann im Grunde auch weiterhin materiell wirksam über das Grundstück verfügen. Was dem Erwerber bleibt sind entweder Schadensersatzansprüche gegen den Veräußerer oder Amtshaftungsansprüche gegen den Staat. Diese Ansprüche erreichen aber keinesfalls das Schutzformat des § 161 I BGB oder des § 883 II BGB, die in gewissem Rahmen verdinglichende Wirkung entfalten können.

Auf der anderen Seite darf nicht vergessen werden, dass eine Erledigung nach § 17 GBO genauso gut auch eine Zurückweisung des Antrages bedeuten könnte. Stehen der beantragten Eintragung Hindernisse entgegen, so kann diese zurückgewiesen werden, d.h. das Grundbuchamt könnte in diesem Fall die späteren Folgeanträge bearbeiten und weitere Verfügungen eintragen. Der Schutz des Erwerbers entfiele.

Nach Meinung der Rspr. liegt i.E. ein Anwartschaftsrecht nur dann vor, wenn der Schutzbereich des § 17 GBO wirkt. Wird der Antrag allerdings zurückgewiesen oder vom Antragenden zurückgenommen, so soll ein Anwartschaftsrecht entfallen.

hemmer-Methode: Damit ist der juristische Streit noch nicht beendet. Gegen die Meinung der Rspr. wenden sich wiederum Stimmen aus der Literatur.
Es wird vorgebracht, dass ein Verfahrensakt wie die grundbuchrechtliche Zurückweisung es nicht vermag ein Anwartschaftsrecht zum Erlöschen zu bringen (Dazu Medicus in BR, Rn. 468 oder Reinicke/Tiedtke in NJW 1982, 2281 ff.; Habersack JuS 2000, 1145 ff.).

(5) Anwendung auf den Fall

Der zwischen der Rspr. und der Literatur geführte Streit kann im vorliegenden Fall unentschieden bleiben, weil nach beiden Meinungen ein Anwartschaftsrecht der A entstanden ist. A hat am 17.05. unter Beachtung der notariellen Form ein Grundstück aufgelassen bekommen. Sie selbst als Erwerberin beantragte am 25.05. ihre Eintragung, die weder zurückgewiesen, noch zurückgenommen wurde, sondern am 24.09. vollzogen wurde. Im Zeitpunkt der Pfändung lag ein Anwartschaftsrecht der A vor.

bb) Pfändung eines Anwartschaftsrechts

Fraglich ist, ob und wenn ja, auf welche Weise der D dieses Anwartschaftsrecht der A pfänden konnte.

Grds. sind, sobald ein Anwartschaftsrecht vorliegt, die Vorschriften über das spätere Vollrecht, d.h. die §§ 873, 925, 929 ff. BGB für die Übereignung und die §§ 823, 1004 BGB für den deliktischen Schutz auf dieses entsprechend anwendbar. Würde man diese Gleichbehandlung des Anwartschaftsrechts mit dem entsprechenden Vollrecht auch auf die Pfändungsregelungen übertragen, so müsste wegen einer Geldforderung eigentlich nach den §§ 864 ff. ZPO gepfändet werden. Die h.M. geht seit einer Grundsatzentscheidung des BGH (BGHZ 106, 108 ff. = **juris**byhemmer) allerdings davon aus, dass die Pfändung einer Anwartschaft nicht den §§ 864 ff. ZPO unterfallen soll, sondern vielmehr eine Rechtspfändung nach § 857 I ZPO darstellt.

hemmer-Methode: Sonstige Vermögenswerte im Sinne des § 857 I ZPO sind alle geldwerten Rechte, die nicht Geld- oder Sachforderungen darstellen oder in das unbewegliche Vermögen fallen.
Als Beispiele sind neben der Anwartschaft, Anteile an Gesamthands- oder Bruchteilsgemeinschaften, die Grundschuld, das Leasingrecht oder Schuldbefreiungsansprüche zu nennen.

Eine Pfändung des Anwartschaftsrechts eines Auflassungsempfängers ist somit grds. möglich, sie geht jedoch mit dem Durchbruch des Gleichbehandlungsgrundsatzes einher.

hemmer-Methode: Medicus hält die Konstruktion einer Pfändung des Anwartschaftsrechts für überflüssig, da bei einer schlichten Pfändung des obligatorischen Anspruchs auf Grundstücksübereignung das gleiche Ergebnis hätte erzielt werden können (Medicus Bürgerliches Recht, Rn. 486).

d) § 848 II ZPO analog

Fraglich ist, wie es sich auf die Pfändungsrechte des D auswirkt, dass A mit ihrer Eintragung am 27.09. volles Eigentum am Grundstück erworben hat. Würde das Pfändungspfandrecht mit der Anwartschaft erlöschen und sich nicht in irgendeiner Weise am Grundstückseigentum der A fortsetzend manifestieren, so wäre die Pfändung der Anwartschaft völlig sinnlos gewesen und der D würde fortan schutzlos stehen.

Zur Vermeidung derartiger Unbilligkeiten schreibt § 848 II S. 2 ZPO, die Wirksamkeit der Pfändung nach §§ 829 ff. ZPO unterstellt, deshalb vor, dass der Vollstreckungsgläubiger mit Eigentumserwerb des Vollstreckungsschuldners eine Sicherungshypothek am Grundstück erhalten soll. Zwar regelt der § 848 II ZPO die Pfändung eines Übereignungsanspruchs, der strikt von der Pfändung eines Anwartschaftsrechts zu unterscheiden ist. Es ist jedoch eine analoge Anwendung geboten, weil die Interessenlage vergleichbar ist. Der Anspruch auf Übereignung mündet in der Übereignung. Das Anwartschaftsrecht mündet im Eigentumserwerb. Jeweils hat der Pfändende ein schutzwürdiges Interesse daran, dass der ursprünglich gepfändete Gegenstand sich an dem erworbenen Gegenstand fortsetzt.

c) Zwischenergebnis

D hat kraft Gesetz eine Sicherungshypothek nach §§ 848 II S. 2, 857, 829 ff. ZPO erworben.

3. Endergebnis Fall 18

D kann nach § 1147 BGB von A die Duldung der Zwangsvollstreckung in das Grundstück verlangen. Diesen Anspruch kann er mit einem entsprechenden Duldungstitel im Wege der Zwangsversteigerung durchsetzen.

IV. Zusammenfassung

- Die bloße Auflassung nach § 925 BGB reicht unbestritten nicht für die Begründung eines Anwartschaftsrechts des Auflassungsempfängers aus.
- Die h.M. verlangt für die Entstehung einer derartigen Rechtsposition die Auflassung des Grundstücks, verbunden mit einem entsprechenden Eintragungsantrages des Erwerbers.
- Die Pfändung eines Anwartschaftsrechts stellt eine Rechtspfändung i.S.d. § 857 I ZPO dar.
- Mit dem Erwerb des Volleigentums des Vollstreckungsschuldners erwirbt der Vollstreckungsgläubiger analog § 848 II S. 2 ZPO eine Sicherungshypothek am Grundstück.

V. Zur Vertiefung

Die Pfändung eines Auflassungsanspruchs

- Hemmer/Wüst Sachenrecht III, Rn. 154 a.

Zivilprozessuale Voraussetzungen einer Zwangsvollstreckung

- Hemmer/Wüst Zivilprozessrecht II, Rn. 207 ff.

Rechtsprechung und Aufsätze

- BGHZ 49, 197 ff. (Pfändbarkeit des Anwartschaftsrechts); Habersack, JuS 2000, 1146 ff.; Hager, JuS 1991, 1 ff.; BayObLG in NJW RR 1991, 576 f.; BGHZ 106, 108 ff. = **juris**byhemmer (Entstehung der Anwartschaft beim Grundstückserwerb).

5. Abschnitt: Das dingliche Vorkaufsrecht

Fall 19: Die Ansprüche des Vorkaufsberechtigten

Sachverhalt:

Grundstückseigentümer E trifft mit seinem Arbeitskollegen K die notariell beurkundete Vereinbarung, dass Letzterer im Falle eines Verkaufes an einen Dritten die Befugnis haben soll, das Grundstück durch einen Kauf zu erwerben. Einigung und Eintragung im Grundbuch erfolgen kurz darauf.

Um einen Kredit abzusichern, räumt E am 02.02. der Bank B eine Grundschuld ein. Kurz darauf veräußert er das Grundstück schließlich unter der Beachtung sämtlicher Formvorschriften an den D, der auch im Grundbuch eintragen wird. K wird darüber am 10.02. informiert. Dieser übt noch am selben Tag sein Vorkaufsrecht aus.

Frage 1: *Welche Ansprüche kann K gegen E, D und B geltend machen?*

Frage 2: *Was ändert sich bei folgender Abwandlung an der Fallbeurteilung? E und K haben vereinbart, dass bei Eintritt des Vorkaufsfalles der K verpflichtet sein soll, sein Vorkaufsrecht innerhalb eines Monats geltend zu machen? Er macht dies am 14.03.*

Frage 3: *Was gilt bei Frage 1, wenn das dingliche Vorkaufsrecht nicht ins Grundbuch eingetragen worden wäre?*

Frage 4: *Können Verpflichteter und Berechtigter bei Bestellung des Vorkaufsrechts einen Fixpreis vereinbaren und diesen im Grundbuch eintragen?*

I. Einordnung

Vergleichbar einer Vormerkung weist auch das Vorkaufsrecht die Tendenz eines Sicherungsrechts auf. Prinzipiell ist zwischen dem schuldrechtlichen (§§ 463 ff. BGB) und dem dinglichen Vorkaufsrecht (§§ 1094 ff. BGB) zu differenzieren.

Das schuldrechtliche Vorkaufsrecht basiert auf einem Vertrag mit dem späteren Verkäufer und gibt dem Vorkaufsberechtigten die Möglichkeit vom Verpflichteten das Grundstück zu den Bedingungen zu kaufen, zu denen es der Verpflichtete an einen Dritten verkauft hat. M.a.W.: Wird das Vorkaufsrecht durch eine formlose Erklärung ausgeübt, kommt der Kauf zwischen dem Vorkaufsberechtigten und dem Eigentümer mit dem Inhalt zustande, den der Eigentümer mit dem Dritten vereinbart hat, § 464 II BGB.

Das dingliche Vorkaufsrecht kann ausnahmslos nur an einem Grundstück oder an einem grundstücksgleichen Recht vereinbart werden.

Hinsichtlich des Inhalts kommen die für das schuldrechtliche Vorkaufsrecht geltenden Regelungen entsprechend zur Anwendung, § 1098 I BGB.

Im Vergleich zum schuldrechtlichen Vorkaufsrecht gilt das dingliche Vorkaufsrecht aufgrund seines Rechtscharakters nicht nur gegenüber dem gegenwärtig betroffenen Eigentümer, sondern auch gegenüber Dritten, d.h. also auch gegenüber allen potentiellen künftigen Eigentümern des Grundstücks bzw. konkurrierenden Erwerbern.

Dies ist vor allem darauf zurückzuführen, dass ein wirksam vereinbartes dingliches Vorkaufsrecht wie eine Vormerkung zur Sicherung des, durch die Ausübung des Rechts entstehenden Anspruchs auf Übertragung des Eigentums wirkt, § 1098 II BGB.

hemmer-Methode: Das dingliche Vorkaufsrecht stellt als ein beschränkt dingliches Recht eine dingliche Belastung des betroffenen Grundstücks dar und müsste demnach eigentlich im 3. Kapitel dieses Skripts dargestellt werden. Da die Vereinbarung eines Vorkaufsrechts allerdings in unmittelbaren Zusammenhang mit dem Erwerbsvorgang eines Grundstückes steht, sind diesbezügliche Ausführungen an dieser Stelle des Skripts sachgemäß.

II. Gliederung

Frage 1:

I. Anspruch des K gegen den E auf Übereignung des Grundstücks, § 433 I S. 1 i.V.m. §§ 1098 I S. 1, 464 II BGB

Voraussetzungen eines dinglichen VKR

1. Wirksames Vorkaufsrecht des K (+)

Einigung zwischen Verpflichtetem und Berechtigtem über die Bestellung eines Vorkaufsrechts, §§ 873 I, 1094 I, 1098 I, 463 ff. BGB (+) ⇨ dingliche Einigung formfrei möglich

Eintragung ins Grundbuch (+)

1. Eintritt des Vorkaufsfalls (+)

Formgerechte Veräußerung des Grundstückes an den D am 09.02., §§ 1098, 463 BGB

2. Fristgerechte Ausübung des Vorkaufsrechts (+)

Ausübung des VKR bei Grundstücken innerhalb der nächsten 2 Monate

Kenntniserlangung am 10.02. ⇨ Geltendmachung der Ansprüche am 14.03.

3. Unmöglichkeit aufgrund Veräußerung an den D (-)

Relative Unwirksamkeit der Verfügung des E im Verhältnis zu K, §§ 1098 II, 883 II BGB

E bleibt weiterhin Berechtigter

4. Ergebnis: Anspruch aus § 433 I S. 1 (+)

II. Anspruch des K gegen D auf Zustimmung zur Eintragung im Grundbuch, §§ 1098 II, 888 I BGB (+)

Voraussetzungen:

Dingliches Vorkaufsrecht des K (+)

Vorkaufsfall (+)

wirksame Ausübung des VKR (+)

Voraussetzungen des § 888 I BGB (+) ⇨ Beeinträchtigung durch Verkauf an den D (+) ⇨ relative Unwirksamkeit der Verfügung im Verhältnis zu K nach §§ 1098 II, 883 II BGB (+)

Ergebnis: Anspruch des K (+)

III. Anspruch des K gegen den B auf Löschung der Grundschuld, §§ 1098 II, 888 I BGB (-)

Grundschuldbestellung vor Vorkaufsfall beeinträchtigt das Vorkaufsrecht des K nicht ⇨ §§ 1098 II, 883 II BGB (-)

Frage 2:
Vereinbarung einer Frist

Anwendung des § 1098 I S. 1 i.V.m. § 469 II S. 2 BGB ⇨ §§ 186 ff. BGB ⇨ Ausübung des VKR damit verfristet

Frage 3:
Fehlende Eintragung

1. Dingliches Vorkaufsrecht nicht wirksam entstanden

§ 873 I BGB bei fehlender Eintragung nicht gegeben

2. Aber schuldrechtliches Vorkaufsrecht nach den §§ 463 ff. BGB (+)

Allerdings ohne Bestellung gesonderter Vormerkung keine Vormerkungswirkung.

Frage 4: Fixpreisvereinbarung

Vereinbarung eines Fix- oder Höchstpreises widerspricht Inhalt des § 464 II BGB ⇨ stets Inhalt des Kaufvertrages des Verpflichteten mit dem Dritten maßgebend ⇨ Einwirkungen auf diesen Inhalt bzw. rechtsgeschäftliche Abweichungen unzulässig und nicht verdinglichbar ⇨ Grundsatz des sachenrechtlichen Typenzwangs

III. Lösung Frage 1

I. Anspruch K/E auf Grundstücksübereignung, §§ 433 I S. 1, 1098 I, 464 II BGB

K könnte einen Anspruch gem. § 433 I S. 1 i.V.m. §§ 1098 II, 464 II BGB auf Übereignung des Grundstücks haben, wenn für K ein wirksames Vorkaufsrecht gem. §§ 463, 464 BGB besteht, der Vorkaufsfall eingetreten ist und der K daraufhin sein Vorkaufsrecht wirksam ausgeübt hat, § 469 II BGB.

1. Wirksames Vorkaufsrecht des K

Ein dingliches Vorkaufsrecht entsteht als ein beschränkt dingliches Recht durch Einigung mit dem Inhalt des § 464 II BGB und Eintragung im Grundbuch, § 873 I BGB.

a) Einigung, §§ 873 I, 1098 I S. 1, 464 II BGB

Die Parteien müssen sich darüber einig sein, dass der Verpflichtete für den Fall des Verkaufs an einen Dritten und der Ausübung des Vorkaufsrechts durch den Berechtigten verpflichtet sein soll, das Eigentum zu den mit dem Dritten vereinbarten Bedingungen auf den Berechtigten zu übertragen, §§ 873 I, 1094 I, 1098 I S. 1, 463 ff. BGB. Hinsichtlich der Vereinbarung eines dinglichen Vorkaufsrechts ist zu berücksichtigen, dass der entsprechende Belastungsgegenstand nur ein Grundstück, das Wohnungseigentum, das Erbbaurecht oder ferner das Grundstückseigentum sein kann, §§ 1096, 926 BGB.

Eine dementsprechende Einigung liegt im Fall vor. E und K haben die Vereinbarung getroffen, dass K im Falle eines Verkaufes an einen Dritten die Befugnis haben soll, das Grundstück durch einen Kauf zu erwerben. Berechtigter soll nicht der Eigentümer eines anderen Grundstücks sein (subjektiv-dingliches Vorkaufsrecht), sondern der K selbst, so dass von den Parteien ein subjektiv-persönliches Vorkaufsrecht vereinbart worden ist, § 1094 I, II BGB.

Im vorliegenden Fall geht es um ein Grundstücksgeschäft. Es ist deshalb immer danach zu fragen, ob eine diesbezügliche Vereinbarung nicht irgendwelchen Formerfordernissen genügen muss.

Das Gesetz macht in § 925 I S. 1 BGB ausschließlich die Wirksamkeit der Auflassung von einer notariellen Beurkundung abhängig. Weder in den allgemeinen sachenrechtlichen, noch in den vorkaufsspezifischen Regelungen der §§ 463 ff. BGB findet sich eine entsprechende Formvorschrift, so dass die dingliche Einigung hinsichtlich eines Vorkaufsrechts formfrei gültig ist.

hemmer-Methode: Achtung! Verwechseln Sie nicht das dingliche Vorkaufsrecht mit dem ihm zugrundeliegenden schuldrechtlichen Grundgeschäft (kaufähnlicher Vertrag, schuldrechtliches VKR, Sicherungsvertrag, Schenkung). Dieses ist sehr wohl an die Formvorschrift des § 311b I S. 1 BGB analog gebunden (entsprechende Anwendung, weil § 311b I S. 1 BGB an sich nur für Eigentumsübertragungen umfasst). Mit der Eintragung des VKR im Grundbuch wird das formunwirksame Verpflichtungsgeschäft allerdings geheilt, § 311b I S. 2 BGB analog.

Die dingliche Einigung bzgl. der Bestellung des Vorkaufsrechts ist – wie ausgeführt - demgegenüber formfrei. Das hatte der BGH im Jahr 1990 zwar mal anders entschieden, wurde aber mittlerweile revidiert, BGH, Life&Law 2016, 464 ff.

b) Eintragung, § 873 I BGB

Da E Berechtigter war, ist mit der Eintragung im Grundbuch ein subjektiv persönliches Vorkaufsrecht des K entstanden.

2. Eintritt des Vorkaufsfalles

Des Weiteren müsste der Vorkaufsfall eingetreten sein. Nach den §§ 1098 I S. 1, 463 BGB liegt ein Vorkaufsfall nur dann vor, wenn der Vorkaufsverpflichtete mit einem Dritten einen wirksamen, also formgerechten Kaufvertrag abschließt.

Ein Vorkaufsfall ist deshalb bei einem Tausch (§ 480 BGB), bei einer Schenkung (§§ 516 ff. BGB), bei einem Verkauf im Wege der Zwangsvollstreckung bzw. Insolvenz (§§ 1098, 471 BGB) oder etwa bei der Übertragung eines Miteigentumsanteils auf den anderen Miteigentümer ausgeschlossen (Palandt § 1098, Rn. 1).

Mit dem Abschluss eines Kaufvertrages unter Beachtung der Formvorschrift des § 311b I S. 1 BGB zwischen E und D ist der Vorkaufsfall eingetreten.

3. Fristgerechte Ausübung

Ein dingliches Vorkaufsrecht kann seine spezifischen Rechtsfolgen nur dann entfalten, wenn der Vorkaufsberechtigte dieses auch wirksam ausübt. Nach den §§ 1098 I S. 1, 464 I S. 1 muss das Vorkaufsrecht durch eine einseitige empfangsbedürftige Willenserklärung gegenüber dem Vorkaufsverpflichteten ausgeübt werden. Die Willenserklärung ist formfrei, §§ 1098 I S. 1, 464 I S. 2 BGB.

Hinzu kommt, dass das Vorkaufsrecht innerhalb von zwei Monaten nach Mitteilung des Vorkaufsfalles ausgeübt werden muss, §§ 1098 I S. 1, 469 II BGB. Der Verpflichtete hat den Inhalt des, mit der dritten Person abgeschlossenen Vertrages unverzüglich preiszugeben, §§ 1098 I S. 1, 469 I S. 1 BGB. Kommt er dieser Verpflichtung nicht nach, macht er sich nicht nur schadensersatzpflichtig, sondern verhindert damit zugleich den Fristbeginn i.S.d. § 469 II S. 1 BGB.

Für den vorliegenden Fall bedeutet dies folgendes. K hat die Mitteilung über den Eintritt des Verkaufsfalles am 10.02. empfangen. Kommt E seiner Mitteilungspflicht nach, kann K bis einschließlich den 10.04. sein Vorkaufsrecht noch ausüben, §§ 469 II S. 1, 187 I, 188 II BGB.

4. Unmittelbare Rechtsfolgen

Unmittelbare Rechtsfolge ist das Zustandekommen eines Kaufvertrages zwischen dem Vorkaufsberechtigten und -verpflichteten zu den Vertragsbedingungen, die mit dem Dritten vereinbart worden sind, §§ 1098 I S. 1, 464 II BGB. K hat i.E. dann einen Anspruch auf Übereignung des Grundstücks aus § 433 I S. 1 BGB gegen E.

5. Unmöglichkeit der Pflicht zur Übereignung

E kann diesem Anspruch des K auch nicht entgegenhalten ihm sei aufgrund der Veräußerung an den D seine Berechtigung abhandengekommen, d.h. die Übereignung nach § 275 I BGB unmöglich geworden. Nach § 1098 II BGB hat das Vorkaufsrecht Dritten gegenüber die Wirkung einer Vormerkung, so dass die Verfügung des E gem. § 883 II BGB dem K gegenüber relativ unwirksam gewesen ist. E behält deshalb zugunsten des K seine Berechtigung und kann das Grundstück weiterhin übereignen.

II. Anspruch K/D auf Zustimmung zur Eintragung, §§ 1098 II, 888 I BGB

Der zuständige Grundbuchbeamte wird nur dann eine Eintragung des K vornehmen und damit den Eigentumserwerb des K abschließen, wenn ihm nach §§ 19, 20, 29 GBO die notariell beurkundete Auflassung und die Eintragungsbewilligung des, durch die Eintragung Betroffenen vorgelegt wird. Weigert sich der Betroffene seine Zustimmung zur Eintragung zu geben, so hat die Klage des Vorkaufsberechtigten auf Zustimmung zur Eintragung Erfolg, wenn ihm ein Anspruch aus §§ 1098, 888 I BGB zustünde.

So liegen die Umstände im vorliegenden Fall. Die Zustimmung des Betroffenen D ist auf jeden Fall erforderlich, damit der durch das Vorkaufsrecht abgesicherte Anspruch auf Übereignung des Grundstücks verwirklicht werden kann. Ferner ist aufgrund der Wirkung eines Vorkaufsrechts die Verfügung und damit der Eigentumserwerb des D dem K gegenüber relativ unwirksam, §§ 1098 II, 883 II BGB.

D ist verpflichtet, seine Zustimmung zur Eintragung des K zu erteilen.

III. Anspruch K/B auf Löschung der Grundschuld, §§ 1098 II, 888 I BGB

K kann von B die Löschung der Grundschuld verlangen, wenn auch diese in den Anwendungsbereich des § 888 I BGB fällt.

Dazu müsste der Erwerb der Grundschuld zugunsten der B-Bank gegenüber dem K als Vorkaufsberechtigtem unwirksam sein, § 888 I BGB. Dies wäre aber nur dann zu bejahen, wenn die Verfügung des Eigentümers E in Form der Bestellung einer Grundschuld das Vorkaufsrecht des K vereiteln oder beeinträchtigen würde, § 883 II S. 1 BGB.

Im Zeitpunkt der Einräumung eines Vorkaufsrechts zugunsten des K war das betroffene Grundstück lastenfrei. Erst später wurde eine Grundschuld für die B-Bank eingetragen. In der Tat ist anzunehmen, dass K auch weiterhin unbelastetes Eigentum erwerben möchte, was nunmehr aber von E nicht mehr eingeräumt werden kann.

Es scheint deshalb - rein aus der Sicht des K heraus - gerechtfertigt zu sein, aufgrund der für ihn ausschließlich negativen Grundstücksbelastung mit einer Grundschuld, eine Beeinträchtigung seines Vorkaufsrechts anzunehmen.

Dieses Ergebnis würde jedoch den Wirkungs- und Schutzzweck eines Vorkaufsrechts überdehnen. Laut Gesetz soll das Vorkaufsrecht ausschließlich nur dem Vorkaufsberechtigten die Möglichkeit einräumen, im Verkaufsfalle das Grundstück unter den Bedingungen zu erwerben, die mit dem Dritten vereinbart worden sind.

Sämtliche Verfügungen, die zeitlich vor dem Eintritt des Vorkaufsfalls liegen sind aber bereits Gegenstand des Kaufvertrages mit dem Dritten und wurden dementsprechend bei der Ermittlung des Kaufpreises mitberücksichtigt. Dieser Inhalt ist mithin für den Vorkaufsberechtigten maßgebend, so dass i.E. alle Verfügungen, die chronologisch vor dem Vorkaufsfall vollzogen wurden, ein Vorkaufsrecht nicht mehr vereiteln oder beeinträchtigen können.

Anmerkung: Noch einmal anhand von Zahlen erklärt. Unterstellt, das Grundstück hat einen Wert von 500.000 €. Die Grundschuld für B lautet auf 200.000 €. Dann wird der D wegen dieser Belastung nur bereit sein, 300.000 € Kaufpreis zu zahlen. Da der über § 464 II BGB mit K zustande gebrachte Kaufvertrag auch auf 300.000 € lautet, ist die Grundschuld quasi schon eingepreist. Könnte er nun deren Löschung verlangen, hätte er das Grundstück im Wert von 500.000 € unbelastet für 300.000 € bekommen. Das kann ersichtlich nicht sein! Daher greift die Vormerkungswirkung gem. § 1098 II BGB für belastende Verfügungen erst ab Eintritt des Vorkaufsfalls, für beeinträchtigende Verfügungen (hier: Übereignung an D) schon ab Entstehung des Vorkaufsrechts, vgl. Palandt, § 1098, Rn. 3.

Mangels relativer Unwirksamkeit der Verfügung des E, § 883 II BGB kann K von der B die Löschung der Grundschuld nach § 888 I BGB nicht verlangen.

IV. Lösung Frage 2

K könnte weder einen Anspruch aus §§ 873 I, 1094, 1098, 463 ff., 433 I S. 1 BGB, noch aus §§ 1098 II, 888 I BGB geltend machen, wenn er sein Vorkaufsrecht nicht fristgerecht ausgeübt hätte, §§ 1098 I S. 1, 469 BGB.

Ausgangspunkt ist an dieser Stelle der 14.03. Würde man die Vereinbarung der Parteien, K müsse nach Kenntniserlangung vom Verkaufsfall innerhalb von einem Monat sein Vorkaufsrecht geltend machen, als rechtswirksam erachten, so wäre die Ausübung des Vorkaufsrecht mit dem Ablauf des 10.03. bereits verfristet gewesen, §§ 1098 I, 469 II S. 2, 186 ff. BGB.

Grds. kann das Vorkaufsrecht bei Grundstücken nur bis zum Ablauf von zwei Monaten, bei anderen Gegenständen nur bis zum Ablauf einer Woche nach dem Empfang der Mitteilung ausgeübt werden, § 469 II S. 1 BGB. Ist jedoch i.S.d. § 469 II S. 2 BGB für die Ausübung eine hiervon abweichende Frist bestimmt, so tritt diese an die Stelle der gesetzlichen Frist. Damit ist also eine rechtsgeschäftliche Abweichung von der Zwei-Monats-Frist durchaus möglich.

Es stellt sich jedoch die Frage, ob sich diese Aussage hinsichtlich eines Schutzes des Vorkaufsberechtigten nur auf Fristerleichterungen bezieht oder auch umgekehrt gilt.

Die h.M. nimmt an, dass auch Fristerschwerungen erfasst sein müssen (vgl. Palandt § 469, Rn. 2). Es ist also durchaus zulässig die gesetzliche Frist des § 469 II S. 1 BGB durch eine vertragliche Vereinbarung ebenso rechtskonform zu verkürzen.

K hat sein Vorkaufsrecht verfristet ausgeübt. Er kann keine Ansprüche gegen E, D und B geltend machen.

V. Lösung Frage 3

Fraglich ist, ob sich die Nichteintragung des dinglichen Vorkaufsrechts in irgendeiner Weise auf die Entstehung des dinglichen Vorkaufsrechts auswirken könnte.

1. Nichteintragung des Vorkaufsrechts

Als abstraktes dingliches Recht entsteht das dingliche Vorkaufsrecht nach §§ 873 I, 1094 BGB durch Einigung und Eintragung. Fehlt die erforderliche Eintragung ins Grundbuch kommt kein dingliches Vorkaufsrecht zustande.

2. Schuldrechtliches Vorkaufsrecht, §§ 463 ff. BGB

Möglicherweise könnte K jedoch seine Ansprüche aus der Rechtsinhaberschaft über ein schuldrechtliches Vorkaufsrecht nach den §§ 463 ff. BGB ableiten.

a) Entstehungsvoraussetzungen

Zwischen E und K wurde in der Tat eine Einigung über ein schuldrechtliches Vorkaufsrecht erzielt. Zwar hatten die Parteien die Einräumung eines dinglichen Vorkaufsrecht bezweckt, es ist jedoch davon auszugehen, dass bei Scheitern des dinglichen Vorkaufsrechts zumindest die schwächere schuldrechtliche Form bestehen sollte.

Das schuldrechtliche Vorkaufsrecht bedarf weder einer Eintragung ins Grundbuch, noch muss unbedingt der gesetzliche Inhalt des § 464 II BGB eingebracht werden (s.o.).

Schließlich wurde die Form des § 311 b I S. 1 BGB hinreichend berücksichtigt.

Anmerkung: Auch beim dinglichen Vorkaufsrecht bedarf der schuldrechtliche Verpflichtungsvertrag der notariellen Form des § 311b I S. 1 BGB. Wird diese nicht beachtet, müssen Sie jedoch immer an die Heilung gem. § 311b I S. 2 BGB infolge Eintragung des Vorkaufsrechts denken, Palandt, § 1094, Rn.5.

b) Vorkaufsfall und rechtmäßige Ausübung des Vorkaufsrechts

Durch den Verkauf des Grundstücks ist der Vorkaufsfall eingetreten. K hat sein schuldrechtliches Vorkaufsrecht fristgerecht ausgeübt, §§ 464 I S. 1, 469 II BGB (s.o.).

c) Problem der Durchsetzung der Rechtsfolgen

Aufgrund seines wirksamen schuldrechtlichen Vorkaufsrechts könnte K grds. von E Übereignung des Grundstücks verlangen, §§ 463, 464 II, 433 I S. 1 BGB. Es stellt sich jedoch erneut das Problem, dass E durch die Weiterübereignung des Grundstücks nunmehr als Nichtberechtigter qualifiziert werden muss.

aa) Dingliches Vorkaufsrecht

Wäre ein dingliches Vorkaufsrecht rechtswirksam geworden, so könnte die Nichtberechtigung ohne weiteres über die gesetzlichen Regelungen der §§ 1098 II S. 1, 883 II BGB überwunden werden. Das dingliche Vorkaufsrecht hätte die Wirkung einer Vormerkung, so dass die Verfügungen des E dem K gegenüber relativ unwirksam wären, § 883 II BGB und der E deshalb weiterhin als Berechtigter gälte.

bb) Schuldrechtliches Vorkaufsrecht

Für das schuldrechtliche Vorkaufsrecht fehlt eine solche rechtsfolgenverweisende Regelung. Die Wirkungen einer relativen Unwirksamkeit können somit im vorliegenden Fall nur dann entstehen, wenn vollständig sämtliche Voraussetzungen einer Vormerkungsbestellung nach §§ 883 I, 885 BGB direkt nachgewiesen werden können.

Dies ist aber nicht der Fall. Zwar ist es generell möglich, ein schuldrechtliches Vorkaufsrecht durch eine Vormerkung abzusichern; dafür wäre aber erforderlich, dass die Entstehungsvoraussetzungen der Vormerkung auch gegeben wären.

Zwar könnte man eine Bewilligung, die gerichtet ist auf die Eintragung eines dinglichen Vorkaufsrechts – welches ja eine Vormerkungswirkung beinhaltet – so umdeuten, dass auch eine Bewilligung einer Vormerkung darin enthalten sein soll.

Zum einen würde dies angesichts der Tatsache, dass eine Eintragung unterblieben ist – die aber zwingend für die Entstehung wäre -, zum anderen kann immer nur in ein weniger weit reichendes Institut umgedeutet werden.

Gerade die Vormerkungswirkung bei einem durch Vormerkung gesicherten schuldrechtlichen Vorkaufsrecht geht in zeitlicher Hinsicht über die Wirkung des dinglichen Vorkaufsrechts hinaus, weil die Sicherungswirkung für beeinträchtigende Verfügungen nicht erst ab dem Vorkaufsfall (vgl. Ausgangsfall), sondern bereits vorher, d.h. ab Eintragung der Vormerkung, eintritt. Denn der über § 464 II BGB zustande kommende Anspruch ist ein (doppelt) bedingter Anspruch gem. § 883 I S. 2 BGB (BGH, NJW 2000, 1033).

3. Endergebnis Frage 3

K kann keine Ansprüche aus §§ 464 II, 433 I S. 1 BGB und §§ 888, 883, 885 BGB geltend machen. Mangels Erwerbs einer Auflassungsvormerkung sind die Verfügungen des E dem K gegenüber nicht relativ unwirksam. Der Anspruch auf Übereignung besteht daher gem. § 275 I BGB nicht.

VI. Lösung Frage 4

Im Vergleich zum dinglichen Vorkaufsrecht besteht beim schuldrechtlichen Vorkaufsrecht als Ausfluss des Grundsatzes der Privatautonomie grds. die Möglichkeit, einen Vertrag frei zu gestalten. Es ist dementsprechend zulässig, von der Gesetzesnorm des § 464 II BGB abzuweichen. Dessen Inhalt könnte ohne weiteres im Rahmen der Parteivereinbarungen insoweit abgeändert werden, als dass im Verkaufsfalle ein Vertrag nicht zu denselben Kaufpreisbedingungen, die mit dem Dritten ausgehandelt wurden, zustande kommen soll, sondern dass der Vorkaufsberechtigte das Grundstück im Vorkaufsfall zu einem im Voraus festgelegten Festpreis erwirbt.

Sobald es allerdings darum geht, bestimmte Rechte zu verdinglichen, endet die Reichweite der Privatautonomie, d.h. die Parteien sind daran gebunden, dass es an Sachen nur die vom Gesetz normierten dinglichen Rechte gibt (Typenzwang) und vor allem, dass diese Rechte den im Gesetz vorgesehenen Inhalt (Typenfixierung) aufweisen müssen.

Soll also ein dingliches Vorkaufsrecht wirksam bestellt werden, müssen sich die Parteien an den Inhalt der §§ 1098 I, 464 II BGB halten, d.h. Bestandteil der Vereinbarung muss sein, dass nach Ausübung des Vorkaufsrechts ein Kaufvertrag zu denselben Bedingungen zustande kommt, die für den Dritten maßgebend geworden sind. Abweichungen bzgl. des Kaufpreises sind mithin unzulässig (Palandt § 1098, Rn. 2).

VI. Zusammenfassung

- Das Vorkaufsrecht stellt einen doppelt bedingten Kauf dar. Erste Bedingung ist der Eintritt des Vorkaufsfalles, zweite Bedingung die fristgerechte Ausübung des Vorkaufsrechts.
- Ein Anspruch aus §§ 873, 1094, 1098, 464 II, 433 I S. 1 BGB ist dann gegeben, wenn ein dingliches Vorkaufsrecht bestellt wurde, der Vorkaufsfall eingetreten ist und der Vorkaufsberechtigte sein Vorkaufsrecht fristgerecht ausgeübt hat, § 469 II BGB.
- Ein dingliches Vorkaufsrecht entsteht als abstraktes dingliches Recht durch Einigung mit dem Inhalt des § 1094 BGB und Eintragung ins Grundbuch.
- Für das dingliche Vorkaufsrecht gilt der Grundsatz des sachenrechtlichen Typenzwangs. Ist dieser nicht gewährleistet, ist evtl. die Umdeutung in ein schuldrechtliches Vorkaufsrecht in Betracht zu ziehen.
- Lediglich Verfügungen, die nach dem Eintritt des Vorkaufsfalles getätigt wurden, können ein Vorkaufsrecht beeinträchtigen oder vereiteln, §§ 1098 I S. 1, 883 II BGB.

hemmer-Methode: Das Vorkaufsrecht wird Ihnen in der Praxis vor allem an zwei Stellen begegnen. (1) **Pachtvertrag**: E verpachtet sein Grundstück für einen sehr langen Zeitraum an den Pächter P. Falls er verkauft, soll P das Grundstück zur weiteren Nutzung erwerben können. (2) **Nachbarrecht**: Vereinbarung eines dinglichen Vorkaufsrechts, damit im Verkaufsfall der Nachbar die Möglichkeit behält, sein (Betriebs-) Gelände bei Belieben zu vergrößern.
Oft geht es in den Klausuren auch um die Übertragung eines dinglichen Vorkaufsrechts. Dabei müssen Sie strikt differenzieren: Das subjektiv-dingliche Vorkaufsrecht ist grds. nicht übertrag- oder vererbbar, §§ 1098 I S. 1, 473 S. 1 BGB. Das subjektiv - dingliche Vorkaufsrecht ist nach § 1094 II BGB untrennbar mit dem jeweiligen Grundstück verbunden, § 1103 I BGB und daher nicht getrennt übertragbar. Nach § 96 BGB geht das subjektiv-dingliche Vorkaufsrecht nach § 96 BGB mit der Veräußerung oder Belastung des herrschenden Grundstücks über.

VII. Zur Vertiefung

Näheres zum Vorkaufsrecht

- Hemmer/Wüst Sachenrecht III, Rn. 133.

Rechtsprechung und Aufsätze

- BGHZ 49, 7 = **juris**byhemmer; BGH NJW 1964, 540 = **juris**byhemmer; BGH NJW 1992, 236 = **juris**byhemmer; BGHZ 37, 147 = **juris**byhemmer; RGZ 104, 108 ff. (Umdeutung eines Vorkaufsrechts in eine Vormerkung); BGH, Life&Law 2013, 81 ff. = **juris**byhemmer (Vertretungsprobleme bei der Ausübung des dinglichen Vorkaufsrechts); Auslegung der Vereinbarung zur Bestellung eines dinglichen Vorkaufsrechts bei unterbliebener Eintragung: zumindest schuldrechtliches Vorkaufsrecht bestellt? BGH, Life&Law 2014, 161 ff. = **juris**byhemmer, Zur Fälligkeit des Kaufpreises, wenn in Vertrag mit Drittem Auflassung vorgenommen worden war, die dingliche Einigung mit dem Berechtigten aber erst später erfolgt: BGH, Life&Law 2017, 817 ff. = **juris**byhemmer,

6. Abschnitt: Der Rechtserwerb kraft Gesetz

Fall 20: Der Übergang des Eigentums im Zuge eines Hoheitsaktes

Sachverhalt:

W ist eingetragene Eigentümerin eines Hanggrundstückes im Außenbezirk. W selbst wohnt in einer nahegelegenen Kleinstadt. Nachdem ihr geliebter Mann beim Kirschenpflücken auf dem Hanggrundstück verunglückt und noch an der Unfallstelle verstirbt, ist W fest davon überzeugt, dass jenes Grundstück Unheil bringe. Da sie das Grundstück „zum Teufel wünscht" und auch ansonsten keine Verwandten und Bekannten vorhanden sind, die es übernehmen könnten, erklärt die W vor einem Notar eine Verzichtserklärung, die im Grundbuch vermerkt wird.

Nachbar N des Hanggrundstücks erfährt sowohl vom Tod des Mannes als auch von dem Verzicht der W. Als sich mehrere Monate niemand auf dem Grundstück der W blicken lässt, durchtrennt er den Zaun zu diesem Grundstück und holt sich mehrere Kubikmeter Erde, die er zum Aufschütten einer Erdgeschossterrasse nutzt. Darüber hinaus verarbeitet er Büsche und Sträucher sowie Obstbäume zu Brennholz. Nachdem ein weiterer Nachbar ihn auf sein Fehlverhalten hin anspricht, erwidert N nur, dass das Hanggrundstücks doch niemanden mehr gehöre, den dies interessieren könnte.

***Frage 1:** Welche Ansprüche stehen dem Fiskus zu? (Die Eintragung des Fiskus im Grundbuch erfolgte erst vier Wochen nach den Handlungen des N)?*

***Frage 2:** Ist bei der Falllösung auf die gleiche Art und Weise vorzugehen, wenn die W zwar keinen Verzicht erklärt hätte, jedoch zwei Wochen nach ihrem Mann verstorben wäre und keinerlei Verwandte oder Bekannte testamentarisch bedacht hätte?*

I. Einordnung

In der Tat steht bei den Klausurerstellern der rechtsgeschäftliche Eigentumserwerb eines Grundstücks in der Beliebtheitsskala ganz oben, so dass sich der Student bei Erlernen des Sachenrechts verständlicherweise auf diese Rechtsmaterie versteift. Ein guter Jurist sollte jedoch genauso über ein solides Grundwissen bzgl. der gesetzlichen Erwerbstatbestände verfügen. Solche gesetzlichen Erwerbstatbestände verbergen sich beispielsweise in folgenden Konstellationen:

- Erbfall: Nach § 1922 BGB geht mit dem Tode einer Person (Erbfall) deren Vermögen (Erbschaft) als Ganzes auf eine oder mehrere andere Personen (Erben) über.
- Buchersitzung: Wer als Eigentümer eines Grundstücks im Grundbuch eingetragen ist, ohne dass er das Eigentum erlangt hat, erwirbt das Eigentum, wenn die Eintragung 30 Jahre bestanden hat und er während dieser Zeit das Grundstück im Eigenbesitz gehabt hat, § 900 I S. 1 BGB.

Es sind aber auch Fälle denkbar, in denen ein Eigentumswechsel kraft Hoheitsakt erreicht wird:

- Übergang des Eigentums mit dem Zuschlag bei der Zwangsversteigerung, § 90 ZVG.
- Eigentumswechsel mit Rechtskraft des Enteignungsbeschlusses, vgl. z.B. §§ 85 ff. BauGB.

Eine weitere Fallvariante stellt das Aneignungsrecht des Fiskus dar.

II. Gliederung

Frage 1:
Anspruch des Fiskus aus § 823 I BGB auf Schadensersatz

Voraussetzungen:

Anwendbarkeit: grds. Vorrang der §§ 987 ff. ⇨ nach h.M. §§ 987 ff. auf die Zeit vor Eigentumserwerb nicht anwendbar.

1. **Rechtsgutsverletzung**: **(P):** Eigentumsverletzung (-) ⇨ Fiskus wird erst mit Eintragung im Grundbuch Eigentümer des Grundstücks ⇨ hier aber Verletzung seines Aneignungsrechts i.S.d. § 928 II BGB als sonstiges Recht
2. **Verletzungshandlung**: Beschädigung des Erdreichs und Beeinträchtigung des bestimmungsgemäßen Gebrauchs des Grundstücks durch Abtransport der Erde; außerdem konkrete Zerstörung und Beschädigung von Bäumen als wesentliche Bestandteile des Grundstücks, § 94 I BGB.
3. **haftungsbegründende Kausalität (+)**
4. **Rechtswidrigkeit (+)**
5. **Verschulden (+)**
6. **Schaden (+)**
7. **haftungsausfüllende Kausalität (+)**
8. **Ergebnis**: Anspruch auf Schadensersatz aus § 823 I BGB (+)

Frage 2:
Eigentumserwerb des Fiskus nach Tod der W

1. Aneignungsrecht des § 928 II BGB gilt nur für den Fall einer ausdrücklichen Verzichtserklärung
2. Im Falle des Todes einer Person, die weder Nachkommen, Verwandte noch Bekannte hinterlässt bzw. bedacht hat, ist ausschließlich Eigentumserwerb nach §§ 1922 I, 1936 I BGB einschlägig.

III. Lösung Frage 1

Anspruch des Fiskus auf Schadensersatz nach § 823 I BGB

Möglicherweise könnte dem Fiskus des Bundesstaates, in dessen Gebiet das Grundstück liegt, ein Anspruch auf Schadensersatz nach § 823 I BGB zustehen.

1. Anwendbarkeit des § 823 I BGB

§ 823 I BGB ist im vorliegenden Fall die einschlägige Anspruchsgrundlage, da die §§ 987 ff. BGB auf die Zeit vor dem Eigentumserwerb durch den Fiskus nicht anzuwenden sind (Palandt § 928, Rn. 4).

2. Rechtsgutsverletzung

Der Fiskus müsste die Verletzung eines der durch § 823 I BGB absolut geschützten Rechtsgüter oder Rechte geltend machen können.

a) Eigentumserwerb des Fiskus

Fraglich ist, ob im vorliegenden Fall die Verletzung eines Eigentumsrechts des Fiskus in Betracht kommen könnte.

aa) Rechtsgeschäftlicher Eigentumserwerb

Ein rechtsgeschäftlicher Eigentumserwerb des Fiskus scheidet hierbei mangels Vertragsvereinbarungen mit W grds. aus.

bb) Übergang des Eigentums kraft Hoheitsakt im Fall des § 928 II BGB

Das Eigentum am Grundstück könnte jedoch durch einen Hoheitsakt auf den Fiskus übergegangen sein. Gem. § 928 II BGB kann der Fiskus Eigentümer eines aufgegebenen Grundstücks werden, wenn er sich dieses Grundstück aneignet und sich als Eigentümer in das Grundbuch eintragen lässt.

(1) Aufgabe des Grundstücks durch W

Voraussetzung wäre zunächst, dass die W das Grundstück aufgegeben hat. Dazu müsste die W eine entsprechende Verzichtserklärung abgegeben haben, die in das Grundbuch eingetragen worden ist. Der Verzicht stellt eine einseitige, formfreie Willenserklärung dar, die gem. § 130 I, III BGB mit dem Eingang beim Grundbuchamt unwiderruflich wird. Aufgrund der Rechtswirkungen einer Verzichtserklärung ist § 925 I S. 1 BGB auf sie entsprechend anzuwenden.

So liegen die Umstände im Fall. W hat vor dem Notar eine Erklärung abgegeben mit dem Inhalt, dass sie auf das Eigentum am Grundstück verzichten möchte.

(2) Eintragung der Verzichtserklärung

Die Eintragung des Verzichts in das Grundbuch erfordert einen formfreien Antrag des Eigentümers, der auch nach Unwiderruflichkeit der Verzichtserklärung noch rücknehmbar wäre.

Auch dies ist hinsichtlich der tatsächlichen Eintragung des Verzichts der Fall.

(3) Rechtsfolgen und Aneignungsrecht des Fiskus

Infolge der wirksamen Aufgabe des Grundstückseigentums wird das Grundstück einschließlich seiner wesentlichen und der dem Grundstückseigentümer gehörenden nicht wesentlichen Bestandteile herrenlos und unterliegt nunmehr als ausschließlich Berechtigtem dem Aneignungsrecht des Fiskus.

(4) Eigentumserwerb des Fiskus

Der eigentliche Eigentumserwerb des Fiskus wird erst mit dessen Eintragung als Eigentümer im Grundbuch vollendet. Die Eintragung erfordert neben einem Antrag nach § 13 GBO eine entsprechende Aneignungserklärung in der Form des § 29 GBO. Darüber hinaus ist eine Eintragungsbewilligung des bisherigen Eigentümers von Nöten.

Diese Voraussetzungen liegen zweifelsohne vor. Eine entsprechende Eintragungsbewilligung des bisherigen Eigentümers ist i.d.R. bereits in der Verzichtserklärung, die dem Grundbuchamt vorgelegt wurde vorhanden. Somit hat der Fiskus kraft Hoheitsakt Eigentum am Grundstück erworben.

b) Verletzung von Aneignungsrechten

Der Geltendmachung von Verletzungen des Eigentumsrechts steht jedoch eindeutig entgegen, dass der Fiskus erst dann berechtigter Eigentümer des Grundstücks wurde, als die Verletzungshandlungen bereits passiert waren. Die Eintragung des Fiskus wurde erst vier Wochen nach den Handlungen des N vollzogen. Folglich war noch die W und nicht der Fiskus berechtigter Eigentümer.

Es könnte jedoch eine Verletzung von Aneignungsrechten des Fiskus vorliegen. Darunter versteht man das subjektive Recht, durch eine Handlung, z.B. durch Erlangen des Eigenbesitzes das Eigentum an der Sache zu erwerben. Dieses Recht des Fiskus bestand ab dem Zeitpunkt, ab dem die Verzichtserklärung der W in das Grundbuch eingetragen wurden und das Grundstück herrenlos wurde, also noch mehrere Monate vor den Handlungen des N.

Das Aneignungsrecht ist zwar nicht explizit in § 823 I BGB genannt, es unterfällt jedoch als sonstiges Recht dem deliktischen Schutzbereich des § 823 I BGB (Palandt § 823, Rn. 16).

3. Verletzungshandlung

Durch das Wegschaffen von mehreren Kubikmetern Erde und der Zerstörung von Bäumen werden Gegenstände vollständig dem Aneignungsrecht des Fiskus entzogen, was in der Tat als eine Verletzungshandlung qualifiziert werden muss.

4. Haftungsbegründende Kausalität, Rechtswidrigkeit und Schuld

Der kausale Zusammenhang zwischen der Verletzungshandlung und der Rechtsgutsverletzung liegt vor. Das Fehlverhalten des N war mithin rechtswidrig und schuldhaft.

5. Schaden und haftungsausfüllende Kausalität

Der Schaden ist im Minderwert des Grundstücks zu sehen. Dieser beruht auf der Verletzungshandlung, so dass die haftungsausfüllende Kausalität vorliegt.

6. Endergebnis Frage 1

Der Fiskus kann aufgrund der Verletzung seiner Aneignungsrechte Schadensersatz nach § 823 I BGB verlangen.

IV. Lösung Frage 2

W ist verstorben und hinterließ weder Verwandte noch Bekannte als mögliche Erben. Würde man nunmehr annehmen, das Grundstück würde mit dem Tod der W herrenlos, so könnte mangels Erben oder testamentarisch Bedachten wiederum über ein Aneignungsrecht des Fiskus nachgedacht werden. Aufgrund der Tatsache, dass W keine Verzichtserklärung abgegeben hatte, könnte dieses Aneignungsrecht dann über eine analoge Anwendung des § 928 II BGB verwirklichbar sein.

Ein solches Vorgehen ist hier jedoch keineswegs geboten.

Eine Analogie darf ausnahmslos nur dann eingesetzt werden, wenn eine Gesetzeslücke nachweisbar ist. Genau das ist hier aber nicht der Fall.

Eine explizite Regelung dieses Falles findet sich in der erbrechtlichen Norm des § 1936 BGB. Nach § 1936 I S. 1 BGB ist der Fiskus des Bundesstaates, dem der Erblasser zur Zeit des Todes angehört hat gesetzlicher Erbe, wenn zur Zeit des Erbfalles weder ein Verwandter, ein Lebenspartner noch ein Ehegatte des Erblassers vorhanden ist. Es ist also der Fiskus, der kraft Gesetz das Eigentum am Grundstück erwirbt. Ein Eigentumserwerb über ein Aneignungsrecht des Fiskus bedarf es demnach nicht.

V. Zusammenfassung

- Der Rechtserwerb nach § 928 II BGB stellt einen Übergang des Eigentums kraft Hoheitsakt dar.
- Das Recht zur Aneignung eines aufgegebenen Grundstücks steht dem Fiskus zu, § 928 II S. 1 BGB.
- Der Fiskus kann nach § 823 I BGB Schadensersatz wegen Verletzung seines Aneignungsrechts verlangen, wenn ein Dritter das Grundstück beschädigt hat, während es herrenlos war.
- Das Aneignungsrecht stellt ein „sonstiges Recht“ i.S.d. § 823 I BGB dar.
- Das Eigentum an einem Grundstück kann auch kraft Gesetz nach §§ 1922 I, 1936 I BGB auf den Fiskus übergehen.

VI. Zur Vertiefung

Rechtsprechung und Aufsätze

- BayObLG, RPfleger 1983, 308; KG, NJW 1989, 42; BGHZ 115, 1 ff. **alle Entscheidungen = juris**byhemmer.

Kapitel III: Die Belastung eines Grundstücks

1. Abschnitt: Die Hypothek

Fall 21: Die Grundvoraussetzungen einer Buchhypothek

Sachverhalt:

G hat S ein Darlehen über 100.000 € eingeräumt. Als der völlig verarmte S bei Fälligkeit des Darlehens keinen müden Euro aufbringen kann, versucht er den G mit einer Hypothekenbestellung bei Laune zu halten. Dieser will von der Hypothek allerdings nichts wissen.

S geht gleichwohl am nächsten Tag zum Grundbuchamt und beantragt dort unter Vorlage einer ordnungsgemäßen Bewilligung die Eintragung einer Buchhypothek an seinem Grundstück über 100.000 € zugunsten des G, die daraufhin von dem zuständigen Rechtspfleger in das Grundbuch eingetragen wird.

Frage 1: *Wie ist die Rechtslage an der Buchhypothek zu beurteilen? Ist ein anderes Recht entstanden, wenn keine Hypothek entstanden ist?*

Frage 2: *Was gilt, wenn sich S und G bzgl. der Buchhypothek doch noch einigen können?*

Angenommen die beiden Parteien S und G hätten sich über die Bestellung einer Buchhypothek zur Sicherung des Darlehens inhaltlich hinreichend geeinigt. Im Grundbuch wird folgendes vermerkt und unterschrieben: „Hypothek zu Gunsten des G zu 100.000 € gemäß Bewilligung vom 14.05.; eingetragen am 18.07.; die Erteilung eines Hypothekenbriefs ist ausgeschlossen“.

Frage 3: *Ist G Gläubiger einer Buchhypothek geworden?*

I. Einordnung

Neben der Bürgschaft nach §§ 765 ff. BGB und der Grundschuld nach § 1191 BGB ist die Hypothek als Grundpfandrecht mit Abstand die klausurrelevanteste Variante der Kreditsicherung. Wird die gesicherte Forderung nicht rechtzeitig zurückgezahlt kann der Hypothekar das Grundstück des Hypothekenschuldners im Wege der Zwangsvollstreckung verwerten, § 1147 BGB. Der Eigentümer haftet nicht mit seinem gesamten Vermögen (sonst Personalsicherheit), sondern lediglich mit einem einzelnen Gegenstand (Grundstück).

Die Hypothek ist deshalb eine sog. Realsicherheit. Der Vorteil für den Hypothekar im Vergleich zu den Personalsicherheiten liegt vornehmlich darin, dass spätere vermögensrechtliche Veränderungen keine Auswirkungen auf die Haftungsfähigkeit des Hypothekenschuldners haben.

Ganz im Gegenteil bleibt die Hypothek in dem rechtlichen Zustand, der auch bei ihrer Begründung Bestand hatte. Etwaige nachfolgende Rechtsbegründungen zugunsten Dritter führen keineswegs zu einer Beeinträchtigung des Hypothekars.

Die Hypothek ist eine dingliche Belastung des Grundstücks des Sicherungsgebers. Genauso wie bei jeder anderen dinglichen Verfügung ist die Hypothekenbestellung an einen schuldrechtlichen Verpflichtungsvertrag gekoppelt, der den Rechtsgrund für diese Verfügung über das Grundstück bildet und als Sicherungsvertrag bezeichnet wird.

Eine Hypothek kann kraft dinglicher Surrogation bei der Verpfändung, § 1287 BGB, bei Pfändung des Auflassungsanspruchs oder bei Eintragung einer Sicherungshypothek gem. § 867 ZPO kraft Gesetz oder Hoheitsaktes entstehen. Regelfall in der Klausur ist jedoch die Bestellung einer Hypothek im Zuge eines Rechtsgeschäfts. Für eine Buchhypothek müssen folgende Entstehungsvoraussetzungen vorliegen:

- **Einigung** nach § 873 I BGB mit dem Inhalt des § 1113 I BGB
- **Eintragung** in das Grundbuch, §§ 873 I, 1115 I BGB
- Bestehen einer zu sichernden **Forderung** (Akzessorietät), § 1113 I BGB
- **Berechtigung** und Verfügungsbefugnis des Bestellers

Zu Frage 1 und 2: Die Einigung ist ein abstrakter, auf eine dingliche Rechtsänderung gerichteter Vertrag. Ihr Inhalt muss vier Erfordernissen nachkommen: a) Art des zu sichernden Rechts, b) zu sichernde Forderung, c) das zu belastende Grundstück und d) den Gläubiger der Hypothek. Ist die dingliche Einigung aus gegebenen Gründen nichtig, ist die Rechtslage an der Hypothek seit jeher umstritten.

Zu Frage 3: Nach § 873 I BGB ist eine Buchhypothek in Verbindung mit dem vereinbarten Briefausschluss im Grundbuch einzutragen. Was unbedingt Gegenstand der Eintragung sein muss, ergibt sich im Einzelnen direkt aus § 1115 I BGB. Zur Vermeidung einer inhaltlichen Überladung des Grundbuchs und zur Wahrung der Wesentlichkeit darf, wovon in der Praxis häufig Gebrauch gemacht wird, bzgl. aller Umstände außerhalb des Muss-Inhaltes nach § 1115 I BGB auf die Eintragungsbewilligung nach §§ 874, 1115 I letzter HS BGB Bezug genommen werden.

II. Gliederung

Frage 1:
Entstehung einer Buchhypothek

Voraussetzungen der §§ 873, 1113, 1115 BGB

Einigung nach § 873 I BGB mit dem Inhalt des § 1113 I BGB:
(P): keine tatsächliche Einigung zwischen G und S
⇨ h.M.: keine Eigentümergrundschuld entstanden, da das Gesetz deren Entstehungsvoraussetzungen in den §§ 1163, 1196 BGB explizit festlegt; hier keine Variante verwirklicht
⇨ a.A.: fehlende Einigung bzgl. Hypothek umfasst wenigstens die Erklärung des Eigentümers eine Eigentümergrundschuld entstehen zu lassen.

Ergebnis: Entstehen einer Buchhypothek (-)

Frage 2:
Nachträgliche Einigung

1. **Einigung**: Nachträgliche Einigung über die Begründung einer Hypothek reicht bei Vorliegen der weiteren Entstehungsvoraussetzungen aus.
2. **Eintragung**: § 873 I BGB (+)
3. **Forderung**: hier aus Darlehen (+)
4. **Berechtigung**: S ist Alleineigentümer des Grundstückes

Frage 3:
Mangelhafte Eintragung

1. **Einigung**: (+)
2. **Eintragung** nach § 873 I BGB an sich (+), aber Nichtbeachtung des Muss-Inhaltes nach § 1115 I BGB
3. **Ergebnis**: Buchhypothek (-)

III. Lösung Frage 1

Eine Buchhypothek wäre dann wirksam entstanden, wenn die Voraussetzungen der §§ 873, 1113, 1115 BGB erfüllt sind.

1. Einigung zwischen G und S

Zunächst müssten sich G und S darüber geeinigt haben, dass das Grundstück des S in der Weise belastet werden soll, dass an denjenigen, zu dessen Gunsten die Belastung erfolgt, eine bestimmte Geldsumme zur Befriedigung wegen einer ihm zustehenden Forderung aus dem Grundstück zu zahlen ist, §§ 873 I, 1113 I BGB.

Im vorliegenden Fall haben sich G und S jedoch zu keiner Zeit darüber geeinigt, dass das Grundstück des S zur Sicherung einer Darlehensforderung zwischen diesen beiden Parteien haften soll.

G wollte gerade von einer Hypothekenbestellung nichts wissen und hat diesbezüglich auch keine Willenserklärung abgegeben. Eine Einigung scheidet von vornherein aus.

hemmer-Methode: Die Einigung nach § 873 I BGB bedarf keiner Form. Gewöhnlicherweise wird sie in der Praxis dennoch notariell beurkundet, damit dem Eigentümer die Möglichkeit eines einseitigen Widerrufs genommen wird, § 873 II BGB. Außerdem muss den Formerfordernissen des § 29 GBO entsprochen werden.

2. Auswirkungen der fehlenden Einigung auf die Rechtslage

Wie sich ein Mangel in der Einigung auf die Hypothekenbestellung auswirkt, ist Gegenstand langjähriger juristischer Streitigkeiten.

a) E.A.: Entstehung einer Eigentümergrundschuld

Nach einer Literaturmeinung kommt bei Wirksamkeit der Willenserklärung des Eigentümers und der Eintragung des vereinbarten Grundpfandrechts in das Grundbuch bei fehlender oder unwirksamer Einigung zumindest eine Eigentümergrundschuld zustande.

Dieses Ergebnis wird damit begründet, dass zwar die Bestellung einer Eigentümergrundschuld nicht als ein Minus zu einer Hypothekenbestellung angesehen werden dürfe, in zweierlei Hinsicht jedoch die Anwendung der Umdeutungsregeln des § 140 BGB geboten sei:

Zum einen dürfe keineswegs vergessen werden, dass rein objektiv immerhin eine Erklärung des Eigentümers, sein Grundstück mit einem Grundpfandrecht belasten zu wollen, vorliegt.

Zum anderen entspräche es ausschließlich dem wirtschaftlichen Interesse des Eigentümers, im Zuge einer dinglichen Verfügung zumindest die Rangstelle zu besetzen, so dass das unberechtigte Nachrücken von nachrangigen Grundrechtspfandgläubigern grds. verhindert werden kann.

b) H.M.: Keine Eigentümergrundschuld

Die h.M. tritt dieser Literaturmeinung mit einer besseren Argumentation entgegen. Die Annahme einer Eigentümergrundschuld in diesem Fall widerspricht eindeutig den Intentionen des Gesetzgebers, der in den §§ 1163 und 1196 BGB die Entstehungsvoraussetzungen einer Eigentümergrundschuld abschließend normiert hat.

Demnach soll es gerade nicht möglich sein, einer Eigentümergrundschuld lediglich durch eine dingliche Einigung zwischen zwei Parteien zur Entstehung zu verhelfen, wenn nach § 1196 II BGB eindeutig eine Erklärung gegenüber dem Grundbuchamt notwendig sein soll.

Darüber hinaus ist es nicht denkbar ein zweiseitiges Rechtsgeschäft, so wie die Hypothekenbestellung es nun einmal ist, sogar gegen den Willen der einen Partei, in ein einseitiges Rechtsgeschäft umzudeuten.

hemmer-Methode: Teilweise wird unter striktem Abstellen auf die objektiv vorliegenden Erklärung des Eigentümers, sein Grundstück mit einem Grundpfandrecht belasten zu wollen, eine analoge Anwendung des § 1163 I S. 1, II BGB befürwortet.

3. Ergebnis Frage 1

G hat mangels Einigung keine Buchhypothek erworben. Aufgrund der Tatsache, dass die §§ 1163, 1196 BGB nicht verwirklicht wurden, steht dem S keine Eigentümergrundschuld zu.

hemmer-Methode: Eine a.A. ist an dieser (nicht einfachen) Stelle natürlich möglich. Insbesondere deshalb, weil vorliegend ja keine unwirksame, sondern gar keine Einigung vorliegt. D.h. der Eigentümer hat ja von vorneherein alleine gehandelt, so dass einer Umdeutung letztlich nichts entgegenstehen würde.

IV. Lösung Frage 2

Die Einigung über die Bestellung einer Hypothek muss nicht an chronologisch erster Stelle stehen. Gelingt es demnach dem S den G von den Vorzügen einer Sicherung der Forderung durch eine Hypothek zu überzeugen und einigen sich die Parteien nachträglich hinreichend über die Begründung einer Buchhypothek, so kommt die Buchhypothek auch nach bereits erfolgter Eintragung zustande.

V. Lösung Frage 3

G ist dann Gläubiger einer Buchhypothek geworden, wenn die Voraussetzungen der §§ 873, 1113, 1115 BGB bejaht werden könnten.

1. Einigung

S und G haben sich gem. den Sachverhaltsumständen darüber geeinigt, dass das Grundstück des S für die Darlehensforderung haften, §§ 873 I, 1113 I BGB und die Erteilung eines Hypothekenbriefs ausgeschlossen sein soll, § 1116 II S. 3 BGB.

2. Eintragung der Buchhypothek

Die Hypothek wurde auch in das Grundbuch eingetragen. Es ist jedoch in zweierlei Hinsicht fraglich, ob diese Eintragung den inhaltlichen Mindestanforderungen genügt.

a) Muss-Inhalt der Eintragung

Der notwendige Inhalt einer Eintragung ist § 1115 I BGB zu entnehmen. Demzufolge müssen bei der Eintragung der Hypothek der Gläubiger, der Geldbetrag der Forderung und, wenn die Forderung verzinslich ist, der Zinssatz, wenn andere Nebenleistungen zu entrichten sind, ihr Geldbetrag im Grundbuch angegeben werden; im Übrigen kann zur Bezeichnung der Forderung auf die Eintragungsbewilligung Bezug genommen werden, § 1115 I letzter HS BGB.

b) Nichteintragung des Schuldgrundes

Im Grundbuch wurde zugunsten des G eine Hypothek zu 100.000 € gemäß Bewilligung vom 14.05. vermerkt. Damit scheint auf den ersten Blick § 1115 I BGB beachtet worden zu sein, da sowohl der Gläubiger als auch der Forderungsbetrag eingetragen wurde.

Hinsichtlich der Identifizierung der Forderung gehört zum Mindestinhalt des Eintragungsvermerks neben der bloßen Nennung des Geldbetrages allerdings auch der Schuldgrund, wobei diesbezüglich eine Bezugnahme auf die Eintragungsbewilligung ausreichend wäre. M.a.W.: Es muss also entweder direkt aus dem Grundbuchvermerk oder aus der Eintragungsbewilligung, auf die nachweislich Bezug genommen wird, ersichtlich sein, auf welchem Schuldgrund (Kauf-, Werk- oder Darlehensvertrag etc.) die Hypothek basiert.

Dies scheidet hier aus. Im Grundbuch fehlen jegliche Angaben darüber, dass eine Hypothek zur Sicherung einer Darlehensforderung bestellt werden sollte. Ebenso fehlt ein Hinweis, dass auf eine vermeintliche Eintragungsbewilligung Bezug genommen werden sollte, die möglicherweise die notwendigen Informationen enthalten hätte.

Da somit die inhaltlichen Mindestvoraussetzungen einer Hypothek nicht eingetragen wurden, konnte eine Hypothek nicht rechtswirksam entstehen.

c) Fehlende Eintragung der Zinsvereinbarungen

Darüber hinaus mangelt es auch an der Eintragung des zugrunde gelegten Zinssatzes. Zinsen sind i.S.d. § 1115 I BGB mit einem bestimmten Hundertsatz in das Grundbuch einzutragen. Da sie nach § 1115 I BGB zum notwendigen Inhalt einer Hypothekeneintragung zählen, ist eine Bezugnahme nach § 874 BGB nicht denkbar.

hemmer-Methode: Während die Nennung des Zinssatzes im Eintragungsvermerk unerlässlich ist, kann bzgl. des Zahlungstermins, dem zeitlichen Beginn der Zinsrechnung oder bzgl. bestehender Gleitklauseln auf die Eintragungsbewilligung Bezug genommen werden.

Die Nichteintragung des einschlägigen Zinssatzes führt nicht, wie vielleicht erwartet zur Gesamtunwirksamkeit der Hypothekenbestellung. Vielmehr kommt § 139 BGB zur Anwendung.

Dementsprechend entsteht die Hypothek insoweit, als sämtliche ihrer Wirksamkeitsvoraussetzungen gegeben sind. Die Hypothek sichert somit lediglich die Hauptforderung aus Darlehen, die Begleichung der Zinsforderung ist hingegen nicht mehr von der Sicherungswirkung der Hypothek erfasst.

hemmer-Methode: Möglicherweise haben Sie die Regelung des § 1118 BGB entdeckt.
Wie jedoch der Wortlaut schon verrät, bezieht sich diese Norm lediglich auf gesetzliche und nicht auf rechtsgeschäftlich ausgehandelte Zinsen.

3. Endergebnis Frage 3

Infolge von erheblichen Eintragungsmängeln ist eine Buchhypothek zugunsten des G nicht entstanden.

VI. Zusammenfassung

- Während nach einer Literaturansicht bei fehlender oder unwirksamer Einigung über die Bestellung einer Hypothek eine Eigentümergrundschuld entstehen soll, lehnt die h.M. dieses Ergebnis kategorisch ab.
- Die Einigung über die Bestellung einer Hypothek kann der Eintragung nachfolgen.
- Gemäß § 1115 I BGB ist hinreichend das Recht, die Person des Gläubigers, der zugrunde gelegte Geldbetrag und die Zinsen einzutragen, damit aus dem Grundbuch stets das jeweilige Höchstmaß der Belastung abgelesen werden kann.
- Bzgl. aller nicht unter § 1115 I BGB fallenden Inhaltsposten kann nach § 874 BGB auf die Eintragungsbewilligung Bezug genommen werden.
- Wird es versäumt den Zinssatz einzutragen führt dies nicht zur Unwirksamkeit der Hypothekenbestellung. Vielmehr ist ausschließlich die Darlehensforderung der Sicherung der Hypothek unterworfen.

VII. Zur Vertiefung

Zu den allgemeinen Voraussetzungen der Buchhypothek

- Hemmer/Wüst SachenR III, Rn. 159 ff.

Fall 22: Die Bestellung einer Briefhypothek

Sachverhalt:

G und S einigen sich über die Bestellung einer Briefhypothek am Grundstück des S zur Sicherung eines ihm gewährten Darlehens. Zwei Wochen nach seinem Antrag beim zuständigen Grundbuchamt wird die Hypothek eingetragen, wiederum eine Woche später erhält S den entsprechenden Hypothekenbrief zugesandt. Nachdem S bzgl. der Hypothekenbestellung ein unsicheres Gefühl bekommt und vorerst dem G den Hypothekenbrief vorbehält, will er sich erneut mit G über andere Sicherungsmaßnahmen unterhalten. Als er den G deshalb in dessen Wohnung aufsucht, bemerkt S nicht, dass der 2-jährige Sohn des G mit seinem auf dem Beistelltisch abgelegten Dokumentenordner spielt und ihn auf den Boden wirft. Dabei werden alle Dokumente auf dem Boden zerstreut, unter anderem auch der Hypothekenbrief. G erkennt diese günstige Gelegenheit sofort und nimmt den Brief unauffällig an sich.

Frage 1: *Ist eine Briefhypothek zugunsten des G entstanden?*

Frage 2: *Wann wäre eine Briefhypothek entstanden, wenn S das Grundbuchamt aufgefordert hätte, den Hypothekenbrief unmittelbar an den G zu übersenden? Welcher Fall ist hiervon strikt zu unterscheiden?*

Frage 3: *Was gilt, wenn dem G kein Hypothekenbrief übergeben wurde und stattdessen eine Buchhypothek in das Grundbuch eingetragen wurde.*

I. Einordnung

In der Praxis am häufigsten gewählt ist die Verkehrshypothek in Form einer Briefhypothek. Sie hat folgende Entstehungsvoraussetzungen:

- **Einigung** nach § 873 I BGB mit dem Inhalt des § 1113 I BGB
- **Eintragung** in das Grundbuch, §§ 873 I, 1115 I BGB
- **Übergabe** des Hypothekenbriefs, § 1117 BGB
- Bestehen einer zu sichernden **Forderung** (Akzessorietät), § 1113 I BGB
- **Berechtigung** und Verfügungsbefugnis des Bestellers

Eine Briefhypothek kommt somit erst dann zustande, wenn dem Gläubiger der vom Grundbuchamt ausgestellte Hypothekenbrief übergeben worden ist. Der Sinn und Zweck der Brieferteilung liegt darin, die Umlauffähigkeit der Hypothek zu erhöhen.

Während für die Ubertragung einer Buchhypothek die Eintragung des Erwerbers in das Grundbuch erforderlich ist, genügt im Zuge der Übertragung einer Briefhypothek die Übergabe des Hypothekenbriefs.

Warum die Briefübergabe gerade für den Schuldner so wichtig ist, liegt auf der Hand. Bis zur Übergabe des Hypothekenbriefs steht die Hypothek nach § 1163 II BGB dem Eigentümer zu und kehrt sich daraufhin in eine Eigentümergrundschuld um, 1177 I BGB.

Unter Beachtung der Anforderungen des § 873 I BGB ist der zukünftige Gläubiger zu diesem Zeitpunkt womöglich bereits im Grundbuch eingetragen, so dass der Inhalt des Grundbuchs unrichtig ist, was bei einem reinen Buchrecht zu einem gutgläubigen Erwerb der Hypothek durch einen Dritten führen könnte, §§ 1138, 892 BGB.

Nicht so bei einer Briefhypothek. Hier fehlt dem verfügenden vermeintlichen Hypothekar mangels Briefbesitzes die notwendige Legitimation. Der gutgläubige Erwerb der Hypothek durch einen Dritten scheidet folglich bei weiterem Briefbesitz des Eigentümers grds. aus.

II. Gliederung

Frage 1:
Voraussetzungen der §§ 873 I, 1113, 1115, 1117 BGB

1. **Einigung**, §§ 873 I, 1113 BGB (+)
2. **Eintragung**, § 873 I, 1115 I BGB (+)
3. **Briefübergabe**, § 1117 BGB **(P):** Regelfall des § 1117 I BGB ist körperliche Übergabe i.S.d. § 929 S. 1 BGB ⇨ Voraussetzung ist Übergabewille des Eigentümers ⇨ hier (-), S wollte sich zunächst erneut mit G über andere Sicherungsmöglichkeiten absprechen
4. **Ergebnis**: Briefhypothek (-)

Frage 2:
Entstehungszeitpunkt

1. Aufforderung des Grundbuchamtes, den Brief direkt an den G zu übersenden ⇨ **§§ 60 II, 29 GBO** ⇨ Entstehung der Hypothek erst durch tatsächliche Briefübergabe i.S.d. § 1117 I BGB mit Aushändigung des Briefs durch das GBA an den G
2. Strikt zu unterscheiden von **Übergabesatz nach § 1117 II BGB** ⇨ nach Vereinbarung zwischen S und G ⇨ tatsächliche Übergabe hier nicht notwendig ⇨ Hypothek entsteht bereits mit deren Eintragung

Frage 3:
Eintragung der falschen Hypothekenform

Einigung bzgl. einer Briefhypothek, aber Eintragung einer Buchhypothek ⇨ Einigung bzgl. einer Buchhypothek (-) ⇨ § 1163 II BGB, Eigentümergrundschuld des S ⇨ Erwerb einer Briefhypothek mit Erwerb des Hypothekenbriefs

III. Lösung Frage 1

Es wäre eine Briefhypothek zugunsten des G entstanden, wenn die Voraussetzungen der §§ 873 I, 1113, 1115, 1117 BGB verwirklicht wären.

1. Einigung zwischen G und S

S und G haben sich darüber geeinigt, dass die Darlehensrückzahlungsforderung des G gegen den S durch eine Hypothek am Grundstück des S abgesichert werden soll. Eine wirksame dingliche Einigung mit dem Inhalt des § 1113 I BGB liegt mithin vor.

2. Eintragung

Die Briefhypothek ist auch in das Grundbuch eingetragen worden, §§ 873 I, 1115 BGB.

3. Briefübergabe

Problematisch ist, ob im vorliegenden Fall eine den Anforderungen des § 1117 I S. 1 BGB entsprechende Briefübergabe vorliegt.

Demnach erwirbt der Gläubiger, sofern nicht die Erteilung des Hypothekenbriefs ausgeschlossen ist, die Hypothek erst, wenn ihm der Brief von dem Eigentümer des Grundstücks übergeben wird.

Die Übergabe i.S.d. § 1117 I S. 1 BGB meint in erster Linie eine körperliche Übergabe und folgt in diesem Zusammenhang den Übergaberegelungen des § 929 S. 1 BGB. Demzufolge darf für eine wirksame Übergabe der Schuldner keinen Besitz am Hypothekenbrief behalten und der Gläubiger muss im Gegenzug den Besitz am Brief erlangen. Diese rein objektive Besitzübertragung kann zudem aber nur dann wirksam werden, wenn der Schuldner aus subjektiver Sicht überhaupt den Willen hat den Besitz aufzugeben, um ihn anschließend dem Gläubiger einzuräumen (vgl. Grundsatz „corpore et animo"). Diesen Tatsachen entspricht es eben gerade nicht, wenn der Gläubiger den Hypothekenbrief ohne den Willen des Schuldners, sondern auf irgendeine andere Art und Weise erlangt.

So liegen die Umstände in diesem Fall. Nachdem der zweijährige Sohn des G den Aktenkoffer des S auf den Boden geworfen hatte und sich deshalb sämtliche Dokumente aus dem Koffer auf dem Boden zerstreut hatten, nahm G ohne Wissen und ohne Willen des S den Hypothekenbrief an sich.

Somit darf nicht von einer willentlichen Briefübergabe an den G ausgegangen werden, vielmehr hat G den dem S abhanden gekommenen Brief auf eine andere Weise erlangt.

Eine Briefübergabe i.S.d. § 1117 I S. 1 BGB liegt nicht vor.

Fraglich ist, wie sich dies auf die Rechtslage an der Hypothek auswirkt. Grds. ist festzustellen, dass der G mangels Briefübergabe keine Briefhypothek erwerben konnte. Vielmehr steht das Recht noch dem S als Eigentümergrundschuld zu, §§ 1163 II, 1177 I BGB.

Da G allerdings den Hypothekenbrief in Händen hält, wird nach § 1117 III BGB i.V.m. § 292 ZPO vermutet, dass die Übergabe erfolgt sei. G kann somit die Briefhypothek in Zukunft noch auf die Weise erwerben, dass er sich mit S mittels der Vereinbarung eines Übergabesurrogates gem. den §§ 1117 I S. 2, 929 S. 2 BGB einigt.

IV. Lösung Frage 2

Die Übergabe des Hypothekenbriefs ist auf verschiedene Wege möglich. Grds. muss der Brief nicht immer körperlich übergeben werden. Nach § 1117 I S. 2 BGB reicht die Vereinbarung eines Übergabesurrogates aus, §§ 929 S. 2, 930, 931 BGB. Darüber hinaus gibt es noch zwei weitere Möglichkeiten, den Hypothekenbrief dem Hypothekar zukommen zu lassen.

1. Anweisung an das GBA

In der Regel wird der Hypothekenbrief vom zuständigen Grundbuchamt an den Schuldner, d.h. an den Grundstückseigentümer ausgehändigt. Dem Eigentümer steht aber durchaus das Recht zu, i.R.d. §§ 60 II, 29 GBO etwas anderes zu bestimmen. Er kann also durch eine einseitige Erklärung an das GBA dieses veranlassen, die Aushändigung des Hypothekenbriefs unmittelbar an den G zu vollziehen.

In diesem Fall ist die Übergabe des Briefs i.S.d. § 1117 I BGB mit der tatsächlichen Aushändigung des Briefs durch das GBA an den G vollzogen.

2. Übergabeersatz des § 1117 II BGB

Die **einseitige** Anweisung des GBA darf keineswegs mit der Aushändigungs**vereinbarung** des § 1117 II BGB verwechselt werden. § 1117 II BGB ist nur dann einschlägig, wenn eine entsprechende Einigung zwischen Eigentümer und Gläubiger vorliegt, dass letzterer berechtigt sein soll, sich den Brief vom GBA aushändigen zu lassen. Während die formlos gültige einseitige Anweisung des GBA gem. §§ 60 II, 29 GBO nicht zum direkten Erwerb der Hypothek führen kann, entsteht bei Verwirklichung des § 1117 II BGB die Briefhypothek bereits mit ihrer Eintragung in das Grundbuch. Der Hypothekar erwirbt in diesem Fall mit dessen Erstellung das Eigentum am Hypothekenbrief gemäß § 952 II BGB.

hemmer-Methode: Die eigentliche Briefübergabe ist dann nicht mehr unmittelbare Voraussetzung der Entstehung einer wirksamen Briefhypothek. Den eigentlichen Vorteil des § 1117 II BGB werden Sie erst im Rahmen des gutgläubigen Erwerbs einer Hypothek kennen lernen. Die zeitliche Vorverlagerungsmöglichkeit durch § 1117 II BGB ermöglicht dem Gläubiger in vielen Fällen einen gutgläubigen Erwerb, da ohne eine derartige Vereinbarung die Gutgläubigkeit bis zu eigentlichen Briefübergabe nachgewiesen werden müsste.

V. Lösung Frage 3

Es stellt sich an dieser Stelle die Frage, welche Art von Hypothek entsteht, wenn entgegen der Vereinbarung zwischen Sicherungsgeber und Sicherungsnehmer statt einer Briefhypothek eine Buchhypothek in das Grundbuch eingetragen worden ist.

1. Einigung und Eintragung, §§ 873 I, 1113 I BGB bzgl. Buchhypothek

Grundsätzlich haben sich die Parteien nach §§ 873 I, 1113 BGB dahingehend geeinigt, dass eine Darlehensforderung durch eine Briefhypothek gesichert werden soll. Für die Wirksamkeit einer Buchhypothek fehlt es somit bereits an einer wirksamen Einigung.

2. Einigung und Eintragung bzgl. Briefhypothek

Auch das Eintragungserfordernis wurde gewahrt. Denn die Eintragung als Buchhypothek bedeutet die Eintragung einer Hypothek, bei der zusätzlich gem. § 1116 II S. 1 BGB die Erteilung des Hypothekenbriefes ausgeschlossen wurde. Die Eintragung einer Buchhypothek beinhaltet daher zugleich – als minus – die Eintragung einer Briefhypothek. Insoweit decken sich Einigung und Eintragung, so dass jedenfalls eine Briefhypothek entstehen kann.

Zum Wirksamwerden einer Briefhypothek fehlt es aber noch an der Übergabe des Hypothekenbriefs, § 1117 I S. 1 BGB. Bei dieser Art der Falscheintragung steht demnach gemäß § 1163 II BGB die Hypothek zunächst alleine dem Eigentümer zu.

Der Gläubiger hat jedoch in der Zukunft die Möglichkeit das Grundpfandrecht mit einer Briefübergabe zu erwerben.

VI. Zusammenfassung

- Bei der Übergabe des Hypothekenbriefs nach § 1117 I S. 1 BGB ist erforderlich, dass der Gläubiger mit Willen des Eigentümers Besitzer des Briefs wird
- Neben der körperlichen Übergabe reicht die Vereinbarung eines Übergabesurrogates aus, §§ 1117 I S. 2 i.V.m. 929 S. 2, 930, 931 BGB.
- Bei einseitiger Anweisung des GBA, den Brief dem Gläubiger auszuhändigen, kommt eine Briefhypothek erst mit tatsächlicher Aushändigung des Briefs zustande.
- Wird eine Vereinbarung nach § 1117 II BGB getroffen, so entsteht eine Hypothek bereits mit dieser Vereinbarung.
- Wird aus Versehen anstelle einer Briefhypothek eine Buchhypothek eingetragen, entsteht erst im Zeitpunkt der Übergabe des Briefs an den Gläubiger eine Briefhypothek.

VII. Zur Vertiefung

Über die Entstehungsvoraussetzungen einer Briefhypothek

- Hemmer/Wüst SachenR III, Rn. 166 ff.

Zum Begriff der Übergabe nach § 1117 I S. 1 BGB

- Hemmer/Wüst SachenR III, Rn. 170 ff.

Über die Eintragung der falschen Hypothekenform

- Hemmer/Wüst SachenR III, Rn. 173 f.

Fall 23: Akzessorietät der Hypothek: Künftige und nichtige Forderungen

Sachverhalt:

G und S schließen einen Darlehensvertrag über einen Betrag von 200.000 €. Auszahlung soll am 01.07. erfolgen. Darüber hinaus einigen sich die Parteien hinsichtlich der Kreditsicherung über die Begründung einer Briefhypothek am Grundstück des S zugunsten des G. Sie kommen ferner überein, dass G das Recht erhalten soll, den Brief direkt vom Grundbuchamt zu verlangen. Bereits am 14.04. beantragt der G unter Vorlage der ihm von S überreichten formgerechten Bewilligung seine Eintragung beim zuständigen Grundbuchamt. Zwei Wochen später wird G als Hypothekar eingetragen, wenige Tage später erhält er den Hypothekenbrief.

***Frage 1:** Wie ist die Rechtslage bzgl. der Hypothek zu bewerten? Könnte G über seine Rechtsposition wirksam verfügen?*

G zahlt nach seiner Eintragung ins Grundbuch 200.000 € an den S aus. Als er nach Fälligkeit des Darlehens Rückzahlung verlangt, erhält er von S ein Schreiben mit dem Inhalt, dass S das Darlehen aufgrund von finanziellen Schwierigkeiten nicht zurückzahlen könne, er aber auch den Darlehensvertrag wegen arglistiger Täuschung anficht. G macht sich angesichts dieses Verhaltens des S keine Sorgen um sein Geld, da ihm immer noch die Verwertung seines Hypothekenrechts bliebe.

***Frage 2:** Ist die Rechtsauffassung des G richtig? (Es wird unterstellt, dass sämtliche materiell- und formell-rechtlichen Voraussetzungen einer Anfechtung vorliegen.)*

I. Einordnung

Eine Hypothek wird bestellt, um eine dem Gläubiger zustehende Forderung gleich welcher Art zu sichern. Die Existenz und der Fortbestand dieser Forderung ist eine nicht wegzudenkende Entstehungsvoraussetzung für die Hypothek (Akzessorietät der Hypothek). Hypothek und Forderung müssen demnach in der Person des Gläubigers vereint bleiben, d.h. der Gläubiger der persönlichen Forderung muss mit dem Hypothekar personenidentisch sein. Im Gegenteil dazu kann die Person des persönlichen Schuldners und die des Sicherungsgebers durchaus variieren.

Zu Frage 1: In der Tat kann eine Hypothek nicht ohne eine Forderung zur Entstehung gelangen. Nach § 1113 II BGB ist es jedoch denkbar, sie für eine künftige Forderung zu bestellen. Wie dies im Detail bei der Nichtvalutierung eines Darlehens aussehen könnte, zeigt die Lösung zu Frage 1:

Ferner wird die rechtliche Stellung des vermeintlichen Hypothekars im Zeitraum der Nichtvalutierung des Darlehens festgestellt und dabei geklärt, ob und gegebenenfalls wie über diese Rechtsstellung verfügt werden kann.

Zu Frage 2: Dieser Abschnitt setzt sich mit der juristisch sehr interessanten Frage auseinander, ob eine Ersatzforderung nach § 812 I S. 1 BGB auch noch von der hypothekarischen Sicherungswirkung umfasst ist.

II. Gliederung

Frage 1:
Entstehung einer Briefhypothek zugunsten des G

§§ 873, 1113, 1115, 1117 II BGB

1. **Einigung**: §§ 873 I, 1113 I BGB grds. (+); S und G haben sich wirksam über die Begründung einer Briefhypothek geeinigt.

⇨ Zwar kann Hypothek nicht ohne Forderung entstehen, sie kann aber durchaus für künftige Forderungen bestellt werden, § 1113 II BGB.

2. **Eintragung**: §§ 873 I, 1115 I BGB (+)
3. **Briefübergabe**: § 1117 I BGB (+), dies war jedoch keine Entstehungsvoraussetzung der Briefhypothek mehr, da eine Aushändigungsabrede nach § 1117 II BGB bestand.
4. **Berechtigung** und Verfügungsbefugnis des S (+)
5. **Forderung**: **(P):** Darlehensforderung mangels Valutierung noch nicht entstanden ⇨ § 488 I S. 2 BGB (-)
6. **Rechtsfolge**: Briefhypothek zugunsten des G grds. (-)⇨ Eigentümergrundschuld des S nach §§ 1163 I S. 1, 1177 I S. 1 ⇨ G ist Inhaber eines Anwartschaftsrechts, über das er nach den §§ 398, 1154 f. BGB analog durch Abtretung der künftigen Forderung verfügen kann.

Frage 2:
Sicherungsfähigkeit der Ersatzforderung nach § 812 I BGB

1. **Forderung** nach Anfechtung gem. § 142 I BGB nichtig ⇨ damit grds. keine Hypothek entstanden
2. **(P):** Gläubiger hat jedoch Darlehen ausbezahlt und steht nunmehr ohne Kreditsicherung ⇨ es stellt sich die Frage, ob das Grundstück des S ausnahmsweise auch für diese Ersatzrückzahlungsforderung des G aus § 812 I S. 1 BGB haften soll ⇨ e.A.: Entstehen einer Fremdhypothek und daraus resultierend ein hypothekarischer Schutz des G ⇨ h.M.: Vorliegen einer Eigentümergrundschuld nach §§ 1163 I S. 1, 1177 I BGB und damit keine Sicherung des Kondiktionsanspruchs aus § 812 I S. 1 BGB.

III. Lösung Frage 1

Grds. wäre es möglich, dass G eine Briefhypothek erworben hat, §§ 873, 1113, 1115, 1117 II BGB.

1. Einigung und Eintragung, §§ 873 I, 1113, 1115 BGB

G und S haben sich ordnungsgemäß über die Begründung einer Briefhypothek geeinigt. Sie waren sich insoweit einig, dass die Hypothek und damit das Grundstück des S die Darlehensforderung G-S i.H.v. 200.000 € sichern soll, §§ 873 I, 1113 I BGB. Die Wirksamkeit der dinglichen Einigung kann nicht deswegen versagt werden, weil die Forderung zu diesem Zeitpunkt noch nicht entstanden war. § 1113 II BGB besagt, dass eine Hypothek ohne weiteres auch für eine künftige oder eine bedingte Forderung bestellt werden kann.

Die Entstehungsvoraussetzungen einer Hypothek nach § 873 I BGB sind somit zu bejahen.

2. Briefübergabe und Berechtigung

G hat zwar einen Hypothekenbrief erhalten. Die Aushändigung war jedoch nicht mehr Entstehungsvoraussetzung der Hypothek, da nach § 1117 II BGB zwischen den Parteien eine Aushändigungsabrede bestanden hat. S war bzgl. der Bestellung der Hypothek Berechtigter und nicht in seiner Verfügung beschränkt.

3. Nichtvalutierung der Forderung

Angesichts des Grundsatzes der Akzessorietät der Hypothek kann jedoch der Gläubiger die Hypothek ohne eine Forderung nicht erwerben. Besteht demzufolge kein Anspruch aus § 488 I S. 2 BGB, weil schon das Darlehen nicht ausgezahlt worden ist, so kann auch keine Hypothek einen solchen Anspruch absichern.

4. §§ 1163 I S. 1, 1177 I S. 1 BGB

Vor allem in den Fällen, in welchen sich die Valutierung des Darlehens kurzzeitig verzögert, jedoch nachträglich gewährleistet wird, stellt sich die Frage nach den zwischenzeitlichen Auswirkungen der Nichtvalutierung auf die Rechtslage an der Hypothek.

Liegen für die Bestellung einer Hypothek ansonsten alle Entstehungsvoraussetzungen, außer eben der zu sichernden Forderung vor, steht die Hypothek grds. dem Eigentümer zu, § 1163 I S. 1 BGB (sog. Eigentümerhypothek).

Bliebe es jedoch bei diesem Ergebnis, so würde dies einem Verstoß gegen den Akzessorietätsgrundsatz gleichkommen, weil dem S gesetzlich eine Hypothek zugesprochen würde, obwohl er in keiner Hinsicht Gläubiger einer zu sichernden Forderung wäre.

Um einen derartig vehementen, gesetzlichen Widerspruch zu vermeiden, ordnet deshalb § 1177 I S. 1 BGB an, dass dem Sicherungsgeber nicht eine Eigentümerhypothek, sondern eine Eigentümergrundschuld zustehen soll, völlig unabhängig davon, ob der Sicherungsnehmer bereits als Gläubiger im Grundbuch eingetragen wurde oder er inzwischen den Hypothekenbrief erhalten hat.

hemmer-Methode: Merken Sie sich folgendes: Besteht überhaupt keine Forderung, die dem Eigentümer zustehen könnte, so kann auch keine Eigentümerhypothek vorliegen. Anders in diesem Fall: Befriedigt der mit dem persönlichen Schuldner personenverschiedene Eigentümer den Gläubiger und ist im Innenverhältnis der Schuldner gegenüber dem Eigentümer eigentlich zur Begleichung dieser Forderung verpflichtet, so erhält nach § 1143 I BGB der Eigentümer die Forderung G/S und damit nach §§ 1153, 412, 401 BGB auch seine eigene Hypothek. Diese wandelt sich nunmehr aber nicht in eine Eigentümergrundschuld um, sondern besteht als Eigentümerhypothek fort, da dem Eigentümer auch die gesicherte Forderung zusteht, §§ 1163 I S. 1, 1177 II BGB.

Rechtsfolge ist mithin, dass der Eigentümer Inhaber einer durch die Auszahlung auflösend bedingten Eigentümergrundschuld, der Hypothekar hingegen Inhaber eines Anwartschaftsrechts ist.

Diese besondere Rechtsposition des Gläubigers lässt sich damit erklären, dass von der Hypothekenbestellung außer der Valutierung, d.h. die Entstehung der zu sichernden Forderung sämtliche Voraussetzungen erfüllt sind und der Erwerb des Vollrechts ausschließlich vom Willen des Hypothekars abhängt.

5. Verfügungen über das Anwartschaftsrecht

Über diese gesicherte Rechtsstellung eines Anwartschaftsberechtigten kann in der Tat auch verfügt werden. Letztere vollzieht sich entsprechend den Regeln der Verfügung über das Vollrecht nach den §§ 398, 1154 f. BGB.

IV. Lösung Frage 2

Der Rechtsauffassung des G wären keine Bedenken entgegenzusetzen, wenn G tatsächlich Inhaber einer wirksamen Hypothek am Grundstück des S wäre. Dies wäre aber nur dann zu bejahen, wenn er die Hypothek rechtsgeschäftlich von S gem. den §§ 873, 1113, 1115, 1117 II BGB erworben hätte.

1. Einigung, §§ 873 I, 1113 I BGB

S und G haben sich darüber geeinigt, dass die Darlehensforderung des G gegen den S durch eine Hypothek am Grundstück des S gesichert werden soll. Eine wirksame dingliche Einigung liegt vor, §§ 873 I, 1113 I BGB.

2. Eintragung

Den Bestimmungen der §§ 873 I, 1115 I BGB entsprechend wurde die Briefhypothek am Grundstück des S zugunsten des G im Grundbuch eingetragen.

3. Briefübergabe, § 1117 I BGB

Zwar hat der G bereits zwei Wochen nach Stellung des Eintragungsantrages einen auf ihn ausgestellten Hypothekenbrief erhalten. Die tatsächliche Briefübergabe war jedoch bereits keine Wirksamkeitsvoraussetzung für die Briefhypothek mehr, weil die beiden Parteien die Übergabe des Briefes durch die Vereinbarung ersetzt hatten, dass der G als Gläubiger berechtigt sein sollte, sich den Brief vom zuständigen GBA aushändigen zu lassen, § 1117 II BGB.

4. Berechtigung des S

S war als Alleineigentümer hinsichtlich der Einräumung einer Hypothek an seinem Grundstück Berechtigter.

5. Wegfall der Forderung bei Anfechtung des Darlehensvertrages

Grundsätzlich kann wegen ihrer Akzessorietät eine Hypothek nicht ohne eine zu sichernde Forderung Bestand haben. Aufgrund der Tatsache, dass der Darlehensvertrag infolge der berechtigten Anfechtung gem. §§ 123 I, 142 I BGB rückwirkend wieder entfiel, ist eine Darlehensrückzahlungsforderung aus § 488 I S. 2 BGB, welche die Hypothek ursprünglich sichern sollte, nachträglich weggefallen. Die gesetzeskonforme Rechtsfolge in Hinsicht auf die Briefhypothek wäre das Entstehen einer Eigentümergrundschuld zugunsten des S, §§ 1163 I S. 2, 1177 I BGB.

6. Sicherungsfähigkeit der Ersatzforderung aus § 812 I S. 1 BGB

Eine Hypothekarstellung des G ließe sich jedoch dann aufrechterhalten, wenn man die ursprünglich zu sichernde, aber durch die Anfechtung untergegangene Forderung des G aus § 488 I S. 2 BGB durch den nunmehr einschlägigen bereicherungsrechtlichen Rückzahlungsanspruch aus § 812 I S. 1 BGB ersetzte.

Ob jedoch auch diese Ersatzforderung von der Sicherungswirkung der Hypothek erfasst werden soll, ist umstritten.

a) Nachweis eines Parteiwillens

Immerhin sind sämtliche Meinungen einstimmig, wenn ein entsprechender Wille der Parteien vorhanden ist. Das vereinbarte Grundpfandrecht sichert dann bei Wegfall des ursprünglich zu sichernden Anspruchs auch den konditionsrechtlichen Ersatzanspruch des Gläubigers.

Im vorliegenden Fall ist davon auszugehen, dass die Hypothek ausschließlich den Anspruch auf Rückzahlung des Darlehens sichern sollte. Anders zu deutende Erklärungen der Parteien sind nicht vorhanden.

b) Keine Willensäußerungen der Parteien

In derartig gelagerten Fällen ist die Beurteilung der Sicherungsfähigkeit des Ersatzanspruchs umstritten.

(1) E.A.: Sicherung des Bereicherungsanspruchs

Eine Mindermeinung vertritt die Auffassung, dass bei der Bestellung einer Hypothek ein Parteiwille in der Regel ebenso darauf gerichtet ist, den Bereicherungsanspruch zu sichern, falls die vertragliche Forderung untergehen sollte. Ein hypothetischer Parteiwille sei deshalb stets zu unterstellen. Es könne hinsichtlich der Sicherung kein Unterschied gemacht werden, ob nun der Schuldner nach § 488 I S. 2 BGB oder nach § 812 I S. 1 BGB das Darlehen zurückzahlen müsse. Aufgrund des nahen Verhältnisses dieser beiden Anspruchsarten sei zudem kein Verstoß gegen den sachenrechtlichen Bestimmtheitsgrundsatz gegeben.

(2) H.M.: Entstehen einer Eigentümergrundschuld

Die h.M. lehnt die Sicherung des Konditionsanspruchs wegen Missachtung des sachenrechtlichen Bestimmtheitsgrundsatzes ab. Sie gesteht zwar insoweit zu, dass sich der Sicherungswille der Parteien sehr wohl auf sämtliche Forderungen, die demselben Lebenssachverhalt entspringen, bezieht.

Es darf jedoch nicht übersehen werden, dass sich die Ansprüche aus § 488 I S. 2 BGB und § 812 I BGB bereits inhaltlich beträchtlich unterscheiden. So kann sich der Schuldner in Bezug auf § 812 I BGB auf Entreicherung nach § 818 III BGB berufen, während eine solche Verteidigungsmöglichkeit bei einem darlehensrechtlichen Rückzahlungsanspruch völlig fremd ist. Darüber hinaus ist eine Forderung aus § 812 I BGB sofort fällig, während bei § 488 I S. 2 BGB zunächst die vereinbarte Darlehenslaufzeit beendet sein bzw. vorher gekündigt werden müsse.

(3)Anwendung auf den Fall

Die Sicherungsfähigkeit der Ersatzforderung ist immer dann gerechtfertigt, wenn auch der tatsächliche Parteiwille nachgewiesen werden kann.

Ist dies jedoch wie im vorliegenden Fall nicht möglich, muss dem sachenrechtlichen Bestimmtheitsgrundsatz ohne Ausnahme Vorrang vor einem hypothetischen Parteiwillen eingeräumt werden. Lediglich Mutmaßungen bzw. Unterstellungen reichen mitunter keineswegs aus, die vehementen inhaltlichen Unterschiede dieser beiden Ansprüche beiseite zu schaffen, so dass eine Forderungsauswechslung unter diesen Umständen ohne Bedenken nicht möglich erscheint.

Mit diesem Ergebnis wird die hypothekarische Sicherung des kondiktionsrechtlichen Rückzahlungsanspruches aus § 812 I S. 1 BGB verneint.

7. Endergebnis Frage 2

Eine Forderung, die durch die Hypothek gesichert werden könnte, liegt nicht vor. I.E. entsteht eine Eigentümergrundschuld des S, §§ 1163 I S. 2, 1177 I BGB und eben keine Briefhypothek zugunsten des G.

Die Rechtsauffassung des G ist aufgrund dieses Ergebnisses falsch.

V. Zusammenfassung

- Eine Hypothek ist in ihrer Entstehung von der Existenz einer zu sichernden Forderung abhängig (Akzessorietät der Hypothek).
- Soll eine Darlehensforderung durch eine Hypothek gesichert werden, entsteht vor Valutierung eine Eigentümergrundschuld nach Maßgabe der §§ 1163 I S. 1, 1177 I S. 1 BGB.
- Geht eine hypothekarisch gesicherte Forderung unter, ist nach der h.M. eine Ersatzforderung nach § 812 I BGB nicht von der Hypothekensicherung erfasst.
- Anderes gilt bei Nachweis einer expliziten anderslautenden Parteiäußerung.

VI. Zur Vertiefung

Über die Akzessorietät der Hypothek

- Hemmer/Wüst SachenR III, Rn. 176 ff.

Über die hypothekarische Sicherung einer Ersatzforderung

- Hemmer/Wüst SachenR III, Rn. 182.

Das Anwartschaftsrecht des Hypothekars vor Darlehensauszahlung

- Hemmer/Wüst SachenR III, Rn. 178 ff.

Fall 24: Fehlende Verfügungsbefugnis beim Erwerb einer Buchhypothek

Sachverhalt:

G ist Darlehensgläubiger des S. Bei einem Glas Wein einigen sich die beiden, dass dem G eine Buchhypothek am Grundstück des S eingeräumt werden soll. S sucht daraufhin am 10.04. einen ihm bekannten Notar auf und bittet um notarielle Beurkundung der Bewilligung, die sofort von N vollzogen wird. Diese Bewilligung schickt der S auf dem Postweg an den G, der unter Vorlage dieser Urkunde am 16.04. die Eintragung der Buchhypothek beantragt, welche schließlich am 19.05. im Grundbuch vollzogen wird. Bereits am 10.05. wurde über das Vermögen des S das Insolvenzverfahren eröffnet, von dem der G am 27.05. erfährt.

Frage 1: *Hat G eine Buchhypothek erworben?*

Frage 2: *Gelangt man zu demselben Ergebnis, wenn anzunehmen ist, dass G erst am 01.06. die Darlehensvaluta an S ausgezahlt hat?*

I. Einordnung

§ 873 I BGB schreibt vor, dass derjenige der eine Hypothek bestellt Berechtigter, d.h. Eigentümer des Grundstücks und des Weiteren nicht in seiner Verfügungsbefugnis beschränkt ist. Die Berechtigung und die Verfügungsbefugnis müssen bis zum endgültigen Rechtserwerb des Sicherungsnehmers vorliegen.

Fehlt es an der Berechtigung des Sicherungsgebers, so ist ein gutgläubiger Erwerb der Hypothek unter den Voraussetzungen der §§ 185 und 892 BGB möglich. Ist der Schuldner nachträglich in seiner Verfügungsbefugnis beschränkt worden, so kann dieser Mangel mit Hilfe der §§ 185 analog, 878 oder 892 BGB überwunden werden.

Die Verkehrshypothek erfordert zu ihrer Entstehung stets eine Forderung. Aufgrund dieser Akzessorietät scheidet ein gutgläubiger Ersterwerb von vornherein aus, wenn eine zu sichernde Forderung gänzlich fehlt, weil ein gutgläubiger Forderungserwerb mit Ausnahme des § 405 BGB nicht möglich ist.

II. Gliederung

Frage 1:
Erwerb der Buchhypothek durch Überwindung fehlender Verfügungsbefugnis

Voraussetzungen der §§ 873 I, 1113, 1115, 878 BGB

1. **Einigung** nach § 873 I BGB mit dem Inhalt des § 1113 I BGB (+)
2. **Eintragung**, §§ 873 I, 1115 BGB (+)
3. **Forderung:** hier zu sichernder Anspruch aus § 488 I S. 2 BGB (+)
4. **Berechtigung: (P):** S wurde noch vor Vollendung des Rechtserwerbs (Eintragung am 19.05.) durch Eröffnung des Insolvenzverfahrens in seiner Verfügungsbefugnis beschränkt, § 80 I InsO (10.05.).
5. **Überwindung der fehlenden Verfügungsbefugnis** ⇨ § 185 BGB analog (-) ⇨ § 878 BGB: tatbestandliche Voraussetzungen (+)
6. **Ergebnis:** G hat Buchhypothek erworben; fehlende Verfügungsbefugnis wurde überwunden

Frage 2:
Valutierung des Darlehens nach Eintragung der Hypothek

1. **Überwindung fehlender Verfügungsbefugnis**
   § 185 BGB analog (-) ⇨ gesetzliche Voraussetzungen des § 878 BGB grds. (+), aber Eintragung mangels Valutierung nicht einziges Wirksamkeitserfordernis der Hypothek, das noch fehlt (ungeschriebenes Tatbestandsmerkmal)
2. **Gutgläubiger Erwerb vom Nichtverfügungsberechtigten** ⇨ § 892 I S. 2 BGB (-) G erlangt noch vor Abschluss des Rechtserwerbs Kenntnis von der Nichtberechtigung des S ⇨ § 892 II BGB hilft ebenfalls nicht.
3. **Ergebnis:** Weder Überwindung der Verfügungsbefugnis noch gutgläubiger Erwerb der Buchhypothek möglich.

III. Lösung Frage 1

G könnte von S eine Buchhypothek kraft Rechtsgeschäfts erworben haben, §§ 873 I, 1113 I, 1115 I BGB.

1. Einigung

S und G einigten sich darüber, dass dem G eine Buchhypothek am Grundstück des S eingeräumt werden sollte. Eine dingliche Einigung i.S.d. § 873 I BGB mit dem Inhalt des § 1113 I BGB liegt mithin vor.

2. Eintragung

Die Buchhypothek wurde auch entsprechend am 19.05. in das Grundbuch eingetragen, §§ 873 I, 1115 BGB.

3. Forderung

Es bestand hier eine Forderung in Form eines Rückzahlungsanspruches aus § 488 I S. 2 BGB, der durch die Buchhypothek gesichert werden sollte.

4. Berechtigung und Verfügungsbefugnis des S

S war in der Tat als Eigentümer bzgl. der Hypothekenbestellung Berechtigter. Durch die Eröffnung eines Insolvenzverfahrens
über sein Vermögen, wurde S jedoch in seiner Verfügungsbefugnis nachträglich, d.h. zwar nach der Einigung, aber noch vor dem vollständigen Rechtserwerb der Hypothek durch G beschränkt, § 80 I InsO.

5. Überwindung fehlender Verfügungsbefugnis

a) § 185 BGB analog

Die mangelnde Verfügungsbefugnis des S könnte möglicherweise dadurch überwunden werden, dass der Berechtigte bzw. bezogen auf den vorliegenden Fall der Verfügungsbefugte in die Verfügung des S einwilligt, § 185 BGB analog. Würde also der zuständige Insolvenzverwalter gem. § 184 I BGB seine nachträgliche Zustimmung erteilen, so wäre die Hypothekenbestellung zugunsten des G rückwirkend wirksam.

Eine solche Einwilligung des Insolvenzverwalters wurde im Fall des S zu keiner Zeit abgegeben. § 185 BGB analog scheidet aus.

b) § 878 BGB

Die fehlende Verfügungsbefugnis würde der Wirksamkeit der Hypothekenbestellung nicht im Wege stehen, wenn § 878 BGB einschlägig wäre. Demzufolge wird eine von dem Berechtigten in Gemäßheit der §§ 873, 875, 877 BGB abgegebene Erklärung nicht dadurch unwirksam, dass der Berechtigte in der Verfügung beschränkt wird, nachdem die Erklärung für ihn bindend geworden und der Antrag auf Eintragung bei dem Grundbuch gestellt worden ist.

aa) Bindung des S an die Erklärung, § 873 II BGB

Zunächst müsste die Erklärung für den Berechtigten S bindend geworden sein, § 873 II BGB. Dies wäre dann der Fall, wenn die Erklärungen notariell beurkundet oder vor dem Grundbuchamt angegeben oder bei diesem eingereicht sind oder wenn der Berechtigte dem anderen Teile eine, den Vorschriften der Grundbuchordnung entsprechende, Eintragungsbewilligung ausgehändigt hat.

S und G haben sich im Rahmen eines privaten Gesprächs über die Einräumung einer Buchhypothek zugunsten des G geeinigt. Mangels Abgabe der Erklärung vor einem Notar und basierend darauf mangels notarieller Beurkundung wurde die Erklärung für S nach § 873 II Alt.1 BGB nicht bindend.

Da die Erklärungen weder vor dem Grundbuchamt abgegeben, noch bei diesem eingereicht wurden, sind auch die 2. und 3. Alt. des § 873 II BGB nicht einschlägig.

Bindend wurde die Einigungserklärung für S allerdings mit der Aushändigung der, den Vorschriften der Grundbuchordnung entsprechenden, Eintragungsbewilligung an den G am 10.04., vgl. § 873 II, 4.Alt. BGB.

bb) Eintragungsantrag

G hat auch noch vor Eröffnung des Insolvenzverfahrens am 10.05. die Eintragung der Buchhypothek beantragt (16.04.).

cc) Sinn und Zweck der Norm

Die dritte Voraussetzung des § 878 BGB kann nicht direkt aus dem Wortlaut der Norm entnommen werden (ungeschriebenes Tatbestandsmerkmal), sie ist jedoch direkt aus dem Normzweck ableitbar.

§ 878 BGB soll nach der Intention des Gesetzgebers den Erwerber ausschließlich von den Auswirkungen des sog. Eintragungsgrundsatzes schützen.

Nachträgliche Verfügungsbeschränkungen, welche zeitlich in die nicht selten sehr lange Zeitspanne zwischen der Beantragung und der tatsächlichen Eintragung der Hypothek fallen, sollen sich nicht zuungunsten des Erwerbers auswirken können. Dieser Schutz würde allerdings ins Uferlose ausgeweitet werden, wenn er darüber hinaus noch zur Überwindung anderer nachträglicher erwerberfeindlicher Umstände herangezogen würde. Aus diesem Grund kommt § 878 BGB nur dann zur Anwendung, wenn alle sachlichen Voraussetzungen für den angestrebten Rechtserwerb bis auf die Eintragung vorliegen.

Dies ist im vorliegenden Fall in der Tat zu bejahen. Die nachträgliche Beschränkung der Verfügungsbefugnis des S (10.05.) fällt exakt in den Zeitraum zwischen der Beantragung der Eintragung (16.04.) und der Eintragung selbst (19.05.).

Darüber hinaus war im Zeitpunkt der Eröffnung des Insolvenzverfahrens nur noch die Eintragung der Buchhypothek zu vollziehen. Die Voraussetzungen des § 878 BGB liegen mithin vor.

6. Endergebnis Frage 1

G hat nach §§ 873 I, 1113, 1115, 878 BGB eine Buchhypothek vom in der Verfügung beschränkten S erworben.

IV. Lösung Frage 2

Auch in dieser Abwandlung stellt sich die Frage nach der Überwindung der fehlenden Verfügungsbefugnis beim Erwerb der Hypothek durch den G im Zeitpunkt der Valutierung des Darlehens, §§ 873 I, 1113, 1115, 878 bzw. die Frage nach einem gutgläubigen Erwerb vom Verfügungsbeschränkten, §§ 873 I, 1113, 1115, 892 BGB.

1. Überwindung fehlender Verfügungsbefugnis

a) § 185 BGB analog

Aus genannten Gründen ist die Überwindung der mangelnden Verfügungsbefugnis nach § 185 BGB analog zu verneinen.

b) § 878 BGB

Einzig fraglich ist in dieser Variante, ob die Anwendung des § 878 BGB auf diesen Fall auch dem Normzweck entspräche. Wie bereits erörtert darf § 878 BGB nur dann zur Anwendung kommen, wenn alle sonstigen Entstehungsvoraussetzungen bis auf die Eintragung vorliegen.

Dies ist hier jedoch gerade nicht der Fall. Unter Berücksichtigung des Akzessorietätsgrundsatzes mangelt es nicht nur an der Eintragung der Hypothek, sondern es fehlt infolge der Nichtvalutierung auch noch an einer zu sichernden Forderung, die für die Entstehung einer Hypothek unerlässlich ist. § 878 BGB ist nicht verwirklicht.

hemmer-Methode: Man könnte dieses Ergebnis anzweifeln, weil G mit Antragstellung bereits ein Anwartschaftsrecht erlangt hatte; denn die Entstehung hing insoweit nur noch von der durch ihn vorzunehmenden Valutierung ab. Gleichwohl entspricht es h.M., dass § 878 BGB nur dann eingreift, wenn nur noch die Eintragung fehlt, weil die Vorschrift nur vor Verzögerungen in diesem Bereich schützen möchte.

2. Gutgläubiger Erwerb, § 892 I S. 2 BGB

Auch ein gutgläubiger Erwerb nach § 892 I S. 2 BGB scheidet von vornherein aus, da G noch vor Vollendung des Rechtserwerbs (01.06.) von der Nichtberechtigung des S positive Kenntnis erlangte (27.05.).

Ebenso wenig hilft § 892 II BGB, nach dem unter besonderen Umständen ausnahmsweise bzgl. der Kenntnis des Erwerbers auf den Zeitpunkt der Stellung des Antrages abgestellt werden darf. Das Scheitern dieser Norm basiert ebenso wie im Rahmen des § 878 BGB auf der Tatsache, dass neben der Eintragung der Hypothek auch noch die Valutierung des Darlehens ausstand.

3. Endergebnis Frage 2

G konnte in der Abwandlung die Buchhypothek nicht von S erwerben.

hemmer-Methode: Es ist keine Hypothek zugunsten des G entstanden. Es liegt eine Eigentümergrundschuld des S nach den §§ 1163 II, 1177 I BGB vor.

V. Zusammenfassung

- Die Beschränkung in der Verfügungsbefugnis kann bei der Einräumung einer Hypothek mit den §§ 185 analog, 878, 892 BGB überwunden werden.
- I.R.d. § 185 BGB analog ist die Einwilligung des Insolvenzverwalters maßgebend.
- § 878 BGB setzt voraus, dass die Erklärung für den Berechtigten bindend geworden ist, § 873 II BGB, ein Antrag auf Eintragung beim zuständigen Grundbuchamt gestellt wurde und außer der Eintragung der Hypothek ins Grundbuch deren sonstige Wirksamkeitsvoraussetzungen gegeben sind.

VI. Zur Vertiefung

Zum gutgläubigen Erwerb einer Hypothek vom Nichtberechtigten

- Hemmer/Wüst SachenR III, Rn. 174 ff.

Fall 25: Gutgläubiger Ersterwerb einer Briefhypothek

Sachverhalt:

S und G einigen sich am 10.01. über den Abschluss eines Darlehensvertrages über 240.000 € und über die Begründung einer Briefhypothek am Grundstück des S zur Kreditsicherung. Ferner kommt eine Aushändigungsabrede zustande. G beantragt am 10.02. die Eintragung der Briefhypothek. Danach zahlt er dem S das vereinbarte Darlehen aus. Die Eintragung des G erfolgt am 12.02. Am 15.02. wird über das Vermögen des S das Insolvenzverfahren eingeleitet, G erfährt hiervon einen Tag später. Der entsprechend auf den G ausgestellte Hypothekenbrief geht diesem am 27.02. per Post zu.

Frage 1: *Ist für G eine Hypothek entstanden?*

S ist Eigentümer eines Grundstücks. Am Morgen des 23.04. einigt er sich zur Sicherung eines bereits ausgezahlten Darlehens mit G über die Bestellung einer Briefhypothek. Am 15.05. beantragt G unter Vorlage der notariell beurkundeten Bewilligung des S (Aushändigung dieser Urkunde an den G am 10.05.) und dem Nachweis der dinglichen Einigung die Eintragung der Briefhypothek, welche am 18.05. vollzogen wird. Am 22.05. erfährt G von einem Nachbarn, dass am 14.05. über das Vermögen des S ein Insolvenzverfahren eröffnet worden ist. Der zuständige Rechtspfleger fertigt einen entsprechenden Hypothekenbrief an und sendet diesen an die Hausanschrift des G. Der Hypothekenbrief geht schließlich am 25.05. zu.

Frage 2: *Könnte G unter den gegebenen Umständen die Zwangsvollstreckung in das Grundstück des S betreiben?*

Frage 3: *Was ändert sich an der Fallbearbeitung zu Frage 2, wenn in Verbindung mit der dinglichen Einigung zwischen den Parteien eine Vereinbarung nach § 1117 II BGB getroffen worden wäre?*

I. Einordnung

Wie der Fall 24 gezeigt hat, ist der gutgläubige Erwerb einer Buchhypothek in juristischer Hinsicht durchaus überschaubar. Anders sieht es schon beim gutgläubigen Erwerb einer Briefhypothek aus.

Gerade die Kombination zwischen § 892 II BGB und § 1117 II BGB muss erst einmal durchschaut werden.

Dieses Beispiel zeigt hervorragend, warum es für den Sicherungsnehmer besonders vorteilhaft sein kann, bei der Bestellung einer Briefhypothek von der Vereinbarungsmöglichkeit einer Aushändigungsabrede nach § 1117 II BGB Gebrauch zu machen.

II. Gliederung

Frage 1:
Hypothekenbestellung zugunsten des G

Voraussetzungen der §§ 873 I, 1113 I, 1115, 1117 BGB

1. **Einigung**: §§ 873 I, 1113 BGB (+)
2. **Eintragung**: §§ 873 I, 1115 BGB (+)
3. **Forderung**: Mit der Valutierung des Darlehens entstand eine zu sichernde Forderung aus § 488 I S. 2 BGB
4. **Briefübergabe**: tatsächliche Übergabe des Briefs am 27.02., hier jedoch Vereinbarung gem. § 1117 II BGB
5. **Berechtigung**: S als Eigentümer grds. berechtigt; hier jedoch nachträgliche Verfügungsbeschränkung durch Eröffnung des Insolvenzverfahrens über das Vermögen des S ⇨ Anwendung der Gutglaubensregeln allerdings nicht notwendig, da Briefübergabe wegen § 1117 II BGB gerade keine Wirksamkeitsvoraussetzung der Hypothek
6. **Ergebnis**: G hat von S eine Briefhypothek erworben

Frage 2:
Anspruch des G aus § 1147 BGB

Voraussetzung: G als Hypothekengläubiger

1. **Einigung**: §§ 873 I, 1113 BGB (+)
2. **Eintragung**: §§ 873 I, 1115 BGB (+)
3. **Briefübergabe**: Übergabe des Briefs am 25.05. (+)
4. **Forderung**: § 488 I S. 2 BGB (+)
5. **Berechtigung**: S als Eigentümer grds. berechtigt; hier jedoch nachträgliche Beschränkung seiner Verfügungsbefugnis, § 80 I InsO.
6. **Überwindung der fehlenden Verfügungsbefugnis**: § 185 BGB analog (-) ⇨ § 878 BGB (-), Eintritt der nachträglichen Verfügungsbeschränkung noch vor Antragsstellung
7. **Gutgläubiger Erwerb nach § 892 I S. 2 BGB:** (-), da Kenntniserlangung des G noch vor Vollendung des Rechtserwerbs ⇨ § 892 II BGB (-); neben der Eintragung ist noch die Übergabe des Hypothekenbriefs erforderlich
8. **Ergebnis**: Gutglaubenserwerb des G nicht möglich

Frage 3:
Aushändigungsabrede nach § 1117 II BGB

Ermöglichung des Gutglaubenserwerbs durch Vereinbarung, dass G berechtigt sein soll, sich den Brief vom GBA aushändigen zu lassen ⇨ § 892 II BGB in dieser Variante (+), da nur noch Eintragung erfolgen musste; Briefübergabe am 25.05. keine Wirksamkeitsvoraussetzung der Hypothek mehr, da diese bereits mit der Vereinbarung entstanden ist.

III. Lösung Frage 1

G könnte von S kraft Rechtsgeschäft eine Briefhypothek erworben haben, §§ 873 I, 1113 I, 1115, 1117 BGB.

1. Einigung nach §§ 873 I, 1113 I BGB

S und G haben sich am 10.01. über die Bestellung einer Briefhypothek am Grundstück des S zur Absicherung des Darlehensrückzahlungsanspruches geeinigt, §§ 873 I, 1113 I BGB.

2. Eintragung

Die Briefhypothek wurde am 12.02. in das Grundbuch eingetragen, §§ 873 I, 1115 I BGB.

3. Briefübergabe, § 1117 BGB

Grds. entsteht eine Hypothek immer nur bei Übergabe des entsprechenden Hypothekenbriefs. Diese Übergabe kann aber auch, wie hier geschehen, durch die Vereinbarung ersetzt werden, dass der Gläubiger berechtigt sein soll, sich den Brief von dem Grundbuchamt aushändigen zu lassen, § 1117 II BGB.

4. Forderung

Die zu sichernde Forderung entstand mit der Valutierung des Darlehens, § 488 I S. 2 BGB.

5. Berechtigung des S

Grds. müsste der S bis zum vollständigen Erwerb der Hypothek durch den G Berechtigter gewesen sein und darüber hinaus nicht in seiner Verfügungsbefugnis beschränkt worden sein. Würde man im vorliegenden Fall als Zeitpunkt der Vollendung des Rechtserwerbs auf die tatsächliche Briefübergabe am 27.02. abstellen, so hätte mit der Eröffnung des Insolvenzverfahrens über sein Vermögen, der S jedoch die erforderliche Verfügungsbefugnis am 15.02. verloren.

Rechtsfolge wäre, dass G die Briefhypothek nur infolge seiner Gutgläubigkeit vom Nichtverfügungsbefugten hätte erwerben können.

6. Vereinbarung nach § 1117 II BGB

Es besteht jedoch in diesem Fall die Besonderheit, dass die Parteien die Vereinbarung getroffen hatten, dass G berechtigt sein soll, sich den Brief von dem GBA aushändigen zu lassen, § 1117 II BGB. Damit entstand das Grundpfandrecht nicht erst mit der Ausstellung und Aushändigung des Hypothekenbriefs, sondern bereits im Zeitpunkt dieser Aushändigungsabrede (10.01.).

Demzufolge hat G die Briefhypothek bereits mit der Vereinbarung und der Eintragung am 12.02. vollwirksam erhalten. Weder die Eröffnung des Insolvenzverfahrens noch die Kenntniserlangung können somit diesen Rechtserwerb noch verhindern oder stören.

7. Endergebnis Frage 1

G hat rechtsgeschäftlich eine Briefhypothek von S erworben.

hemmer-Methode: Sie sehen: Hätte der Gläubiger mit dem Schuldner keine Aushändigungsabrede getroffen, so hätte man auf den fernliegenden Zeitpunkt des 27.02. abstellen müssen. Daraus würde das gläubigerfeindliche Resultat resultieren, dass § 878 BGB nicht greift und der Gläubiger bzgl. § 892 I BGB bis zum vollständigen Rechtserwerbs hätte gutgläubig sein müssen. Da er jedoch von der Beschränkung der Verfügungsmacht noch vor Briefübergabe Kenntnis erlangte, wäre insgesamt ein gutgläubiger Erwerb nicht möglich gewesen.

IV. Lösung Frage 2

G könnte bei Fälligkeit unter den gegebenen Umständen dann die Zwangsvollstreckung in das Grundstück des S betreiben, wenn er Gläubiger einer Hypothek am Grundstück des S wäre, § 1147 BGB.

Da ein Hypothekenerwerb kraft Gesetzes oder Hoheitsaktes ausscheidet, müssten die Voraussetzungen der §§ 873 I, 1113, 1115, 1117 BGB vorliegen.

1. Einigung

S und G haben sich am Morgen des 23.04. darüber geeinigt, dass das Grundstück des E zur Sicherung der Darlehensforderung G/S haften soll. Die Parteien haben sich mit dem Inhalt des § 1113 I BGB geeinigt.

2. Eintragung

Die Hypothek ist am 18.05. in das Grundbuch eingetragen worden.

3. Briefübergabe

Der auf den G ausgestellte Hypothekenbrief ist diesem am 25.05. auf dem Postweg zugegangen.

4. Forderung

Eine zu sichernde Forderung besteht in dem Darlehensrückzahlungsanspruch des G gegen den S, § 488 I S. 2 BGB.

5. Berechtigung und Verfügungsbefugnis

Nachdem keine Aushändigungsabrede nach § 1117 II BGB vorliegt und damit hinsichtlich des vollständigen Rechtserwerbs auf die Übergabe des Hypothekenbriefs am 25.05. abgestellt werden muss, war S durch die am 14.05. erfolgte Insolvenzeröffnung in seiner Befugnis zur Verfügung über das Grundstück (Belastung mit einer Briefhypothek) nachträglich beschränkt worden, § 80 I InsO.

6. Überwindung der fehlenden Verfügungsbefugnis

Der Erwerb einer Hypothek durch G käme somit von dem in der Verfügung beschränkten Eigentümer S nur dann in Betracht, wenn eine der Sondervorschriften der §§ 185 (analog), 878, 892 BGB greifen würde.

a) § 185 BGB analog

Aus den Sachverhaltsumständen sind keine Anhaltspunkte ersichtlich, die darauf schließen lassen, dass der zuständige Insolvenzverwalter in die Verfügung des S nachträglich eingewilligt hätte, § 185 BGB analog.

b) § 878 BGB

Es könnte jedoch die fehlende Verfügungsbefugnis möglicherweise mit Hilfe des § 878 BGB überwunden werden.

Demzufolge wird eine von dem Berechtigten in Gemäßheit der §§ 873, 875, 877 BGB abgegebene Erklärung nicht dadurch unwirksam, dass der Berechtigte in der Verfügung beschränkt wird, nachdem die Erklärung für ihn bindend geworden und der Antrag auf Eintragung bei dem Grundbuch gestellt worden war.

(1) Bindung des S an die Erklärung, § 873 II BGB

Die Anwendung des § 878 BGB setzt zunächst voraus, dass die Erklärung für den Berechtigten S bindend geworden sein muss. Eine solche Bindung tritt für den Berechtigten immer dann ein, wenn die Erklärungen notariell beurkundet oder vor dem Grundbuchamt angegeben oder bei diesem eingereicht sind oder wenn der Berechtigte dem anderen Teile eine, den Vorschriften der Grundbuchordnung entsprechende, Eintragungsbewilligung ausgehändigt hat, § 873 II BGB.

Mangels notarieller Beurkundung der dinglichen Einigung und Abgabe bzw. Einreichung der Erklärungen bei einem GBA sind die ersten drei Varianten des § 873 II BGB auf den vorliegenden Fall nicht anwendbar.

Die Einigungserklärung des S wurde aber für diesen mit der Aushändigung einer, den Vorschriften der Grundbuchordnung entsprechenden, Eintragungsbewilligung an den G, also am 10.05. und damit vor der Insolvenzeröffnung am 14.05.bindend.

(2) Eintragungsantrag

Des Weiteren setzt § 878 BGB voraus, dass im Zeitpunkt der Beschränkung der Verfügungsbefugnis bereits ein Eintragungsantrag beim zuständigen Grundbuchamt gestellt wurde. Ein Antrag ist nicht schon dann gestellt, wenn er irgendwie in den Machtbereich der allgemeinen Postannahmestelle des Amtsgerichts gelangt, sondern ist erst immer dann eingegangen, wenn er einer zur Entgegennahme zuständigen Person vorgelegt wird, § 13 II S. 2 GBO.

Dies war hier nicht der Fall. Das Insolvenzverfahren über das Vermögen des S wurde am 14.05. eröffnet. Erst einen Tag später wurde der Antrag auf Eintragung beim zuständigen Grundbuchamt gestellt. Da § 878 BGB lediglich vor nachträglichen Verfügungsbeschränkungen des Eigentümers im Zeitraum zwischen Antrag und Eintragung schützen soll, ist § 878 BGB in diesem Fall nicht einschlägig.

7. Gutgläubiger Erwerb nach § 892 I S. 2 BGB

Folglich könnte der G die Hypothek nur noch gutgläubig vom Nichtverfügungsbefugten S erworben haben, § 892 I S. 2 BGB.

a) Unrichtigkeit des Grundbuchs

Der Inhalt des Grundbuchs entsprach nicht der Wahrheit, da eine bestehende Verfügungsbeschränkung des S nicht eingetragen wurde, § 892 I S. 2 BGB.

b) Rechtsgeschäftlicher Erwerb / Verkehrsgeschäft

Es liegt ein rechtsgeschäftlicher Erwerb einer Briefhypothek in Form eines Verkehrsgeschäfts vor.

c) Legitimation des S

S war direkt aus dem Grundbuch als Berechtigter und voll Verfügungsbefugter legitimiert.

d) Kein Widerspruch

Es wurde kein Widerspruch in das Grundbuch eingetragen, § 899 BGB.

e) Gutgläubigkeit des G

Fraglich ist jedoch, ob der G auch gutgläubig gewesen ist. Dies wäre dann zu bejahen, wenn der G bis zum vollständigen Erwerb der Hypothek keine positive Kenntnis von der Eröffnung des Insolvenzverfahrens gehabt hätte.

Das Gegenteil ist hier der Fall. Mangels der Vereinbarung einer Aushändigungsabrede gem. § 1117 II BGB war zum vollständigen Rechtserwerbs des G durchaus noch die Übergabe des Hypothekenbriefs erforderlich. Damit ist klar, dass G deshalb nur dann als gutgläubig eingestuft werden darf, wenn er bis zu diesem Zeitpunkt keine positive Kenntnis von der Insolvenzeröffnung erlangt hätte. Nachdem der Brief am 25.05. ausgehändigt wurde, der G jedoch von den Umständen bereits am 22.05. Kenntnis erlangte, war er noch vor vollständigem Rechtserwerb bösgläubig geworden. Demnach müsste ein gutgläubiger Erwerb der Hypothek ausscheiden.

Es könnte jedoch die Ausnahmevorschrift des § 892 II BGB eingreifen. Demnach wäre für die Kenntnis des Erwerbers die Zeit der Stellung des Antrages auf Eintragung oder, wenn die nach § 873 BGB erforderliche Einigung erst später zustande kommt, die Zeit der Einigung maßgebend, wenn zum Erwerbe des Rechts nur noch die Eintragung erforderlich wäre.

In der Tat war der Erwerber G im Zeitpunkt der Stellung des Antrages am 15.05. noch gutgläubig. Allerdings kommt § 892 II BGB lediglich zur Anwendung, wenn zum Rechtserwerb nur noch die Eintragung fehlt.

Im vorliegenden Fall war zum rechtswirksamen Erwerb der Briefhypothek neben der Eintragung auch noch die Übergabe des Hypothekenbriefs nach § 1117 I BGB noch nicht vollzogen, so dass eine Anwendung des § 892 II BGB ausscheidet.

8. Endergebnis Frage 2

G hat am Grundstück des S keine Briefhypothek erworben.

V. Lösung Frage 3

Wäre in Verbindung mit der dinglichen Einigung zwischen den Parteien eine Vereinbarung gem. § 1117 II BGB getroffen worden, hätte dies zwar am Ergebnis bzgl. der Nichtanwendbarkeit des § 878 BGB selbstverständlich nichts geändert.

Man hätte jedoch für den Zeitpunkt des vollständigen Rechtserwerbs nicht auf die tatsächliche Briefübergabe am 25.05. abstellen müssen. G hätte dadurch dass die Briefübergabe keine Wirksamkeitsvoraussetzung mehr für die Hypothek gewesen wäre, bereits mit der Eintragung am 18.05. die Briefhypothek erworben, so dass seine Kenntniserlangung am 20.05.auf dieses Ergebnis keinen Einfluss mehr hätte nehmen können. Selbst wenn G im Zeitraum zwischen dem Eintragungsantrag (15.05.) und der Eintragung (18.05.) Kenntnis erlangt hätte, wäre ein gutgläubiger Erwerb wegen § 892 II BGB nicht mehr zu verhindern gewesen.

In dieser Fallabwandlung hat G somit die Hypothek gutgläubig von S erworben.

hemmer-Methode: Halten Sie sich die Vorteile einer Vereinbarung nach § 1117 II BGB für den Hypothekar nochmals vor Augen.

Sie sorgt für eine meist erhebliche Verkürzung des Zeitraumes, der für die Bewertung der Gutgläubigkeit des Erwerbers maßgeblich ist, indem sie § 892 II BGB zur Anwendbarkeit verhilft.

VI. Zusammenfassung

- Wurde eine Vereinbarung nach § 1117 II BGB getroffen, entsteht das Grundpfandrecht nicht erst mit der Übergabe des Hypothekenbriefs, sondern bereits im Zeitpunkt der Vereinbarung.
- Wurde eine solche Aushändigungsabrede nicht erzielt, ist der vollständige Rechtserwerb erst mit der tatsächlichen Briefübergabe abgeschlossen.
- § 892 II BGB ist nur anwendbar, wenn für den vollständigen Rechtserwerb nur noch die Eintragung fehlt. Ist keine Vereinbarung nach § 1117 II BGB getroffen worden, so ist § 892 II BGB nicht anwendbar, wenn die Briefübergabe nach der Eintragung stattfindet.

VII. Zur Vertiefung

Über die Aushändigungsabrede

- Hemmer/Wüst SachenR III, Rn. 171 ff.

Fall 26: Die Übertragung einer Hypothek und der gutgläubige Zweiterwerb

Sachverhalt:

S hat von G für die Finanzierung einer Hausrenovierung einen Kredit in Höhe von 300.000 € erhalten. Zur Kreditsicherung bestellt S seinem Gläubiger eine Buchhypothek an seinem Grundstück, deren Eintragung allerdings vom zuständigen Rechtspfleger „verschlafen" wird. Zum „Glück" des G kommt auch noch hinzu, dass sich kurze Zeit später herausstellt, dass S im Zeitpunkt der Einigung über die Hypothekenbestellung nachweislich geisteskrank gewesen war. Der G, der von diesem Umstand nichts weiß, überträgt die „Hypothek" auf den gutgläubigen B, der daraufhin als neuer Hypothekar in das Grundbuch eingetragen wird.

Frage 1: *Welche Rechte stehen dem B gegen den S zu?*

Frage 2: *Wie wäre der letzte Fall zu beurteilen, wenn es sich nicht um eine Buch-, sondern um eine Briefhypothek gehandelt hätte, dem B jedoch kein Hypothekenbrief übergeben worden wäre?*

S will in naher Zukunft von G ein Darlehen i.H.v. 200.000 € erhalten. Aufgrund der Tatsache, dass G in Geldgeschäften des Öfteren an die falschen Vertragspartner geriet, will er im Fall des S besonders sicher gehen. Er schlägt vor, dass er den Geldbetrag sofort dann auszahlen werde, wenn das Darlehen zunächst mit einer Buchhypothek an dem Grundstück des V, dem Vater des S abgesichert werde. V ist damit einverstanden und er einigt sich formgerecht mit G über die Einräumung einer Buchhypothek, die zwei Wochen später ins Grundbuch eingetragen wird. Als S den G nach drei Wochen anruft, um nach der Auszahlung des Darlehens zu fragen, erwidert dieser, dass er aus dem Geschäft „raus" sei, da er seine Buchhypothek an den gutgläubigen B abgetreten habe.

Frage 3: *Welche Ansprüche kann der B gegen den S bzw. gegen dessen Vater geltend machen?*

Frage 4: *Bezogen auf den Fall zu Frage 3: Wie ist hinsichtlich der Forderung und der Hypothek die Rechtslage zu beurteilen, wenn das Darlehen valutiert wurde und vor Abtretung der Hypothek von G an B der persönliche Schuldner S bereits wieder 100.000 € an den G zurückgezahlt hat?*

I. Einordnung

Besonders attraktive Rechtsprobleme ergeben sich für den Klausurersteller wenn an einer bestehenden Hypothek Rechtsänderungen vorgenommen werden sollen.

Neben der Belastung, der Aufgabe oder der inhaltlichen Veränderung kommt hierbei der rechtsgeschäftlichen Übertragung der Hypothek vorrangige Bedeutung zu.

Die Hypothek ist ein akzessorisches Recht, ihre Wirksamkeit ist deshalb von der Existenz einer zu sichernden Forderung abhängig.

Damit diese besondere Bindung auch bei einer Übertragung der Hypothek niemals ausgehoben werden kann, bestimmt § 1153 BGB, dass bei einer Abtretung der zu sichernden Forderung nach §§ 398 ff. BGB auch immer das Sicherungsrecht automatisch, d.h. kraft Gesetz auf den Erwerber mit übergeht. Der Sinn dieser gesetzlichen Anordnung liegt darin, dass der Gläubiger wegen seiner Forderung nur einmal befriedigt werden soll. Würde man dem widersprechend den Akzessorietätsgrundsatz aufheben, indem die Hypothek von der Forderung abgetrennt würde, so hätte der Gläubiger nach der Abtretung und Befriedigung durch den Zessionar noch immer die Möglichkeit gegen den Eigentümer, d.h. den Sicherungsgeber aus § 1147 BGB vorzugehen.

Zur Abtretung einer, durch eine Hypothek gesicherten Forderung, sind folgende Voraussetzungen erforderlich:

- Abtretung der Forderung durch einen **Abtretungsvertrag**, § 398 BGB
- Einhaltung der **Form** des § 1154 BGB
- **Berechtigung** und Verfügungsbefugnis des Abtretenden
- **Rechtsfolge**: Übergang der gesicherten Forderung auf den Zessionar, § 398 S. 2 BGB; Übergang der Hypothek kraft Gesetz, §§ 401, 1153 BGB.

Der Abtretungsvertrag birgt in der Regel keine klausurrelevanten Problemstellungen in sich. Wie die Ausführungen zu den Fragen 1 und 2 zeigen werden, ist die Beachtung der Formvorschriften des § 1154 BGB von der einschlägigen Hypothekenart abhängig zu machen.

Absolutes Highlight ist hingegen der gutgläubige Zweiterwerb einer hypothekarisch gesicherten Forderung nach den Normen der §§ 1154, 1153, 1138, 878, 892 BGB. Mit welchen Fallkonstellationen Sie in einer Examensklausur rechnen müssen, zeigt sich in den Fragen 1, 3 und 4 sowie im folgenden Fall 27.

II. Gliederung

Frage 1:
Rechte des B gegen den S

1. **Anspruch des B gegen den S aus §§ 488 I S. 2, 398, 1154 BGB**

Abtretung der Forderung, § 398 BGB

Beachtung der **Form** des § 1154 BGB ⇨ hier Buchhypothek, deshalb Eintragung der Abtretung in das Grundbuch, § 1154 III BGB

Berechtigung bzgl. der Forderung (+); Eintritt der Geisteskrankheit erst im Zeitpunkt der Einigung bzgl. der Hypothek

2. **Anspruch des B gegen den S aus § 1147 BGB**

Übergang der Hypothek kraft Gesetzes nach § 1153 BGB

Dies gilt aber nur, wenn G Berechtigter bzgl. der Hypothek war ⇨ hier (-), dingliche Einigung S/G nach §§ 873 I, 1113 I BGB wegen § 104 Nr. 2, 105 I BGB nichtig

⇨ Überwindung der Nichtberechtigung des G über § 892 I BGB zwar möglich, hier war aber G nicht eingetragen ⇨ § 892 I BGB (-)

3. **Ergebnis:** Zahlungsanspruch des B (+), Anspruch aus § 1147 BGB (-)

Frage 2:
Vereinbarung einer Briefhypothek

1. **Zahlungsanspruch aus §§ 488 I S. 2, 398, 1154 BGB** (-), da nach § 1154 I S. 1 BGB die Abtretungserklärung des Gläubigers und die Briefübergabe bzw. nach § 1154 I S. 1, II BGB die Eintragung der Abtretung in das Grundbuch und die Briefübergabe vorliegen muss ⇨ beide Varianten nicht verwirklicht.
2. **Ergebnis**: Zahlungsanspruch und Anspruch aus § 1147 BGB (-)

Frage 3:
Ansprüche des B gegen den S und gegen dessen Vater V

1. **Anspruch des B gegen den S aus der Forderung, §§ 488 I S. 2, 398, 1154 BGB**

Abtretung der Forderung, § 398 BGB

Beachtung der **Form** des § 1154 BGB ⇨ hier Buchhypothek, deshalb Eintragung der Abtretung in das Grundbuch, § 1154 III BGB

Berechtigung bzgl. der Forderung (-), Forderung infolge der Nichtvalutierung nicht entstanden ⇨ gutgläubiger Erwerb einer Forderung auch nicht möglich, §§ 892, 1138 BGB (-)

Ergebnis: Kein Zahlungsanspruch des B gegen den S

2. **Anspruch des B gegen den V aus § 1147 BGB**

I.d.R. Übergang der Hypothek kraft Gesetzes nach § 1153 BGB
⇨ Hier aber schon mangels einer Forderung keine Hypothek im Verhältnis G/V entstanden
⇨ Hypothek jedoch im Grundbuch eingetragen, so dass eigentlich ein Gutglaubenserwerb nach § 892 BGB möglich sein könnte
⇨ Zur Gewährleistung der Verkehrsfähigkeit und Sicherung der Akzessorietät, deshalb Fiktion einer Forderung nach §§ 1138, 892 BGB

Ergebnis: § 1147 BGB gegen V (+)

Frage 4: Gutgläubiger Erwerb, § 892 BGB

1. **Rechtslage bzgl. der Forderung**

Grds. ist die Forderung in einer Höhe von 200.000 € entstanden

In einer Höhe von 100.000 € ist diese aber bereits im Verhältnis S/G nach § 362 I BGB wieder erloschen ⇨ B hatte somit nur Forderung i.H.v. **100.000 €** ⇨ gutgläubiger Erwerb einer Forderung über 200.000 € (-).

2. **Rechtslage bzgl. der Hypothek**

Grds. nach § 1153 BGB Erwerb einer Hypothek in Höhe von 100.000 €

Hier aber gutgl. Erwerb einer Hypothek über **200.000** €, §§ 1138, 892 I BGB

III. Lösung Frage 1

I. Zahlungsanspruch des B gegen den S aus §§ 488 I S. 2, 398, 1154 BGB

B könnte möglicherweise von S bei Fälligkeit die Rückzahlung des Darlehens verlangen, §§ 488 I S. 2, 398, 1154 BGB. Das wäre dann zu bejahen, wenn diese ursprünglich dem G zustehende Forderung wirksam auf ihn übertragen worden wäre, §§ 398, 1154 BGB.

1. Abtretung der Forderung, § 398 BGB

G und B haben sich über den Übergang der Forderung aus Darlehen geeinigt. Die Voraussetzungen des § 398 BGB sind erfüllt.

hemmer-Methode: Ist man ganz genau, so haben sich die Parteien dahingehend geeinigt, dass die Hypothek am Grundstück des S übergehen soll.
Eine Hypothek kann nach § 1153 BGB jedoch nur durch Abtretung der persönlichen Forderung nach § 398 BGB unter Beachtung des § 1154 BGB übertragen werden. Ist also von der „Abtretung der Hypothek“ die Rede, ist laiengünstig so auszulegen, dass die Übertragung der hypothekarisch gesicherten persönlichen Forderung gemeint ist.

2. Form des § 1154 BGB

Grds. kann eine Forderung formlos abgetreten werden. Sobald aber für eine Forderung eine Hypothek bestellt ist, muss dieser Grundsatz in Hinblick auf die sachenrechtliche Natur und die Erhaltung der Publizität des Grundbuchs durchbrochen werden. Gem. § 1154 BGB muss deshalb eine hypothekarisch gesicherte Forderung nach sachenrechtlichen Grundsätzen übertragen werden.

Für den Fall der Sicherung durch eine Buchhypothek bedeutet dies, dass die Abtretung der Forderung in das Grundbuch eingetragen werden muss, §§ 1154 III, 873 I BGB. So lag der Fall hier. B wurde als Zessionar in das Grundbuch eingetragen.

3. Berechtigung des G

G war auch bzgl. des Darlehensrückzahlungsanspruches Berechtigter. Die evtl. dagegensprechende Geisteskrankheit des S lag im Zeitpunkt des Abschlusses des Darlehensvertrages noch nicht vor, sondern ist erst kurz vor der Hypothekenbestellung eingetreten.

4. Zwischenergebnis

B hat von G die Forderung erworben und hat damit einen Zahlungsanspruch gegen den S aus §§ 488 I S. 2, 398, 1154 BGB.

II. Anspruch des B gegen den S auf Duldung der Zwangsvollstreckung nach § 1147 BGB

1. Übergang der Forderung

Die durch eine Buchhypothek gesicherte Forderung des G ist wirksam auf den B übergegangen, §§ 398, 1154 BGB.

2. Übergang der Forderung kraft Gesetz, § 1153 BGB

Nach § 1153 I BGB geht mit der Übertragung der Forderung auch die Hypothek auf den neuen Gläubiger über (Grundsatz der Akzessorietät). Dies kann aber nur immer dann der Fall sein, wenn G nach den Vorschriften der §§ 873 I, 1113, 1115 Inhaber der Buchhypothek geworden wäre.

a) Kein rechtsgeschäftlicher Hypothekenerwerb des G

S und G haben sich zwar rein faktisch dahingehend geeinigt, dass dem G zur Kreditsicherung eine Buchhypothek am Grundstück des S eingeräumt werden soll, §§ 873 I, 1113 I BGB. Wie sich jedoch kurze Zeit später herausstellte, war S im Zeitpunkt dieser dinglichen Einigung geisteskrank. Nach den Bestimmungen der §§ 104 Nr. 2, 105 I BGB war aus diesem Grund seine Willenserklärung nichtig, was die Unwirksamkeit der gesamten dinglichen Einigung zwischen den Parteien mit sich bringt.

b) Gutgläubiger Erwerb der Hypothek

G war somit zwar bzgl. der Forderung Berechtigter; in Bezug auf die Hypothek ist er jedoch als Nichtberechtigter zu qualifizieren, so dass B die Hypothek nur gem. § 892 BGB erwerben konnte.

Problematisch ist aber, dass der Veräußerer G durch das Grundbuch legitimiert gewesen sein müsste.

Hier hat es jedoch der zuständige Rechtspfleger aufgrund seiner Nachlässigkeit versäumt, den vermeintlichen Hypothekengläubiger G in das Grundbuch einzutragen. Somit weist das Grundbuch noch immer ein belastungsfreies Grundstückseigentum des S aus.

3. Endergebnis Frage 1

B kann von S Rückzahlung des Darlehens verlangen, §§ 488 I S. 2, 398, 1154 BGB. Da der Grundbuchinhalt nicht unrichtig ist, scheidet ein gutgläubiger Erwerb und damit ein Duldungsanspruch aus § 1147 BGB aus.

IV. Lösung Frage 2

Zahlungsanspruch des B gegen den S aus §§ 488 I S. 2, 398, 1154 BGB

Einzig problematisch ist, ob die hypothekarisch gesicherte Forderung wirksam von G auf den B übertragen worden ist, §§ 398, 1154 BGB.

1. Abtretung der Forderung, § 398 BGB

Unter Verweis auf die obigen Ausführungen haben sich G und B über den Übergang der Forderung aus Darlehen geeinigt. Die Voraussetzungen des § 398 BGB sind erfüllt.

2. Form des § 1154 BGB

Äußerst fraglich ist jedoch, ob hierbei die sachenrechtlichen Formerfordernisse des § 1154 BGB ausreichend berücksichtigt wurden.

Wie bereits erörtert, muss bei der Übertragung einer durch eine Buchhypothek gesicherten Forderung die (formlose) Abtretung in das Grundbuch eingetragen werden, § 1154 I S. 1 BGB.

In dieser Fallabwandlung geht es jedoch um die Abtretung einer briefhypothekarisch gesicherten Forderung. Aus diesem Grund muss nach § 1154 I S. 1 BGB eine schriftliche Abtretungserklärung des Gläubigers und die Übergabe des Hypothekenbriefs vorliegen. Es ist aber genauso möglich die Abtretungserklärung ins Grundbuch einzutragen und den Hypothekenbrief zu übergeben, § 1154 I S. 1, II BGB.

Die Übergabe des Hypothekenbriefs wurde in diesem Fall völlig versäumt, so dass die Voraussetzungen des § 1154 I S. 1 BGB nicht erfüllt wurden.

Rechtsfolge der Missachtung dieser formellen Anforderungen an die Übertragung einer hypothekarischen Forderung ist, dass der Zessionar B keine Forderung von G erworben hat, §§ 488 I S. 2, 398, 1154 BGB. Darüber hinaus konnte ihm aufgrund dieser Umstände auch von vornherein keine Hypothek zustehen, § 1153 BGB (erst gar kein gutgläubiger Erwerb wie oben möglich).

hemmer-Methode: Begehen Sie an solchen Stellen nicht fahrlässig „Klausurmord“, indem Sie einen Gutglaubenserwerb der Forderung annehmen.

§ 1138 BGB fingiert lediglich eine Forderung, um die Verkehrsfähigkeit und Übertragbarkeit einer Hypothek zu gewährleisten, obwohl der Zedent hinsichtlich der Forderung Nichtberechtigter war.
Im vorliegenden Fall war jedoch der G Forderungsberechtigter und es lag lediglich ein formeller Mangel in der Übertragung vor, der jedoch nicht durch die Anwendung des § 892 BGB ausgemerzt werden kann. Merken Sie sich gut: Die Gutglaubensregelungen überwinden ausschließlich die Nichtberechtigung bzgl. eines dinglichen Rechts!!

V. Lösung Frage 3

I. Anspruch des B gegen den S aus der Forderung, §§ 488 I S. 2, 398, 1154 BGB

Zunächst ist zu prüfen, ob der B gegen den S einen Darlehensrückzahlungsanspruch aus abgetretenem Recht geltend machen kann, §§ 488 I S. 2, 398, 1154 BGB.

1. Abtretung der Forderung, § 398 BGB

G und B haben sich gem. §§ 398, 1154 BGB über den Übergang des Darlehensrückzahlungsanspruchs des G gegen den S auf den B geeinigt.

2. Form des § 1154 BGB

Eine durch eine Buchhypothek abgesicherte Forderung kann nur unter den Voraussetzungen der §§ 1154 III, 873 I BGB abgetreten werden, was hier nicht zu beanstanden ist. Die Buchhypothek wurde zugunsten des B in das Grundbuch eingetragen.

3. Berechtigung des G

Der G war jedoch bzgl. der Forderung nicht Berechtigter, da ein Rückzahlungsanspruch gegen S aus Darlehen mangels Valutierung erst gar nicht entstehen konnte.

Dem B könnte deshalb nur dann ein Anspruch aus § 488 I S. 2 BGB zustehen, wenn es rechtlich möglich wäre von einem Nichtberechtigten eine Forderung zu erwerben.

Grds. ist ein gutgläubiger Erwerb einer Forderung ausgeschlossen. Die einzige Ausnahme bildet § 405 BGB, der jedoch mangels Tatbestandsvoraussetzungen im vorliegenden Fall nicht einschlägig ist. Ebenso wenig ist § 892 BGB anwendbar, da eine Forderung nicht mit einem dinglichen Recht gleichgesetzt werden darf.

Einen gutgläubigen Forderungserwerb ermöglicht auch die hypothekenspezifische Norm des § 1138 i.V.m. § 892 BGB nicht. In der Tat vermag sie in gewisser Weise die Nichtberechtigung des Zedenten bzgl. der zu sichernden Forderung auszuschalten.

Es wird jedoch lediglich der Erwerb einer Forderung fingiert, um einen Hypothekenerwerb des Zessionars zu ermöglichen und damit verbunden die Verkehrsfähigkeit einer Hypothek zu stärken. Eine solche reine Fiktion führt jedoch, auch wenn die Voraussetzungen des § 892 BGB hinsichtlich der Forderung vorliegen sollten, keineswegs zu einem vollwirksamen Rechtserwerb.

4. Zwischenergebnis

Aufgrund der Tatsache, dass schon im Verhältnis S/G wegen Nichtvalutierung des Darlehens keine Forderung bestand, konnte auch B keine Forderung von G erwerben. Die Abtretung geht ins Leere.

II. Anspruch des B gegen den V aus § 1147 BGB

Zu prüfen ist nun, ob sich die Nichtberechtigung des Zedenten G bzgl. der Forderung nicht nur auf den Zahlungsanspruch, sondern auch negativ auf den Anspruch des B gegen den S aus § 1147 BGB auswirkt.

1. Übergang der Hypothek kraft Gesetzes, § 1153 BGB

Grds. geht nach § 1153 I BGB mit der Übertragung der Forderung auch die Hypothek auf den neuen Gläubiger über. Hat der Zessionar jedoch wie hier erst gar keine Forderung erworben, so muss dem Grunde nach auch der Erwerb einer Hypothek abgelehnt werden, weil die Übertragung einer Hypothek ohne die Abtretung einer entsprechenden Forderung aus Akzessorietätsgründen nicht denkbar ist.

hemmer-Methode: Die Hypothek steht hier dem V als Eigentümergrundschuld zu, §§ 1163 I S. 1, 1177 I BGB.

2. Wirkungsbereich der §§ 1138, 892 BGB

Im vorliegenden Fall bietet sich jedoch im Gesamtüberblick folgendes Bild: Grds. ist die Bestellung einer Hypothek im Verhältnis zwischen S und G nicht an der Berechtigung des S oder an der Eintragung, sondern ausschließlich an der Existenz einer zu sichernden Forderung gescheitert. Eine ansonsten wirksame Hypothek hätte also ohne weiteres von G an den B übertragen werden können, wenn nur eine zu sichernde Forderung, die hätte abgetreten werden können, bestanden hätte.

Da die wahre Rechtslage aus dem Grundbuch nicht ersichtlich ist und der Zessionar durchaus auf die Angaben des Grundbuchs vertrauen durfte, wäre es nicht unbillig dem Zessionar deshalb einen gutgläubigen Erwerb der Hypothek vom Nichtberechtigten zuzusprechen. Dem steht jedoch entgegen, dass mit Hilfe des § 892 BGB das Hindernis in Form einer fehlenden Forderung auch nicht aufgehoben werden kann, da ein gutgläubiger Erwerb einer Forderung grds. unmöglich ist.

hemmer-Methode: M.a.W.: B braucht, um doch noch an die Hypothek zu kommen, eine Forderung. Da in seiner Person sämtliche Voraussetzungen eines gutgläubigen Erwerbs bzgl. der Forderung vorliegen, und auch die Hypothek bis auf die Forderung sämtlichen Entstehungserfordernissen entspricht, muss man sich fragen, ob man nicht ausnahmsweise einen Hypothekenerwerb des gutgläubigen B zulässt. Da jedoch ein gutgläubiger Forderungserwerb mit Ausnahme des § 405 BGB unmöglich ist, entschied sich der Gesetzgeber für eine Fiktion einer Forderung ⇨ § 1138 BGB!

In solchen Fällen ist im Interesse der Umlauffähigkeit einer Verkehrshypothek und unter Wahrung der Grundsätze, dass ein im Grundbuch eingetragenes Recht gutgläubig erworben werden darf, während ein gutgläubiger Erwerb einer Forderung nach §§ 398 ff. BGB auch weiterhin ausgeschlossen sein muss, auf die Rechtsnorm des § 1138 BGB zurückzugreifen.

Demnach gelten die Vorschriften der §§ 891 - 899 für die Hypothek auch in Ansehung der Forderung und der dem Eigentümer nach § 1137 zustehenden Rechte.

Liegen folglich die Voraussetzungen des § 892 BGB bzgl. der Forderung vor, so wird das Vorliegen einer Forderung fingiert. Dies soll nicht bedeuten, dass der Dritte eine rechtswirksame Forderung erwirbt, es soll lediglich verhindert werden, dass der Erwerb eines Grundpfandrechts an der Nichtexistenz einer Forderung scheitert.

Fraglich ist, ob bzgl. der Forderung sämtliche Voraussetzungen des § 892 BGB vorliegen.

Im Grundbuch ist eine Hypothek für eine Darlehensforderung des G gegen den S eingetragen, obwohl eine solche nicht zur Entstehung gekommen war. Das Grundbuch ist unrichtig.

G und B wollten einen rechtsgeschäftlichen Erwerb einer Forderung i.S.e. Verkehrsgeschäftes vollenden.

G war als Hypothekengläubiger bzgl. der Forderung direkt aus dem Grundbuch legitimiert.

Schließlich war auch kein Widerspruch im Grundbuch eingetragen worden und es bestehen keinerlei Anhaltspunkte dafür, dass B bösgläubig gewesen sein könnte.

Aufgrund der Tatsache, dass sämtliche Voraussetzungen des § 892 I BGB bzgl. der Forderung vorliegen, wird deren Bestehen in Hinblick auf die Übertragung der Hypothek fingiert.

3. Endergebnis Frage 3

Mit dem fingierten Forderungserwerb ist die Hypothek nach § 1153 BGB auf den B übergegangen.

Er hat somit gegen den V einen Anspruch auf Duldung der Zwangsvollstreckung nach § 1147 BGB.

VI. Lösung Frage 4

I. Rechtslage bzgl. der Forderung

G und B haben sich wirksam über die Abtretung der Darlehensforderung G/S geeinigt. Der für die Abtretung einer hypothekarisch gesicherten Forderung erforderlichen Form des § 1154 I BGB wurde hinreichend Beachtung geschenkt (s.o.).

Einzig fraglich ist, in welcher Höhe der B eine Darlehensforderung erworben hat, was wiederum davon abhängt in welcher Höhe der G Inhaber der besagten Darlehensforderung gewesen ist.

Grds. war nach Valutierung eine Darlehensforderung i.H.v. 200.000 € entstanden. Durch die Rückzahlung eines Betrages von 100.000 € durch S an den G noch vor der Abtretung, ist diese Forderung in dieser Höhe erloschen, § 362 I BGB.

Im Zeitpunkt der Abtretung war G deshalb Inhaber einer Forderung i.H.v. 100.000 €.

Mit der Abtretung an den B ist Letzterer demzufolge Gläubiger einer Darlehensrückzahlungsforderung i.H.v. 100.000 € geworden.

hemmer-Methode: Noch ein letztes Mal: Der gute Glaube des B, dem G stünde nach Grundbuch eine Forderung i.H.v. 200.000 € zu, wird nicht geschützt ⇨ Ein gutgläubiger Erwerb einer Forderung ist nicht möglich!!

II. Rechtslage bzgl. der Hypothek

Mit der Abtretung der Forderung geht kraft Gesetzes auch die Hypothek auf den neuen Gläubiger über, § 1153 I BGB.

Dies gilt aber nur so weit, wie der Zedent selbst Inhaber der Forderung und der Hypothek gewesen ist.

Vom Berechtigten G konnte der B deshalb die Hypothek nur in der Höhe erwerben, in der sie dem G selbst zustand, nach Zahlung des S vor Abtretung also lediglich noch i.H.v. 100.000 €.

In Hinsicht auf die weiteren 100.000 € kommt möglicherweise ein gutgläubiger Erwerb der Hypothek in Betracht. Problematisch ist wiederum, dass es bzgl. dieses Betrages an einer Forderung fehlt und eine Hypothek ohne eine entsprechende Forderung nicht übertragen werden kann. § 1138 BGB macht hiervon zugunsten der Umlauffähigkeit einer Verkehrshypothek eine Ausnahme und fingiert die Existenz einer Forderung, wenn die Voraussetzungen des § 892 BGB vorliegen. Nach obigen Erörterungen ist dies hier der Fall. B hat i.E. eine Hypothek i.H.v. 200.000 € erworben.

VII. Zusammenfassung

- Die Abtretung einer Forderung ist grds. formfrei. Ist die Forderung jedoch durch eine Hypothek gesichert, muss auf § 1154 BGB geachtet werden.
- Ist der Abtretende zwar Inhaber der Forderung, nicht aber Inhaber der Hypothek, so ist ein gutgläubiger Zweiterwerb der Hypothek möglich.
- Ist der Zedent nicht Inhaber der Forderung und deshalb auch nicht Inhaber der Hypothek, so darf um den Grundpfandrechtserwerb zu ermöglichen, nach § 1138 BGB eine Forderung fingiert werden. Der Zessionar erhält dann eine sog. „forderungsentkleidete Hypothek".
- Wie alle diese Fälle zeigen, kommt es im Hypothekenrecht durchaus vor, dass Forderung und Hypothek bei Übertragung an einen Dritten betragsmäßig auseinandergehen und ein Zahlungsanspruch des Zessionars untergeht, während ein Anspruch aus § 1147 BGB zugesprochen werden kann.

hemmer-Methode: Merken Sie sich im Überblick zu § 1138 BGB folgendes: Existiert eine persönliche Forderung nicht, für die eine Hypothek bestellt wurde, so ist weder ein gutgläubiger Erwerb in der Form denkbar, dass alleine die Hypothek übertragen wird (⇨ Verstoß gegen den Grundsatz der Akzessorietät), noch in der Form dass die Forderung erworben wird (⇨ Verstoß gegen Verbot eines gutgl. Forderungserwerbs). § 1138 BGB stellt einen Kompromiss dieser beiden Extreme dar und bildet mit seiner Fiktionswirkung einen Mittelweg. Bildlich gesprochen baut er ausschließlich für den Hypothekenerwerb eine Brücke, die nach Abschluss des gutgläubigen Erwerbs durch die Erlangung der Hypothekarstellung des Dritten, wieder in sich zusammenfällt.

VIII. Zur Vertiefung

Zu den Formerfordernissen bei der Abtretung einer hypothekarisch gesicherten Forderung

- Hemmer/Wüst SachenR III, Rn. 188.

Der gutgläubige Zweiterwerb einer Hypothek

- Hemmer/Wüst SachenR III, Rn. 190 ff.

Fall 27: Die Überwindung des sog. Doppelmangels

Sachverhalt:

S möchte in naher Zukunft mit dem Bau eines Einfamilienhauses beginnen. Aus diesem Grund bittet er den wohlhabenden G um ein zinsgünstiges Darlehen. Da G ohne Sicherung keineswegs zu der Auszahlung eines größeren Geldbetrages bereit ist, einigt sich S mit G über die Bestellung einer Buchhypothek am Grundstück seiner 17-jährigen Tochter T, welches diese im Zuge einer testamentarischen Erbeinsetzung von ihrer kürzlich verstorbenen Großmutter überschrieben bekam. Der zuständige Rechtspfleger, der keine große Lust verspürt, sich über die Familien- und Eigentumsverhältnisse des Antragenden Klarheit zu verschaffen, trägt die Buchhypothek zugunsten des G kurzerhand ein. G überträgt daraufhin die „Hypothek" noch vor Valutierung des Darlehens formal ordnungsgemäß an den gutgläubigen B. Während eine entsprechende Eintragung der Abtretung G/B ins Grundbuch erfolgt, unterbleibt eine Genehmigung des Familiengerichts.

Frage: *Stehen dem B gegen S und T irgendwelche Ansprüche zu?*

I. Einordnung

Im Fall 27 wird ein Fall geschildert, in welchem zum einen die zu sichernde Forderung nicht entstanden ist und zum anderen die Hypothek selbst an einem eigenen selbständigen Wirksamkeitsmangel krankt. Im Endeffekt geht es um eine Aneinanderreihung der Problempunkte der Frage 1 und 3 des Falls 26. Rekapitulieren Sie deshalb noch einmal kurz die bisherigen Erkenntnisse zur Ermöglichung eines gutgläubigen Zweiterwerbs einer Hypothek und versuchen Sie sich dann in der Erstellung einer Lösungsskizze für diesen Fall.

II. Gliederung

I. Ansprüche des B gegen den S aus §§ 488 I S. 2, 398, 1154 BGB

1. **Abtretung** der Forderung (+)
2. Beachtung der **Form**, § 1154 III BGB (+), Buchhypothek wurde in das Grundbuch eingetragen
3. **Berechtigung** des G bzgl. der Forderung nicht gegeben, da mangels Valutierung des Darlehens kein Anspruch auf Darlehensrückzahlung entstand, § 488 I S. 2 BGB (-)
4. **Ergebnis**: Zahlungsanspruch des B gegen den S (-)

II. Anspruch des B gegen die T auf Duldung der Zwangsvollstreckung, § 1147 BGB

1. **§ 1153 I BGB**: Mit der Übertragung der Forderung geht die Hypothek auf den Zessionar über
2. **(P)**: Wegen fehlender Forderung kommt ein Übergang der Hypothek auf B grds. nicht in Betracht ⇨ Überwindung dieses Mangels mittels Fiktion einer Forderung nach §§ 1138, 892 BGB
3. **(P)**: Hypothek würde aber auch mit der fingierten Forderung nicht übergehen können, da unwirksame Einigung über die Bestellung einer Hypothek zwischen S und G; §§ 873 I, 1113, 1821 I Nr. 1, 1829 BGB ⇨ keine Genehmigung des Vormundschaftsgerichts

⇨ Mangel im Recht des G wird über § 892 BGB überwunden ⇨ Konstellation des sog. Doppelmangels

4. **Ergebnis**: Anspruch des B gegen die T aus § 1147 BGB (+)

III. Lösung

I. Ansprüche des B gegen den S aus §§ 488 I S. 2, 398, 1154 BGB

Fraglich ist, ob dem B Zahlungsansprüche gegen den S aus abgetretenem Recht zustehen.

1. Formgerechte Abtretung, §§ 398, 1154 BGB

G hat sich nachweislich mit B wirksam über den Forderungsübergang geeinigt. Die Abtretung der Forderung wurde i.S.d. § 1154 III BGB in das Grundbuch eingetragen.

2. G als Forderungsinhaber

G hat das Darlehen zu keiner Zeit valutiert, so dass er auch nicht Inhaber eines Rückzahlungsanspruches aus § 488 I S. 2 BGB werden konnte.

3. Ergebnis

B hat gegen den S keinen Zahlungsanspruch, da die Forderung, die vermeintlich von G an den B abgetreten worden ist, nicht existierte. Die Abtretung geht insoweit ins Leere.

II. Anspruch des B gegen die T auf Duldung der Zwangsvollstreckung, § 1147 BGB

Es stellt sich die Frage, ob der B zumindest einen Anspruch aus § 1147 BGB gegen die T geltend machen kann.

1. Übergang der Hypothek nach § 1153 I BGB

Grds. geht mit der Übertragung einer persönlichen Forderung auch die Hypothek mit auf den neuen Gläubiger über, § 1153 I BGB. Hat jedoch der Zedent wie hier keine Forderung erworben, die abgetreten werden könnte, so kann aus Akzessorietätsgründen auch keine Hypothek auf den Zessionar mit übergehen.

2. §§ 1138, 892 BGB

Um den Fall zu vermeiden, dass ein Zweiterwerb einer ansonsten rechtswirksamen Hypothek nur aus dem Grund ausscheiden muss, weil keine abtretbare Forderung des Zedenten existiert, könnte möglicherweise das Vorliegen einer Forderung fingiert werden.

Dazu müssten allerdings hinsichtlich der Forderung die Voraussetzungen der §§ 1138, 892 BGB gegeben sein.

Das Grundbuch ist in der Tat unrichtig. G war als Gläubiger einer Buchhypothek eingetragen, obwohl deren Bestellung mangels Valutierung unwirksam gewesen ist. G war mithin als Berechtigter direkt aus dem Grundbuch legitimiert. B war außerdem bzgl. der Hypothek zugunsten des G und damit auch bzgl. der Forderung gutgläubig und es war kein Widerspruch i.S.d. § 899 BGB im Grundbuch eingetragen.

Die §§ 1138, 892 BGB sind mithin verwirklicht. Es tritt eine Fiktion dahingehend ein, dass B die Forderung des G erworben hat.

3. G als Nichtberechtigter

Die §§ 1138, 892 BGB können jedoch nur über den Mangel an der Forderung hinweghelfen. Diese Normen ändern nichts daran, dass durch die fingierte Forderung die Hypothek nur so dann übergeht, wenn die übrigen Bestellungsvoraussetzungen vorlagen.

G einigte sich mit S über die Bestellung einer Buchhypothek am Grundstück seiner minderjährigen Tochter T. Grds. umfasst die elterliche Sorge auch die Vertretung des Kindes, §§ 1629 ff. BGB. In den gesetzlich normierten Fällen der §§ 1643 I, 1821 ff. BGB wird diese Vertretungsmacht jedoch aufgrund der besonderen Schwere der Verfügungen entscheidend eingeschränkt. Demnach bedürfen die Eltern zur Verfügung über ein Grundstück oder über ein Recht an einem Grundstück der Genehmigung des Familiengerichts, §§ 1643 I, 1821 I Nr.1 BGB. S hat jedoch unter Missachtung dieses Erfordernisses dem G eine Hypothek am Grundstück der T eingeräumt. Sein Rechtsgeschäft war somit zunächst schwebend unwirksam. Mit Verweigerung der Genehmigung durch das Familiengericht ist seine Verfügung i.E. endgültig unwirksam, §§ 1643 II, 1829 I S. 1 BGB. Es fehlt an einer wirksamen dinglichen Einigung.

hemmer-Methode: Achten Sie im Rahmen des § 1821 BGB auf dessen Absatz 2. Dieser ist vorliegend nicht einschlägig, weil die Bestellung der Hypothek keine Verfügung *über* die Hypothek ist.

Die Bestellung ist aber eine Verfügung über das Grundstück in Form der Belastung, so dass § 1821 I Nr.1 BGB gilt.

Aufgrund der Tatsache, dass auch dem Hypothekenrecht an sich ein Mangel anhaftete, konnte B die Buchhypothek nur gutgläubig erwerben, wenn er auch diesbezüglich gutgläubig war.

Es ist also zu prüfen, ob auch bzgl. der Hypothek die Erfordernisse des § 892 I BGB vorliegen.

G ist als Hypothekengläubiger im Grundbuch vermerkt worden, obwohl ein derartiges Recht für ihn zu keiner Zeit entstanden ist. Der Inhalt des Grundbuchs ist somit unrichtig.

Es liegt auch ein rechtgeschäftlicher Erwerb in Form eines Verkehrsgeschäfts vor.

hemmer-Methode: Man könnte nun einwenden, der Miterwerb einer Hypothek über die Norm des § 1153 I BGB stelle keinen rechtsgeschäftlichen Erwerb sondern einen kraft Gesetz dar. Man muss jedoch darauf abstellen, dass genau dieser gesetzlicher Erwerb notwendigerweise auf eine rechtsgeschäftliche Forderungsübertragung basiert und von ihr völlig abhängig ist.

G war aufgrund seiner Eintragung auch direkt aus dem Grundbuch als Berechtigter legitimiert.

Für eine Bösgläubigkeit des G im Hinblick auf die Hypothek sind keinerlei Anhaltspunkte ersichtlich.

Ein Widerspruch nach § 899 BGB wurde nicht eingetragen. Die Voraussetzungen des § 892 BGB liegen mithin vor.

B hat somit die Hypothek gutgläubig von G erworben, § 892 I BGB.

4. Ergebnis

Ein Zahlungsanspruch des B gegen den S scheidet mangels übertragbarer Forderung aus. Er kann allerdings einen Anspruch aus § 1147 BGB gegen die T geltend machen.

IV. Zusammenfassung

- Ist der Übertragende weder Inhaber der Forderung, noch Inhaber der Hypothek, weil sowohl eine mangelhafte Forderung als auch eine unwirksame Hypothek vorliegen, so spricht man von der Konstellation des sog. Doppelmangels.
- Die nicht vorhandene Forderung wird über eine Anwendung der §§ 1138, 892 BGB fingiert.
- Der Mangel im dinglichen Rechts selbst wird durch eine direkte Anwendung des § 892 I BGB geheilt.

V. Zur Vertiefung

Zum gutgläubigen Zweiterwerb einer Hypothek beim Doppelmangel

- Hemmer/Wüst SachenR III, Rn. 195 f.

Fall 28: Der Begriff des Kettenerwerbs

Sachverhalt:

S bestellt dem G als dessen Darlehensgläubiger eine Briefhypothek, die daraufhin im Grundbuch eingetragen wird. Kurz nachdem der S dem G das Darlehen zurückzahlt, überträgt der G die Hypothek durch öffentlich beglaubigte Abtretungserklärung und unter Vorlage des Hypothekenbriefs auf den bösgläubigen A, dieser wiederum überträgt die Hypothek in öffentlich beglaubigter Form an den B. B veräußert seine Hypothekenrechte in privatschriftlicher Form an den C, dieser wiederum unter öffentlicher Beglaubigung an den D. Kurze Zeit später tritt D sein Recht aus der Hypothek in öffentlich beglaubigter Form an den gutgläubigen E ab. C ficht nunmehr die Abtretung an den D an, da er zu diesem Geschäft durch eine widerrechtliche Drohung des D gezwungen worden war, was auch der Wahrheit entspricht.

Frage 1: *Kann E gegen den S bei Vorliegen der übrigen Umstände einen Anspruch aus § 1147 BGB geltend machen?*

Frage 2: *Kommt man zu demselben Ergebnis, wenn später festgestellt werden kann, dass A eine öffentlich beglaubigte Abtretungserklärung gefälscht hatte?*

I. Einordnung

Die bisherigen Ausführungen beschränkten sich auf den Zweiterwerb einer Buchhypothek vom Nichtberechtigten, der sich ausschließlich anhand der Gutglaubenswirkung des Grundbuchs vollzog. Diese Grundsätze gelten für die Briefhypothek aus den folgenden Gründen nicht:

Prinzipiell wird die durch eine Briefhypothek gesicherte Forderung an einen Dritten übertragen, indem der Zedent eine schriftliche Abtretungserklärung abgibt und der entsprechend ausgestellte Hypothekenbrief an den Dritten übergeben wird. Selbstverständlich kann nach § 1154 II BGB die schriftliche Form der Abtretungserklärung dadurch ersetzt werden, dass die Abtretung in das Grundbuch eingetragen wird, es ist jedoch eine Vorgehensweise i.S.d. § 1154 I S. 1 BGB die Regel.

Die Übertragung der Briefhypothek spielt sich somit in der Praxis völlig außerhalb des Grundbuchs ab. Bei einem gutgläubigen Zweiterwerb ist in diesem Fall der § 892 BGB nicht direkt anwendbar, weil der Verfügende oftmals nicht im Grundbuch als Berechtigter legitimiert ist. Auf die Ausführungen des Grundbuchs kann deshalb nicht zurückgegriffen werden.

Dies bedeutet jedoch nicht, dass eine Briefhypothek nicht gutgläubig von einem Nichtberechtigten erworben werden könnte. Diesbezüglich bestimmt deswegen § 1155 S. 1 BGB, dass in diesen Fällen hinsichtlich des guten Glaubens nicht auf den Inhalt des Grundbuchs, sondern vielmehr auf den reinen Besitz des Hypothekenbriefes abzustellen ist. Es versteht sich von selbst, dass dies jedoch nicht ohne Einschränkung passieren darf.

Damit der Erwerber einer Briefhypothek genauso wie von einem im Grundbuch eingetragenen Buchhypothekar gutgläubig erwerben kann, muss der Veräußerer deshalb eine Reihe öffentlich beglaubigter Abtretungserklärungen bis hin zu dem im Grundbuch Eingetragenen vorweisen. M.a.W.: Durch eine kontinuierliche Kette öffentlich beglaubigter Abtretungserklärungen wird der Veräußerer so gestellt, als wäre er im Grundbuch eingetragen.

II. Gliederung

Frage 1:
Anspruch des E gegen den S auf Duldung der Zwangsvollstreckung, § 1147 BGB

Voraussetzung: E als Hypothekengläubiger

1. **Briefhypothek zugunsten des G**: (-), Anspruch aus § 488 I S. 2 BGB erloschen, § 362 I BGB ⇨ G nicht Inhaber einer Hypothek wg. §§ 1163 I S. 2, 1177 BGB
2. **Briefhypothek zugunsten des A**: (-), es greift die Fiktion der §§ 1138, 892 BGB nicht, da A bösgläubig gewesen ist.
3. **Briefhypothek zugunsten des B**: (+), A stand weder die Forderung noch die Hypothek zu; Fiktion der Forderung über §§ 1138; § 892 BGB aber nicht anwendbar, da A nicht im Grundbuch eingetragen ⇨ hier jedoch nachweisbare Abtretungskette i.S.d. § 1155 BGB (+)
4. **Briefhypothek zugunsten des C (+),** Voraussetzungen der §§ 1138, 892, 1155 BGB (+)
5. **Briefhypothek zugunsten des D (-),** Anfechtung des Abtretungsvertrages ⇨ C wird wieder „Inhaber" der fingierten Forderung und der Hypothek, § 1153 I BGB
6. **Briefhypothek zugunsten des E:** Voraussetzungen der §§ 1138, 892, 1155 BGB an sich (-) ⇨ eine zusammenhängende, auf den eingetragenen Gläubiger zurückgehende Reihe von öffentlich beglaubigten Abtretungserklärungen durch privatschriftliche Abtretung zwischen B und C unterbrochen ⇨ nach Meinung der Rspr. dennoch § 1155 BGB (+), wenn an der unterbrochenen Stelle, eine wirksame Übertragung vorliegt.
7. **Ergebnis:** E hat einen Anspruch aus § 1147 BGB

Frage 2:
Gefälschte Abtretungserklärung

(P): Zusammenhängende Kette öffentlich beglaubigter Abtretungserklärungen bei gefälschtem Beglaubigungsvermerk:
⇨ RG: (+)
⇨ h.M.: (-); die Fälschung einer öffentlich beglaubigten Abtretungserklärung kann keine rechtswirksame Legitimationswirkung entfalten
⇨ Anspruch des E aus § 1147 BGB (-)

III. Lösung Frage 1

Der E könnte gegen den S bei Fälligkeit dann einen Anspruch aus § 1147 BGB geltend machen, wenn er eine entsprechende Briefhypothek auf das Grundstück des S erworben hätte.

1. Briefhypothek zugunsten des G

S und G haben sich zunächst rechtswirksam geeinigt, dass das Grundstück des S zur Sicherung eines Darlehensrückzahlungsanspruchs des G gegen den S haften soll. Eine Einigung nach den §§ 873 I, 1113 BGB liegt vor. Diese Hypothek wurde auch in das Grundbuch eingetragen, der auf G ausgestellte Hypothekenbrief an diesen übergeben. S war als Grundstückseigentümer auch Berechtigter.

Das Darlehen wurde jedoch von S noch vor Fälligkeit an den G zurückbezahlt, d.h. die Forderung des G gegen den S ist nach Bestellung der Hypothek wieder erloschen. Die Fremdhypothek zugunsten des G wandelt sich deshalb in eine Eigentümergrundschuld des S, §§ 1163 I S. 2, 1177 I S. 1 BGB. G hat somit keine Briefhypothek am Grundstück des S mehr inne.

2. Briefhypothek zugunsten des A

A könnte vom nichtberechtigten G gutgläubig eine Briefhypothek im Zuge einer Forderungsabtretung erworben haben.

G und A haben sich formgerecht über die Abtretung einer durch eine Briefhypothek gesicherten Forderung geeinigt, §§ 398, 1154 BGB. Zu ihrer Wirksamkeit ist des Weiteren notwendig, dass der G überhaupt Inhaber einer Forderung gewesen ist. Dies war hier nicht der Fall, da G seine Forderung nach § 362 I BGB verloren hatte (s.o.). Mangels Forderung kann nach dem Grundsatz der Akzessorietät auch keine Hypothek entstehen bzw. dem A wirksam abgetreten werden, § 1153 BGB.

Da es hier jedoch ausschließlich um den Erwerb einer Hypothek geht und der Erwerb eines Grundpfandrechts nur mangels einer Forderung nicht verhindert werden soll, kann nach den §§ 1138, 892 BGB der Forderungserwerb fingiert werden, wenn in der Person des A die Voraussetzungen des § 892 BGB in Hinsicht auf die Forderung vorlägen.

Obwohl eine Eigentümergrundschuld des S bestand, §§ 1163 I S. 2, 1177 I BGB, war noch immer eine Belastung des Grundstücks durch eine Hypothek zugunsten des G vermerkt. Der Inhalt des Grundbuchs war deshalb unrichtig. G und A hatten vor einen rechtsgeschäftlichen Erwerb in Form eines Verkehrsgeschäftes zum Abschluss zu bringen. G war ferner direkt aus dem Grundbuch als Berechtigter legitimiert. Es ergibt sich jedoch aus den Umständen des Falles, dass der A von der fehlenden Inhaberschaft des G positive Kenntnis erlangt hatte. Aufgrund dieser Bösgläubigkeit scheidet § 892 I BGB aus. A wurde nicht Hypothekengläubiger.

3. Briefhypothek zugunsten des B

Fraglich ist, ob nicht B die Briefhypothek erworben haben könnte.

A und B haben sich formgerecht über die Abtretung einer durch eine Briefhypothek gesicherten Forderung geeinigt, §§ 398, 1154 BGB.

A war keineswegs Inhaber der Forderung, so dass B die Forderung und deshalb auch die Hypothek, § 1153 BGB nicht vom Berechtigten erwerben konnte.

Da es hier in erster Linie um den Erwerb eines Grundpfandrechts geht, stellt sich wiederum die Frage, ob nicht der Forderungserwerb nach den §§ 1138, 892 BGB fingiert werden könnte.

Grds. schützt § 892 I BGB den guten Glauben des Erwerbers an eine Grundbucheintragung. A war jedoch nicht im Grundbuch eingetragen, so dass § 892 BGB nicht über dessen Nichtberechtigung hinweghelfen kann.

Dies bedeutet aber nicht, dass ein gutgläubiger Erwerb einer Hypothek in derart gelagerten Fällen damit ausscheidet.

Einer Legitimation des Veräußerers direkt durch das Grundbuch kommt es außerhalb der Grundbuchwirkung gleich, wenn sich das Gläubigerrecht des Besitzers des Hypothekenbriefs aus einer zusammenhängenden, auf einen eingetragenen Gläubiger zurückführenden Reihe von öffentlich beglaubigten Abtretungserklärungen ergibt, § 1155 S. 1 BGB.

hemmer-Methode: Anknüpfungspunkt bzgl. des Schutzes des guten Glaubens ist dementsprechend nicht die Grundbucheintragung, sondern vielmehr der Besitz des Hypothekenbriefs.

Dies war hier der Fall. A konnte seine Legitimation aus der öffentlich beglaubigten Abtretungserklärung des G ableiten.

Darüber hinaus sind keine Anhaltspunkte ersichtlich, die auf eine Bösgläubigkeit des B schließen lassen.

Da auch die übrigen Voraussetzungen des § 892 I BGB vorlagen (rg. Erwerb in der Form eines Verkehrsgeschäfts, kein Widerspruch) hat B in Hinblick auf die Hypothek die Forderung erworben, §§ 1138, 892, 1155 BGB. (Fiktion der Forderung)

hemmer-Methode: Nur zum Verständnis des Klausuraufbaus. Im Rahmen der Prüfung der §§ 1138, 892 BGB wird über § 1155 BGB alles das „ersetzt“, was mit der Gutglaubenswirkung des Grundbuchs zu tun hat ⇨ Unrichtigkeit des Grundbuchs und Legitimation (1. und 3. Punkt der Prüfung des § 892 I BGB). Bei der Prüfung der anderen Punkte bleibt alles beim Alten.

Gem. § 1153 I BGB geht mit dieser fingierten Forderung auch die Briefhypothek auf den B über. Dies gilt aber nur insoweit, wie der A in seiner eigenen Person berechtigter Hypothekengläubiger gewesen ist.

Es ist nichts erkennbar, dass die Hypothek selbst an einem Rechtsmangel krankte. A war somit Berechtigter.

B hat nach den §§ 398, 1154, 1138, 892, 1155 BGB die Briefhypothek erworben.

4. Briefhypothek zugunsten des C

B und C haben sich privatschriftlich darüber geeinigt, dass die durch die Briefhypothek gesicherte Forderung auf den C übertragen werden soll, §§ 398, 1154 BGB.

Grds. war der B nicht Forderungsinhaber, da ein gutgläubiger Forderungserwerb nicht möglich ist und auch eine reine Fiktion kein wirksames Recht entstehen lässt.

Unter Berücksichtigung der Gutgläubigkeit des C und des Nachweises öffentlich beglaubigter Abtretungserklärungen zwischen G und A sowie A und B kann der Forderungserwerb nach §§ 1138, 892, 1155 BGB fingiert werden. Mit dieser fingierten Forderung erwirbt C auch die Briefhypothek, § 1153 I BGB.

Dass die letzte Abtretung von B auf C lediglich privatschriftlich erfolgte, ist unerheblich. Denn § 1155 verlangt nur danach, dass der Veräußerer durch eine öffentliche beglaubigte Abtretungserklärung legitimiert ist.

C ist somit Inhaber einer Briefhypothek.

5. Briefhypothek zugunsten des D

Für den Erwerb der Briefhypothek des D gelten die Ausführungen zu den §§ 1138, 892, 892, 1155 BGB nicht, da die Reihe von öffentlich beglaubigten Abtretungserklärungen durch die privatschriftliche Abtretung von B auf C unterbrochen worden ist.

Ob dennoch aus besonderen Gründen ein gutgläubiger Erwerb des D in Frage kommen könnte kann hier unentschieden bleiben, da der D die Hypothek durch die Anfechtung des Abtretungsvertrages nach §§ 123 I, 142 I BGB mit der fingierten Forderung ohnehin wie der an den C verloren hätte, § 1153 I BGB. D wäre also auch bei einem gutgläubigen Erwerb am Ende doch Nichtberechtigter.

hemmer-Methode: Das Problem, ob trotz der Unterbrechung der Kette durch eine privatschriftliche Abtretung ein gutgläubiger Erwerb in Frage kommen kann, stellt sich nunmehr im Verhältnis D/E. Es ist also kein Problem verloren.
Dieser Schritt wurde im Verhältnis C/D nur übersprungen, weil es eines der Hauptprobleme ist und es schließlich um einen Rechtsanspruch des E geht. Außerdem hätte die erfolgte Anfechtung das Ergebnis ohnehin wieder umgeworfen.

6. Briefhypothek zugunsten des E

E kann somit eine Briefhypothek nur von D als Nichtberechtigtem erworben haben. Es stellt sich auch in diesem Verhältnis D/E die Frage, ob nach §§ 1138, 892, 1155 BGB der Forderungserwerb des E fingiert werden kann, in dessen Zuge dann auch die Briefhypothek auf den E übergegangen wäre.

§§ 1138, 892 BGB sind auf den Fall nicht direkt anwendbar, da D nicht im Grundbuch eingetragen gewesen ist (s.o.).

Fraglich ist, ob § 1155 S. 1 BGB zur Anwendung kommen kann. Demnach finden die Vorschriften der §§ 891 - 899 BGB in gleicher Weise Anwendung, wenn sich das Gläubigerrecht des Besitzers des Hypothekenbriefs aus einer zusammenhängenden, auf den eingetragenen Gläubiger zurückführenden Reihe von öffentlich beglaubigten Abtretungserklärungen ergibt.

Dies ist hier eindeutig zu verneinen. Es fehlt an einer öffentlich beglaubigten Abtretungskette, weil die Abtretung von B auf C lediglich privatschriftlich erfolgte. Stellt man alleine auf den reinen Wortlaut des § 1155 BGB ab, so muss die Anwendung des § 1155 BGB strikt abgelehnt werden.

Die ständige Rspr. macht hiervon eine Ausnahme. Sie begründet ihre Abweichung vom gesetzlichen Wortlaut damit, dass eine ganz andere Situation vorliegt, wenn es an der Stelle, an der die Reihe unterbrochen wurde, im Endergebnis zu einer wirksamen Übertragung kommt.

Die darauffolgenden Übertragungen genießen dann erneut den Schutz des § 1155 BGB, soweit sie öffentlich beglaubigt wurden.

Für den vorliegenden Fall bedeutet dies folgendes: Zwar war die Übertragungskette durch die privatschriftliche Abtretung zwischen B und C unterbrochen worden, doch hat nach den obigen Ausführungen der C die Hypothek wirksam erworben.

Da die weitere Abtretung von C auf D dann wiederum öffentlich beglaubigt wurde, ist die ununterbrochene öffentlich beglaubigte Abtretungskette bis hin zu G wieder hergestellt.

Da auch die übrigen Voraussetzungen der §§ 1138, 892, 1155 BGB nachgewiesen werden können, kann ein Forderungserwerb des E fingiert werden. Mit der (fingierten) Forderung geht auch die Briefhypothek auf den E über, § 1153 BGB.

7. Ergebnis Frage 1

E ist Hypothekengläubiger und kann bei Vorliegen der übrigen Umstände, vor allem bei Fälligkeit einen Anspruch aus § 1147 BGB geltend machen.

IV. Lösung Frage 2

Problematisch ist, ob § 1155 BGB auch dann zur Anwendung kommen kann, wenn eine öffentlich beglaubigte Abtretungserklärung gefälscht wurde. Im vorliegenden Fall war der Veräußerer D durch eine rein objektiv einwandfreie ununterbrochene Kette öffentlich beglaubigter Abtretungserklärungen ausgewiesen. Die privatschriftliche Abtretung zwischen B und C schadet dem nicht (s.o.). Wie sich herausstellt, war die öffentlich beglaubigte Abtretungserklärung A/B gefälscht worden. Ob sich ein solches Fehlverhalten des A auf seine Legitimation auswirken muss, ist umstritten.

1. RG: keine Auswirkungen auf die §§ 1138, 892, 1155 BGB

Das Reichsgericht vertrat diesbezüglich die Meinung, dass durch die Fälschung einer öffentlich beglaubigten Abtretungserklärung die Anwendung des § 1155 BGB keineswegs beeinflusst werden dürfe. Maßgebend sein alleine der Rechtsschein, d.h. die Tatsache, dass der Veräußerer durch den Schein einer ordnungsgemäß erstellten Urkunde ausgewiesen ist.

2. h.M.: Kein gutgläubiger Erwerb

Dem trat die h.M. richtigerweise entgegen. Genauso wie im Falle eines gefälschten Grundbucheintrages darf auch bei einer gefälschten Abtretungserklärung ein gutgläubiger Erwerb nicht ermöglicht werden. Letzterer bedarf eindeutig eines vollwirksamen Rechtsscheinträgers, der den Veräußerer als Rechtsinhaber legitimieren kann. Eine Fälschung vermag es nicht einer solchen Legitimationswirkung nachzukommen. § 1155 BGB vermittelt gerade keinen guten Glauben in die Echtheit einer öffentlich beglaubigten Abtretungserklärung.

3. Endergebnis Frage 2

Der § 1155 BGB ist hier nicht verwirklicht. In der Fallabwandlung hat E somit keine Hypothek erworben und kann somit auch den Anspruch aus § 1147 BGB nicht geltend machen.

V. Zusammenfassung

- Grundsätzlich ist für den gutgläubigen Zweiterwerb einer Briefhypothek der Grundbuchinhalt maßgebend.
- Ist der Veräußerer nicht im Grundbuch eingetragen, ergibt sich sein Gläubigerrecht jedoch aus einer zusammenhängenden, auf den eingetragenen Gläubiger zurückführenden Reihe von öffentlich beglaubigten Abtretungserklärungen, so soll auch von ihm ein gutgläubiger Zweiterwerb möglich sein.
- § 1155 BGB wird nach Rspr. sogar dann angewandt, wenn diese Kette zwar durch eine privatschriftliche Abtretung unterbrochen wurde, an dieser Stelle aber im Endergebnis dennoch ein wirksamer Hypothekenübergang stattgefunden hat.
- Ist eine der öffentlich beglaubigten Abtretungserklärung auf eine Fälschung zurückzuführen, so wird nach h.M. die zusammenhängende Kette i.S.d. § 1154 BGB unterbrochen.

VI. Zur Vertiefung

Zu den Besonderheiten bei der Übertragung einer Briefhypothek

- Hemmer/Wüst SachenR III, Rn. 197 ff.

Die gefälschte Abtretungserklärung

- Hemmer/Wüst SachenR III, Rn. 198.

Fall 29: Das Verbot der ungerechtfertigten Doppelbelastung

Sachverhalt:

G gewährt dem S ein Darlehen i.H.v. 200.000 €. Zur Absicherung bestellt der S dem G an seinem Grundstück eine Briefhypothek, die an entsprechender Stelle des Grundbuchblattes vermerkt wird. G tritt unter Übergabe des Hypothekenbriefs die durch die Hypothek gesicherte Forderung in öffentlich beglaubigter Form an den gutgläubigen B ab. Nachdem dieser im Grundbuch eingetragen ist, überträgt B formgerecht die Hypothek an den gutgläubigen D. Wie sich nunmehr herausstellt, war der G im Zeitpunkt der Abtretung an den B geschäftsunfähig.

Frage: *Wie stellt sich die Rechtslage nach Fälligkeit des Darlehens dar?*

I. Einordnung

Wie Sie nun gesehen haben, führt auch § 1138 BGB nicht zu einem vollwirksamen Forderungserwerb. Letzterer wird lediglich fingiert, damit dem Übergang eines Grundpfandrechts keine forderungsbezogenen Hindernisse entgegenstehen. Die bisherigen Fälle wiesen die Besonderheit auf, dass die Forderung, die aufgrund der Fiktion auf den Erwerber überging, auch ansonsten keiner Person zustand, weil sie zu keinem Zeitpunkt existierte. Der Schuldner musste deshalb immer nur mit der einseitigen Inanspruchnahme nach § 1147 BGB rechnen.

Es sind jedoch auch Konstellationen denkbar, in welchen die Forderung wirklich besteht, sie jedoch nur dem Übertragenden nicht zusteht und er auch deshalb nicht Inhaber der Hypothek ist. Während die Hypothek gutgläubig erworben werden kann, bleibt die Forderung beim bisherigen Gläubiger. Es tritt das unbillige Ergebnis auf, dass der Schuldner plötzlich einer doppelten Inanspruchnahme, einerseits durch den Hypothekar, anderseits durch den persönlichen Schuldner ausgesetzt wird.

Wie der Schuldner aus dieser Lage befreit werden kann, soll der Fall 29 demonstrieren.

II. Gliederung

Ansprüche der Beteiligten nach Fälligkeit des Darlehens

Rechtslage nach Fälligkeit:

I. Anspruch des D gegen den S auf Duldung der Zwangsvollstreckung, § 1147 BGB

Voraussetzung:
D als Inhaber der Buchhypothek:

1. **§§ 398, 1154 BGB**: Abtretungsvertrag B/D (+), Form des § 1154 (+), B jedoch in Hinblick auf die Forderung Nichtberechtigter, da Abtretung G/B wegen §§ 104 Nr. 2, 105 I BGB (-) ⇨ Gutgläubiger Erwerb des D nach §§ 1138 I, 892, 1155 BGB (+)
2. **Zwischenergebnis**: D ist Hypothekengläubiger geworden

II. Rechtslage bzgl. Forderung

Grds. besteht die Forderung weiter
⇨ Problem der Doppelbelastung

⇨ Einheits- und Mitreißtheorie: Vorrang des Akzessorietätsgrundsatzes; Ausnahme vom Grundsatz, dass eine Forderung nicht gutgläubig erworben werden darf; Übergang der Forderung auf den D

⇨ Trennungstheorie: Forderungsentkleidete Hypothek zugunsten des D und Forderung ohne Hypothek zugunsten des G; S ist ausreichend dadurch geschützt, dass er an den G nur unter Berücksichtigung der §§ 1161, 1160 I BGB zu zahlen hat.

III. Lösung

I. Anspruch des D aus § 1147 BGB

D könnte gegen den S einen Anspruch aus § 1147 BGB geltend machen. Voraussetzung wäre, dass D Inhaber einer Hypothek am Grundstück des S wäre. D könnte eine Buchhypothek von B durch Abtretung des Anspruchs aus § 488 I S. 2 BGB erworben haben, §§ 398, 1154 BGB.

1. Abtretungsvertrag

D und B haben sich geeinigt, dass eine durch die Buchhypothek am Grundstück des S gesicherte Darlehensforderung von B auf den D übergehen soll, § 398 BGB.

2. Form des § 1154 I BGB

Die hierzu erforderliche Form des § 1154 I S. 1 BGB ist gewahrt.

3. B als Forderungsinhaber

Eine Abtretung nach §§ 398, 1154 BGB kann unmittelbar nur dann Wirksamkeit entfalten, wenn der Zedent auch wirklich Forderungsinhaber gewesen ist.

B könnte die Darlehensforderung vom damaligen Berechtigten G übertragen bekommen haben, §§ 488 I S. 2, 398, 1154 BGB. Dies war jedoch nicht möglich, da sich im Nachhinein herausstellte, dass der G in diesem Zeitpunkt geschäftsunfähig gewesen ist. G war deshalb bzgl. der Forderung zwar Berechtigter, jedoch war der Abtretungsvertrag mit B nach §§ 104 Nr. 2, 105 I BGB unwirksam. Ein gutgläubiger Erwerb der Forderung durch den B scheidet von vornherein aus, da §§ 892 ff. BGB lediglich über einen Mangel in der Berechtigung und niemals über eine fehlerhafte Einigung hinweghelfen können. Dieser Umstand bringt die Tatsache mit sich, dass der B gegenüber dem D als Nichtberechtigter über die Forderung verfügt hat.

4. Übergang der Hypothek

Existiert keine Forderung, die übertragen werden könnte, so kann auch keine Hypothek auf den Erwerber übergehen, § 1153 I BGB.

Da es hier jedoch ausschließlich um den gutgläubigen Erwerb eines Grundpfandrechts geht, ist es unter den Voraussetzungen der §§ 1138, 892, 1155 BGB möglicherweise denkbar, einen Forderungserwerb zu fingieren, damit die Briefhypothek übergehen kann. Demnach gelten die Vorschriften der §§ 891 - 899 BGB für die Hypothek auch in Ansehung der Forderung.

Fraglich ist, ob die Voraussetzungen des § 892 BGB in der Person des D auch hinsichtlich der Forderung vorliegen.

Zunächst muss festgestellt werden, dass sich D nicht auf die Gutglaubenswirkung des Grundbuchs berufen kann. Nicht der verfügende B, sondern der G war noch immer als Hypothekengläubiger im Grundbuch eingetragen. Dies schadet hier dem Erwerb der Hypothek durch den D jedoch nicht, da sich die Gläubigerberechtigung von einer öffentlich beglaubigten Abtretungserklärung von dem eingetragenen G ableiten lässt, so dass B ebenfalls als direkt aus dem Grundbuch legitimiert galt.

Ein rechtsgeschäftlicher Erwerb in Form eines Verkehrsgeschäfts sowie die Gutgläubigkeit des D bzgl. der Gläubigerstellung des B liegen vor. Zudem wurde kein Widerspruch in das Grundbuch gegen diese Rechtslage eingetragen.

D hat mit der fingierten Forderung eine Briefhypothek am Grundstück des S erhalten. Ihm steht mithin ein Anspruch aus § 1147 BGB auf Duldung der Zwangsvollstreckung zu.

II. Rechtslage bzgl. der Forderung

Es stellt sich nunmehr das Problem, wem die noch immer bestehende Darlehensforderung zukommen soll.

1. Einheits- und Mitreißtheorie

Die Vertreter der Einheits- und Mitreißtheorie machen zur strikten Wahrung des Akzessorietätsgrundsatzes eine Ausnahme von dem Grundsatz, dass eine Forderung nicht gutgläubig erworben werden kann.

Der Erwerber erhält damit vollwirksam die Forderung gegen den persönlichen Schuldner, § 1153 II BGB. Dieses Vorgehen wird vorrangig mit der Schutzbedürftigkeit des Schuldners begründet, da dieser nach der Einheits- und Mitreißtheorie nicht mehr von zwei Seiten, sondern nur noch von einem Gläubiger in die Pflicht genommen werden kann.

2. Trennungstheorie

Nach der Trennungstheorie soll der D eine forderungsentkleidete Hypothek erwerben, während G seine Forderung ohne die Hypothek behält. Der Durchbruch des gesetzlichen Verbots eines gutgläubigen Forderungserwerbs kann nur anhand der Schutzbedürftigkeit nicht gerechtfertigt werden. Außerdem ist der Schuldner schon durch die gesetzlichen Regelungen des BGB ausreichend geschützt. Nach §§ 1161, 1160 I BGB braucht er unter Bezugnahme auf die Sicherungsabrede an den Gläubiger nur zu zahlen, wenn dieser eine Löschung der Hypothek veranlasst bzw. ihm den Hypothekenbrief zurückgibt.

Selbst für den Fall, dass der unachtsame Schuldner an den Gläubiger zahlt, sieht das BGB eine Regelung vor: Gem. § 813 I S. 1 BGB kann er das Geleistete aufgrund seiner faktisch dauernden Einrede kondizieren.

3. Endergebnis Fall 29

Mit der überzeugenderen h.M. hat der D somit eine forderungsentkleidete Hypothek erhalten. Die Forderung aus § 488 I S. 2 BGB steht weiterhin dem G zu.

IV. Zusammenfassung

- Existiert eine Forderung, steht diese aber dem Übertragenden nicht zu und ist er deshalb auch nicht Eigentümer der Hypothek so erwirbt der gutgläubige Dritte nach einer Mindermeinung nicht nur die Hypothek, sondern ausnahmsweise auch die zu sichernde Forderung.
- Nach der h.M. hingegen erhält der Dritte eine forderungsentkleidete Hypothek und die Forderung bleibt beim ursprünglichen Gläubiger.

V. Zur Vertiefung

Über die Vermeidung der Doppelbelastung des Schuldners

- Hemmer/Wüst SachenR III, Rn. 199 ff.

Fall 30: Forderungsbegleichung und Zahlungen auf die Hypothek

Sachverhalt:

S hat von G ein Darlehen i.H.v. 100.000 € erhalten, das durch eine Hypothek am Grundstück des E gesichert worden ist. Als G nach Fälligkeit des Darlehens die Rückzahlung verlangt, kann S, der sich in massiven finanziellen Schwierigkeiten befindet, nicht zahlen. Um sich sein Grundstück zu erhalten, bezahlt E den Betrag von 100.000 € an den G.

Frage 1: *Wie ist die Rechtslage?*

S hat dem G zur Sicherung einer Darlehensforderung eine Buchhypothek an seinem Grundstück bestellt. Da er dem Rückzahlungsverlangen des G keinesfalls nachkommen kann, wendet sich der verzweifelte S an seinen wohlhabenden Freund D. Dieser zahlt das Darlehen an den G zurück.

Frage 2: *Hat D mit der Zahlung eine Hypothek erhalten? Ändert sich etwas an dem Ergebnis, wenn dem D ein Ablösungsrecht zustünde?*

S hat zur Sicherung eines Darlehens seinen Vater E zur Bestellung einer Hypothek zugunsten des G überreden können. Da G weitere Sicherheiten verlangt, verbürgt sich B selbstschuldnerisch für die Rückzahlung des Darlehens.

Frage 3: *Was geschieht mit der Hypothek, wenn B das Darlehen zurückzahlt?*

G hat an den S ein Darlehen in Höhe von 100.000 € ausgezahlt, das durch eine Hypothek am Grundstück des S abgesichert ist. S veräußert sein Grundstück für 250.000 € an den B unter der Vereinbarung, B solle unter Anrechnung auf den Kaufpreis die Hypothek übernehmen. Nach seiner Eintragung überweist B die 150.000 € auf ein Girokonto des S. Der über den Verkauf des Grundstücks inzwischen unterrichtete G, ist mit diesem „Schuldneraustausch" nicht einverstanden. Er möchte, dass S auch weiterhin sein persönlicher Schuldner bleibt. Bei Fälligkeit des Darlehens und mehrmaliger Aufforderung zahlt schließlich S widerwillig das Darlehen an den G zurück.

Frage 4: *Bestehen Ansprüche des S gegen den B? Wie ist die Rechtslage bzgl. der Hypothek?*

I. Einordnung

Der Fortbestand einer Hypothek steht immer im direkten Zusammenhang mit der Existenz einer Forderung. Es ist offensichtlich, dass sich deshalb Zahlungen auf die Forderungen auch auf die Hypothek auswirken müssen. Welche Rechtsfolgen dabei exakt eintreten, richtet sich in erster Linie danach, wer worauf zahlt und ob der Eigentümer und der Schuldner identisch sind oder nicht.

Befriedigt der mit dem Eigentümer identische Schuldner seine Forderung, so erlischt diese nach § 362 I BGB und die Hypothek wandelt sich in eine Eigentümergrundschuld um, §§ 1163 I S. 2, 1177 I BGB.

Genau zum selben Ergebnis gelangt man, wenn der mit dem Eigentümer personenverschiedene Schuldner auf seine persönliche Forderung zahlt.

Diese Grundfälle bereiten bekanntermaßen dem Klausurbearbeiter weniger Probleme. Anders sieht dies schon in den anderen vier Fallkonstellationen aus, die Hauptgegenstand des Falles 30 sind.

II. Gliederung

Frage 1:
Der mit S personenverschiedene Eigentümer zahlt auf Schuld des S

Rechtslage:

bzgl. **Forderung**: Die persönliche Forderung geht auf den E über, § 1143 BGB

bzgl. **Hypothek**: Übergang der Hypothek kraft Gesetz, § 1153 BGB auf den E ⇨ Eigentümerhypothek, § 1177 II BGB

Frage 2:
Ein Dritter zahlt

Rechtslage:

bzgl. **Forderung**: Voraussetzungen des § 268 I BGB (-) ⇨ Forderungsübergang auf D nach § 268 III BGB (-)

bzgl. **Hypothek**: kein Übergang der Hypothek kraft Gesetz, § 1153 BGB. Umwandlung in Eigentümergrundschuld, §§ 1163 I S. 2, 1177 I BGB

Frage 3:
Ein Bürge begleicht die Forderung

Rechtslage:

bzgl. **Forderung**: Die persönliche Forderung geht auf B über § 774 I BGB.

bzgl. **Hypothek**: Übergang der Hypothek kraft Gesetz, § 1153 BGB

Frage 4:
Der mit E personenverschiedene S befriedigt die persönliche Forderung des S; E ist im Innenverhältnis dem S ausgleichspflichtig

Rechtslage:

bzgl. **Forderung**: Die persönliche Forderung des S erlischt, § 362 I BGB ⇨ Regressforderung des S gegen den E aus § 415 III BGB.

bzgl. **Hypothek**: Kein Erlöschen der Hypothek ⇨ Absicherung der Regressforderung S/E

III. Lösung Frage 1

Fraglich ist, wie die Rechtslage an der Forderung und an der Hypothek zu bewerten ist, wenn der mit dem persönlichen Schuldner personenverschiedene Eigentümer auf die Hypothek zahlt

hemmer-Methode: Zahlt ein Grundstückseigentümer auf die persönliche Schuld eines anderen ist vorrangig immer davon auszugehen, dass er nach § 1142 BGB dem Verlust seines Grundstücks durch die Zwangsvollstreckung vorbeugen möchte („Der Eigentümer möchte sein Grundstück vor dem bösen Gläubiger retten“). Richtig formuliert müsste es heißen „E zahlt auf seine Hypothek“.

Davon strikt zu unterscheiden ist der seltene Fall der Zahlung des Eigentümers auf die Forderung des S, um selbsteigennützig dem persönlichen Schuldner einen Gefallen zu tun.
Hier würde im Gegenteil zum vorliegenden Fall die Forderung erlöschen und es würde eine Eigentümergrundschuld entstehen, §§ 1163 I S. 2, 1177 I BGB.

1. Rechtslage bzgl. der Forderung

Die Rechtslage hinsichtlich der Forderung bestimmt sich nach § 1143 I BGB. Ist demnach der Eigentümer nicht der persönliche Schuldner, so geht, soweit er den Gläubiger befriedigt, die Forderung auf ihn über.

E hat somit gegen den S einen Anspruch auf Darlehensrückzahlung nach § 488 I S. 2 BGB i.H.v. 100.000 €.

2. Rechtslage bzgl. der Hypothek

Mit der Forderung, § 1143 I BGB geht im Zuge einer Legalzession nach § 1153 i.V.m. §§ 401, 412 BGB auch die eigene Hypothek auf den E über („der Eigentümer kauft die hypothekarisch gesicherte Forderung"). Nachdem dem E auch die Forderung zusteht, liegt nicht etwa eine Eigentümergrundschuld, sondern nunmehr eine sog. Eigentümerhypothek nach § 1177 II BGB vor.

IV. Lösung Frage 2

Zahlt ein Dritter auf die persönliche Forderung gegen den S bestimmt sich die Rechtslage wie folgt:

1. Forderung

Mit der Befriedigung des G durch Rückzahlung des Darlehens ist dessen Forderung gegen den S erloschen, § 362 I BGB.

Der Rückgriff des Dritten richtet sich ausschließlich nach seinem Rechtsverhältnis zum Schuldner. Mögliche Ansprüche ergeben sich aus Auftrag, GoA oder Gesellschaftsrecht. Ein gesetzlicher Forderungsübergang auf den D findet grds. nicht statt.

Etwas anderes würde nur dann gelten, wenn dem D ein Ablösungsrecht nach § 268 I BGB zustünde. Nach § 268 III BGB würde dann der Dritte, soweit er den Gläubiger befriedigt, kraft Gesetzes die Forderung erwerben. Für den Beginn einer Zwangsvollstreckung sind allerdings keine Anhaltspunkte ersichtlich.

Die Forderung ist erloschen und nicht auf den D übergegangen.

2. Rechtslage bzgl. der Hypothek

Da die Darlehensforderung erloschen ist, geht die Hypothek nicht nach § 268 III i.V.m. § 1153 I BGB auf den D über. Sie wandelt sich in eine Eigentümergrundschuld, §§ 1163 I S. 2, 1177 I BGB.

V. Lösung Frage 3

B hat als Bürge die Forderung des G gegen den S beglichen.

1. Forderung

Die persönliche Forderung des G gegen den S geht mit Zahlung durch den Bürgen B auf diesen über, § 774 BGB.

2. Hypothek

Mit der Forderung geht natürlich auch die Hypothek mit auf den B über, § 1153 I BGB.

hemmer-Methode: In diesem Zusammenhang werden Sie in Ihrer studentischen Laufbahn früher oder später mit dem Problem, das so schön mit „Der Wettlauf der Sicherungsgeber“ überschrieben ist stoßen. Dem Grunde nach ist davon auszugehen, dass die Forderung und damit auch kraft Gesetz die Sicherung auf denjenigen übergeht, der am schnellsten zahlt (Prioritätsprinzip ⇨ „Wer zuerst kommt, mahlt zuerst!“). Zahlt also der Eigentümer zuerst, geht die Forderung nach § 1143 I BGB, und damit nach § 401 BGB die Bürgschaft auf ihn über. Zahlt hingegen der Bürge schneller, so erhält dieser die Forderung nach § 774 und damit nach § 1153 BGB die Hypothek. Kann eine andere abweichende Vereinbarung zwischen den Parteien ausgeschlossen werden, geht die Rspr. zur Vermeidung dieses unbilligen Ergebnisses davon aus, dass zwischen den gleichrangigen Sicherungsgebern ein gesamtschuldähnliches Verhältnis anzunehmen ist, was eine analoge Anwendung des § 426 I BGB mit sich bringt (hierzu ausführlich Hemmer/Wüst Kreditsicherungsrecht, Rn. 347 ff.).

VI. Lösung Frage 4

Weitaus schwieriger beurteilt sich die Rechtslage, wenn der mit dem Eigentümer personenverschiedene Schuldner die persönliche Forderung befriedigt, der Eigentümer jedoch im Innenverhältnis zum Schuldner ausgleichspflichtig gewesen ist.

1. Rechtslage hinsichtlich der Forderung

Ursprünglich war der S persönlicher Schuldner des G.

Diese Rechtsstellung sollte sich nach den Vereinbarungen der Parteien dahingehend ändern, dass B die Schuld des S übernehmen und damit in die Schuldnerstellung des S eintreten sollte, §§ 414 ff. BGB.

Wird die Schuldübernahme von dem Dritten mit dem Schuldner vereinbart, so hängt ihre Wirksamkeit von der Genehmigung des Gläubigers, hier des G ab, § 415 I S. 1 BGB. Da dieser aber die Genehmigung strikt verweigerte, weil er sich mit diesem „Schuldneraustausch“ nicht einverstanden erklären wollte, gilt die angestrebte Schuldübernahme als nicht erfolgt. Rechtsfolge ist damit, dass der S im Verhältnis zu G auch weiterhin persönlicher Schuldner des G bleibt

Mit der Befriedigung des Gläubigers G durch den S selbst, ist dessen persönliche Forderung erloschen, § 362 I BGB. Im Verhältnis zwischen S und B wirkt aufgrund ihrer individuellen Vereinbarungen die fehlgeschlagene Schuldübernahme im Zweifel wie eine interne Erfüllungsübernahme weiter, § 415 III BGB. S hat deshalb gegen den B im Innenverhältnis einen Regressanspruch aus § 415 III BGB (Freistellungsanspruch, § 329 BGB oder Ersatzanspruch ⇨ abhängig davon, ob S schon bezahlt hat oder nicht).

2. Rechtslage bzgl. der Hypothek

Grds. müsste man in Hinblick auf die Hypothek sagen, dass sich diese infolge des Erlöschens der Forderung in eine Eigentümergrundschuld umwandeln müsste, §§ 1163 I S. 2, 1177 I BGB.

Ein solches Ergebnis verkennt jedoch völlig, dass es durchaus nicht unbillig erscheinen würde, die Hypothek zukünftig zur Sicherung des Regressanspruches S/B einzusetzen.

Dieser Ansicht hat der Gesetzgeber Rechnung getragen, indem er in § 1164 I S. 1 BGB eine Ausnahme zu § 1163 I S. 2 BGB normiert. Befriedigt der persönliche Schuldner den Gläubiger, so geht die Hypothek insoweit auf ihn über, als er von dem Eigentümer oder einem Rechtsvorgänger des Eigentümers Ersatz verlangen kann.

S ist also Inhaber einer Hypothek am Grundstück des B.

VII. Zusammenfassung

- Zahlt der S persönlich, erlischt die Forderung, § 362 I BGB und es entsteht eine Eigentümergrundschuld unabhängig davon, ob der S und der E personenidentisch sind oder nicht, §§ 1163 I S. 2, 1177 I BGB.
- Zahlt der Bürge erhält er nach § 774 BGB die Forderung und nach § 1153 BGB die Hypothek.
- Zahlt ein nicht ablösungsberechtigter Dritter erlischt die Forderung; der Dritte erwirbt keine Hypothek. Etwas anders gilt nur bei einem Ablösungsrecht, § 268 III BGB.
- Zahlt der mit S personenverschiedene E auf die Hypothek, so geht die Forderung nach § 1143 I BGB auf ihn über. Die Hypothek folgt kraft Gesetz nach § 1153 I BGB.
- Zahlt der mit E personenverschiedene S auf die Forderung und war der E im Innenverhältnis zur Zahlung verpflichtet, kommt § 1164 I S. 1 BGB zur Anwendung. Die Forderung erlischt, die Hypothek dient jetzt aber der Sicherung des Regressanspruchs S/E aus § 415 III BGB.

VIII. Zur Vertiefung

Zahlung und Regress bei Sicherung durch eine Hypothek

- Hemmer/Wüst SachenR III, Rn. 201 ff.

Fall 31: Forderungs- und grundpfandrechtsbezogene Einwendungen und Einreden

Sachverhalt:

G hat dem S ein Darlehen eingeräumt, das durch eine Hypothek am Grundstück des E abgesichert ist. Als die Fälligkeit der Rückzahlung immer näher rückt, bittet der S um eine Aufschiebung der Rückzahlung für drei Jahre, was ihm der G auch zusagt. Kurze Zeit später benötigt der G finanzielle Mittel. Da er sich an sein Stundungsversprechen an S erinnert, möchte G nunmehr die Zwangsvollstreckung in das Grundstück des E betreiben.

Frage 1: *Stehen dem E irgendwelche Abwehrmöglichkeiten zu?*

Frage 2: *Was ändert sich an der Fallbeurteilung, wenn G mittlerweile seine durch die Hypothek abgesicherte Forderung gegen den S an den gutgläubigen B abgetreten hätte und nun dieser einen Anspruch aus § 1147 BGB geltend macht?*

G ist i.H.v. 50.000 € Darlehensgläubiger des S. Zur Absicherung des Darlehens wurde am Grundstück des E zugunsten des G eine Buchhypothek bestellt und im Grundbuch eingetragen. G überträgt in den nächsten Monaten die Hypothek an den gutgläubigen B, dessen Recht daraufhin im Grundbuch eingetragen wird. Als S bei Fälligkeit des Darlehens nicht bezahlen kann, möchte B neben einem Zahlungsanspruch gegen den S außerdem seinen Anspruch aus § 1147 BGB gegen den E geltend machen. S macht geltend, dass er seine Schuld bereits bei G getilgt habe und dass ihm die Abtretung der Forderung an den B völlig neu sei.

Frage 3: *Wie ist zu entscheiden, wenn S an den G jeweils vor und nach der Abtretung 25.000 € gezahlt hat?*

E hat dem G zur Sicherung einer Darlehensforderung des G gegen den S eine Buchhypothek bestellt. Als S das fällige Darlehen nicht zurückzahlen kann, möchte G gegen den E aus § 1147 BGB vorgehen. E wendet ein, dass der S ein solches „reißerisches“ Darlehen nur eingegangen ist, weil er arglistig getäuscht wurde.

Frage 4: *Kann G gegen den E die Zwangsvollstreckung betreiben, wenn S in der Tat den Darlehensvertrag anfechten könnte, er jedoch auf die Anfechtung verzichtet hat?*

I. Einordnung

Der Schuldner braucht den Gläubiger nicht zu befriedigen, wenn ihm Einwendungen oder Einreden gegen dessen Anspruch zustehen.

Mit einer **Einwendung** wird deutlich gemacht, dass der Schuldner das materiell-rechtliche Bestehen eines Anspruchs des Gläubigers bestreitet. In diesem Zusammenhang ist zwischen rechtshindernden (§§ 105, 138, 1163 I, 1177 I BGB etc.) und rechtsvernichtenden (§ 362 I, 1163 I S. 2, 275 BGB etc.) Einwendungen zu unterscheiden. Einwendungen werden im Prozessverlauf von Amts wegen beachtet.

Mit einer **Einrede** hingegen wird nicht das Bestehen einer Forderung bestritten, sondern es soll unter Bezugnahme auf Gegenrechte des Schuldners die Durchsetzung des Anspruchs verhindert werden. Es gilt aufschiebende (z.B. Stundung oder § 320 BGB) von dauernden Einreden (z.B. § 214 I BGB) zu unterscheiden. Ihnen ist gemeinsam, dass sie nur Gegenstand des Prozesses werden, wenn sie von der Beklagtenseite entsprechend geltend gemacht worden sind.

Gerade im Hypothekenrecht können Sie mit der einen oder anderen Klausur über Einwendungen und Einreden der Beteiligten rechnen, da es hier eine Fülle an kompliziertesten Zusammenhängen zu durchschauen gibt, die zugleich der Notendifferenzierung zu dienen bestimmt sind.

Den besten Ausgangspunkt für eine erfolgreiche Klausurbearbeitung schaffen Sie sich, indem sie zunächst feststellen, ob der Gläubiger gegen den persönlichen Schuldner oder gegen den Grundstückseigentümer vorgehen möchte. Erst daraufhin ist zu prüfen, ob dem in Anspruch Genommenen entweder forderungs- oder pfandrechtsbezogene Einwendungen oder Einreden zustehen könnten.

Wurde die Forderung in der Zwischenzeit auf einen Dritten übertragen, so muss ferner geklärt werden, ob eine Einrede gegen den Zedenten gegriffen hätte. Nur für den Fall, dass dies bejaht werden kann, ist daraufhin zu entscheiden, ob diese Einrede auch dem Zessionar entgegengehalten werden kann.

In Hinblick auf die Einwendungen und Einreden des Schuldners sollten Sie sich folgendes verinnerlichen:

- Der Schuldner kann grds. alle Einwendungen und Einreden aus dem Rechtsverhältnis (z.B. Stundung, Verjährung oder die §§ 273, 320 BGB) gegen seinen persönlichen Gläubiger vorbringen.
- Abwehrrechte des Grundstückseigentümers kann er hingegen nicht entgegenhalten, da nicht die Forderung, sondern die Hypothek akzessorisch ist und deshalb § 1137 BGB nicht einschlägig ist.
- Diese Einwendungen und Einreden können auch einem neuen Gläubiger, d.h. dem Zessionar entgegengehalten werden, §§ 404 ff. BGB
- Darüber hinaus stehen dem Schuldner auch sämtliche Abwehrrechte aus seinem Verhältnis zum Zessionar zu.

Hauptgegenstand des Falles 31 sind nun sämtliche Einwendungen und Einreden des Eigentümers, der sich neben seinen eigenen Rechten, zum Teil auch auf Abwehrrechte des persönlichen Schuldners berufen kann.

II. Gliederung

Frage 1:
Anspruch des G gegen den E aus § 1147 BGB

Voraussetzungen:

§§ 873 I, 1113, 1115 BGB (+) ⇨ G ist Inhaber einer Hypothek am Grundstück des E

(P): Einrede des E, § 1137 BGB; hier Einrede der Stundung des persönlichen Schuldners

Ergebnis: E kann sich gegenüber G auf die Einrede der Stundung berufen, § 1137 BGB

Frage 2:
Anspruch des B aus § 1147 BGB

Einziges **(P)**:Einrede des E gegenüber dem B aus § 1137 BGB ⇨ (-), da gutgläubiger einredefreier Erwerb des B nach §§ 1138, 892 BGB ⇨ Anspruch aus § 1147 BGB (+)

Frage 3:
Ansprüche des B bei hälftigen Zahlungen des S jeweils vor und nach der Forderungsabtretung

I. Anspruch des B gegen den S aus §§ 488 I S. 2, 398, 1154 BGB

Voraussetzungen:

1. **Abtretungsvertrag**, § 398 BGB (+)
2. **Form** des § 1154 III BGB (+)
3. G **Inhaber der Forderung** i.H.v. 50.000 € (-), Forderung durch Rückzahlung bereits vor der Abtretung i.H.v. 25.000 € erloschen, § 362 I BGB ⇨ damit ist der B nur Inhaber einer Forderung i.H.v. 25.000 € geworden ⇨ Erfüllung kann nach § 404 BGB auch dem neuen Gläubiger entgegengehalten werden.
4. **(P)**: Zahlung des Restbetrages nach der Abtretung an den ehemaligen Gläubiger G ⇨ Einwendung des persönlichen Schuldners muss sich B nach § 407 BGB entgegenhalten lassen.
5. **Ergebnis** in Zahlungsanspruch des B gegen den S

II. Anspruch des B gegen den E aus § 1147 BGB

1. Übergang der Hypothek kraft Gesetz, **§ 1153 BGB**
2. **(P)**: G eigentlich nur Inhaber einer Forderung i.H.v. 25.000 € wegen Rückzahlung des S, § 362 I BGB ⇨ Einwendung des E nach § 1157 S. 1 BGB fraglich ⇨ hier (-), da B die Hypothek in voller Höhe nach §§ 1138, 892 BGB erwarb ⇨ B wurde Inhaber einer Buchhypothek i.H.v. 50.000 €.
3. **(P)**: Zahlung des S nach Abtretung ⇨ Einwendung des E nach § 1137 BGB (-), da diese Norm lediglich Einreden umfasst ⇨ hier aber eigene Einwendung des E nach § 407 BGB denkbar ⇨ (-), da nach § 1156 S. 1 BGB ausgeschlossen
4. **Ergebnis**: Dinglicher Anspruch des B gegen den E aus § 1147 BGB in voller Höhe begründet.

Frage 4:
Anspruch des G gegen den E aus § 1147 BGB

Voraussetzungen:

1. G als **Inhaber** der Hypothek (+), §§ 873 I, 1113, 1115 BGB
2. **(P):** Einrede des E gegenüber dem G aus § 1137 I S. 1 Alt.1 BGB (-), da Möglichkeit der Anfechtbarkeit keine Einrede in diesem Sinne ⇨ § 1137 I S. 1 Alt.2 BGB, hier aber Verzicht; Unbeachtlichkeit nach § 1137 II BGB greift hier nicht ⇨ keine Bürgeneinrede des E

III. Lösung Frage 1

G könnte gegen den E einen Anspruch auf Duldung der Zwangsvollstreckung aus § 1147 BGB haben.

1. Voraussetzungen

Die Voraussetzungen der §§ 873 I, 1113, 1115 BGB für die Entstehung einer Hypothek liegen eindeutig vor.

G war Inhaber einer Buchhypothek am Grundstück des E, so dass ihm grds. ein Anspruch aus § 1147 BGB zustand.

2. Grundpfandrechtsbezogene Einreden

Es sind keine Anhaltspunkte dafür ersichtlich, dass dem Eigentümer eigene grundpfandrechtsbezogene Einreden aus seinem Verhältnis zum Gläubiger zustehen könnten. Der G hatte nicht die Hypothek, sondern ausschließlich die Forderung gestundet.

3. Einrede des E aus § 1137 BGB

Möglicherweise könnte jedoch der E gegenüber diesem Anspruch eine Einrede aus § 1137 BGB haben. Demnach kann der Eigentümer gegen die Hypothek die dem persönlichen Schuldner gegen die Forderung sowie die nach § 770 BGB einem Bürgen zustehenden Einreden geltend machen.

hemmer-Methode: Im Endeffekt geht es darum, dass der Eigentümer sich die Einreden des Schuldners zur eigenen Verteidigung heranziehen kann (umgekehrt geht das gerade nicht!). Er kann also seine eigenen und die Einreden des Schuldners geltend machen. Zum besseren Verständnis muss man sich folgendes vor Augen führen: Die Hypothek dient der Sicherung einer Forderung. Warum sollte sie dann haften, wenn die Forderung für den Gläubiger nicht durchsetzbar ist?

Diese Einreden stehen dem Eigentümer ganz unabhängig davon zu, ob er mit dem persönlichen Schuldner personenidentisch ist oder nicht. Dies lässt sich anhand des Akzessorietätscharakters einer Hypothek erklären. Ist demzufolge die Forderung schon nicht durchsetzbar, so soll es auch die „forderungsabhängige“ Hypothek nicht sein.

Unter dem Begriff der forderungsbezogenen Einreden des Schuldners i.S.d. § 1137 BGB fallen neben den Einreden aus §§ 242, 821 oder 853 BGB auch die des nichterfüllten Vertrages, § 320 BGB und natürlich auch die der Stundung einer Forderung.

Nicht dazu gehören die Verjährungseinrede oder die der beschränkten Erbenhaftung (Palandt-Bassenge § 1137, Rn. 4).

Unter einer dem Bürgen nach § 770 BGB zustehenden Einrede ist die Einrede der Anfechtbarkeit und der Aufrechenbarkeit der Hauptschuld zu subsumieren.

Im vorliegenden Fall wurde dem S die Rückzahlung des Darlehens auf drei Jahre gestundet. Diese forderungsbezogene Einrede des Schuldners S kann der Eigentümer E auch gegenüber der Hypothek geltend machen, § 1137 I S. 1 Alt.1 BGB.

4. Ergebnis Frage 1

E kann sich gegenüber G auf die Einrede der Stundung berufen, § 1137 I S. 1 Alt.1 BGB.

IV. Lösung Frage 2

Fraglich ist, ob der B als Zessionar ebenso wenig wie G seinen Anspruch aus § 1147 BGB durchsetzen kann, weil auch diesem gegenüber der E eine Einrede geltend machen kann.

1. Voraussetzungen der Abtretung der hypothekarisch gesicherten Forderung

G und B haben sich formgerecht über die Abtretung der hypothekarisch gesicherten Forderung geeinigt, §§ 398, 1154 III BGB.

Der G müsste Inhaber der abzutretenden Forderung, d.h. Berechtigter gewesen sein. Wie sich aus den Ausführungen zu Frage 1 ergibt wurde jedoch dem S die Rückzahlung des Darlehens von ihm auf drei Jahre gestundet, so dass dem S die aufschiebende Einrede der Stundung zustand. G war deshalb lediglich Inhaber einer einredebehafteten Forderung. Die Einrede des S ging keineswegs mit der Übertragung der Forderung auf den B unter. Sie kann auch von S gegenüber dem Zessionar geltend gemacht werden, § 404 BGB.

2. Übergang der Hypothek kraft Gesetz, § 1153 BGB

Gem. § 1153 BGB geht die Hypothek mit der Forderung kraft Gesetz auf den neuen Gläubiger über, soweit der Übertragende auch Inhaber der Forderung und damit Berechtigter bzgl. der Hypothek gewesen ist. Wie gesehen bestand gegen die Forderung eine Stundungseinrede des S. Diese Einrede des Schuldners steht nach § 1137 BGB auch dem Eigentümer gegen die Hypothek zu, ganz egal ob die gesicherte Forderung inzwischen abgetreten wurde, oder nicht (Die Einrede gilt also auch im Verhältnis zum Zessionar B). Der B konnte von G als Berechtigten also insoweit nur eine einredebehaftete Hypothek erlangen.

hemmer-Methode: Der B wäre bei diesem Ergebnis daran gebunden mit seinem Anspruch aus § 1147 BGB zunächst die Zeit der Stundung abzuwarten.

3. Gutgläubiger einredefreier Erwerb der Hypothek durch den B

Etwas anderes könnte jedoch dann gelten, wenn der B diese Hypothek nach den §§ 1138, 892 BGB gutgläubig einredefrei erworben hätte. Nach § 1138 BGB gelten die Vorschriften der §§ 891 - 899 BGB für die Hypothek auch in Ansehung der Forderung und der dem Eigentümer nach § 1137 BGB zustehenden Einreden. Rechtsfolge wäre die Fiktion einer einredefreien Forderung, so dass auch das Grundpfandrecht einredefrei erworben werden könnte.

Zu prüfen ist folglich, ob in der Person des B hinsichtlich der Forderung die Voraussetzungen des § 892 I BGB vorliegen.

Das Grundbuch wies in der Tat eine einredefreie Hypothek aus, während dem E eine, dem Schuldner zustehende Stundungseinrede, gegen die Hypothek zustand, § 1137 BGB. Das Grundbuch war somit unrichtig.

Ein rechtsgeschäftlicher Erwerb in Form eines Verkehrsgeschäfts liegt vor und der G war direkt aus dem Grundbuch als Berechtigter legitimiert.

B war die Existenz einer Einrede nicht bekannt und es war auch kein Widerspruch im Grundbuch eingetragen.

I.E. hat B somit die Hypothek gutgläubig einredefrei erworben.

4. Ergebnis Frage 2

Der Zessionar kann gegen den E aus § 1147 BGB vorgehen. Die Einrede des E aus § 1137 BGB wurde „gutgläubig wegerworben“.

V. Lösung Frage 3

I. Anspruch des B gegen den S aus §§ 488 I S. 2, 398, 1154 BGB

Zunächst ist zu klären, ob der B von S tatsächlich Rückzahlung des Darlehens aus abgetretenem Recht verlangen kann, §§ 488 I S. 2, 398, 1154 III BGB.

1. Formgerechter Abtretungsvertrag, §§ 398, 1154 BGB

G und B haben sich formgerecht über die Abtretung der Darlehensforderung geeinigt.

2. G als Inhaber der Forderung

Eine Forderung kann aber nur abgetreten werden, wenn der Zedent auch Inhaber der Forderung gewesen ist.

Zu Beginn bestand in der Tat eine Darlehensrückzahlungsforderung des G gegen den S i.H.v. 50.000 €. Dieser Anspruch ist jedoch i.H.v. 25.000 € durch die bereits vor der Abtretung erfolgte Rückzahlung durch den S an den Zedenten G wieder erloschen, § 362 I BGB.

Dem S steht diesbezüglich gegenüber dem G eine Einrede zu, die nach § 404 BGB auch dem Zessionar B gegenüber geltend gemacht werden kann.

Mit der Bezahlung des restlichen Betrages i.H.v. 25.000 € ist der Darlehensrückzahlungsanspruch aus § 488 I S. 2 BGB vollständig erloschen, § 362 I BGB. Dass die Zahlung nach Abtretung an den Altgläubiger G verrichtet wurde, schadet insoweit nicht.

Nach § 407 I BGB muss der neue Gläubiger eine Leistung, die der Schuldner nach Abtretung an den bisherigen Gläubiger bewirkt sowie jedes Rechtsgeschäft , das nach der Abtretung zwischen dem Schuldner und dem bisherigen Gläubiger in Ansehung der Forderung vorgenommen wird, gegen sich gelten lassen, es sei denn, dass der Schuldner die Abtretung bei der Leistung oder der Vornahme des Rechtsgeschäfts kennt. So lag der Fall hier nicht. Der Aussage des S zufolge, war ihm die Abtretung der Forderung an den B völlig neu. Die Zahlungsansprüche des B gegen den S sind unbegründet.

II. Anspruch des B gegen den E aus § 1147 BGB

Fraglich ist, ob dem B zumindest der Anspruch auf Duldung der Zwangsvollstreckung zuzusprechen ist, § 1147 BGB.

1. B als Hypothekengläubiger

G und B haben sich formgerecht über die Abtretung der hypothekarisch gesicherten Forderung geeinigt, §§ 398, 1154 III BGB.

Der G müsste Inhaber der abzutretenden Forderung, d.h. Berechtigter gewesen sein.

Wie jedoch bereits festgestellt wurde, hat der S bereits vor der Abtretung der Forderung an den B das Darlehen i.H.v. 25.000 € getilgt, § 362 I BGB. Insoweit stand dem S eine Einwendung zu, die er auch dem Zessionar gegenüber aufrechterhalten kann, § 404 BGB. G war deshalb nur Inhaber einer Forderung i.H.v. 25.000 €.

2. Übergang der Hypothek kraft Gesetz

Nach den Bestimmungen des § 1153 BGB geht die Hypothek kraft Gesetz in dem Maße auf den Zessionar über, in dem der Zedent Berechtigter bzgl. der Forderung und der Hypothek gewesen ist.

B konnte deshalb vom Berechtigten G grds. nur eine Hypothek i.H.v. 25.000 € erwerben.

In Hinblick auf den Restbetrag ist nach Rückzahlung des Darlehens in Höhe von 25.000 € nach den §§ 1163 I S. 2, 1177 I BGB eine Eigentümergrundschuld entstanden. E könnte also insoweit eine bestandsvernichtende Einwendung aus seinem eigenen Rechtsverhältnis zum früheren Gläubiger auch gegenüber dem Zessionar geltend machen, § 1157 S. 1 BGB.

3. Gutgläubiger Erwerb des B

G war im Zeitpunkt der Abtretung hinsichtlich der Hypothek nur i.H.v. 25.000 € Berechtigter. Bzgl. des Restbetrages könnte der B die Hypothek gutgläubig vom Nichtberechtigten erworben haben, § 1157 S. 2 BGB i.V.m. §§ 1138, 892 BGB. Da es hier ausschließlich um den Erwerb eines Grundpfandrechts geht, kann eine Forderung i.H.d. Restbetrages ausnahmsweise fingiert werden, wenn in der Person des B in Hinblick auf die Forderung die Erfordernisse des § 892 I BGB verwirklicht worden sind.

Dies ist hier eindeutig der Fall. Das Grundbuch war unrichtig, da es den G als einen Hypothekengläubiger i.H.v. 50.000 € und damit verbunden auch als Inhaber einer entsprechenden Forderung in derselben Höhe auswies. B war auch in Bezug auf die Existenz der Forderung gutgläubig. Ein Widerspruch wurde nicht ins Grundbuch eingetragen.

B hat somit eine Hypothek in voller Höhe erworben.

4. Berücksichtigung der Zahlung des S nach Abtretung

Es darf jedoch keineswegs vergessen werden, dass der S auch nach der Abtretung der gesicherten Forderung einen Betrag von 25.000 € an den damaligen Gläubiger entrichtet hat. Dem S steht deshalb gegen seine Inanspruchnahme durch den B eine Einwendung i.S.d. § 407 BGB zu.

Fraglich ist, ob sich auch der Eigentümer E auf diesen Umstand berufen kann, denn eigentlich müsste sich eine nachträgliche Abbezahlung des Darlehens alleine schon wegen des Akzessorietätsgrundsatzes auch auf die Hypothek auswirken.

Möglicherweise könnte sich E auf die Vorschrift des § 1137 BGB berufen. Diese Vorschrift behandelt jedoch ausschließlich Einreden, und gerade keine Einwendungen. § 1137 BGB scheidet von vornherein aus.

Es ist jedoch denkbar, dass es einen Rückgriff auf die Norm des § 1137 BGB gar nicht bedarf. E kann aus seinem eigenen Verhältnis zum neuen Gläubiger vorbringen, die Hypothek sei durch die Zahlung des S in Höhe von 25.000 € erloschen.

Wie oben gezeigt muss sich der Zessionar nach § 407 BGB die Auswirkungen der Zahlung nach Abtretung im Hinblick auf die Forderung entgegenhalten lassen. Gem. §§ 1163 I S. 2, 1177 I BGB hätte sich demnach die Hypothek i.H.v. 25.000 € in eine Eigentümergrundschuld umgewandelt.

5. Anwendung des § 1156 S. 1 BGB

B müsste in diesem Fall wehrlos neben dem Verlust der Forderung auch den Verlust eines beträchtlichen Teils der Hypothek hinnehmen. Zur Vermeidung der Verkehrsfähigkeit einer Hypothek hat der Gesetzgeber deshalb bestimmt, dass die für die Übertragung der Forderung geltenden Vorschriften der §§ 406 - 408 auf das Rechtsverhältnis zwischen dem Eigentümer und dem neuen Gläubiger in Ansehung der Hypothek keine Anwendung finden sollen, § 1156 S. 1 BGB. Eine Berufung auf den § 407 BGB ist damit für den E ausgeschlossen.

6. Endergebnis Frage 3

Während die Zahlungsansprüche des B gegen den S unbegründet sind, dringt B mit seinem Anspruch aus §1147 BGB gegen den E voll durch.

hemmer-Methode: Vielleicht fragen Sie sich, warum es eigentlich um Einwendungen und Einreden geht, im Gesetz in den §§1137, 1157 BGB jedoch immer nur von Einreden gesprochen wird. Der Gesetzgeber sah sich nicht veranlasst die Einwendungen explizit zu erwähnen, da sie die Existenz einer Forderung betreffen und sich aufgrund des Grundsatzes der Akzessorietät ohnehin auf die Hypothek auswirken. Sie können dann direkt vom Eigentümer geltend gemacht werden. Sie werden i.R.d. § 1157 S. 1 BGB schlichtweg vorausgesetzt.

VI. Lösung Frage 4

G könnte evtl. gegen den E einen Anspruch aus § 1147 BGB haben.

1. Entstehung einer Hypothek

Sämtliche Voraussetzungen für die Entstehung einer Hypothek liegen vor, §§ 873 I, 1113 I, 1115 III BGB:

2. Einreden des E

Hauptproblem dieser Fallabwandlung ist, ob dem E in irgendeiner Weise Einreden gegen seine Inanspruchnahme nach § 1147 BGB zustehen könnten.

a) § 1137 I S. 1 BGB

S hätte die Möglichkeit das „reißerische" Darlehen wegen einer arglistigen Täuschung nach § 123 I BGB anzufechten. Wenn dies eine Einrede des S gegen die Forderung darstellen würde, könnte sie E nach § 1137 I S. 1 Alt.1 BGB auch der Hypothek entgegenhalten.

Dies ist jedoch grundsätzlich zu verneinen. § 1137 BGB umschreibt die Fälle, dass bereits eine Einrede des Schuldners besteht. Lediglich die bereits erfolgte Anfechtung hätte eine rechtliche Wirkung, die bloße Anfechtbarkeit hingegen nicht.

Sie vermag es nicht dem persönlichen Schuldner ein Leistungsverweigerungsrecht zu vermitteln.

b) Dem Bürgen zustehende Einreden

Es könnte jedoch ein Fall des § 1137 I S. 1 Alt.2 BGB eingreifen. Demnach kann der Eigentümer gegen die Hypothek auch die nach § 770 BGB dem Bürgen zustehenden Einreden geltend machen. Gem. § 770 I BGB hat nun zwar der Bürge die Einrede, dass die Hauptschuld anfechtbar sei, so dass diese Norm an sich passen würde. § 770 I BGB bezieht sich jedoch nur auf die Fälle, in denen dem Schuldner dieses Recht auch in Wahrheit noch zusteht. Der Verzicht des Schuldners S auf sein Anfechtungsrecht führt folglich zum Verlust dieser Einrede.

3. § 1137 II BGB

Der Verzicht des S könnte jedoch für den E nach § 1137 II BGB unbeachtlich sein. Demnach verliert der Eigentümer, der nicht persönlicher Schuldner ist, seine Einrede nicht dadurch, dass der persönliche Schuldner auf sie verzichtet.

Die Bestimmung des § 1137 II BGB gilt aber lediglich für § 1137 I S. 1 Alt.1 BGB, also ausnahmslos für die Einreden des persönlichen Schuldners. Sie gilt nicht für die dem Eigentümer nach § 1137 I S. 1 Alt.2 BGB zustehenden Einreden des Bürgen nach § 770 I BGB. Verzichtet somit der Schuldner auf sein Anfechtungsrecht, so entfaltet dies auch Wirkung auf die Einredemöglichkeiten des Eigentümers.

4. Endergebnis Frage 4

G hat gegen den E einen volldurchsetzbaren Anspruch aus § 1147 BGB. Dem E stehen gegen die Hypothek keine Einreden zu.

VII. Zusammenfassung

- Der persönliche Schuldner kann seine Einwendungen und Einreden aus seinem Verhältnis zum Altgläubiger auch dem Zessionar gegenüber geltend machen, §§ 404 ff. BGB.
- Neben seinen eigenen Einwendungen und Einreden kann der Eigentümer gegen die Hypothek auch die Einreden des persönlichen Schuldners gegen die Forderung geltend machen, § 1137 BGB.
- Diese können auch einem Zessionar gegenüber Geltung erlangen, § 1137 BGB, soweit der Zessionar nicht gutgläubig einredefrei erworben hat, §§ 1138, 892 BGB.
- Seine eigenen Einreden aus dem Verhältnis zum Altgläubiger stehen dem Eigentümer auch dem Zessionar gegenüber zu, § 1157 S. 1 BGB. Es ist jedoch ein gutgläubiger einredefreier Erwerb des Zessionars denkbar, §§ 1157 S. 1, 892 BGB.

VIII. Zur Vertiefung

Zu den Einwendungen und Einreden

- Hemmer/Wüst SachenR III, Rn. 183 ff.

Fall 32: Der Haftungsumfang einer Hypothek

Sachverhalt:

E schuldet wegen Dachdeckerarbeiten an seinem landwirtschaftlichen Anwesen dem G Werklohn i.H.v. 200.000 €, dessen Begleichung durch eine Buchhypothek am Grundstück des E gesichert wurde. Nachdem der E bei Fälligkeit nicht bezahlen kann, wird die Zwangsversteigerung seines Grundstück gerichtlich angeordnet. Den Zuschlag erhält der B.

Frage 1: *E hatte noch vor der Beschlagnahme zwei Schweine an den S verkauft, welche dieser noch am selben Tag abtransportierte.*

Fielen die Schweine in den Haftungsverband?

Frage 2: *E hat noch vor der Beschlagnahme eine Mähmaschine an den M verkauft. Es wurde vereinbart, dass die Maschine solange in der Gerätehalle auf dem Anwesen des E stehen bleiben könne, bis der M selbst eine Unterstellmöglichkeit geschaffen hatte.*

Wer ist Eigentümer der Maschine?

Frage 3: *E wollte kurz vor der Beschlagnahme einen Pflug an den P veräußern und hat deshalb dieses Gerät auf das Grundstück des P gebracht. Kurz vor der Zuschlagserteilung wird der Pflug an P veräußert.*

Kann B die Herausgabe des Pfluges verlangen?

Frage 4:

Nach der Beschlagnahme verkauft der E 100 Zentner. Kartoffeln an den K, der von der Zwangsversteigerung nichts wusste.

Wie ist die Rechtslage? Was gilt, wenn ein Versteigerungsvermerk eingetragen war?

Frage 5: *E hat vor der Beschlagnahme einen gebrauchten Erdöltank an den T veräußert, der jedoch erst nach der Beschlagnahme vom Grundstück entfernt wurde.*

Fällt dieser Tank damit noch in den Haftungsverband?

Frage 6: *Noch vor der Beschlagnahme pfändet aufgrund eines vollstreckbaren Zahlungstitels im Auftrag des A ein Gerichtsvollzieher Einrichtungsgegenstände, die für die im Betrieb angestellten Personen bestimmt gewesen sind.*

Kann sich B gegen diese Pfändung wehren? (Die Zulässigkeit des Rechtsbehelfs des G kann unterstellt werden).

I. Einordnung

Den Inhalt des Haftungsverbandes einer Hypothek bildet das Grundstück als wirtschaftliche Einheit.

Dazu zählen nicht nur der Grund und Boden mit all seinen wesentlichen Bestandteilen, §§ 93 - 95 BGB sondern nach den §§ 1120 ff. BGB auch:

- vom Grundstück getrennte Erzeugnisse, soweit nicht die §§ 954 - 957 BGB einschlägig sind,
- vom Grundstück getrennte Bestandteile (Ausnahme §§ 954 - 957 BGB)
- Zubehör, das im Eigentum des Grundstückseigentümers steht,
- sowie Miet- und Pachtforderungen nach § 1123 I BGB.

Die Ausführungen über den Inhalt des Haftungsverbandes sind keineswegs verbindlich.

Es besteht durchaus die Möglichkeit, dass Gegenstände, die ursprünglich dem Haftungsverband angehört haben unter den Voraussetzungen der §§ 1121 f. BGB wieder frei werden und lastenfrei von Dritten erworben werden können. Ob dies im Einzelfall angenommen werden kann, hängt von der zeitlichen Reihenfolge ab, wie die Veräußerung, die Entfernung und die Beschlagnahme der Sache stattgefunden haben.

II. Gliederung

Frage 1:
Veräußerung der Schweine

Veräußerung und Entfernung vom Grundstück vor Beschlagnahme ⇨ § 1121 I BGB (+) ⇨ Befreiung aus dem Haftungsverband

Frage 2:
Verkauf der Mähmaschine

Verkauf vor der Beschlagnahme, Entfernung bisher nicht erfolgt ⇨ § 1121 I BGB (-), auch § 1121 II BGB (-) ⇨ Mähmaschine fällt in den Haftungsverband ⇨ § 90 I, II ZVG (+), damit wird der B Eigentümer

Frage 3:
Anspruch des B aus § 985 BGB auf Herausgabe des Pfluges

Eigentum des B

§ 90 I, II ZVG (+), wenn Pflug in den Haftungsverband fällt ⇨ Enthaftung bei Entfernung vor Beschlagnahme, aber Veräußerung nach Beschlagnahme ⇨ Gutgläubiger Erwerb des P nach §§ 23 ZVG, 135, 136, 936 BGB (+)⇨ Kein Anspruch des B

Frage 4:
Verkauf der 100 Ztr. Kartoffeln

Enthaftung nach §§ 23 ZVG i.V.m. § 1121 II S. 2 BGB (+)⇨ kein gutgläubiger Erwerb bei Eintragung eines Versteigerungsvermerks, § 23 II S. 2 ZVG

Frage 5:
Veräußerung des Erdöltanks

Enthaftung nach § 1121 II BGB ⇨ gutgläubiger Erwerb nach § 1121 II S. 2 BGB

Frage 6:
Erfolgsaussichten einer Erinnerung des B; § 766 ZPO

Voraussetzungen:

Zulässigkeit: (+), auch der B ist zur Einlegung der Erinnerung befugt, da auch er i.S.d. § 865 ZPO beschwert ist ⇨ alle übrigen allgemeinen und besonderen verfahrensrechtlichen Voraussetzungen (+)

Begründetheit: (+), wenn die gepfändeten Einrichtungsgegenstände der Zwangsvollstreckung in das unbewegliche Vermögen gehören ⇨ § 865 ZPO ⇨ Einrichtungsgegenstände sind nach § 98 Nr. 2 BGB Zubehör ⇨ sie unterfallen nicht der Pfändung in das bewegliche Vermögen ⇨ Rechtsbehelf des B erfolgreich

III. Lösung Frage 1

Es stellt sich die Frage, ob die an den S verkauften und übergebenen Schweine noch in den Haftungsverband der Hypothek fallen.

Dies wäre grds. zu verneinen, wenn ein Enthaftungstatbestand der §§ 1121 f. BGB einschlägig wäre.

Bei der Bewertung der Enthaftung sind grds. von der Bestellung der Hypothek bis zur Beschlagnahme, von der Beschlagnahme bis zur Eintragung eines Versteigerungsvermerks und nach der Eintragung des Versteigerungsvermerks drei Zeitabschnitte zu unterteilen.

Während nach Eintragung eines Versteigerungsvermerks in das Grundbuch mangels möglicher Gutgläubigkeit des Erwerbers keine Enthaftung mehr möglich ist, ist in den anderen beiden Zeitabschnitten durchaus eine Enthaftung nach den §§ 1121 f. BGB denkbar, wobei vor allem nach der Beschlagnahme, verbunden mit einem Veräußerungsverbot bzgl. des Eigentümers ein gutgläubiger Erwerb zu beachten ist.

Im vorliegenden Fall hat E noch vor der Beschlagnahme zwei seiner Schweine an den S verkauft, die der S gleich abtransportierte. Schweine sind dazu bestimmt nach § 98 Nr. 2 BGB dem wirtschaftlichen Zweck der Hauptsache zu dienen und stehen auch zu ihr in einem dieser Beziehung entsprechenden Beziehung. Sie sind somit Zubehör, § 97 I S. 1 BGB und fallen daher grds. in den Haftungsverband einer Hypothek.

Es könnte jedoch eine Enthaftung nach § 1121 I BGB vorliegen. Demnach werden Zubehörstücke von der Haftung frei, wenn sie veräußert und von dem Grundstücke entfernt werden bevor sie zugunsten des Gläubigers in Beschlag genommen werden.

So lag der Fall hier. Die Schweine wurden an den S veräußert und abtransportiert, noch bevor der Beschluss erging, dass über das Grundstück des E die Zwangsversteigerung angeordnet wird (Beschlagnahme, § 20 ZVG). Sie unterlagen somit nicht mehr dem Haftungsverband nach §§ 1120 ff. BGB.

IV. Lösung Frage 2

Es stellt sich die Frage nach der Eigentümerstellung in Hinblick auf die Mähmaschine.

Grds. geht nach § 90 I, II ZVG das Eigentum an der Sache mit dem Zuschlag auf den Ersteher über. B hätte somit das Eigentum an der Mähmaschine mit dem Zuschlag erlangt, wenn auch die Mähmaschine der Zwangsversteigerung des Grundstücks unterlag, d.h. sie dem hypothekarischen Haftungsverband angehörte und von der Beschlagnahme erfasst wurde, § 55 ZVG.

Eine wirtschaftlich genutzte Mähmaschine stellt grds. ein Zubehörstück i.S.d. §§ 97, 98 Nr. 2 BGB dar und fällt deshalb in den Haftungsumfang einer Hypothek.

Es könnte jedoch durch die Veräußerung an den M eine Enthaftung eingetreten sein. § 1121 I BGB verlangt neben der Veräußerung, aber auch eine Entfernung des Zubehörstücks noch vor der Beschlagnahme. Dies ist hier nicht gegeben, da die Maschine noch immer in der Garage des E abgestellt ist und noch immer nicht vom Grundstück entfernt wurde.

Die hypothekenrechtliche Belastung an der Maschine wirkte somit bis zur Versteigerung fort. B wurde durch den Zuschlag Eigentümer der Maschine.

V. Lösung Frage 3

B könnte einen Anspruch auf Herausgabe des Pfluges nach § 985 BGB geltend machen. Voraussetzung wäre, dass B Eigentümer des Pfluges wäre und der unmittelbare Besitzer P kein Recht zum Besitz nach § 986 BGB hätte.

Ursprünglich stand das Eigentum am Pflug dem E zu. Er könnte zunächst mit Zuschlag dieses Eigentum an den B verloren haben, § 90 I, II ZVG. Dies wäre aber nur dann der Fall, wenn der Pflug in den hypothekarischen Haftungsverband fiele und von der Beschlagnahme umfasst gewesen wäre.

Auch der Pflug gehört als Zubehör i.S.d. §§ 97, 98 Nr. 2 BGB dem Grunde nach in den Haftungsverband einer Hypothek.

Einzig fraglich ist, ob er durch die Veräußerung an den P von der hypothekarischen Haftung befreit wurde.

Im vorliegenden Fall wurde die Sache zwar vor der Beschlagnahme vom Grundstück entfernt, veräußert wurde sie jedoch erst nach dem gerichtlichen Beschluss, in dem die Zwangsversteigerung über das Grundstück des E angeordnet wurde.

Gem. § 23 ZVG geht die Beschlagnahme des Pfluges mit der Wirkung eines Veräußerungsverbotes einher, d.h. der Verkäufer wird nach den §§ 135, 136 BGB in seiner Verfügungsmacht beschränkt. Dies heißt jedoch nicht, dass die Sache von keinem Dritten erworben werden kann. Nach den Regelungen der §§ 23 ZVG, 135 II, 136, 936 BGB ist durchaus ein lastenfreier Erwerb und damit eine Enthaftung der Sache möglich.

Im Fall des P kann dies bejaht werden, da P bzgl. der Beschlagnahme des Pfluges gutgläubig gewesen ist.

Der Herausgabeanspruch des B aus § 985 BGB ist aufgrund der Enthaftung des Pfluges unbegründet.

VI. Lösung Frage 4

Solange sich die Kartoffeln noch auf dem Acker in der Erde befanden, waren sie nach der Regelung des § 94 I BGB noch wesentliche Bestandteile des Grundstücks. Mit ihrer Trennung gelten sie als Erzeugnisse. Die Hypothekenhaftung bezieht sich auch auf die vom Grundstück getrennten Erzeugnisse und sonstigen Bestandteile, soweit sie nicht mit der Trennung nach den §§ 954 ff. BGB in das Eigentum eines anderen als des Eigentümers oder des Eigenbesitzers des Grundstücks gelangt sind, § 1120 BGB.

hemmer-Methode: Die §§ 954 ff. BGB kämen beispielsweise zur Anwendung, wenn E sein Grundstück an den P verpachtet hätte und die abgeernteten Kartoffeln dann in das Eigentum des P übergegangen wären, § 956 BGB.

E hat die Kartoffeln nach der Beschlagnahme an den K veräußert und diese auch von seinem Grundstück entfernt. Es ist deshalb fraglich, ob nicht eine Enthaftung der Kartoffeln eingetreten ist.

Wird eine Sache nach der Beschlagnahme verkauft und vom Grundstück entfernt, so kommt zur Überwindung des Veräußerungsverbotes des § 23 ZVG nur ein gutgläubiger lastenfreier Erwerb des K nach § 1121 II S. 2 BGB in Frage.

Demnach ist, wenn der Erwerber die Sache vom Grundstück entfernt, eine vor der Entfernung erfolgte Beschlagnahme dem Erwerber gegenüber nur dann wirksam, wenn er bei der Entfernung in Ansehung der Beschlagnahme nicht in gutem Glauben war.

Die Gutgläubigkeit ist hier zu bejahen. Es sind aus den Sachverhaltsumständen keine Anhaltspunkte ersichtlich, die auf eine positive Kenntnis des K bzgl. der Beschlagnahme schließen lassen.

Eine Enthaftung der Kartoffeln ist somit eingetreten, §§ 23 ZVG, 135 II, 136, 936 BGB.

Erlangt allerdings wie in der Abwandlung der Frage der Erwerber von der Beschlagnahme positive Kenntnis, so scheidet eine Enthaftung aus, § 23 II S. 2 ZVG.

Bei der Beurteilung, inwieweit in diesem Zusammenhang Bösgläubigkeit bestand, ist auf den Zeitpunkt der Entfernung der Sache vom Grundstück abzustellen.

VII. Lösung Frage 5

Der Erdöltank stellt ein sonstiges Bestandteil eines Grundstücks dar und fällt selbstverständlich auch in den hypothekarischen Haftungsverband, § 1120 BGB. Bzgl. der Enthaftung gelten die Ausführungen der Frage 4 zu § 1121 II S. 1 und § 1121 II S. 2 BGB auch an dieser Stelle entsprechend.

VIII. Lösung Frage 6

Eine Erinnerung des B nach § 766 ZPO hat Erfolg, wenn sie zulässig und begründet ist.

1. Zulässigkeit

Die Erinnerung des B ist durchaus statthaft, da sich B gegen die Art und Weise der Zwangsvollstreckung wendet, § 766 ZPO. Darüber hinaus kann neben dem Grundstückseigentümer E auch der B zur Einlegung einer Erinnerung befugt sein, weil § 865 ZPO nicht nur den E, sondern auch den B schützen soll und auch dieser durch das Vorgehen des Gerichtsvollziehers beschwert ist. Da auch sämtliche anderen allgemeinen und besonderen Zulässigkeitsvoraussetzungen gegeben sind, ist die Erinnerung des B zulässig.

2. Begründetheit

Die Erinnerung wäre zudem begründet, wenn die einzelnen Einrichtungsgegenstände nicht der Pfändung durch den Gerichtsvollzieher, sondern der Zwangsversteigerung in das unbewegliche Vermögen unterliegen würden, § 1120 BGB.

Zwar ist es auf den ersten Blick durchaus denkbar, dass einzelne bewegliche Einrichtungsgegenstände der Pfändung nach §§ 808 ff. ZPO unterliegen.

§ 865 I ZPO bestimmt jedoch, dass die Zwangsvollstreckung in das unbewegliche Vermögen auch die Gegenstände, auf die sich bei Grundstücken die Hypothek erstreckt, umfasst. Soweit diese Zubehör sind, können diese Gegenstände nicht nach §§ 808 ff. ZPO gepfändet werden, § 865 II ZPO.

So liegt der Fall hier. Sämtliche Einrichtungsgegenstände, die für das Betriebspersonal gedacht waren, sind grundlegend dazu bestimmt, dem wirtschaftlichen Zwecke der Hauptsache zu dienen und stehen mit ihr auch in einem dieser Bestimmung entsprechenden räumlichen Verhältnis.

Die einzelnen Einrichtungsgegenstände sind mithin Zubehör nach §§ 97, 98 Nr.2 BGB und unterliegen deshalb der hypothekarischen Haftung (vgl. Palandt § 98, Rn. 4). Sie dürften demnach gem. § 865 II S. 1 ZPO nicht gepfändet werden.

Auch greift hier die Sondernorm § 865 II S. 2 BGB nicht ein, weil § 865 II S. 1 BGB für Zubehör eine abschließende Regelung darstellt.

Die Erinnerung des B ist zulässig und begründet.

IX. Zusammenfassung

- Der Haftungsumfang einer Hypothek erschöpft sich nicht nur im Grund und Boden sowie den wesentlichen Bestandteilen, sondern umfasst auch sämtliche Posten des § 1120 BGB.
- Nach den §§ 1121 ff. BGB besteht die Möglichkeit, dass einzelne Sachen von der hypothekarischen Haftung frei werden.
- Ist der Eigentümer oder der Hypothekar der Meinung, dass eine Pfändung nicht erfolgen durfte, weil die Hypothek vorrangig sein müsse, können beide eine Erinnerung nach § 766 BGB einlegen.

X. Zur Vertiefung

Zum Haftungsumfang einer Hypothek i.S.d. § 1147 BGB

- Hemmer/Wüst SachenR III, Rn. 209.

Zu den einzelnen Enthaftungstatbeständen

- Hemmer/Wüst SachenR III, Rn. 210.

Zur Erinnerung nach § 766 ZPO

- Hemmer/Wüst ZPO II, Rn. 296 ff.

Fall 33: Die Sicherungshypothek

Sachverhalt:

G hat S ein Darlehen i.H.v. 100.000 € ausgezahlt, das durch eine Sicherungshypothek am Grundstück des E abgesichert ist. Nachdem S an den G 50.000 € zurückgezahlt hatte, tritt G formgerecht seine Hypothek an den gutgläubigen B ab. Als der S nach Fälligkeit des Darlehens nicht zahlt, fragt B bei einem Rechtsanwalt nach seinen Rechten gegen S und E.

***Frage 1:** Wie muss R die Ansprüche des B beurteilen, wenn G dem S noch vor der Abtretung die Darlehensrückzahlung um ein Jahr gestundet hat?*

***Frage 2:** Was ändert sich, wenn S kurz nach der Abtretung nach einem geglückten Lottospiel seinen gesamten Gewinn i.H.v. 40.000 € in Hinblick auf das Darlehen nicht an den B, sondern an den G auszahlte, weil er von der Abtretung der Forderung an den B nichts wusste?*

I. Einordnung

Die Überschrift des § 1184 BGB zeigt, dass es neben der gewöhnlichen Verkehrshypothek, der Höchstbetragshypothek nach § 1190 BGB und der Gesamthypothek, § 1132 BGB noch eine weitere besondere Form, die sog. Sicherungshypothek gibt. Sicherlich ist der Begriff nicht allzu glücklich gewählt worden, weil es doch gerade der Charakter einer jeden Hypothek ist, eine Forderung zu sichern.

Die Sicherungshypothek entsteht im Allgemeinen unter Berücksichtigung der folgenden Besonderheiten wie eine Verkehrshypothek:

- **Einigung**: Aus der Einigung muss sich der Wille zur Bestellung der Sonderform einer Sicherungshypothek ergeben, § 873 I BGB. Eine Erteilung des Hypothekenbriefs darf gerade nicht vereinbart werden, da die Sicherungshypothek immer als Buchhypothek eingetragen werden muss, vgl. § 1185 I BGB.
- **Eintragung**: Sie muss unter dem Begriff „Sicherungshypothek" eingetragen werden.
- **Forderung**
- **Berechtigung**

Der besondere Charakter einer Sicherungshypothek in Form einer strengen Akzessorietät, d.h. einer besonderen Bindung an die Forderung zeigt sich vor allem bei der Übertragung der, durch eine Sicherungshypothek gesicherten Forderung, auf einen Dritten. Die Sicherungshypothek nach § 1184 I BGB wird dem Grunde nach wie jede Buchhypothek auch nach §§ 398, 1154 III, 1153 BGB übertragen. Aufgrund der Tatsache jedoch, dass gerade die „umlauffreundlichen" Normen der §§ 1138, 1156 BGB in § 1185 II BGB ausgeschlossen werden, ergeben sich zur Verkehrshypothek gerade im Rechtsfolgenbereich beachtenswerte Abweichungen, die Sie nun im Folgenden kennen lernen werden.

In der Sache hat der Gesetzgeber mit der Einfügung des § 1192 Ia BGB die Grundschuld bei der Übertragung sehr stark an die Sicherungshypothek angeglichen, vgl. Sie dazu die Fälle 38 und 39.

II. Gliederung

Frage 1:
Stundung der Darlehensrückzahlung vor Abtretung

I. Anspruch des B gegen den S auf Darlehensrückzahlung nach den §§ 488 I S. 2, 398, 1154 III BGB

1. Abtretungsvertrag, § 398 BGB (+)
2. Form des § 1154 III BGB (+)
3. Inhaber der Forderung: I.H.v. 50.000 € ist das Darlehen (urspr. 100.000 €) bereits vor der Abtretung wieder erloschen, § 362 I BGB

⇨ Einwendung des S, die er auch dem Zessionar gegenüber vorbringen kann; außerdem Stundung der Darlehensrückzahlung ⇨ Einrede des S, die er auch dem B gegenüber geltend machen kann, § 404 BGB.

4. **Ergebnis**: B hat zwar grds. eine Forderung gegen den S i.H.v. 50.000 €, diese ist jedoch wegen der Stundung nicht durchsetzbar.

II. Anspruch des B gegen den E auf Duldung der Zwangsvollstreckung nach § 1147 BGB

1. Übergang der Hypothek nach **§ 1153 I BGB** ⇨ G nur Berechtigter bzgl. einer Forderung und einer Hypothek i.H.v. 50.000 €; bzgl. der anderen 50.000 € ist eine Eigentümergrundschuld entstanden, §§ 1163 I S. 2, 1177 I BGB
2. **(P)**: Gutgläubiger Erwerb einer Hypothek über 100.000 €: (-), da §§ 1138, 892 BGB bei der Sicherungshypothek ausgeschlossen sind, § 1185 II BGB
3. **(P)**: Hypothek mit Stundungseinrede belastet ⇨ § 1137 BGB ⇨ Gutgläubiger, einredefreier Erwerb des B nach §§ 1138, 892 BGB allerdings nicht möglich, § 1185 II BGB (s.o.)
4. Ergebnis: materiell-rechtlicher Anspruch aus § 1147 BGB in Höhe von 50.000 € zwar (+), aber nicht durchsetzbar.

Frage 2:
Zahlungen des Schuldners auf die Forderung nach Abtretung

I. Anspruch des B gegen den S auf Darlehensrückzahlung nach den §§ 488 I S. 2, 398, 1154 III BGB

(P): Zahlung eines Betrages i.H.v. 40.000 € an den Altgläubiger, Anwendung des § 407 BGB (+)

Ergebnis: B hat gegen den S nur noch einen Zahlungsanspruch i.H.v. 10.000 €, der dem S allerdings gestundet wurde, § 404 BGB.

II. Anspruch des B gegen den E auf Duldung der Zwangsvollstreckung nach § 1147 BGB

Nach Übergang der Hypothek von G auf B war B Inhaber einer Hypothek über 50.000 €, die aber einredebehaftet gewesen ist. Die Einrede der Stundung kann auch der E erheben, § 1137 BGB

(P): Zahlung des S an den Altgläubiger ⇨ Eigentümergrundschuld, §§ 1163 I S. 1, 1177 I BGB ⇨ Berufung des E auf den § 407 BGB gewöhnlich nach § 1156 S. 1 BGB ausgeschlossen ⇨ hier aber wegen Sicherungshypothek § 1156 S. 1 nach § 1185 II BGB (-)

Ergebnis: B kann i.H.v. 10.000 € einen Anspruch aus § 1147 BGB geltend machen. Der Anspruch ist jedoch gestundet, so dass E eine Einrede nach § 1137 BGB geltend machen kann.

III. Lösung Frage 1

I. Anspruch des B gegen den S auf Darlehensrückzahlung nach den §§ 488 I S. 2, 398, 1154 III BGB

Fraglich ist, ob dem B gegen den S ein Zahlungsanspruch aus abgetretenem Recht zusteht.

1. Formgerechter Abtretungsvertrag, §§ 398, 1154 III BGB

G und B haben sich formgerecht darüber geeinigt, dass die durch die Sicherungshypothek gesicherte Forderung von G auf den B übergehen soll, §§ 488 I S. 2, 398, 1154 III BGB.

2. Forderungsberechtigung

Grds. stand dem G gegen den S ein Darlehensrückzahlungsanspruch über 100.000 € zu.

Dieser Anspruch ist im Zuge der Rückzahlung des S an den G vor der Abtretung i.H.v. 50.000 € erloschen, § 362 I BGB. G war folglich im Zeitpunkt der Abtretung noch Inhaber einer Forderung über 50.000 €.

3. Stundungseinrede des S

B hat folglich von G eine Forderung i.H.v. 50.000 € übertragen bekommen.

Fraglich ist, wie es sich auf diesen Anspruch auswirkt, dass G dem S noch vor der Abtretung die Rückzahlung des Darlehens gestundet hat.

Diese Stundungsvereinbarung begründete im Verhältnis zwischen G und S eine Einrede des S gegen die Forderung.

Sie ging keineswegs durch die Abtretung der Forderung an den B verloren, sondern kann auch dem Zessionar gegenüber geltend gemacht werden, § 404 BGB.

4. Ergebnis

B hat gegen den S einen Zahlungsanspruch über 50.000 €. Der Anspruch ist derzeit nicht realisierbar, da ihm eine Stundungsvereinbarung entgegensteht.

II. Anspruch des B gegen den E auf Duldung der Zwangsvollstreckung nach § 1147 BGB

Fraglich ist, in welchem Umfang dem B ein Anspruch gegen den E auf Duldung der Zwangsvollstreckung zustehen könnte.

1. Übergang der Hypothek nach § 1153 BGB

Gemäß § 1153 I BGB geht mit der Übertragung der Forderung auch die Hypothek auf den neuen Gläubiger über. Da dies jedoch nur insoweit gelten kann, als der Zedent auch wirklich Forderungsinhaber gewesen ist, hat B vom Berechtigten eine Buchhypothek über 50.000 € erhalten.

In Hinblick auf die bereits vor der Abtretung zurückgezahlten 50.000 € ist eine Eigentümergrundschuld für den E entstanden, §§ 1163 I S. 1, 1177 I BGB.

2. Gutgläubiger Erwerb vom Nichtberechtigten

Bzgl. der bereits erloschenen Forderung i.H.v. 50.000 € war der G Nichtberechtigter, er war jedoch im Grundbuch als Inhaber einer Sicherungshypothek über 100.000 € ausgewiesen.

Es muss also danach gefragt werden, ob nicht der B bzgl. der weiteren 50.000 € die Hypothek gutgläubig erworben haben könnte.

Mangels einer übertragbaren Forderung wäre der gutgläubige Erwerb der Hypothek nur mit Hilfe der Fiktion einer Forderung nach den §§ 1138, 892 BGB möglich. Die Anwendung des § 1138 BGB ist jedoch nach § 1185 II BGB bei der Sicherungshypothek ausgeschlossen. Damit hat der Zessionar B nur eine Hypothek i.H.v. 50.000 € erworben.

hemmer-Methode: Genau an dieser Stelle macht sich der Unterschied zwischen einer Sicherungshypothek und einer gewöhnlichen Verkehrshypothek bemerkbar. Während der Zessionar bei einer Verkehrshypothek über §§ 1138, 892 BGB die volle Hypothek erworben hätte, steht ihm hier nur eine Hypothek über die Hälfte zu. Beachten Sie auch die parallele Entwicklung der Forderung und der Hypothek. Zwischen ihnen besteht bei der Sicherungshypothek eine besonders enge Bindung. Man spricht auch von einer „strengen Akzessorietät".

3. Stundungseinrede des E

Fraglich ist, ob E der Inanspruchnahme aus der Hypothek auch die Vereinbarung der Stundung entgegenhalten kann.

Ursprünglich stand diese Einrede dem S gegen den G zu.

Da die Hypothek jedoch zu der Forderung akzessorisch ist, kann der Eigentümer gegen die Hypothek auch die dem persönlichen Schuldner gegen die Forderung zustehenden Einreden geltend machen, § 1137 BGB. Dies gilt nicht nur im Verhältnis zum Zedenten, sondern auch im Verhältnis zum Zessionar.

4. Einredefreier Erwerb des B

Grds. könnte der B im Falle einer Verkehrshypothek diese nach den Grundsätzen der §§ 1138, 892 BGB auch gutgläubig einredefrei erwerben. Wie bereits gesehen, wird jedoch die Anwendung des § 1138 BGB bei einer Sicherungshypothek ausgeschlossen, § 1185 II BGB.

5. Ergebnis

B hat einen Duldungsanspruch aus § 1147 BGB (50.000 €). Dieser Anspruch ist mit einer Stundungseinrede des E behaftet.

hemmer-Methode: Denken Sie einmal folgendes durch: Was wäre passiert, wenn die Stundungsabrede nicht zwischen G und S, sondern zwischen E und G getroffen worden wäre? (Lösung: E hätte zunächst eine grundpfandrechtsbezogene Einrede aus dem direkten Verhältnis zu G gehabt, die er dann nach § 1157 S. 1 BGB auch dem Zessionar B gegenüber hätte geltend machen können. Die Besonderheit liegt darin, dass dann aber ein gutgläubiger Erwerb des B möglich gewesen wäre, da der § 1157 S. 2 BGB nicht von § 1185 II BGB umfasst wird.

IV. Lösung Frage 2

I. Anspruch des B gegen den S auf Darlehensrückzahlung nach den §§ 488 I S. 2, 398, 1154 III BGB

Es ist zu prüfen, wie sich die Zahlung des S an den Altgläubiger G auf den Zahlungsanspruch des B auswirkt.

1. Anwendung des § 407 BGB

Wie sich oben ergab, hat B vom Berechtigten G eine Forderung über 50.000 € erworben, §§ 398, 1154 III BGB.

Mit der Zahlung von 40.000 € nach der Abtretung ist diese Forderung in dieser Höhe erloschen, 362 I BGB. B kann dieser Wirkung nicht mit dem Argument entgegenwirken, die Rückzahlung des Darlehens hätte an den falschen Empfänger stattgefunden. Nach § 407 BGB muss der neue Gläubiger eine Leistung, die der Schuldner nach der Abtretung an den bisherigen Gläubiger bewirkt, gegen sich gelten lassen, es sei denn, dass der Schuldner die Abtretung bei der Leistung kennt.

2. Ergebnis

B hat gegen den S nur noch einen Zahlungsanspruch über 10.000 €. Dieser Anspruch ist mit einer Stundungseinrede zugunsten des S belastet.

II. Anspruch des B gegen den E auf Duldung der Zwangsvollstreckung nach § 1147 BGB

Problematisch ist, ob diese nachträgliche Zahlung auch etwas an dem Hypothekenumfang bzw. dem Duldungsanspruch des B gegen den E etwas ändert.

1. Umfang der Hypothek

Gem. § 1153 I BGB ging mit der Forderung zunächst die Sicherungshypothek i.H.v. 50.000 € auf den B über, §§ 398, 1154 III BGB.

2. Zahlungen des persönl. Schuldners S auf die Forderung nach Abtretung

Mit dem Erlöschen der Forderung i.H.v. 40.000 € ist kraft Gesetz eine Eigentümergrundschuld entstanden, §§ 1163 I S. 2, 1177 BGB.

Dieses Ergebnis ließe sich jedoch nur dann halten, wenn sich der E insoweit auf den § 407 BGB berufen könnte.

Grds. ist dies jedoch nach § 1156 S. 1 BGB ausgeschlossen. Nach dessen Wortlaut finden die für die Übertragung geltenden Vorschriften der §§ 406 - 408 BGB auf das Rechtsverhältnis zwischen dem Eigentümer und dem neuen Gläubiger in Ansehung der Hypothek keine Anwendung.

Während der § 1156 S. 1 BGB jedoch nur bei einer Verkehrshypothek einschlägig ist, gilt für die Sicherungshypothek diese Norm nach § 1185 II BGB gerade nicht. § 407 BGB bleibt somit neben der Forderung auch für die Hypothek anwendbar.

3. Ergebnis

G hat einen Duldungsanspruch gegen den E aus § 1147 BGB (10.000 €). Auch dieser Anspruch ist mit einer Stundungseinrede des E belastet, § 1137 BGB (s.o.).

hemmer-Methode: Achten Sie auch hier wieder auf die strenge Akzessorietät und ihre Auswirkungen in der Praxis.

V. Zusammenfassung

- Zwischen der Sicherungshypothek und der zu sichernden Forderung besteht eine sog. strenge Akzessorietät.
- § 1138 BGB ist wegen § 1185 II BGB bei einer Sicherungshypothek nicht anwendbar. Ein gutgläubiger einredefreier Erwerb einer Sicherungshypothek ist nicht möglich.
- § 1185 II BGB schließt auch § 1156 BGB aus. Die §§ 406 ff. BGB finden somit hinsichtlich der Forderung und Hypothek Anwendung.
- Der Fall zeigt nicht die dritte Besonderheit der Sicherungshypothek. Durch den Ausschluss des § 1141 BGB wirkt eine Kündigung auch direkt gegen die Hypothek.

VI. Zur Vertiefung

Zur Sicherungshypothek

- Hemmer/Wüst SachenR III, Rn. 162.

Fall 34: Die Gesamthypothek

Sachverhalt:

E ist Eigentümer zweier Grundstücke mit einem Wert von jeweils 50.000 €. Zur Aufnahme eines Darlehens i.H.v. 80.000 € bei G benötigt E Sicherheiten.

Frage 1: *Was kann E unternehmen? Was gilt, wenn er nach Vereinbarung einer Gesamthypothek das Darlehen komplett zurückzahlt?*

Ein Darlehen des S ist durch eine Gesamthypothek an den Grundstücken des E und des F gesichert.

Frage 2: *Was gilt, wenn S die persönliche Forderung begleicht und keine Ausgleichsansprüche gegen die Eigentümer hat? Was gilt, wenn die Eigentümer im Innenverhältnis verpflichtet gewesen wären, die Forderung zu begleichen?*

Frage 3: *Stellen Sie die Auswirkungen auf die Forderung und die Gesamthypothek dar, wenn einer der Eigentümer die Forderung ausgleicht? Wie ist in einem solchen Fall zu differenzieren?*

Frage 4: *Wie wirkt es sich auf die Gesamthypothek aus, wenn beide Eigentümer zahlen?*

Frage 5: *Wie ist zu entscheiden, wenn S einen Ausgleichsanspruch nur gegen den E hätte?*

I. Einordnung

Oftmals reicht ein einziges Grundstück zur hypothekarischen Sicherung eines unter Umständen sehr hohen Kredits nicht aus, so dass der Gläubiger nach weiteren Sicherungsgegenständen fragen wird.

In der Praxis kommt es in solchen Fällen nicht selten vor, dass zwar mehrere kleinere Grundstücke zur Sicherung zur Verfügung stehen, sie aber nur in ihrer Gesamtheit ein ausreichendes Kreditsicherungsmittel für den Gläubiger darstellen.

Eine Möglichkeit wäre es, für dieselbe Forderung an allen Grundstücken Einzelhypotheken zu bestellen. Dies würde jedoch gegen den Grundsatz der Doppelsicherung verstoßen.

Erlaubt wäre hingegen die Forderung quotenmäßig aufzuteilen und auf die einzelnen Grundstücke zu verteilen.

Genauso zulässig wäre eine Vereinbarung, dass für eine Forderung mehrere Grundstücke nacheinander haften, sog. Ausfallhypothek Die einzelnen Hypotheken würden dann nicht gleichzeitig dieselbe Forderung sichern, sondern die Existenz der Ausfallhypothek wäre aufschiebend durch den Ausfall der vorrangigen Hypothek bedingt.

Mit Abstand am sachgerechtesten ist die Vereinbarung einer sog. **Gesamthypothek.** Sie liegt dann vor, wenn ein und dieselbe Forderung durch eine Hypothek an mehreren Grundstücken auf die Weise gesichert wird, dass jedes Grundstück für die ganze Forderung haftet, § 1132 I BGB.

Für die Gesamthypothek gelten die für die Verkehrshypothek geltenden Grundsätze entsprechend. Lediglich bei Zahlungen der Betroffenen und beim darauffolgenden Regress sind folgende Sonderprobleme zu beachten, die nur in den Griff zu bekommen sind, wenn systematisch vorgegangen wird.

II. Gliederung

Frage 1: Mehrfachsicherung durch einen Eigentümer

Quotelung der Forderung

Gesamthypothek, § 1132 I BGB

Zahlung durch den persönlichen Schuldner und Eigentümer beider Grundstücke ⇨ Gesamteigentümergrundschuld; §§ 1163 I S. 2, 1177 I BGB

Frage 2: Zahlung durch den persönlichen Schuldner S

S ist im Innenverhältnis zu E und F zahlungspflichtig ⇨ Erlöschen der Forderung nach § 362 I BGB ⇨ Gesamteigentümergrundschuld, §§ 1163 I S. 2, 1177 BGB, die E und F in Bruchteilen zusteht, § 1172 I BGB

E und F sind gegenüber dem S zur Zahlung verpflichtet ⇨ Erlöschen der Forderung nach § 362 I BGB ⇨ Gesamthypothek geht auf den S über und sichert nunmehr den Ausgleichsanspruch aus §§ 415 III, 1164 BGB

Frage 3: E zahlt

Im Innenverhältnis ist S zur Befriedigung verpflichtet ⇨ Die persönliche Forderung geht nach § 1143 I BGB auf den E über ⇨ Anwendbarkeit der §§ 1143 II, 1173 BGB

E ist im Innenverhältnis zur Zahlung verpflichtet ⇨ Die persönliche Forderung des G gegen den S erlischt ⇨ die Gesamthypothek wird hinsichtlich seines Grundstücks zum Eigentümerrecht ⇨ Rechtsfolge bzgl. der Hypothek am Grundstück des F davon abhängig, ob E einen Regressanspruch gegen den F hat oder nicht.

Frage 4: E und F zahlen

S ist im Innenverhältnis zur Zahlung verpflichtet ⇨ Übergang der Forderung auf E und F, § 1143 BGB und Übergang der Gesamthypothek nach § 1153 I BGB

E und F waren im Innenverhältnis verpflichtet den Gläubiger zu befriedigen ⇨ Erlöschen der Forderung nach § 1143 I S. 2 BGB ⇨ Umwandlung der Gesamthypothek in eine Gesamteigentümergrundschuld, § 1172 I BGB

Frage 5: Befriedigung sollte durch den E vollzogen werden

Die persönliche Forderung G/S erlischt, § 362 I BGB

Die Hypothek am Grundstück des E geht auf den S über und sichert nunmehr den Regressanspruch des S gegen den E

Die Hypothek am Grundstück des F erlischt, § 1174 BGB

III. Lösung Frage 1

Dem E stehen zweierlei Möglichkeiten zur Verfügung.

1. Quotelung der Forderung

Zum einen könnte er die Forderung von 80.000 € quotenmäßig, d.h. hälftig zu je 40.000 € auf die beiden Grundstücke verteilen.

Rechtsfolge wäre das Zustandekommen zweier voneinander unabhängiger Einzelhypotheken. Diese Variante hätte jedoch für den Gläubiger den Nachteil, dass wenn der Schuldner mit einer Hypothek ausfallen würde, er den ausgefallenen Betrag nicht auf das andere Grundstück umwälzen darf.

2. Gesamthypothek, § 1132 BGB

Aus diesem Grund wird der Gläubiger die Vereinbarung einer Gesamthypothek, d.h. eine einheitliche Hypothek über 80.000 € an beiden Grundstücken, anstreben. Rechtsfolge wäre, dass beide Grundstücke vergleichbar einer Gesamtschuld nach §§ 421 ff. BGB für die gesamte Forderung haften.

3. Rechtslage bei Rückzahlung des Darlehens durch den Schuldner

Wurde eine Gesamthypothek vereinbart und zahlt der Schuldner das Darlehen vollständig zurück, so hängt die Rechtslage hinsichtlich der Gesamthypothek in erster Linie davon ab, ob die Grundstücke einer Person gehören oder mehreren.

Ist das Eigentum an den einzelnen Grundstücken wie im vorliegenden Fall einem Eigentümer zuzuordnen, wandelt sich die Gesamthypothek, vergleichbar der Rechtslage bei der Verkehrshypothek in eine Gesamteigentümergrundschuld um, § 1163 I S. 2, 1177 I BGB. Die §§ 1172 ff. BGB finden in derartig gelagerten Fällen keine Anwendung.

IV. Lösung Frage 2

Zahlt der persönliche Schuldner auf die persönliche Forderung, so ist die Rechtslage an der Gesamthypothek von den Verpflichtungsvereinbarungen im Innenverhältnis der Beteiligten abhängig.

1. S ist im Verhältnis zu E und F zur Befriedigung des G verpflichtet

Muss S gemäß den Vereinbarungen im Innenverhältnis den Gläubiger befriedigen, so erlischt bei seiner Zahlung nach § 362 I BGB seine persönliche Schuld. Die Gesamthypothek wandelt sich in eine Gesamteigentümergrundschuld um, §§ 1163, 1177 I, 1172 I BGB, die E und F in Bruchteilen zusteht, § 1172 I BGB.

2. E und F sind gegenüber dem S zur Befriedigung des Gläubigers verpflichtet

Wurde von den Beteiligten vereinbart, dass E und F die Forderung des G begleichen sollen, zahlt jedoch der S auf seine Schuld, so erlischt seine persönliche Schuld nach § 362 I BGB. Die Gesamthypothek geht auf den S über und sichert nunmehr den Ausgleichsanspruch des S gegen E und F, § 1164 BGB.

V. Lösung Frage 3

Besonders juristisch anspruchsvoll ist die Beurteilung der Rechtslage an der Gesamthypothek, wenn nur einer der Eigentümer den Gläubiger befriedigt.

1. S ist im Verhältnis zu E und F zur Befriedigung des G verpflichtet

Begleicht der E die Forderung des G gegen den S, war jedoch S im Innenverhältnis zur Befriedigung des Gläubigers verpflichtet, so geht die Forderung G/S nach § 1143 I S. 1 BGB auf den E über.

Bzgl. der Gesamthypothek ist i.S.d. §§ 1143 II, 1173 BGB zu differenzieren:

Hat E gegen den anderen Eigentümer F keinen Ausgleichsanspruch, so erlischt die Hypothek an dessen Grundstück, §§ 1143 II, 1173 I S. 1, 2.HS. BGB.

Kann er den F jedoch in Regress nehmen, geht die Hypothek am Grundstück des F auf den E über und bleibt in Kombination mit seiner eigenen Hypothek eine Gesamthypothek, § 1173 II BGB. Letztere sichert aber lediglich den Ausgleichsanspruch des E gegen den F und gerade nicht den von G auf den E übergegangenen Anspruch gegen S.

2. E ist im Verhältnis zu S zur Befriedigung des G verpflichtet

Zahlt der E auf die persönliche Forderung des G gegen den S und ist er auch im Innenverhältnis dazu verpflichtet gewesen, so erlischt die Forderung des G gegen den S.

Die Gesamthypothek ändert sich insoweit, als dass die Hypothek des E zum Eigentümerrecht wird, § 1173 I S. 1, 1. HS. BGB.

In Hinblick auf die Hypothek am Grundstück des F muss differenziert werden:

Hat E gegen den F keinen Ausgleichsanspruch, so erlischt die Hypothek am Grundstück des F, § 1173 I S. 1, 2. HS. BGB. Die eigene Hypothek des E wandelt sich in eine Eigentümergrundschuld.

Steht dem E allerdings ein Ersatzanspruch gegen den F zu, so geht die Hypothek am Grundstück des F auf ihn über. Ein solcher Übergang findet jedoch nur in der Höhe des Ersatzanspruchs statt, § 1173 II BGB. Diese Hypothek bildet wieder in Kombination mit der Hypothek am Grundstück des E eine Gesamthypothek.

VI. Lösung Frage 4

Zahlen E und F gemeinsam auf die persönliche Forderung des S ist folgendermaßen zu unterscheiden:

1. Verpflichtung des S im Innenverhältnis zu E und F

Wäre S im Innenverhältnis verpflichtet den Gläubiger zu befriedigen, so ginge die persönliche Forderung auf E und F über, § 1143 I S. 1 BGB und mit der Forderung auch die Gesamthypothek, § 1153 I BGB.

2. Verpflichtung der Eigentümer nach Vereinbarungen im Innenverhältnis zu S

Wären im Innenverhältnis E und F verpflichtet gewesen den G zu befriedigen, dann erlischt nach h.M. die Forderung des G gegen den S und die Gesamthypothek wandelt sich in eine Gesamteigentümergrundschuld, §§ 1163 I S. 2, 1177 I, 1172 I BGB.

VII. Lösung Frage 5

Befriedigt der persönliche Schuldner S seinen Gläubiger, hat er aber nur einen Ausgleichsanspruch gegen den einen Eigentümer E, dann erlischt zunächst die Forderung G/S nach § 362 I BGB.

Die Hypothek am Grundstück des E geht auf den S über und sichert nunmehr einen Ausgleichsanspruch des S gegen den E. Die Hypothek am Grundstück des F erlischt, § 1174 I BGB.

VIII. Zusammenfassung

- Soll eine Forderung „mehrfachgesichert“ werden, so kann die Forderung gequotelt werden und für jeden Teil eine Einzelhypothek bestellt werden. Es kann aber auch eine Ausfall bzw. eine Gesamthypothek bestellt werden.
- Für eine Forderung können nicht mehrere selbständige Hypotheken an einem Grundstück bestellt werden (Verbot der Doppelsicherung).
- Soll die Rechtslage an einer Gesamthypothek nach Zahlung, in Verbindung mit möglichen Regressforderungen der Beteiligten untereinander beurteilt werden, so ist immer zunächst danach zu fragen, wer im Innenverhältnis zur Befriedigung des Gläubigers verpflichtet gewesen ist.
- Danach ist i.S.d. §§ 1173 f. BGB unter Umständen noch danach zu fragen, ob den Eigentümern untereinander Regressforderungen zustehen.

IX. Zur Vertiefung

Ausführungen über die Gesamthypothek finden sich in

- Hemmer/Wüst SachenR III, Rn. 161.

2. Abschnitt: Die Grundschuld

Fall 35: Die Bestellung einer Grundschuld und der Sicherungsvertrag

Sachverhalt:

E ist als Grundstückseigentümer im Grundbuch eingetragen. Zur Sicherung einer Werklohnforderung bestellt er dem Dachdecker D an seinem Grundstück eine Buchgrundschuld, die daraufhin im Grundbuch eingetragen wird. Jetzt erst stellt sich heraus, dass nicht der E, sondern der A rechtmäßiger Eigentümer des Grundstücks gewesen ist.

***Frage 1:** Ist D Inhaber einer Grundschuld geworden?*

S lässt zur Sicherung einer Kaufpreisforderung dem G eine Buchgrundschuld an seinem Grundstück eintragen.

***Frage 2:** Was kann S unternehmen, wenn sich im Nachhinein herausstellt, dass der Sicherungsvertrag zwischen ihm und G an einem Wirksamkeitsmangel leidet?*

S und G haben sich über die Gewährung eines Darlehens geeinigt. G möchte den Darlehensbetrag erst bei entsprechender Eintragung einer Buchgrundschuld am Grundstück des S zu seinen Gunsten ausbezahlen. S kommt dem Willen des G nach. Nach Eintragung der Grundschuld verweigert G strikt die Valutierung des Darlehens.

***Frage 3:** Welche Rechte stehen dem S bzgl. der Grundschuld zu?*

I. Einordnung

Vergleicht man die Definition einer Grundschuld in § 1191 I BGB mit der einer Hypothek in § 1113 I BGB, so unterscheiden sich diese lediglich darin, dass die Wortpassage „zur Befriedigung wegen einer ihm zustehenden Forderung“ bei der Grundschuld weggelassen wurde. Wie der Gesetzgeber hier verdeutlichen wollte, ist im Gegensatz zur Hypothek die Grundschuld ein nichtakzessorisches Grundpfandrecht und in ihrer Existenz gerade nicht von einer Forderung abhängig.

Bei der Grundschuld muss von Beginn an zwischen drei Rechtsgeschäften unterschieden werden: schuldrechtlicher **Kreditvertrag,** schuldrechtlicher **Sicherungsvertrag,** dingliche **Grundschuldbestellung**.

Eine wirksame dingliche (Brief-)Grundschuldbestellung setzt voraus:

- **Einigung**, §§ 873 I, 1191 I BGB
- **Eintragung**, §§ 873 I, 1192 I, 1115 I BGB
- **Briefübergabe**, §§ 1192 I, 1117 I BGB bzw. Briefausschluss, §§ 1192 I, 1116 BGB
- **Berechtigung**

Eine Grundschuld kann ohne jeglichen Sicherungszweck bestellt werden, sog. isolierte Grundschuld. Es ist aber die Regel, dass Grundschulden zur Absicherung schuldrechtlicher Zahlungsansprüche eingesetzt werden, sog. **Sicherungsgrundschulden, § 1192 Ia BGB**. Die Funktion der Herstellung einer besonderen Verbindung zwischen dem Grundpfandrecht und der Forderung übernimmt nicht wie bei der Hypothek das Gesetz, sondern die Parteien sind daran gehalten in einem schuldrechtlichen Sicherungsvertrag die zu sichernde Forderung und vor allem die Abwicklung und Rückgewähr der Grundschuld, z.B. bei Wegfall der Forderung festzulegen.

Dabei muss unbedingt beachtet werden, dass die Wirksamkeit der dinglichen Grundschuldbestellung von der Wirksamkeit dieser schuldrechtlichen causa in Form des Sicherungsvertrages unabhängig ist (Abstraktionsprinzip).

Sind der Schuldner und der Eigentümer personengleich, so wird der schuldrechtliche Sicherungsvertrag natürlich zwischen dem Schuldner und dem Gläubiger abgeschlossen. Sind der Schuldner und der Eigentümer personenverschieden, so kommt i.d.R. die Sicherungsabrede zwischen Eigentümer und Gläubiger formlos und mit folgendem Inhalt zustande:

- **Verpflichtung** zur Bestellung einer Grundschuld zur Sicherung einer Forderung (entspricht dem Rechtsgrund für die Grundschuld)
- **Zweckvereinbarung**: Bestimmung der gesicherten Forderung (= Verknüpfung der Forderung mit der Grundschuld)
- **Abwicklung** der Grundschuld (Art der Verwertung, Abtretungsverbote, Rückgabeansprüche des Eigentümers bei Zahlungen auf die Forderung etc.)
- **Konditionen der Grundschuld** (Zinsen, Fälligkeit, Nennbetrag, etc.)

Wie Sie sich denken können, ist der Sicherungsvertrag gerade für den Schuldner äußerst wichtig, weil er für die Grundschuld eine „quasi-akzessorische“ Wirkung entfaltet und damit dem Eigentümer hinsichtlich seiner Verteidigung gegen Ansprüche des Gläubigers jede Menge an Einwendungs- und Einredemöglichkeiten bietet.

Wie dies in der Praxis aussieht bzw. wie vorzugehen ist, wenn der Sicherungsvertrag oder auch die zu sichernde Forderung nicht zur Entstehung gelangen, zeigt ausführlich der folgende Fall.

II. Gliederung

Frage 1:
Gutgläubiger Ersterwerb

Voraussetzungen der §§ 873 I, 1191 ff. BGB

1. Einigung, §§ 873 I, 1191 I BGB

2. Eintragung, §§ 873 I, 1192 I, 1115 I BGB

3. Berechtigung: (P): nicht der eingetragene E, sondern der A ist rechtmäßiger Eigentümer des Grundstücks ⇨ E verfügt als Nichtberechtigter

4. Gutgläubiger Erwerb der Grundschuld nach § 892 I BGB ⇨ hier (+)

Frage 2:
Unwirksamkeit der Sicherungsabrede

Anspruch des S gegen den G aus § 894 BGB (-), weil Grundbuch nicht unrichtig gewesen ist.

Anspruch des S gegen den G aus **§ 812 I S. 1, Alt.1 BGB**
⇨ etwas erlangt (+)
⇨ durch Leistung des S (+)
⇨ ohne Rechtsgrund (+), da Sicherungsabrede unwirksam war
⇨ Rechtsfolge: Wahlrecht des S: Rückübertragung der Grundschuld, Verzicht oder Aufhebung der Grundschuld.

Wird S bereits von G in Anspruch genommen ⇨ **Einrede** nach § 821 BGB.

Frage 3:
Die zu sichernde Forderung entsteht erst gar nicht

Entstehen einer **Eigentümergrundschuld** nach § 1163 I S. 1 BGB (-)
⇨zwar über § 1192 I BGB die Vorschriften des Hypothekenrechts entsprechend anwendbar. Ausgeschlossen ist jedoch die Anwendung der Vorschriften, welche die Akzessorietät betreffen.

Anspruch des S gegen den G aus § 894 BGB (-)

Anspruch auf Rückübertragung der Grundschuld aus Sicherungsvertrag (+), aber Rechtsgrundlage umstritten
⇨ e.A.: § 320 BGB ⇨ a.A.: 821 BGB

III. Lösung Frage 1

D ist dann Inhaber einer Buchgrundschuld am Grundstück des A geworden, wenn sämtliche Voraussetzungen der §§ 873 I, 1191 ff. BGB vorlägen.

1. Wirksame Einigung

E und D haben sich geeinigt, dass das Grundstück des A zur Sicherung einer Werklohnforderung des D gegen den E bestellt werden soll. Eine Einigung mit dem Inhalt des § 1191 I BGB liegt vor, § 873 I BGB.

2. Eintragung

Die Buchgrundschuld wurde auch zugunsten des D in das Grundbuch eingetragen, §§ 873 I, 1192 I, 1115 I BGB.

3. Berechtigung des E

Aufgrund der Tatsache, dass das Eigentum am Grundstück, wie sich später herausstellte nicht dem E, sondern ausschließlich dem A zustand, war der E hinsichtlich der Bestellung einer Grundschuld Nichtberechtigter.

D könnte jedoch die Buchgrundschuld von E gutgläubig erworben haben, §§ 892 ff. BGB.

Im Grundbuch war E und nicht der wahre Eigentümer A eingetragen. Der Inhalt des Grundbuchs war deshalb unrichtig. Ein rechtsgeschäftlicher Erwerb einer Grundschuld in Form eines Verkehrsgeschäfts liegt vor. E war als Berechtigter direkt aus dem Grundbuch legitimiert und es wurde auch kein Widerspruch im Grundbuch vermerkt, § 899 BGB. Schließlich sind keine Anhaltspunkte aus dem Sachverhalt ersichtlich, die auf eine positive Kenntnis des D von der fehlenden Eigentümerstellung des E bei der Grundschuldbestellung schließen lassen.

4. Ergebnis Frage 1

D ist Inhaber einer Buchgrundschuld am Grundstück des E geworden.

IV. Lösung Frage 2

Fraglich ist, was S als Sicherungsgeber unternehmen kann, wenn sich im Nachhinein herausstellt, dass der zwischen ihm und dem Sicherungsnehmer geschlossene Sicherungsvertrag unwirksam ist.

1. Anspruch des S gegen G auf Berichtigung des Grundbuchs, § 894 BGB

S könnte möglicherweise einen Anspruch aus § 894 BGB haben. Demnach kann, wenn der Inhalt des Grundbuchs in Ansehung eines Rechts an dem Grundstück, eines Rechtes an einem solchen Recht oder einer Verfügungsbeschränkung der in § 892 I BGB bezeichneten Art mit der wirklichen Rechtslage nicht im Einklang steht, derjenige, dessen Recht nicht oder nicht richtig eingetragen oder durch die Eintragung einer nicht bestehenden Belastung oder Beschränkung beeinträchtigt ist, die Zustimmung zu der Berichtigung des Grundbuchs von demjenigen verlangen, dessen Recht durch die Berichtigung betroffen wird.

a) G ist Grundschuldinhaber

Erste Voraussetzung eines Anspruchs aus § 894 BGB ist, dass der Inhalt des Grundbuchs nicht mit der wirklichen Rechtslage in Einklang steht.

Dies wäre hier nur dann der Fall, wenn der G nicht Inhaber einer Buchgrundschuld am Grundstück des S geworden wäre.

S und G haben sich nach § 873 I BGB mit dem Inhalt des § 1191 I BGB über die Einräumung einer Buchgrundschuld für den G geeinigt. Die Buchgrundschuld wurde auch im Grundbuch eingetragen, §§ 873 I, 1192 I, 1115 BGB. S war zudem als Alleineigentümer des Grundstücks zur Bestellung einer Grundschuld, d.h. zur Belastung seines Grundstücks berechtigt. Die Grundschuld zugunsten des G wurde somit wirksam bestellt. Der Inhalt des Grundbuchs entspricht der Wahrheit.

b) Kein Einfluss der Sicherungsabrede

An dieser dinglichen Rechtsstellung des G kann auch die Unwirksamkeit des Sicherungsvertrages direkt nichts ändern. Zwar kann im Sicherungsvertrag eine schuldrechtliche Abrede dahingehend getroffen werden, wie sich die Unwirksamkeit des einen Vertrages auf das andere Rechtsgeschäft auswirken soll.

Die Unwirksamkeit des schuldrechtlichen Sicherungsvertrages vermag jedoch grds. nicht das wirksame dingliche Entstehen einer Grundschuld zu stören (Abstraktionsprinzip). Schon gar nicht kann die Unwirksamkeit der Sicherungsabrede das Entstehen einer Eigentümergrundschuld nach § 1163 I S. 1 BGB auslösen. Die Vorschriften über die Hypothek nach § 1192 I BGB sind entsprechend nur anzuwenden, soweit sich nicht daraus ein anderes ergibt, dass die Grundschuld nicht eine Forderung voraussetzt.

c) Zwischenergebnis

Mangels Unrichtigkeit des Grundbuchs ist ein Anspruch des S gegen den G aus § 894 BGB nicht gegeben.

2. Anspruch des S gegen den G aus § 812 I S. 1 Alt.1 BGB

Dem S könnte jedoch ein Anspruch auf Rückgewähr der Grundschuld aus § 812 I S. 1 Alt.1 BGB zustehen.

a) Etwas erlangt

G hat von S ein dingliches Recht in Form einer Grundschuld am Grundstück des S erlangt. Zudem kommt die Eintragung einer Rechtsstellung im Grundbuch, d.h. der Erwerb einer Buchposition durch den G, die aufgrund der Verleihung eines Rechtsscheins ebenfalls eine vorteilhafte Vermögensposition darstellt (vgl. Palandt § 812, Rn. 17, 20).

b) Durch Leistung des S

Diese beiden Rechtsstellungen hat der G aufgrund einer rechtsgeschäftlichen Verfügung, d.h. durch eine Leistung des S erlangt.

c) Ohne Rechtsgrund

Der Sicherungsvertrag enthält unter anderem die Verpflichtung des S zur Sicherung der Kaufpreisforderung eine Grundschuld zugunsten des G zu bestellen. Diese Abrede ist der Grund („causa“) für S über sein Grundstück in Form einer Belastung zu verfügen. Sie ist Rechtsgrund i.S.d. § 812 I S. 1 Alt.1 BGB.

Ist die Sicherungsabrede wie im vorliegenden Fall unwirksam, erfolgte die Bestellung der Grundschuld demnach ohne Rechtsgrund.

d) Rechtsfolgen

Bezüglich der Rechtsfolgen des Anspruchs aus § 812 I S. 1 Alt.1 BGB ist zunächst zu unterscheiden, ob der Gläubiger bereits aus der Grundschuld vorgeht oder nicht.

aa) Geltendmachung von Ansprüchen durch den G

Geht der Gläubiger bereits nach den §§ 1192 I, 1147 BGB gegen den Eigentümer aus der Grundschuld vor, so kann sich der Eigentümer wegen der Unwirksamkeit der Sicherungsvereinbarung mit der Einrede des § 821 BGB zur Wehr setzen. S kann, da ohne rechtlichen Grund eine Verfügung eingegangen wurde, die Erfüllung endgültig verweigern.

bb) Weitere Rechtsfolgenalternativen

Wird der Eigentümer noch nicht unmittelbar in Anspruch genommen, möchte er aber dennoch seine zu Unrecht bestellte Grundschuld von G zurückgewährt haben, stehen ihm wahlweise die folgenden drei Vorgehensalternativen zur Verfügung:

(1) Rückübertragung

Zunächst könnte der S von G die Rückübertragung, d.h. die Abtretung der Grundschuld nach den §§ 1192 I, 1154 BGB fordern.

(2) Verzicht

Er kann aber nach den §§ 1192 I, 1168 BGB genauso einen Verzicht des Sicherungsnehmers auf die Grundschuld verlangen.

(3) Aufhebung

Schließlich trifft G die Pflicht bei Wunsch des S die Grundschuld aufzuheben, §§ 1192 I, 1183, 875 BGB. G müsste dann dem S die entsprechenden Löschungsunterlagen zukommen lassen.

V. Lösung Frage 3

Fraglich ist, welche Ansprüche dem Sicherungsgeber zustehen, wenn zwar die Sicherungsabrede wirksam ist, die zu sichernde Forderung aber von vornherein nicht besteht oder später wieder wegfällt.

1. Anspruch des S gegen den G aus § 894

S könnte möglicherweise die Zustimmung zur Berichtigung des Grundbuchs von G verlangen, § 894 BGB.

a) Unrichtigkeit des Grundbuchs

Dann müsste das Grundbuch unrichtig sein. Infolge der Tatsache, dass sich S und G nach § 873 I BGB mit dem Inhalt des § 1191 I S. 1 BGB über das Entstehen einer Buchgrundschuld geeinigt haben, diese ferner im Grundbuch eingetragen wurde und schließlich der S als Alleineigentümer des Grundstücks zu dessen Belastung berechtigt gewesen ist, hat G vom Berechtigten eine rechtswirksame Grundschuld erworben.

b) §§ 1163 I S. 1, 1177 BGB nicht anwendbar

Logische Folge der Nichtvalutierung oder des späteren Wegfalls der zu sichernden Forderung wäre bei der Hypothek das Entstehen einer Eigentümergrundschuld nach §§ 1163 I S. 1, 1177 I BGB.

Diese, die Akzessorietät der Hypothek ausdrückenden Normen, sind jedoch auf eine Grundschuld nicht anwendbar, § 1192 I BGB. Die Nichtvalutierung oder der spätere Wegfall der zu sichernden Forderung beeinträchtigt den Bestand der völlig forderungsunabhängigen Grundschuld in keiner Form.

hemmer-Methode: Manche versuchen vergeblich die Grundschuld über eine Anwendung des § 139 BGB zum Erliegen zu bringen. Dies scheitert schon am Wortlaut der Norm: Die Grundschuldbestellung ist kein Teil eines einheitlichen Rechtsgeschäfts (dazu RGZ 145, 156).

c) Zwischenergebnis

Der Inhalt des Grundbuchs entspricht der Wahrheit. Ein Anspruch des S auf Berichtigung des Grundbuchs aus § 894 BGB ist abzulehnen.

2. Schuldrechtlicher Rückgewähranspruch aus der Sicherungsabrede

Es besteht sowohl in der Rspr. als auch in der Literatur Einigkeit darüber, dass bei Nichtvalutierung der zu sichernden Forderung der Gläubiger die Sicherungsgrundschuld an den Sicherungsgeber auf jeden Fall zurückgeben muss.

Es widerspräche dem Sinn und Zweck eines jeden Sicherungsmittels, wenn dieses isoliert dem Sicherungsnehmer zustehen würde, obwohl der zugrundeliegende Sicherungszweck erst gar nicht besteht oder später wieder wegfällt. Auf welche Rechtsgrundlage der Rückgewähranspruch des Eigentümers jedoch gestützt werden könnte, ist umstritten.

a) Anwendung der §§ 812 ff. BGB

E.A. vertritt die Meinung, der Eigentümer müsse eine Einrede aus § 821 BGB geltend machen können. Grds. stünde ihm ein Anspruch auf Rückgewähr der Sicherungsgrundschuld aus § 812 I S. 1 Alt.1 BGB zu.

Dies mag für den Fall, in dem der Sicherungsvertrag unwirksam ist oder später wegfällt noch vertretbar sein (s.o.), weil der Verfügung durch den Eigentümer der Rechtsgrund in Form der Sicherungsabrede entzogen ist.

An dieser Stelle geht es jedoch um das Nichtzustandekommen oder das Nichtfortbestehen der zu sichernden Forderung, also einem Mangel im dritten Vertragsverhältnis zwischen Eigentümer und Gläubiger. Ein Mangel im Kreditverhältnis vermag nicht, etwas an der Existenz oder Wirksamkeit des zwischen den Parteien geschlossenen Sicherungsvertrages zu verändern, der damit auch weiterhin den Schuldgrund für die Grundschuldbestellung bildet.

b) Anwendung der §§ 320 ff. BGB oder Anspruch aus Sicherungsvertrag

Die h.M. geht davon aus, dass ein Rückgewähranspruch des Sicherungsgebers nicht kondiktionsrechtlichen, sondern unbedingt vertraglichen Regeln folgen müsse.

Ob man im vertraglichen Bereich dann einen Rückgewähranspruch über die Anwendung des § 320 BGB annimmt oder den Sicherungsvertrag entsprechend auslegt ist wohl mehr ein konstruktives Problem, führt aber zum selben Ergebnis.

aa) § 320 BGB

Konstruiert man einen entsprechenden Anspruch des Eigentümers über die Einrede des nichterfüllten Vertrages nach § 320 BGB, so muss der Sicherungsvertrag als ein gegenseitiger Vertrag angesehen werden. Die Rückgewähr der Grundschuld richtet sich dann nach den allgemeinen Rücktrittsfolgen der §§ 346 ff. i.V.m. 323 BGB.

bb) Sicherungsabrede

Weitaus einfacher und auch sachnäher ist die Annahme, dass die Rückgewähr der Grundschuld sich bei Nichtvalutierung der zu sichernden Forderung direkt aus der Sicherungsabrede ergibt.

Selbst wenn dies nicht im Vertrag explizit erklärt wird, machen die Parteien unter Berücksichtigung des Sicherungszwecks einer Grundschuld zumindest konkludent deutlich, dass im Falle des Nichtzustandekommens einer zu sichernden Forderung, die Grundschuld wieder zurückgewährt werden soll, §§ 133, 157 BGB (ergänzende Vertragsauslegung).

Der auf der Auslegung des Sicherungsvertrages basierende Rückgewährsanspruch entsteht somit schon mit Abschluss dieses Vertrages und ist aufschiebend bedingt durch den Wegfall des Sicherungszwecks.

c) Rechtsfolgen

Der vertragliche Anspruch auf Rückgewähr der Grundschuld läuft inhaltlich genau wie der bereicherungsrechtliche Anspruch auf ein Wahlrecht des Eigentümers hinaus. Entweder kann er die Abtretung der Grundschuld, §§ 1192 I, 1154 BGB, den Verzicht, §§ 1169, 1168 BGB oder die Aufhebung der Grundschuld, §§ 875, 1183 BGB vom Gläubiger verlangen.

hemmer-Methode: Machen Sie sich noch einmal folgendes klar. Für die Verknüpfung der Forderung mit der Grundschuld fehlen jegliche gesetzliche Normen. Während die Nichtvalutierung der zu sichernden Forderung bei der Hypothek kraft Gesetzes automatisch zum Entstehen einer Eigentümergrundschuld führen würde, §§ 1163 I S. 1, 1177 I BGB wird dieses Ergebnis bei der Grundschuld über die schuldrechtliche Verpflichtung des Gläubigers zur Rückgewähr der Grundschuld erreicht.

VI. Zusammenfassung

- Die Grundschuld kann von einem Nichtberechtigten gutgläubig erworben werden, § 892 I BGB.
- Ist die Sicherungsabrede zwischen dem Gläubiger und dem Eigentümer unwirksam, so wurde die Grundschuld ohne einen Rechtsgrund i.S.d. § 812 I S. 1 Alt.1 BGB bestellt.
- Wird bei der Grundschuld die zu sichernde Forderung nicht valutiert oder fällt sie später wieder weg, so entsteht nicht wie bei der Hypothek automatisch eine Eigentümergrundschuld. Die Norm des § 1163 BGB greift wegen ihres Ausdrucks der Akzessorietät bei der Grundschuld gerade nicht, § 1192 I BGB.
- Der Gläubiger ist aber aufgrund der Auslegung der schuldrechtlichen Sicherungsabrede verpflichtet, die Grundschuld an den Eigentümer zurück zu geben.
- In praktischer Hinsicht wird eine Grundschuld in Form eines Verzichts, §§ 1192 I, 1168 BGB, einer Abtretung, §§ 1192 I, 1154 oder einer Löschung §§ 1192 I, 1183, 875 BGB zurückgewährt.
- Die dingliche Wirksamkeit der Grundschuldbestellung ist unter strenger Beachtung des Abstraktionsprinzips von der Wirksamkeit des Sicherungsvertrages unabhängig.

VII. Zur Vertiefung

Zu den allgemeinen Entstehungsvoraussetzungen einer Grundschuld

- Hemmer/Wüst SachenR III, Rn. 214 ff.

Problem der Nichtvalutierung

- Hemmer/Wüst SachenR III, Rn. 221.

Zur Sicherungsabrede und deren Wegfall

- Hemmer/Wüst SachenR III, Rn. 220 ff.

Zur Abtretung des Anspruchs auf Rückgewähr der Grundschuld bei nachrangiger Grundschuld

- BGH, Life&Law 2013, 653 ff.

Übersicht über die Rspr.

- BGH NJW 1985, 800; RGZ 145, 156.

Fall 36: Die Übertragung der Grundschuld und der gutgläubige Zweiterwerb

Sachverhalt:

S hat von G ein Schnellboot zu einem Preis von 120.000 € gekauft. Zur Absicherung dieser Forderung bestellt er dem G formgerecht eine Buchgrundschuld an seinem Grundstück. Die Parteien kommen überein, dass potentielle Zahlungen des S ausnahmslos die Forderung betreffen sollen. Nachdem der S mit Hilfe von Börsenspekulationen zu Reichtum gekommen ist, zahlt er auf einen Schlag dem G die geschuldeten 120.000 € zurück.

G benötigt dringend Geld. Aus diesem Grund tritt er trotz der Rückzahlung die vermeintliche Kaufpreisforderung und die Grundschuld gegen den S an den B ab. Wie B zu einem späteren Zeitpunkt zugibt, hatte er bzgl. des Sicherungscharakters der Grundschuld im Zeitpunkt der Abtretung sehr wohl Kenntnis. Er gibt jedoch an, von der vorherigen Begleichung der Forderung nichts gewusst zu haben.

***Frage:** Überprüfen Sie die Rechte des B gegen den S bzgl. der Grundschuld!*

I. Einordnung

Die wirksame Übertragung einer Sicherungsgrundschuld erfolgt durch die formgerechte Abtretung der Grundschuld nach § 1154 BGB. Die gesicherte Forderung selbst muss durch ein eigenes Rechtsgeschäft übertragen, d.h. gem. §§ 398 ff. BGB abgetreten werden. Hierbei ist die reine Abtretung der durch eine Grundschuld gesicherten Forderung im Gegensatz zur Hypothek grds. nicht an eine Formvorschrift gebunden. Dies liegt daran, dass zwischen der Grundschuld und der durch sie gesicherten Forderung keine akzessorische Sonderverbindung i.S.d. § 1153 I BGB besteht und deshalb die Grundschuld nicht kraft Gesetz mit Abtretung der Forderung automatisch mit auf den Erwerber übergeht. Da also Grundschuld und Forderung immer durch zwei voneinander unabhängige Rechtsgeschäfte übertragen werden, muss nur die Übertragung des dinglichen Rechts sachenrechtlichen Formvorschriften genügen, § 1154 BGB.

Natürlich spielt auch bei der Übertragung einer Grundschuld der gutgläubige Zweiterwerb in Klausuren immer eine sehr große Rolle.

Wie bei der Hypothek auch ist ein gutgläubiger Erwerb des Zessionars bei einer Grundschuld immer dann zu diskutieren,

- wenn der Zedent nicht oder nur in einem beschränkten Maße Inhaber der Forderung ist oder
- wenn der Zedent zwar Inhaber der Forderung und der Grundschuld ist, aber eines dieser Rechte mit einer Einrede behaftet ist.

Hypothek und Grundschuld haben diesbezüglich gemeinsam, dass bei beiden Rechtsinstituten ein gutgläubiger Erwerb der gesicherten Forderung ausgeschlossen ist.

Im Rahmen der Hypothek führt dies in der Mehrheit der Nichtberechtigungsfälle zu einer Fiktion einer Forderung nach §§ 1138, 892 BGB, so dass dem Zessionar immerhin die Möglichkeit gegeben wird, auch ohne entsprechende tatsächliche Forderung eine vollwertige Hypothek zu erwerben. Ansonsten kommt ein einredefreier Erwerb der Hypothek nach § 1157 S. 2 BGB in Betracht.

Bei der Grundschuld gilt es, wie der folgende Fall demonstrieren wird, nunmehr eine andere Lösung zu finden, weil nach § 1192 I BGB die Normen der §§ 1138, 892 BGB auf die Grundschuld nicht anwendbar sind.

II. Gliederung

Gutgläubiger Zweiterwerb

1. **Duldungsanspruch des B gegen den S aus §§ 1192 I, 1147 BGB**
2. **B als Inhaber der Grundschuld**
3. **Voraussetzungen des § 1154 III BGB** bei einer Buchgrundschuld
   ⇨ **Einigung** nach § 873 I BGB (+)
   ⇨ **Eintragung** (+)
   ⇨ kein dingliches Abtretungsverbot, da nichts Entsprechendes im Grundbuch eingetragen wurde
   ⇨ **Berechtigung** des G (+)
   ⇨ damit B Inhaber der Grundschuld (+)
4. **(P):** Erheben einer **Einrede** gegenüber B, die dem S bereits im Zeitpunkt der Abtretung gegen den Altgläubiger G **zustand**
   ⇨ hier: Anspruch auf Rückgewähr der Grundschuld aufgrund der Sicherungsabrede
   ⇨ § 1157 S. 1 BGB (+)
5. **(P):** Gutgläubiger einredefreier Erwerb des B nach §§ 1157 S. 2, 892 BGB? ⇨ Unrichtigkeit des Grundbuchs (+)⇨ rg. Erwerb in Form eines Verkehrsgeschäfts (+)⇨ Legitimation des G (+) ⇨ kein Widerspruch nach § 899 BGB (+)⇨**Aber:** Streit irrelevant, da einredefreier Erwerb gem. § 1192 Ia BGB ausgeschlossen.

III. Lösung

Anspruch des B gegen den S auf Duldung der Zwangsvollstreckung nach §§ 1192 I, 1147 BGB

Grds. könnte dem B gegen den S nur ein Anspruch aus §§ 1192 I, 1147 BGB zustehen, weil ein gutgläubiger Erwerb der durch die Zahlung des S erloschenen Kaufpreisforderung ohnehin ausgeschlossen ist.

Dazu müsste B Inhaber einer Grundschuld am Grundstück des S sein. Diese könnte er von G erworben haben.

1. Formgerechte Abtretung der Buchgrundschuld, §§ 1192 I, 1154 III BGB

Eine wirksame Übertragung einer Grundschuld setzt die Verwirklichung der sachenrechtlichen Anforderungen des § 1154 BGB voraus. Nach dieser Norm finden bei Ausschluss der Erteilung des Hypothekenbriefs die Vorschriften der §§ 873, 878 BGB entsprechende Anwendung.

G und B haben sich darüber geeinigt, dass die Grundschuld am Grundstück des S von G auf den B übergehen soll, § 873 I BGB. Diese Abtretung ist auch im Grundbuch eingetragen worden.

Anhaltspunkte für die Eintragung eines dinglichen Abtretungsverbotes in das Grundbuch bestehen nicht.

Da dem G von S die Grundschuld zu seiner Zeit wirksam eingeräumt wurde, §§ 873 I, 1191 ff., war G zudem im Zeitpunkt der Abtretung zur Grundschuldabtretung berechtigt. B hat eine Grundschuld am Grundstück des S in voller Höhe von G erworben, § 1154 III BGB.

Nachdem in der Sicherungsabrede eindeutig vereinbart wurde, dass jegliche Zahlungen des persönlichen Schuldners stets auf die Forderung und eben nicht auf die Grundschuld erfolgen sollen, hat die restlose Bezahlung der Kaufpreisforderung durch den S auf die forderungsunabhängige Grundschuld grds. keine Auswirkungen.

B war Inhaber einer vollwertigen Buchgrundschuld am Grundstück des S.

2. Einrede des S aus § 1157 S. 1 BGB i.V.m. der Sicherungsvereinbarung

S könnte die Durchsetzbarkeit des Duldungsanspruchs aus der Grundschuld verhindern, wenn er Einreden gleich welcher Art gegen den Zessionar B vorbringen könnte. Möglicherweise steht dem S gegen den B eine Einrede nach § 1157 S. 1 BGB zu.

Nach § 1157 S. 1 BGB kann eine Einrede, die dem Eigentümer aufgrund eines zwischen ihm und dem bisherigen Gläubiger bestehenden Rechtsverhältnisses gegen die Grundschuld zusteht, auch dem neuen Gläubiger entgegengesetzt werden.

hemmer-Methode: Achten Sie vor allem auf den Wortlaut dieser Norm!!! „Zusteht" bedeutet, dass § 1157 S. 1 BGB sich nur auf Einreden bezieht, die bei der Übertragung der Sicherungsgrundschuld bereits bestanden hatten. Entstand die Einrede erst nach diesem Zeitpunkt, z.B. durch Tilgung eines Darlehens nach der Abtretung, so gilt § 1157 BGB nicht.
Dann richtet sich die Verteidigungsmöglichkeit nach § 1156 BGB, welcher im Rahmen der Hypothek die Akzessorietät durchbricht und daher grundsätzlich auch für die Grundschuld gilt. Allerdings schließt § 1192 Ia BGB die Anwendung der Vorschrift auf die Sicherungsgrundschuld aus. Damit wird die Grundschuld für Einreden, die nach Abtretung entstehen, faktisch stärker akzessorisch als die Hypothek!

Grds. bestand unmittelbar aus den (ausdrücklichen oder zumindest konkludenten) Sicherungsvereinbarungen und unter Berücksichtigung des Charakters einer Sicherungsgrundschuld die Einrede des Eigentümers S, dass die Grundschuld, im Falle der Tilgung der persönlichen Forderung und damit des Wegfalls des der Grundschuld zugrunde gelegten Sicherungszwecks, an den Grundstückseigentümer zurückgewährt werden muss. Insoweit handelt es sich also um eine, durch die Bezahlung der Kaufpreisforderung bedingte Einrede, die dem E bereits im Verhältnis zu G mit dessen vollständiger Befriedigung tatsächlich zustand, § 1157 S. 1 BGB.

3. Gutgläubiger einredefreier Erwerb des B nach §§ 1192 I, 1157 S. 2 BGB

Nach §§ 1192 I, 1157 S. 2 BGB könnte der B die Grundschuld jedoch einredefrei erworben haben.

a) Voraussetzungen des § 892 BGB

Die Begleichung der Kaufpreisforderung führte dazu, dass dem S bereits im Zeitpunkt der Abtretung der Grundschuld G/B, gegen den G eine Einrede aus der Sicherungsvereinbarung zustand.

Da diese Einrede nicht aus dem Grundbuch heraus ersichtlich war, entspricht der Grundbuchinhalt nicht der Wirklichkeit.

Ein rechtgeschäftlicher Erwerb der Grundschuld durch den B in Form eines Verkehrsgeschäfts liegt eindeutig vor. G war zudem direkt aus dem Grundbuch zur Übertragung der Grundschuld legitimiert. Ein Widerspruch wurde nicht eingetragen, § 899 BGB.

b) Risikobegrenzungsgesetz 2008

Letztlich kommt es auf diese Frage aber gar nicht an, weil der Gesetzgeber mit Einführung des Risikobegrenzungsgesetzes im Jahre 2008 die Möglichkeit des gutgläubig einredefreien Grundschulderwerbs in § 1192 Ia BGB modifiziert hat.

Danach gilt § 1157 S. 1 BGB nicht für Einreden, die dem Sicherungsvertrag entstammen.

4. Endergebnis

B hat die Grundschuld daher nicht gutgläubig erworben.

V. Zusammenfassung

- Zur Übertragung einer Buchgrundschuld müssen die Voraussetzungen des § 1154 III BGB erfüllt werden.
- Zur Übertragung einer Briefgrundschuld muss die schriftliche Erklärung, die Grundschuld werde abgetreten und die Übergabe des Grundschuldbriefs vorliegen, § 1154 I S. 1 BGB.
- Aufgrund der getrennten Abtretbarkeit von Forderung und Grundschuld bedarf die Übertragung der Forderung mangels Akzessorietät und mangels Übergang der Grundschuld kraft Gesetz keiner Beachtung einer sachenrechtlichen Form nach § 1154 BGB.
- Eine Grundschuld kann ohne weiteres vom Nichtberechtigten nach § 892 BGB gutgläubig erworben werden.
- Einreden des Eigentümers gegen den Zedenten kann der Zessionar nach §§ 1192 I, 1157 S. 1 BGB nicht gutgläubig wegerwerben, § 1192 Ia BGB.

VI. Zur Vertiefung

Rechtsprechung zu § 1192 Ia BGB

- BGH, Life&Law 2014, 97 ff.: eine nach alter Rechtslage gutgläubig wegerworbene Einrede lebt nicht dadurch wieder auf, dass bei Geltung der neuen Rechtslage eine erneute Übertragung erfolgt, bei der ein gutgläubig einredefreier Erwerb wegen § 1192 Ia BGB nicht mehr möglich wäre.

Zu den allgemeinen Voraussetzungen der Übertragung einer Grundschuld

- Hemmer/Wüst SachenR III, Rn. 227 ff.

Zum gutgläubigen Erwerb einer Grundschuld

- Hemmer/Wüst SachenR III, Rn. 230 f.

Einrede des Eigentümers auf Rückgewähr der Grundschuld bei Zahlungen des Schuldners

- Hemmer/Wüst SachenR III, Rn. 236.

Fall 37: Die Vermeidung der Doppelzahlungsverpflichtung des Schuldners

Sachverhalt:

Der schwerreiche G hat seinem Kollegen S ein Darlehen i.H.v. 300.000 € gewährt. Als Absicherung bestellt S dem G eine Briefgrundschuld an seinem Grundstück. Hierbei einigen sich die Parteien, dass die Forderung überhaupt nicht und wenn, dann nur mit der Grundschuld zusammen abgetreten werden darf. Die Briefübergabe an den G findet in den nächsten Tagen statt.

Kurz nach seiner Eintragung in das Grundbuch gerät G in erhebliche Geldschwierigkeiten. Um seinen Kopf aus der Schlinge seiner Gläubiger zu ziehen, überträgt er seine Darlehensrückzahlungsforderung gegen den S an den gutgläubigen B und einen Monat später in schriftlicher Form und unter Übergabe des Grundschuldbriefs die Grundschuld an den gutgläubigen D. Nachdem sowohl Darlehen als auch Grundschuld fällig geworden sind, gehen B und D gegen S ihren Forderungen nach.

Frage 1: *Können D und B ihre Ansprüche durchsetzen?*

Frage 2: *Wie müsste die Rechtslage bzgl. der Ansprüche des D und des B beurteilt werden, wenn von den Parteien keinerlei Vereinbarungen bzgl. eines Abtretungsverbotes getroffen wurden?*

I. Einordnung

Wie Sie jetzt wissen, können mangels Akzessorietät Forderung und Grundschuld problemlos an verschiedene Erwerber übertragen werden.

Infolge dieser Trennbarkeit der beiden Rechte besteht nach Abtretung an voneinander unabhängige Personen durchaus die Möglichkeit, dass der Schuldner von dem einen Gläubiger zu der Begleichung der persönlichen Forderung aufgefordert wird, während gleichzeitig der Gläubiger des dinglichen Rechts kumulativ aus der Grundschuld gegen ihn vorgeht.

Herrscht zwischen dem persönlichen Schuldner und dem Eigentümer des belasteten Grundstücks Personenidentität, so wird zur Vermeidung einer späteren Doppelverpflichtung deshalb bereits im Sicherungsvertrag vereinbart, dass die Forderung grds. überhaupt nicht, und wenn dann ausnahmslos nur mit der Grundschuld zusammen auf einen Dritten übertragen werden darf.

Sind Sicherungsgeber und Schuldner personenverschieden so werden dahingehende Vereinbarungen jeweils direkt in den Verhältnissen des Schuldners zum Gläubiger und des Eigentümers zum Grundschuldgläubiger geschlossen.

Der folgende Fall soll nicht nur die Rechtsfolgen solcher vertraglicher Abtretungsausschlüsse anschaulich machen, sondern darüber hinaus zeigen, wie juristisch vorzugehen ist, wenn derartige parteispezifische Vereinbarungen vergessen wurden.

II. Gliederung

Frage 1:
Vereinbarung des Verbots einer isolierten Abtretung zwischen S und G

I. Anspruch B/S auf Rückzahlung des Darlehens aus §§ 488 I S. 2, 398 BGB

Formlose Abtretung der gesicherten Forderung gem. § 398 BGB

1. formlose **Einigung** über die Abtretung (+), § 398 BGB
2. **Forderung** (+), § 488 I S. 2 BGB
3. **Berechtigung** (-) G war zwar berechtigter Inhaber der Darlehensrückzahlungsforderung gegen den Schuldner S

⇨ **(P):** ausdrücklicher **Ausschluss der Abtretbarkeit** der Forderung im Verhältnis S/G (+), hier vertragliche Vereinbarung i.R.d. Sicherungsvertrages, dass isolierte Abtretung von Grundschuld und Forderung auf keinen Fall möglich sein soll ⇨ Abtretungsverbot nach § 399 Alt.2 ⇨ B hat von G keine Forderung übertragen bekommen.

4. **Ergebnis**: Anspruch des B gegen den S aus §§ 488 I S. 2, 398 BGB (-), Forderung bei G

II. Anspruch des D gegen den S auf Duldung der ZV aus §§ 1192 I, 1147 BGB

1. D als Inhaber der Briefgrundschuld (+)⇨ **Einigung** über den Übergang der Grundschuld gem. § 1154 BGB ⇨ **schriftliche Abtretungserklärung** (+) ⇨ **Übergabe** des Grundschuldbriefs an den D (+) ⇨ **Berechtigung** des G (+); Voraussetzungen der §§ 873 I, 1191 ff. BGB im Verhältnis S/G (+), außerdem kein wirksamer **Ausschluss** der Abtretbarkeit der Grundschuld ⇨ um dingliche Wirkung zu erreichen, hätte eine Eintragung des Abtretungsverbotes ins Grundbuch erfolgen müssen ⇨ G ist Berechtigter

Ergebnis: D ist Inhaber einer Briefgrundschuld am Grundstück des S geworden

2. **Einreden** des S gegen die Grundschuld nach § 1157 S. 1 BGB ? ⇨ Grds. Anspruch aus SA auf Rückgewähr der GS, wenn kein Anspruch (mehr) aus Forderung besteht, nach Abtretung Einrede, die gem. § 1192 Ia BGB nicht gutgläubig wegerworben werden kann

   Besonderheit: Nur Schutz vor doppelter Inanspruchnahme, nicht davor, gar nicht zahlen zu müssen.

Ergebnis: Einredefreier Duldungsanspruch des D gegen den S aus § 1147 BGB (+)

Frage 2:
Fehlende Vereinbarungen zwischen S und G

I. Zahlungsanspruch des B gegen den S aus §§ 488 I S. 2, 398 BGB

Mangels Abtretungsverbots erhält B grds. die Forderung, sie ist jedoch nicht durchsetzbar ⇨ Einrede des S bei Inanspruchnahme durch den zu seiner Zeit berechtigten G, dass Zahlung nur Zug-um-Zug gegen Rückgewähr der Grundschuld erfolgen müsse ⇨ damit ist B Inhaber der Forderung, diese ist aber einredebehaftet ⇨ der gutgläubige einredefreie Erwerb einer Forderung ist generell nicht möglich

II. Anspruch des D gegen den S auf Duldung der ZV aus §§ 1192 I, 1147 BGB

Keine Änderungen zum Vorfall ⇨ Anspruch des D gegen den S aus § 1147 BGB eindeutig (+)

III. Lösung Frage 1

I. Anspruch des B gegen den S auf Zahlung des Kaufpreises aus §§ 488 I S. 2, 398 BGB

Zu prüfen ist, ob dem B gegen den persönlichen Schuldner S ein Anspruch auf Rückzahlung des Darlehens gem. § 488 I S. 2 BGB zustehen könnte. Da B grds. nicht selbst unmittelbare Vertragspartei des Kaufvertrages gewesen ist, kommt nur ein Anspruch aus abgetretenen Rechten des G in Betracht.

1. Formlose Einigung, § 398 BGB

G und B haben sich darüber geeinigt, dass die Forderung des G gegen den S auf den Erwerber B übergehen soll. Mangels Akzessorietät der Grundschuld ist diese Einigung über den Forderungsübergang formlos gültig, § 398 BGB.

2. Forderung

Eine abtretungsfähige Forderung besteht aus § 488 I S. 2 BGB.

3. Berechtigung des G

Die Wirksamkeit einer Forderungsabtretung setzt zudem die Berechtigung des Zedenten an der Forderung voraus, § 398 BGB.

Grds. hat der G die Forderung aus § 488 I S. 2 BGB durch den Abschluss eines wirksamen Darlehensvertrages erworben. G war berechtigter Forderungsinhaber.

4. Abtretungsverbot, § 399 Alt.2 BGB

Im Zuge der Bestellung einer Grundschuld wurde jedoch zwischen G und S, im Sicherungsvertrag eine ausdrückliche Vereinbarung mit dem Inhalt getroffen, dass G die Forderung in erster Linie überhaupt nicht, und wenn dann nur mit der Grundschuld zusammen abtreten dürfe. Eine derartige Abrede stellt einen sog. „pactum de non pedendo" dar und bedeutet zugleich ein Abtretungsverbot i.S.d. § 399 Alt.2 BGB.

G war deshalb im Zeitpunkt der Abtretung nicht berechtigt, seine Forderung auf den B zu übertragen. Die Abtretung ist gem. § 399 Alt.2 BGB unwirksam.

hemmer-Methode: Nur eine ausdrückliche Vereinbarung eines Abtretungsausschlusses zwischen dem SG und dem Gläubiger kann eine solche dingliche und besondere Wirkung entfalten. Fehlt eine solche, so bleibt der Forderungsübergang zunächst einmal wirksam. Der Gläubiger ist jedoch aus §§ 280 I, 241 II BGB i.V.m. Sicherungsvertrag dem Schuldner gegenüber haftbar.

5. Ergebnis

Dem B steht kein Zahlungsanspruch gegen den S aus § 488 I S. 2 BGB, § 398 BGB zu.

II. Anspruch des D gegen den S auf Duldung der Zwangsvollstreckung, §§ 1192 I, 1147 BGB

Fraglich ist, ob zumindest dem D gegen den S ein Anspruch auf Duldung der Zwangsvollstreckung aus der Grundschuld zuzusprechen ist, §§ 1192 I, 1147 BGB. Dies ist von der Verwirklichung der §§ 1154 I S. 1, 1192 I BGB abhängig.

1. Formgerechte Einigung nach § 1154 I S. 1 BGB

G und D haben sich darüber geeinigt, dass die Grundschuld auf den D übertragen werden soll. Ferner liegen bzgl. der Grundschuld eine schriftliche Abtretungserklärung und die Übergabe des Grundschuldbriefs vor. Die Formvorschriften des § 1154 I S. 1 BGB sind mithin gewahrt.

hemmer-Methode: Bedenken Sie, dass die schriftliche Abtretungserklärung auch durch eine entsprechende Eintragung der Abtretung in das Grundbuch ersetzt werden kann, § 1154 II BGB.

2. Berechtigung des G

G war auch in Hinblick auf die Grundschuld an sich Berechtigter. Sämtliche Voraussetzungen der §§ 873 I, 1191 ff. BGB im Verhältnis S/G liegen vor.

3. Abtretungsausschluss nach § 399 Alt.2 BGB

Die Berechtigung des G und ein entsprechender gutgläubiger Erwerb der Grundschuld durch den D, scheitern auch nicht an einem Abtretungsverbot i.S.d. § 399 Alt.2 BGB.

Um auch Wirkung in Bezug auf das dingliche Recht in Form einer Grundschuld entwickeln zu können, hätte das Abtretungsverbot in das Grundbuch eingetragen werden müssen.

hemmer-Methode: Die Notwendigkeit der Eintragung ins Grundbuch ergibt sich aus der Tatsache, dass die Vereinbarung der Nichtabtretbarkeit mit dinglicher Wirkung bezogen auf die Grundschuld ein Inhaltsänderung i.S.d. §§ 873 I, 877 BGB darstellt.

4. Zwischenergebnis

D ist somit in voller Höhe Inhaber einer Briefgrundschuld am Grundstück des S geworden.

5. Einrede des Eigentümers S gegen den Zessionar, § 1157 S. 1 BGB

Möglicherweise könnte S jedoch die Durchsetzbarkeit des Anspruchs aus der Grundschuld verhindern, wenn er Einreden gegen den Anspruch aus §§ 1192 I, 1147 BGB hätte.

Nach §§ 1192 I, 1157 S. 1 BGB kann eine Einrede, die dem Eigentümer aufgrund eines zwischen ihm und dem bisherigen Gläubiger bestehenden Rechtsverhältnisses gegen die Grundschuld zusteht, auch jedem neuen Gläubiger (Zessionar) entgegengehalten werden.

S konnte dem G bereits im Zeitpunkt der Abtretung der Grundschuld an den D durchaus entgegenhalten, er habe einen Rückübertragungsanspruch bzgl. der Grundschuld, weil der G sie ausschließlich nur zur Sicherung einer bestimmten Forderung nutzen dürfe, die er nun selbst nicht mehr innehabe.

M.a.W.: S darf von G nur gegen Befreiung von der Forderung in Anspruch genommen werden.

S kann jedoch eine solche Einrede aus dem Sicherungsvertrag S/G nicht erheben, weil nach Fälligkeit der Sicherungsfall eingetreten ist. Dieses Ergebnis basiert auf folgenden Überlegungen: Das Gegenrecht der Einrede, soll den Sicherungsgeber lediglich vor einer doppelten Inanspruchnahme schützen. Es ist deshalb nicht möglich die Sicherungsabrede auch dahingehend auszulegen, dass nach einer isolierten Abtretung der Forderung, der Sicherungsgeber nunmehr überhaupt nicht mehr zur Leistung verpflichtet ist.

Es ist offensichtlich, dass er auf jeden Fall einmal zahlen muss. Kommt ihm deshalb hinsichtlich der Forderung ein Schutz über ein Leistungsverweigerungsrecht nach § 273 I BGB zu, so darf ihm, um ein billiges Ergebnis erreichen zu können, nicht auch noch ein solches gegen den Grundschuldinhaber zugestanden werden. Der Sicherungsgeber wäre ansonsten von jeglicher Leistungspflicht befreit.

Dem S kommt mithin die Einrede der Undurchsetzbarkeit der Forderung gegen seine Inanspruchnahme aus der Grundschuld nicht zugute. Sie kann nach § 1157 S. 1 BGB nicht gegen den neuen Gläubiger erhoben werden.

6. Ergebnis

S hat die Zwangsvollstreckung in sein Grundstück nach den §§ 1192 I, 1147 BGB zu dulden.

IV. Lösung Frage 2

I. Zahlungsanspruch des B gegen den S aus § 488 I S. 2 BGB, § 398 BGB

1. Abtretung der Forderung nach § 398 BGB

G und B haben sich darüber geeinigt, dass die Forderung des G gegen den S auf den B übertragen werden soll. Diese Einigung ist grds. formlos wirksam, § 398 BGB.

2. Berechtigung des G bzgl. der Forderung

Es könnte jedoch an der Berechtigung des G zur Abtretung der Forderung fehlen.

a) Ausdrückliches Abtretungsverbot nach § 399 Alt.2 BGB

Dies wäre in erster Linie der Fall, wenn zwischen den Parteien ausdrücklich ein Abtretungsverbot vereinbart worden wäre, § 399 S. 2 BGB.

Im Vergleich zu Frage 1 liegt der Fall hier aber gerade nicht so. In der Tat ist zwischen G und B ein Sicherungsvertrag geschlossen worden. Dieser Vertrag beinhaltete jedoch in Bezug auf die Grundschuld keine ausdrücklichen Vereinbarungen über etwaige Konditionen im Fall der Forderungsabtretung.

b) Konkludente Übereinkunft

Es könnte jedoch daran zu denken sein, dass die Abtretbarkeit der Forderung durch eine stillschweigende Vereinbarung zwischen den Parteien ausgeschlossen wurde, so dass B die Forderung nicht erwerben konnte, § 399 Alt.2 BGB.

Aus einer entsprechenden ergänzenden Auslegung der, zwischen den Parteien abgeschlossenen Sicherungsvereinbarung, ergibt sich eindeutig das, auch für den Gläubiger erkennbare vorzugswürdige Interesse des Sicherungsgebers, dass die Forderung und Grundschuld nicht durch eine Abtretung getrennt werden dürfen.

Eine derartige Auslegung würde jedoch zu weit führen. Es ist davon auszugehen, dass nur bei einer besonderen Parteiabrede zwischen Sicherungsgeber und Gläubiger ein dingliches wirkendes Abtretungsverbot angenommen werden kann. Würde man hierfür bereits jede stillschweigende Vereinbarung als ausreichend erachten, so würde man für die Grundschuld unzulässigerweise eine akzessorische Bindung konstruieren, so dass der entscheidende Unterschied zwischen Hypothek und Grundschuld völlig verwischt würde.

Ein Abtretungsverbot i.S.d. § 399 Alt.2 BGB ist zu verneinen.

hemmer-Methode: Im Gegensatz zu oben (Frage 1 unter I.), wo eine Forderung wegen eines Abtretungsverbotes nicht auf den B übergehen konnte, erwirbt B mangels Abtretungsverbots in diesem Fall einen vollwertigen Anspruch vom Berechtigten G. Für den G hat dieser Verstoß gegen das (konkludent) vereinbarte Abtretungsverbot wiederum eine Schadensersatzverpflichtung gegenüber dem S aus §§ 280 I, 241 II BGB zur Folge.

c) Zwischenergebnis

Mangels Abtretungsverbotes war der G bzgl. der Forderung Berechtigter.

B wurde im Zuge der Abtretung Inhaber der Forderung gegen den S aus § 488 I S. 2 BGB.

3. Einrede des S

B könnte die Forderung aus § 488 I S. 2 BGB nicht gegen den S durchsetzen, wenn S gegen seine Inanspruchnahme Einreden erheben kann.

Direkt aus der Sicherungsabrede zwischen S und G ergibt sich, dass G gegen den S entweder den Zahlungsanspruch oder den Anspruch aus §§ 1192 I, 1147 BGB hätte geltend machen dürfen.

Wäre G nur aus der Forderung gegen den S vorgegangen, so hätte S unter der Berücksichtigung der Sicherungsabrede nur Zug-um-Zug gegen Rückgewähr der Grundschuld zahlen müssen. Bis zur Bewirkung der Gegenleistung hätte S folglich gegen den G ein Zurückbehaltungsrecht aus § 273 I BGB.

Diese Einrede kann S nach § 404 BGB auch dem neuen Gläubiger B gegenüber geltend machen. B ist nicht Inhaber der Grundschuld geworden, so dass ihm die Rückgewähr derselben nicht möglich ist. Seinem Zahlungsanspruch steht somit eine dauernde Einrede des S entgegen.

4. Zwischenergebnis

Der Zahlungsanspruch des B gegen S ist aufgrund dauernder Einrede nicht durchsetzbar.

hemmer-Methode: Vergleichen Sie nun dieses Ergebnis mit dem Ergebnis unter Punkt I. der Frage 1!

Wird also zwischen den Parteien ein schuldrechtliches Abtretungsverbot i.S.d. § 399 Alt.2 BGB vereinbart, so geht der Zahlungsanspruch schon gar nicht auf den Zessionar über.

Fehlt eine Vereinbarung eines Abtretungsverbotes völlig, so geht der Anspruch zwar auf den Zessionar über, dieser ist aber wegen einer Einrede des Schuldners nicht durchsetzbar. Sie fragen berechtigt, warum man dann überhaupt eine schuldrechtliche Vereinbarung treffen sollte, wenn man im Endeffekt doch zum selben Ergebnis gelangt. Rein faktisch gesehen ist diese Überlegung wohl nicht zu beanstanden, weil der Zessionar so oder so kein Geld aus der Forderung bekommen wird. Es ist aber zu berücksichtigen, dass es sich bei der Variante des 1. Falles um eine Einwendung handelt, bei der 2. Variante allerdings nur um eine Einrede. Während Einwendungen von Amts wegen zu beachten sind, muss eine Einrede von der Partei geltend gemacht werden, was gerade in verfahrensrechtlicher Hinsicht zu enormen Nachteilen führen kann.

II. Anspruch D/S aus §§ 1192 I, 1147 BGB

Fraglich ist, ob auch in dieser Fallvariante dem D ein Anspruch auf Duldung der Zwangsvollstreckung zusteht.

1. D als Inhaber der Grundschuld

D ist Inhaber der Grundschuld geworden. G hat ihm die Grundschuld gemäß den §§ 1192 I, 1154 BGB formgerecht abgetreten. G war in Hinblick auf die Grundschuld auch Berechtigter, §§ 873 I, 1191 ff. BGB.

2. Abtretungsausschluss

Dieses Ergebnis bzw. die Abtretungsberechtigung des G scheitert auch nicht an einem Abtretungsverbot i.S.d. § 399 Alt.2 BGB.

Eine ausdrückliche Vereinbarung eines Abtretungsverbots liegt im Gegensatz zum obigen Fall nicht vor.

Grds. könnte man jedoch den Ausschluss der Abtretbarkeit der Grundschuld über eine stillschweigende Vereinbarung im Zuge einer parteiinteressengerechten Auslegung der Sicherungsvereinbarung konstruieren.

Aber auch hier gilt, dass dieser Vereinbarung nur dann dingliche Wirkung zukommen kann, wenn sie an entsprechender Stelle im Grundbuch eingetragen worden wäre.

3. Ergebnis

Auch in diesem Fall erwirbt der D einen Grundschuldanspruch aus §§ 1192 I, 1147 BGB in voller Höhe. Bzgl. der Einredemöglichkeit des S gilt das oben Gesagte entsprechend.

V. Zusammenfassung

- Wurde zwischen dem persönlichen Schuldner und dem Gläubiger ein Abtretungsverbot i.S.d. § 399 Alt.2 BGB getroffen, so erhält der Zessionar keine Forderung.
- Das Abtretungsverbot kann in Hinsicht auf ein Grundpfandrecht nur dann dingliche Wirkung haben, wenn es in das Grundbuch eingetragen wurde. Ansonsten wird ausschließlich der gute Glaube des Erwerbers geschützt.

- Fehlt eine solche Vereinbarung völlig, dann ist die Forderungsabtretung grds. wirksam.
- Ist jedoch die Forderung im Fall einer Sicherungsgrundschuld isoliert abgetreten worden, so kann der persönliche Schuldner gegen seine Inanspruchnahme die Einrede erheben, er sei nur Zug-um-Zug gegen Rückgewähr der Grundschuld zur Zahlung verpflichtet.
- Diese Einrede kann auch dem neuen Gläubiger entgegengehalten werden, § 404 BGB.
- Ist der Sicherungsfall eingetreten, so kann der Sicherungsgeber gegen seine Inanspruchnahme aus §§ 1192 I, 1147 BGB die Einrede nach § 1157 BGB, er habe einen Rückübertragungsanspruch auf die Grundschuld, weil der Gläubiger diese nur zur Sicherung eines bestimmten Anspruchs erhalten hätte, welchen der Gläubiger nach der Abtretung nicht mehr innehätte, aus Billigkeitsgründen nicht vorbringen.

VI. Zur Vertiefung

Die Vermeidung der Doppelbeanspruchung

- Hemmer/Wüst SachenR III, Rn. 229.
- Hemmer/Wüst Kreditsicherungsrecht, Rn. 315 ff.

Übersicht über die Rechtsprechung

- OLG Stuttgart; OLGZ 1965, 96; OLG Hamm; OLGZ 1968, 209-213.

Fall 38: Einreden des Sicherungsgebers bei Einreden und Einwendungen des Schuldners

Sachverhalt:

E hat dem G zur Absicherung einer Kaufpreisforderung des G gegen den S i.H.v. 19.000 € eine Sicherungsgrundschuld an seinem Grundstück bestellt. G tritt die Forderung und die Grundschuld an den B ab. Was letzterer nicht wusste ist, dass S bereits vor der Abtretung 5.000 €, und danach mangels Kenntnis von der Abtretung 6.000 € an den G zurückgezahlt hatte. Darüber hinaus wurde dem S von G persönlich die Begleichung der Kaufpreisforderung für zwei weitere Jahre gestundet. B sind diese Geschehnisse relativ egal. Bei Fälligkeit verlangt B von S Zahlung und macht gegen den E seinen Duldungsanspruch geltend.

Frage 1: *Zu Recht?*

Frage 2: *Wie steht es mit den Rechten des E, wenn die Kaufsache noch nicht an den S ausgeliefert wurde?*

Frage 3: *Wie kann E sich wehren, wenn die Kaufpreisforderung in der Zwischenzeit verjährt ist?*

I. Einordnung

Grds. ergeben sich bei den Einwendungen und Einreden des Schuldners gegen den persönlichen Gläubiger im Vergleich zur Hypothek keine Neuerungen. Diese forderungsbezogenen Einreden und Einwendungen kann der Schuldner auch einem neuen Gläubiger gegenüber geltend machen, § 404 BGB.

I.R.e. hypothekarischen Sicherung sieht das Gesetz in § 1137 BGB für den Eigentümer des belasteten Grundstücks die Möglichkeit vor, diese Einreden des Schuldners auch seinem Gläubiger entgegenzuhalten, d.h. die Einreden des Schuldners „an sich zu ziehen". Einwendungen wirken schon aufgrund der Akzessorietät der Hypothek automatisch auch gegen den Gläubiger.

Die Anwendung des § 1137 BGB setzt jedoch die Akzessorietät zwischen Forderung und Grundpfandrecht voraus und ist wegen § 1192 I BGB nicht auf die Grundschuld anzuwenden. Trotz vergleichbarer Lage könnte sich deshalb der Eigentümer bei Sicherung einer Forderung durch eine Grundschuld nicht auf forderungsbezogene Einreden berufen.

Mangels anderweitiger gesetzlicher Regelungen kann dieser Unbilligkeit, wie der nun folgende Fall zeigt, nur mit Hilfe einer entsprechenden Auslegung des Sicherungsvertrages Abhilfe geschaffen werden.

II. Gliederung

Frage 1:
Ansprüche des B gegen E und S bei Zahlungen des Schuldners vor und nach der Abtretung der Grundschuld

I. Anspruch B/S auf Zahlung des Kaufpreises aus §§ 433 II, 398 BGB

Formlose Abtretung der gesicherten Forderung gem. § 398 BGB

1. formlose **Einigung** über die Abtretung (+), § 398 BGB
2. **Forderung** (+), § 433 II BGB
3. **Berechtigung** des G in Bezug auf die Forderung ⇨ grds. war G Inhaber einer Kaufpreisforderung i.H.v. 19.000 € ⇨ durch Zahlung eines Betrages von 5.000 € ist die Forderung noch vor Abtretung in dieser Höhe erloschen, § 362 I BGB; diese Einwendung gegen den G kann S auch gegenüber B erheben, § 404 BGB.

⇨ durch die Zahlung von weiteren 6.000 € nach der Abtretung ist die Forderung in dieser Höhe erloschen, § 362 I BGB; diese Zahlungen muss der Zessionar B nach § 407 BGB gegen sich gelten lassen.

4. **Ergebnis:** B kann von S die Zahlung von 8.000 € verlangen, § 433 II BGB.
5. **Einrede** des S: Darüber hinaus wurde die Begleichung der Kaufpreisforderung um zwei weitere Jahre gestundet; diese Einrede kann dem B gegenüber geltend gemacht werden, § 404 BGB.

II. Anspruch des B gegen den E auf Duldung der ZV aus §§ 1192 I, 1147 BGB

1. B als Inhaber der Briefgrundschuld (+) ⇨ **Einigung** über den Übergang der Grundschuld gem. § 1154 BGB (+) ⇨ **schriftliche Abtretungserklärung** (+) ⇨ **Berechtigung** des G (+), Voraussetzungen der §§ 873 I, 1191 ff. BGB im Verhältnis S/G (+) ⇨ Mangels Akzessorietät wirkt sich die Zahlung des S vor Abtretung nur auf die Forderung und gerade nicht auf die Berechtigung des G bzgl. der Grundschuld aus.
2. **Ergebnis**: B ist Inhaber einer Grundschuld am Grundstück des E in voller Höhe
3. Möglicherweise **Einreden** des E gegen die Grundschuld nach § 1157 S. 1 BGB ⇨ **Zahlung** vor der Abtretung ist eine Einrede in diesem Sinne, zumal sie auch schon im Verhältnis zum Altgläubiger Bestand hatte; auch kein gutgläubiger einredefreier Erwerb des B nach §§ 1192 I, 1157 S. 2, 892 BGB wegen § 1192 Ia BGB

   ⇨ Einrede durch **Zahlung nach der Abtretung** hatten im Verhältnis S/G noch keinen Bestand, § 1157 BGB nicht gegeben; B braucht sich daher diese Zahlung i.S.d. § 407 BGB eigentlich nicht anrechnen zu lassen, § 1156 BGB; aber § 1192 Ia Alt.2 BGB. „Einrede, die sich aus dem Sicherungsvertrag ergeben kann“

   ⇨ **Stundungsvereinbarung** zwischen S und G ist eine Einrede, welche in den Anwendungsbereich des § 1157 S. 1 fällt; wiederum kein gutgläubiger Erwerb des B, §§ 1192 Ia BGB
4. **Ergebnis**: B kann gegen den E aus der Grundschuld nur in dem der Forderung entsprechenden Umfang vorgehen.

Frage 2:
Fehlende Auslieferung

1. Grds. bedeutet die Nichtauslieferung der Kaufsache eine Einrede des S aus **§ 320 BGB**.
2. Auf diese könnte sich der Hypothekar nach § 1137 BGB berufen ⇨ § 1137 BGB jedoch bei der Grundschuld nicht anwendbar.
3. **Einrede** des E aufgrund der Auslegung des Sicherungsvertrages, die nach § 1157 S. 1 BGB auch dem Zessionar gegenüber geltend gemacht werden darf.
4. Kein **gutgläubiger einredefreier Erwerb** des B möglich, § 1192 Ia BGB.

Frage 3:
Verjährung der Kaufpreisforderung

Verjährung der Kaufpreisforderung geht mit einem Leistungsverweigerungsrecht des Schuldners einher, § 214 I BGB

Einrede des E nach § 1157 S. 1 BGB aufgrund der Verjährung (-) ⇨ Verjährung hat nur Einfluss auf die Forderung und nicht auf die forderungsunabhängige Grundschuld ⇨ Anwendung des § 216 I BGB.

III. Lösung Frage 1

I. Zahlungsanspruch des B gegen den S aus § 433 II, 398 BGB

Fraglich ist, ob der B von S aus abgetretenem Recht 19.000 € verlangen kann, §§ 433 II, 398 BGB.

1. Abtretung der Forderung nach § 398 BGB

G und B haben sich darüber geeinigt, dass die Forderung des G gegen den S an den B abgetreten werden soll.

Diese Einigung ist grds. formlos wirksam, § 398 BGB.

2. Berechtigung des G bzgl. der Forderung

Die Forderung kann nur in dem Umfang auf den Zessionar übergehen, wie der Zedent auch Inhaber, d.h. Berechtigter an der Forderung gewesen ist.

Mit einer Tilgung i.H.v. 5.000 € durch den S ist die Kaufpreisforderung G/S in dieser Höhe durch Erfüllung erloschen, § 362 I BGB. Im Zeitpunkt der Einigung war der G deshalb nur noch Inhaber einer Kaufpreisforderung über 14.000 €. Folglich konnte B - ein gutgläubiger Forderungserwerb ist nicht möglich - von G nur eine Kaufpreisforderung i.H.v. 14.000 € übertragen bekommen. Im Übrigen ging die Abtretung ins Leere.

3. Zahlung weiterer 6.000 € nach der Abtretung

Diese Forderung ist nach der Abtretung durch die Zahlung des S an den G um weitere 6.000 € erloschen, § 362 I BGB. Nach § 407 BGB konnte S befreiend an den G zahlen, da er von der Abtretung G/B keine positive Kenntnis hatte.

B hat gegen den S einen Zahlungsanspruch aus § 433 II BGB i.H.v. 8.000 €.

4. Einrede des S nach § 404 BGB

S und G haben vereinbart, dass die Forderungsrückzahlung auf zwei weitere Jahre gestundet werden soll. Diese Stundungseinrede kann der S auch dem neuen Gläubiger B entgegenhalten, § 404 BGB.

5. Ergebnis

B kann von S nur noch Zahlung i.H.v. 8.000 € verlangen. Sein Anspruch unterliegt einer Stundungseinrede.

II. Anspruch des B gegen den E auf Duldung der Zwangsvollstreckung, §§ 1192 I, 1147 BGB

Fraglich ist, wie sich die besonderen Umstände des Falles auf den Anspruch des B aus §§ 1192 I, 1147 BGB auswirken.

1. Übertragung der Grundschuld nach § 1154 BGB

Eine formgerechte Abtretung der Grundschuld nach §§ 1192 I, 1154 BGB - schriftliche Abtretungserklärung und Übergabe des Grundschuldbriefs sind zu unterstellen - liegt vor.

Auch ein (konkludenter) Abtretungsausschluss steht dem Grundschulderwerb des B nicht entgegen, da er nicht aus dem Grundbuch, sondern lediglich aus der relativ wirkenden Sicherungsabrede hervorgeht und deshalb nicht die erforderliche dingliche Wirkung erzielen kann.

2. Auswirkung der Zahlung von 5.000 € vor der Abtretung

Die Zahlung der 5.000 € und das damit verbundene Erlöschen der Forderung vor der Abtretung nach § 362 I BGB hat auf die Entstehung der forderungsunabhängigen Grundschuld keinerlei Auswirkungen. Trotz ihres besonderen Sicherungscharakters ist die Grundschuld nicht wie die akzessorische Hypothek forderungsabhängig. Die für die Hypothek geltenden §§ 1163 I S. 2, 1177 I BGB sind wegen § 1192 I BGB gerade nicht einschlägig.

B hat somit eine Grundschuld in voller Höhe erworben.

3. Einreden des E gegen die Grundschuld

Möglicherweise könnte sich der E gegen seine Inanspruchnahme aus der Grundschuld mit Einreden wehren.

a) Eigene Einwendungen und Einreden des Eigentümers

Grds. kann der Eigentümer eigene Einreden aus dem Verhältnis zwischen ihm und dem Zedenten, welche ausschließlich die Grundschuld betreffen, z.B. die Unwirksamkeit der Einigung bei der Grundschuldbestellung auch dem neuen Gläubiger gegenüber geltend machen, § 1157 S. 1 BGB. Es sind jedoch in diesem Fall keine Anhaltspunkte ersichtlich, die auf solche grundschuldbezogenen Einreden schließen lassen, weil es vorrangig um schuldnerbezogene Einreden geht.

b) Übertragung der Einreden des Schuldners

Bei der hypothekarischen Sicherung einer Forderung kommen dem Eigentümer kraft Gesetzes auch die Einreden des persönlichen Schuldners zugute.

Wegen § 1192 I BGB ist jedoch der § 1137 BGB als akzessorisches Recht bei der Grundschuld nicht anwendbar.

Der dingliche Sicherungsgeber soll sich jedoch nach h.M. unter Berufung auf den Sicherungsvertrag auf schuldnerbezogene Einreden berufen können. Aus dieser Sicherungsabrede lässt sich, sofern keine ausdrückliche Vereinbarung getroffen worden ist, zumindest durch eine ergänzende Vertragsauslegung darauf schließen, dass der Gläubiger die Grundschuld nur im Rahmen der gesicherten Forderung geltend machen darf. Diese bei der Hypothek unter den § 1137 BGB fallenden Einreden, sind bei der Grundschuld ein Unterfall des § 1157 S. 1 BGB und können somit auch dem Zessionar gegenüber geltend gemacht werden.

aa) Einrede der Zahlung auf die Forderung vor Abtretung

E hätte gegen den Altgläubiger die Einrede geltend machen können, G sei zur (teilweisen) Rückgewähr der Grundschuld verpflichtet, weil durch eine Tilgung der Forderung i.H.v. 5.000 € der entsprechende Sicherungszweck der Forderung weggefallen sei.

Da diese Einrede dem E auch schon vor der Abtretung der Grundschuld an den B zustand, kann sie nach §§ 1192 I, 1157 S. 1 BGB auch dem neuen Gläubiger B entgegengehalten werden.

Ein gutgläubig einredefreier Erwerb gem. §§ 1192 I, 1157 S. 2 BGB ist gem. § 1192 Ia BGB ausgeschlossen.

E kann dem B folglich die Zahlung des S vor der Abtretung als Einrede entgegenhalten.

bb) Zahlung nach der Abtretung

Fraglich ist, ob und auf welche Weise sich die Zahlung der 6.000 € durch S nach der Abtretung an den B auf die Durchsetzung der Grundschuld auswirkt.

E könnte erneut gegen den B vorbringen, letzterer sei aufgrund des Erlöschens der Kaufpreisforderung i.H.v. 6.000 € zur weiteren Rückgewähr der Grundschuld verpflichtet, weil der Sicherungszweck der Grundschuld in dieser Höhe weggefallen sei. Diese auf den Sicherungsvertrag basierende Einrede könnte der E auch im Verhältnis zum neuen Gläubiger erheben.

Allerdings setzt § 1157 S. 1 BGB voraus, dass die Einrede bereits in dem Verhältnis, in welchem der Sicherungsvertrag auch geschlossen wurde, Bestand gehabt haben muss. Im Gegensatz zu § 404 BGB reicht es i.R.d. § 1157 S. 1 BGB nicht aus, dass die Einrede gerade einmal dem Grunde nach vorhanden ist, d.h. „begründet" ist.

Vielmehr wird vorausgesetzt, dass der gesamte Einredetatbestand schon vor dem Erwerb, d.h. vor der Übertragung der Grundschuld gegeben ist („zusteht").

hemmer-Methode: Begründet i.S.d. § 404 BGB ist eine Einwendung bereits dann, wenn sie im Zeitpunkt der Abtretung ihre Grundlage (Rechtsgrund) in dem Schuldverhältnis hatte, aus dem die abgetretene Forderung erwachsen ist.
Ob der die Einrede letztlich auslösende Anlass zeitlich vor oder nach der Abtretung fällt, ist Nebensache.

So lag der Fall hier nicht. Die von E erhobene Einrede des teilweisen Wegfalles des Sicherungszwecks ist eindeutig erst durch die nachträgliche Zahlung des S auf die Forderung entstanden. § 1157 S. 1 BGB ist deshalb in diesem Fall nicht einschlägig.

Bei späterer Verwirklichung des Einredetatbestandes greift über § 1192 I BGB der § 1156 BGB. Demnach finden die für die Übertragung der Forderung geltenden Vorschriften der §§ 406 - 408 BGB auf das Rechtsverhältnis zwischen dem Eigentümer und dem neuen Gläubiger in Ansehung der Grundschuld keine Anwendung.

E könnte sich folglich nicht auf § 407 BGB berufen und B hat eine einredefreie Grundschuld erworben.

Allerdings bestimmt § 1192 Ia BGB auch für nach der Abtretung entstandene Einreden, dass Sie dem Eigentümer erhalten bleiben, weil es sich dabei um solche handelt, „die sich aus dem Sicherungsvertrag ergeben können“.

Damit kann E sich auf diesen Einwand letztlich doch berufen.

cc) Stundungseinrede

Fraglich ist, ob E sich auch auf die zwischen S und G getroffene Stundungsvereinbarung berufen kann.

Wurde dem Schuldner die persönliche Schuld gestundet, so kommt diese wegen seiner schuldrechtlichen Beziehung i.R.d. Sicherungsvertrages auch dem Sicherungsgeber zugute und kann grds. auch gegen den neuen Gläubiger erhoben werden, § 1157 S. 1 BGB.

Auch bzgl. der Stundungseinrede ist ein gutgläubig einredefreier Erwerb des B nicht möglich, § 1192 Ia BGB.

4. Ergebnis Frage 1

B kann gegen den E aus der Grundschuld nur in dem der Forderung entsprechenden Umfange vorgehen.

IV. Lösung Frage 2

Aufgrund der Nichtauslieferung der Kaufsache an den S hatte dieser im Verhältnis zum Verkäufer G, gegenüber der Kaufpreisforderung aus § 433 II BGB die Einrede des nichterfüllten Vertrages, § 320 BGB.

hemmer-Methode: Würde es sich jetzt nicht um eine Grundschuld, sondern um eine Hypothek handeln, könnte der E sich selbst direkt auf diese Einrede des S berufen, § 1137 BGB. Die Anwendung des § 1137 BGB ist jedoch wegen § 1192 I BGB als akzessorische Vorschrift ausgeschlossen.

E könnte sich ebenfalls auf diese an sich schuldnerbezogene Einrede berufen, wenn sie sich zumindest mittelbar aus der Sicherungsvereinbarung zwischen ihm und dem Gläubiger ergäbe.

Eine ergänzende Auslegung des Sicherungsvertrages ergibt, dass B die Grundschuld nur geltend machen darf, wenn die gesicherte Forderung besteht, fällig und auch einredefrei ist, weil der Sicherungsgeber nur unter diesen Voraussetzungen für die Erfüllung der persönlichen Forderung einstehen möchte.

Folglich kann die Einrede des nichterfüllten Vertrages als gegen die Forderung gerichtete Einrede im Hinblick auf die Sicherungsabrede auch gegen die Grundschuld erhoben werden.

Nach §§ 1157 S. 1, 1192 I BGB kann dieses Abwehrrecht, das dem E auch schon gegen den G zustand, auch dem B gegenüber geltend gemacht werden.

Für den gutgläubig einredefreien Erwerb gilt das oben Gesagte, § 1192 Ia BGB.

B hat deshalb keine einredefreie Grundschuld von G erworben, § 1154 BGB.

V. Lösung Frage 3

Angenommen die Kaufpreisforderung ist in der Zwischenzeit nach §§ 195 ff. BGB verjährt, so gilt Folgendes:

Nach Eintritt der Verjährung der Kaufpreisforderung ist der persönliche Schuldner S berechtigt, nach § 214 I BGB die Leistung dauernd zu verweigern.

Unter Berücksichtigung der obigen Ausführungen zur ergänzenden Auslegung der Sicherungsvereinbarung könnte auch hier E zunächst dem G gegenüber vorbringen, die Grundschuld sei nur im Rahmen der Forderung durchsetzbar. Ist dies jedoch nicht der Fall, so soll auch die Grundschuld nicht durchsetzbar sein.

Der Einredetatbestand war jedoch im Zeitpunkt der Abtretung der Grundschuld noch nicht entstanden, so dass der B die Grundschuld grds. einredefrei erworben hat.

Mit diesem Ergebnis hat zwar der S, nicht aber der E ein Leistungsverweigerungsrecht, was die Regelung des § 216 I, II BGB für die Grundschuld noch einmal klarstellt.

B hat auch im Falle der Verjährung der Kaufpreisforderungen das Recht, sich aus der Grundschuld zu befriedigen.

VI. Zusammenfassung

- Bei der Grundschuld kann sich der Eigentümer nicht auf die akzessorische Vorschrift des § 1137 BGB berufen, § 1192 I BGB.
- Der dingliche Sicherungsgeber kann aber die schuldnerbezogenen Einreden und Einwendungen über eine ergänzende Auslegung des Sicherungsvertrages auch dem neuen Gläubiger entgegenhalten, § 1157 S. 1 BGB.
- E kann sich somit auf die vorherige Tilgung der Forderung durch den persönlichen Schuldner berufen; der Zessionar kann die Grundschuld nicht gutgläubig einredefrei erwerben, § 1192 Ia BGB.
- Die nachträglichen Zahlungen auf die Forderung an den Zedenten mangels Kenntnis von der Abtretung fällt unter § 1156 BGB. Allerdings greift auch insoweit der Schutz des § 1192 Ia BGB zugunsten des Eigentümers.
- Dem E steht eine schuldnerbezogene Stundungsvereinbarung zu.
- Dasselbe gilt für die schuldnerbezogene Einrede des nichterfüllten Vertrages nach § 320 BGB.
- Die Verjährung der Forderung hat auf die grds. forderungsunabhängige Grundschuld keine Auswirkung, § 216 I, II BGB.

VI. Zur Vertiefung

Zur Geltendmachung von Einreden des persönlichen Schuldners durch den Sicherungsgeber

- Hemmer/Wüst SachenR III, Rn. 223 ff., 234.
- Hemmer/Wüst Kreditsicherungsrecht, Rn. 242.
- Tyroller, „Einreden des Eigentümers gegen Hypothek und Sicherungsgrundschuld“, Life&Law 2009, 133 ff.

Fall 39: Die grundpfandrechtsbezogenen Einreden des Eigentümers

Sachverhalt:

Grundstückseigentümer E hat dem Gläubiger G seines Freundes F zur Absicherung einer Darlehensforderung eine Grundschuld bestellt. In einem entsprechenden Sicherungsvertrag einigen sich die beiden Parteien dahingehend, dass die Grundschuld unter keinen Umständen abgetreten werden darf. G tritt die Forderung und die Grundschuld dennoch vertragswidrig aber formgerecht an den gutgläubigen B ab. Nach Fälligkeit des Darlehens und der Grundschuld verlangt B von E die Duldung der Zwangsvollstreckung in sein Grundstück, obwohl der B noch kurz nach der Abtretung dem E die Grundschuld gestundet hatte.

Frage 1: *Wie ist die Rechtslage bezüglich des Anspruchs des B aus § 1147 BGB?*

G fordert den S auf, ihm für eine Darlehensforderung Sicherheiten anzubieten. S geht daraufhin zu seinem Vater E und versucht ihn zu überreden, ihm mit einer Grundschuld an dessen Grundstück auszuhelfen. E lehnt sofort ab. Er überlegt es sich aber schnell anders, als S ihm klarmacht, dass wenn E ihm keine Grundschuld einräumen werde, S sich gut vorstellen könne, dass seinem kleinen Hund, den E abgöttisch verehrt, „etwas Schlimmes zustoßen werde". Aufgrund dieser „einleuchtenden Argumentation" bestellt E dem G eine Grundschuld. Zwei Monate später wird der Hund bei einem Sparziergang von einem PKW überrollt und verendet sofort. E, der seit diesem Zeitpunkt ein sehr ungemütlicher Zeitgenosse ist, klärt den G, weil er sich um das Wohlergehen seines Hundes nicht mehr ängstigt, über die Sachverhaltsumstände bzgl. S auf und erklärt die Rückgängigmachung des ganzen Geschäfts. Nachdem G bis zum Hals in Geldschwierigkeiten steckt, überträgt er die Grundschuld dennoch auf den B. Dieser weiß von den üblen Machenschaften des S gegenüber dessen Vater nichts und geht deshalb kurze Zeit später aus der Grundschuld gegen den E vor. E verweigert unter Nennung der besonderen Umstände, die Duldung der Zwangsvollstreckung.

Frage 2: *Kann der E etwas gegen die Inanspruchnahme aus § 1147 BGB unternehmen?*

E hat dem G eine Grundschuld zur Sicherung eines dem S gewährten Darlehens bestellt. In einem schuldrechtlichen Vertrag kommen E und G überein, dass der Gläubiger nur nach erfolgloser Inanspruchnahme des persönlichen Schuldners und frühestens 1 Jahr nach Fälligkeit aus der Grundschuld gegen den E vorgehen darf. G tritt die Grundschuld an den gutgläubigen B ab. Nachdem der persönliche Schuldner bei Fälligkeit nicht bezahlt, geht B ohne großes Zögern gegen den E aus § 1147 BGB vor.

Frage 3: *Welche Rechte hat der E? Wie wäre der Fall zu beurteilen, wenn der E inzwischen sein Grundstück an den F weiterverkauft hätte?*

I. Einordnung

Weil es immer wieder ein ganz entscheidendes Thema in der Klausur ist, beschäftigt sich der nun zu bearbeitende Fall nun ausgiebig mit sämtlichen Einreden des Eigentümers, die gegen seine Inanspruchnahme aus §§ 1192 I, 1147 BGB erhoben werden können. Dabei soll die im Vorfall dargestellte Möglichkeit des Eigentümers, sich über die Sicherungsvereinbarung auch auf schuldnerbezogene Einreden berufen zu können, nicht noch weiter vertieft werden.

Vielmehr sollen sämtliche andere Einredealternativen des Eigentümers im Vordergrund stehen. Vorab ein kurzer Überblick:

Im Verhältnis zum Ersterwerber kann der Sicherungsgeber bekanntlich alle grundpfandrechtsbezogenen Einwendungen und Einreden auch was die Sicherungsabrede anbelangt, geltend machen.

Nach §§ 1192 I, 1157 S. 1 BGB kann der Eigentümer sämtliche Einreden aus diesem Rechtsverhältnis auch dem neuen Gläubiger entgegenhalten.

In diesem Zusammenhang ist besonders darauf zu achten, dass § 1157 S. 1 BGB nur solche Einreden meint, die zur Zeit der Abtretung bereits bestanden haben.

Schließlich steht dem Eigentümer aber auch das Recht zu, sämtliche Einreden, die direkt seinem Verhältnis zum Zessionar entspringen, geltend zu machen. Einen Rückgriff auf den § 1157 BGB bedarf es dann selbstverständlich nicht.

II. Gliederung

Frage 1:
Stundungseinrede des E

Anspruch des G gegen den E aus §§ 1192 I, 1147, 1154 BGB

B als Inhaber der Grundschuld

1. **formgerechte Übertragung** der Grundschuld nach § 1154 BGB (+)
2. G als **Berechtigter** ⇨ §§ 873 I, 1191 ff. BGB im Verhältnis E/G (+) ⇨ Abtretungsverbot zwar ausdrücklich getroffen, nicht aber im Grundbuch eingetragen.
3. **Ergebnis**: B wurde in voller Höhe Inhaber der Grundschuld
4. **Einreden** des E (+) ⇨ Stundungseinrede aus dem direkten Verhältnis zum Zweiterwerber (+) ⇨ Einredebehaftung der Grundschuld

Frage 2:
Anspruch des B aus §§ 1192 I, 1147 BGB bei Anfechtung der Einigung

B als Inhaber der Grundschuld am Grundstück des E

1. **Formgerechte Abtretung** der Grundschuld von G auf B, § 1154 BGB (+)
2. G als **Berechtigter**: Grds. §§ 873 I, 1191 ff. BGB im Verhältnis E/G (+) ⇨ **(P):** Anfechtung der Einigung nach § 123 I BGB ⇨ Einigung von Beginn an unwirksam, § 142 I BGB ⇨ G bzgl. der Grundschuld **Nichtberechtigter**
3. **Gutgläubiger Erwerb** der Grundschuld durch den B ⇨ § 892 I BGB (+)
4. **Ergebnis**: B hat die Grundschuld gutgläubig erworben.

5. **Einreden des E** gegen die Grundschuld ⇨ § 1157 S. 1 BGB ⇨ Bereicherungseinrede nach § 821 BGB ⇨ Kondiktionsrechtlicher Anspruch des E gegen den G wegen der Anfechtung der Einigung aus § 812 I S. 1 Alt.1 BGB
6. **Gutgläubiger einredefreier Erwerb des B** (+), Voraussetzungen des § 892 BGB bzgl. der Einredefreiheit (+) Pr.: § 1192 Ia BGB trotz Unwirksamkeit des SichV?
7. **Ergebnis:** B hat keine einredefreie Grundschuld erworben (a.A. vertretbar)

Frage 3:
Einreden des Käufers

Rechte des E:

Grundpfandrechtsbezogene Einrede des E ⇨ Einrede aus der SA, Grundschuld dürfe erst nach fruchtloser Vollstreckung aus der Forderung und frühestens ein Jahr nach Fälligkeit geltend gemacht werden ⇨ diese Einrede bestand bereits im Verhältnis zu G und darf auch gegen den Anspruch des B erhoben werden, §§ 1192 I, 1157 S. 1 BGB ⇨ kein gutgläubiger einredefreier Erwerb des Zessionars gem. §§ 1192 I, 1157 S. 2 BGB möglich, vgl. § 1192 Ia BGB.

Rechte des F:

F könnte die Einreden des E aus der SA nur dann geltend machen, wenn er mit Zustimmung des B in diese Sicherungsvereinbarung eintritt ⇨ hier (-), somit nur relative Wirkung der SA zwischen E und G ⇨ F muss sich diese Rechte erst wirksam abtreten lassen, bevor er sich auf sie einredeweise berufen kann.

III. Lösung Frage 1

Fraglich ist, ob dem B gegen den E ein Anspruch auf Befriedigung aus der Grundschuld nach den §§ 1192 I, 1147 BGB zustehen könnte.

1. Formgerechte Übertragung der Grundschuld

Der B hat von G die Grundschuld nach § 1154 BGB im Wege einer formgerechten Abtretung erworben.

2. Berechtigung des G

G war bzgl. der Grundschuld auch Berechtigter. Er hatte seinerseits wirksam die Grundschuld von E nach den §§ 873 I, 1191 ff. BGB bestellt bekommen

3. Abtretungsverbot

Es ist jedoch zu berücksichtigen, dass E und G sich in einem entsprechenden Sicherungsvertrag darüber geeinigt haben, dass die Grundschuld nicht an einen Dritten abgetreten werden darf.

Allerdings kommt die Vereinbarung eines Abtretungsverbotes i.S.d. § 399 Alt.2 BGB mit dinglicher Wirkung bezogen auf die Grundschuld einer Inhaltsänderung gleich, die unbedingt im Grundbuch hätte eingetragen werden müssen. Da diese Eintragung nicht wirklich vollzogen wurde, hilft dem B insofern sein guter Glaube über § 892 BGB.

Damit ändert auch die Vereinbarung des Abtretungsverbotes nichts an der Berechtigung des G.

B hat mithin eine Grundschuld am Grundstück des E in voller Höhe erworben.

4. Einreden des E

Grds. steht dem Eigentümer und Sicherungsgeber das Recht zu alle Einreden, die ihm schon im Verhältnis zum Altgläubiger zustanden, auch dem neuen Gläubiger entgegenzuhalten, § 1157 S. 1 BGB.

Darüber hinaus kann er, wie aus dem vorherigen Fall 38 ersichtlich wurde, mit Hilfe des § 1157 BGB dem Zessionar gegenüber alle schuldnerbezogenen Einreden erheben, die ihm gegenüber dem Altgläubiger aus einer ergänzenden Auslegung der Sicherungsvereinbarung zustanden.

Schließlich muss es ihm natürlich auch offen stehen, sämtliche Einreden, die dem direkten Verhältnis E/B entspringen, einer Inanspruchnahme aus der Grundschuld durch den B entgegenzusetzen. Diese Einrede kann dann unmittelbar erhoben werden und bedarf keiner Heranziehung des § 1157 BGB.

Als einen Fall der letzten Gruppe kann somit der E dem B die Stundung der Forderung, die der B dem E nach der Abtretung persönlich eingeräumt hatte, als Einrede entgegenhalten.

5. Endergebnis Frage 1

B ist zwar Inhaber einer Grundschuld am Grundstück des E in voller Höhe. Sein Recht ist jedoch mit einer Stundungseinrede des E behaftet.

IV. Lösung Frage 2

B könnte gegen den E einen Duldungsanspruch aus der Grundschuld gem. §§ 1192 I, 1147 BGB innehaben.

1. Inhaber der Grundschuld

Ein solcher Duldungsanspruch setzt neben der Fälligkeit voraus, dass der B Inhaber der Grundschuld am Grundstück des E geworden ist.

a) Formgerechte Abtretung

G und B haben sich formgerecht i.S.d. § 1154 BGB über die Abtretung der Grundschuld geeinigt.

b) Nichtberechtigung des G

Einzig fraglich ist, ob sich der B mit dem Berechtigten geeinigt hat. Dies wäre dann der Fall, wenn kein dingliches Abtretungsverbot bestünde und die Grundschuld wirksam vom Berechtigten E zugunsten des G bestellt wurde.

aa) Abtretungsverbot, § 399 Alt.2 BGB

Das möglicherweise im Rahmen des Sicherungsvertrages stillschweigend vereinbarte Abtretungsverbot hätte, um irgendwelche Einflüsse auf das dingliche Recht der Grundschuld entwickeln zu können, in das Grundbuch eingetragen werden müssen. Da dies nicht geschehen ist, gilt es nur relativ im Verhältnis von E zu G, beeinträchtigt jedoch keineswegs die Wirksamkeit der Inhaberstellung des G an der Grundschuld.

bb) §§ 873 I, 1191 ff. BGB

Die Berechtigung des G setzt weiterhin voraus, dass E dem G die Grundschuld auch wirksam bestellt hat.

E und G haben sich dahingehend geeinigt, dass das Grundstück des E für eine Forderung des G gegen den S haften soll. Dieses Recht wurde auch eingetragen. Die §§ 873 I, 1191 I BGB liegen offensichtlich vor.

Die Einigung könnte jedoch aufgrund der Anfechtung von Beginn an unwirksam sein, § 142 I BGB. E hat gegenüber dem G als richtigem Anfechtungsgegner, § 143 I, II HS. 1 BGB den Sachverhalt zunächst aufgeklärt und danach wörtlich erklärt, dass das ganze Geschäft, d.h. sowohl die Sicherungsvereinbarung als auch das dingliche Rechtsgeschäft der Grundbuchbestellung rückgängig gemacht, d.h. angefochten werden soll.

Der entsprechende Anfechtungsgrund ist darin zu sehen, dass der E zu seiner Zeit widerrechtlich durch eine Drohung zu der Bestellung einer Grundschuld bestimmt worden war, § 123 I BGB. Die Einschränkungen des § 123 II BGB gelten insbesondere nur bei Täuschung durch Dritte. Die Wahrung der Anfechtungsfrist nach § 124 I BGB ist zu unterstellen. Die dingliche Einigung ist mithin unwirksam, § 142 I BGB.

Da G i.E. mangels Einigung nach § 873 I BGB nicht Inhaber der Grundschuld geworden war, handelte er bei der Abtretung der besagten Grundschuld am Grundstück des E als Nichtberechtigter.

c) Gutgläubiger Erwerb des B

B könnte somit die Grundschuld vom Nichtberechtigten G nur gutgläubig erworben haben.

Die Voraussetzungen des § 892 I BGB liegen hier vor. Das Grundbuch war unrichtig, da G als Inhaber einer Grundschuld eingetragen war, die in Wirklichkeit nicht existierte.

Ein rechtsgeschäftlicher Erwerb in Form eines Verkehrsgeschäfts liegt vor. G ist direkt als Berechtigter zur Übertragung der Grundschuld aus dem Grundbuch legitimiert. Es wurde kein Widerspruch nach § 899 BGB im Grundbuch vermerkt. Schließlich liegen keine Anhaltspunkte vor, die gegen die Gutgläubigkeit des B bis zum endgültigen Rechtserwerb sprechen könnten.

B hat somit gutgläubig eine vollwertige Grundschuld am Grundstück des E vom Nichtberechtigten G erworben.

2. Einreden des E

Möglicherweise könnten grundschuldbezogene Einreden des E die Durchsetzbarkeit des Anspruchs des B aus §§ 1192 I, 1147 BGB verhindern.

Bekanntermaßen kann nach §§ 1192 I, 1157 S. 1 BGB der Eigentümer eine Einrede, die ihm aufgrund eines zwischen ihm und dem bisherigen Gläubiger bestehenden Rechtsverhältnisses gegen die Grundschuld zusteht, auch dem neuen Gläubiger entgegensetzen.

E hatte die dingliche Einigung wegen einer widerrechtlichen Drohung des S zu Recht wirksam angefochten. Die Anfechtung bezieht sich aber auch auf den schuldrechtlichen Vertrag, d.h. den Sicherungsvertrag. Demnach könnte ihm nach § 821 BGB bereits gegen den Altgläubiger die Bereicherungseinrede nach § 821 BGB zugestanden haben. Nach dessen Wortlaut kann derjenige, der ohne einen rechtlichen Grund eine Verbindlichkeit eingeht, die Erfüllung auch dann verweigern, wenn der Anspruch auf Befreiung von der Verbindlichkeit verjährt ist.

E hat dem G eine Grundschuld bestellt und ist damit eine Verbindlichkeit eingegangen.

Diese Verbindlichkeit entbehrte jeglichen Rechtsgrund, weil die Anfechtung nicht nur die dingliche Einigung, sondern auch den schuldrechtlichen Sicherungsvertrag zwischen E und G umfasste, in dessen Rahmen sich der E zur Bestellung einer Grundschuld verpflichtete.

E konnte somit dem Anspruch des Altgläubigers nach §§ 1192 I, 1147 BGB noch vor der Abtretung der Grundschuld bereits die Bereicherungseinrede nach § 821 BGB entgegenhalten.

3. Einredefreier Erwerb des B

Die Bereicherungseinrede könnte der E nunmehr auch dem B entgegenhalten, es sei denn, der B hätte die Grundschuld gutgläubig einredefrei erworben, §§ 1192 I, 1157 S. 2, 892 BGB.

Die Voraussetzungen des § 892 I BGB liegen vor. Der Inhalt des Grundbuchs entsprach nicht der Wahrheit, weil die vor der Abtretung entstandene Einrede des E gegen den G nicht im Grundbuch eingetragen worden ist. Ein rechtsgeschäftlicher Erwerb in Form eines Verkehrsgeschäfts und die direkte Legitimation des G aus dem Grundbuch liegen vor. B war bzgl. der Einredefreiheit der Grundschuld zudem gutgläubig. Ein entsprechender Widerspruch wurde nicht ins Grundbuch eingetragen.

Problematisch ist allerdings, dass § 1192 Ia BGB den einredefreien Erwerb grundsätzlich verhindern möchte.

Dem Wortlaut entsprechend wäre die Regelung aber nicht anwendbar, denn eine Einrede aus dem Sicherungsvertrag bzw. eine solche, die sich aus dem Sicherungsvertrag ergeben kann, liegt nicht vor, wenn es gar keinen wirksamen Sicherungsvertrag gibt.

Die Intention der Vorschrift ist es aber, eine schuldrechtliche Quasiakzessorietät auch nach der Abtretung aufrecht zu erhalten. Daher erscheint es vom Sinn und Zweck der Regelung her angezeigt zu sein, die Regelung auch auf den vorliegenden Fall anzuwenden.

hemmer-Methode: Es handelt sich um eine vollkommen ungeklärte Frage. Für die hier vertretene Lösung spricht auch, dass das Gesetzgebungsverfahren ein Schnellschuss war, mit dem auf akute Probleme in der Grundschuldpraxis reagiert wurde. Es ist kaum davon auszugehen, dass der vorliegende Fall wirklich bedacht wurde. Man könnte aber auch (formal) in die andere Richtung argumentieren. Eine Grundschuld wird ja erst durch die schuldrechtliche Verknüpfung mit der gesicherten Forderung zu einer Sicherungsgrundschuld. Fehlt diese Verknüpfung, weil der Sicherungsvertrag unwirksam ist, stellt sich die Frage, ob laut Definition überhaupt eine Sicherungsgrundschuld vorliegt! Dementsprechend könnte man den § 1192 Ia BGB bereits vom Wortlaut her ablehnen, so dass ein einredefreier Erwerb möglich ist. Sie können hier letztlich alles vertreten, solange sich keine h M. herausgebildet hat.

4. Endergebnis Frage 2

B hat gutgläubig eine Grundschuld am Grundstück des E erworben. Der Anspruch aus §§ 1192 I, 1147 BGB des B ist aber einredebehaftet und damit nicht durchsetzbar (a.A. vertretbar).

V. Lösung Frage 3

Fraglich ist, welche Rechte der E gegen den Anspruch aus §§ 1192 I, 1147 BGB geltend machen kann.

I. Rechte des E gegen den B

E könnte gegen seine Inanspruchnahme, eine sich aus der Sicherungsvereinbarung ergebende Einrede gegen den B erheben.

E hat in Abweichung zu § 1193 BGB mit G im Sicherungsvertrag vereinbart, dass der Grundschuldgläubiger erst nach erfolgloser Vollstreckung aus der Forderung und frühestens ein Jahr nach Fälligkeit berechtigt sein soll, aus der Grundschuld vorzugehen.

Diese Einrede kann der E nach § 1157 S. 1 BGB im Falle der Abtretung auch gegenüber dem neuen Gläubiger geltend machen. Ein gutgläubig einredefreier Erwerb nach den §§ 1192 I, 1157 S. 2, 892 BGB ist nicht möglich, § 1192 Ia BGB.

II. Rechte des F

Bei einer Veräußerung des belasteten Grundstücks stellt sich die Frage, ob der F sich als neuer Eigentümer ohne weiteres auf die Einreden aus einem Sicherungsvertrag berufen kann, der eigentlich im Verhältnis E/G abgeschlossen worden war.

Dem wäre grds. dann nichts entgegenzusetzen, wenn der F mit Zustimmung des Gläubigers in den vorliegenden Sicherungsvertrag eingetreten wäre.

Ist er jedoch wie hier nicht in den bestehenden Sicherungsvertrag eingetreten, so stehen ihm die Einreden wegen ihrer grds. relativen Wirkung nicht zu.

Aus diesem Grund muss ihm der Veräußerer seine Rechte aus der Sicherungsvereinbarung erst wirksam abtreten, bevor der neue Eigentümer F diese dem B gegenüber geltend machen kann.

VI. Zusammenfassung

- Ficht der Eigentümer die dingliche Einigung der Grundschuldbestellung erfolgreich an, so kann dies zu einer Bereicherungseinrede nach § 821 BGB führen.
- Der Eigentümer kann sämtliche Einreden aus der Sicherungsvereinbarung auch gegenüber dem Zweiterwerber geltend machen, § 1157 S. 1 BGB.
- Der Erwerber eines mit einer Grundschuld belasteten Grundstücks kann sich aufgrund der relativen Wirkung einer Sicherungsabrede nicht auf die Einreden des vorherigen Eigentümers daraus berufen.

VII. Zur Vertiefung

- Hemmer/Wüst SachenR III, Rn. 225.

Fall 40: Zahlungen des Schuldners auf die Forderung bei Personenidentität

Sachverhalt:

G hat gegen den E eine Kaufpreisforderung i.H.v. 35.000 €. Da E dem G keine Sicherungsmittel anderer Art bieten kann, bestellt er ihm eine Buchgrundschuld. E zahlt drei Monate vor Fälligkeit der Kaufpreisforderung bereits 25.000 € an den G zurück.

Frage: *Woran lässt sich messen, ob der E auf die Forderung oder auf die Grundschuld gezahlt hat? Worin liegen die Konsequenzen?*

I. Einordnung

Das Kapitel „Zahlung und Regress" entpuppte sich schon bei der Hypothek als ein sehr schwer zugängliches Rechtsgebiet und wird im Falle der Sicherung einer Forderung durch eine Grundschuld noch etwas komplizierter. Dies liegt in erster Linie daran, dass eine Grundschuld nicht akzessorisch ist und deshalb mangels Anwendbarkeit der §§ 1153, 1163 BGB kein gesetzlicher Lösungsweg vorgegeben ist, an welchen man sich orientieren könnte.

Dennoch sollte man sich bei jeder Grundschuldklausur vor der Anfertigung einer Lösungsskizze zumindest gedanklich die Frage stellen, wie der Fall bei einer hypothekarisch gesicherten Forderung gelaufen wäre, weil somit zumindest ein gerechtes Ergebnis, welches zudem auch der Intentionen des Gesetzgebers entspricht, klarer wird, was eine ungeheurere Erleichterung der Falllösung mit sich bringen kann. Zu demselben Ergebnis sollten Sie dann auch in Ihrem Fall kommen. Zwar stehen Ihnen dann die gesetzlichen Normen der §§ 1153, 1163 BGB i.V.m. § 1192 I BGB nicht zur Verfügung; Sie haben jedoch die Möglichkeit adäquate Rechtsfolgen anhand rechtsgeschäftlicher Grundsätze zu entwickeln.

II. Gliederung

Zahlungen des Schuldners bei Personengleichheit

I. Zielrichtung der Zahlungen

Vereinbarungen des Sicherungsvertrages

Anrechnungsbestimmung

Auslegung unter Berücksichtigung der Interessenlage und Verkehrssitte

II. Zahlung auf die Forderung

Forderung: Erlöschen der Forderung, § 362 I BGB

Grundschuld: keine Anwendung der §§ 1163 I S. 2, 1177 I BGB wegen § 1192 I BGB ⇨ Anspruch auf Rückgabe der Grundschuld aus SA

III. Zahlungen auf die Grundschuld

Forderung: Erlöschen der Forderung, §§ 362 I, 158 II BGB

Grundschuld: Übergang auf den Eigentümer als Eigentümergrundschuld, § 1143 BGB analog

III. Lösung

Die möglichen Rechtsfolgen von Zahlungen des Schuldners oder Eigentümers auf Forderung und Grundschuld lassen sich nur festlegen, wenn genau bestimmt werden kann, ob auf die Forderung oder auf das dingliche Recht gezahlt worden ist.

I. Zielrichtung der Zahlungen

1. Vereinbarungen aus dem Sicherungsvertrag

Ob auf die Grundschuld, auf die Forderung oder auf beide Rechte gezahlt wurde, bestimmt sich in erster Linie nach dem Inhalt des Sicherungsvertrags.

Haben sich in dessen Rahmen die Parteien ausdrücklich geeinigt, auf welches Recht sich etwaige Zahlungen beziehen sollen, so sind diese Vereinbarungen für sie verbindlich.

2. Anrechnungsbestimmung

Fehlen derartige Vereinbarungen aus der Sicherungsabrede, so kann auf eine sog. Anrechnungsbestimmung zurückgegriffen werden. Nach § 366 I BGB wird diejenige Schuld getilgt, welche der Schuldner bei der Leistung bestimmt, wenn er dem Gläubiger aus mehreren Schuldverhältnissen zu gleichartigen Leistungen verpflichtet ist und das von ihm Geleistete nicht zur Tilgung sämtlicher Schulden ausreicht.

3. Auslegung

Fehlt jedoch auch eine solche Anrechnungsbestimmung durch den Schuldner selbst, kann nur noch unter Berücksichtigung der Interessenlage, der Verkehrssitte und der Grundsätze von Treu und Glauben, § 242 BGB ausgelegt werden, auf welche Schuld der Gläubiger leisten wollte.

Angewandt auf den Fall einer Forderung, die durch eine Grundschuld gesichert wird, gilt bei Personenidentität zwischen Schuldner und Gläubiger deshalb folgendes:

Droht dem Eigentümer eine Zwangsvollstreckung aus §§ 1192 I, 1147 BGB, so kann davon ausgegangen werden, dass seine Leistung auf die Grundschuld erfolgen soll.

Liegt zwischen dem Schuldner und dem Gläubiger ein Kreditverhältnis aus laufender Rechnung oder eine Ratentilgungsvereinbarung vor, so leistet der Schuldner sehr wahrscheinlich mit seiner Zahlung auf die Forderung.

Wird hingegen die Schuld durch eine einzige Gesamtzahlung getilgt, so soll auf die Forderung und die Grundschuld gezahlt werden.

II. Zahlungen des S auf die Forderung

Im vorliegenden Fall besteht zum einen keine ausdrückliche Vereinbarung im Sicherungsvertrag, auch hat der S nicht bei der Bezahlung seinen Willen geäußert, ob die Zahlung auf die Forderung oder auf die Grundschuld angerechnet werden soll.

Ferner liegt auch keine Ratenzahlungsvereinbarung vor, die auf eine Zahlung bezogen auf die Forderung schließen ließe. Nachdem jedoch dem S auch in nächster Zukunft keine Zwangsvollstreckung in sein Grundstück droht, sind wohl die Gesamtumstände dahingehend auszulegen, dass S die Forderung tilgen wollte.

1. Erlöschen der Forderung

Zahlt der persönliche Schuldner auf die Forderung, so erlischt die Forderung nach § 362 I BGB. Im vorliegenden Fall ist deshalb die Kaufpreisforderung über 35.000 € in einer Höhe von 25.000 € teilweise erloschen, § 362 I BGB. Dem G steht gegen den E nur noch eine Forderung i.H.v. 10.000 € zu.

2. Auswirkungen auf die Grundschuld

Zahlt der persönliche Schuldner ausschließlich auf die Forderung, so berührt das nicht die Grundschuld. Mangels Akzessorietät sind die §§ 1163 I S. 2, 1177 I BGB nicht anwendbar; der Gläubiger bleibt folglich Inhaber der Fremdgrundschuld, da das Grundpfandrecht aufgrund der Forderungstilgung nicht kraft Gesetz automatisch mit dinglicher Wirkung an den Sicherungsgeber zurückfällt.

hemmer-Methode: Alter Klausurfehler!!! Da der Gläubiger auch weiterhin Inhaber der Fremdgrundschuld bleibt und damit das Grundbuch den tatsächlichen Umständen entspricht, hat der Schuldner auch keinen Grundbuchberichtigungsanspruch aus § 894 BGB!!

Diese akzessorische Wirkung bei der Rückzahlung einer hypothekarisch gesicherten Forderung erreicht man im Rahmen der Grundschuld über die ergänzende Auslegung der Sicherungsvereinbarung. Aus dieser geht hervor, dass die Grundschuld ausschließlich zur Sicherung einer Forderung bestellt worden ist. Mit der Teilrückzahlung der Forderung ist auch dieser Sicherungszweck teilweise weggefallen, so dass der Gläubiger aus der Sicherungsvereinbarung heraus verpflichtet ist, die Grundschuld an den Eigentümer zurückzugewähren. Dieser schuldrechtlichen Verpflichtung kann der Gläubiger nach Wahl des Schuldners nachkommen indem er

- die Grundschuld an den Eigentümer zurück abtritt, §§ 1192 I, 1154 BGB,
- auf die Grundschuld verzichtet, §§ 1192 I, 1168 BGB,
- oder die Grundschuld aufgehoben wird, §§ 875, 1192 I, 1183 BGB.

Während in den ersten beiden Fällen eine Eigentümergrundschuld entsteht, erlischt die Grundschuld bei einer Aufhebung völlig.

Im vorliegenden Fall muss folglich der G dem E die Grundschuld teilweise zurückgewähren.

hemmer-Methode: Wurde in der Sicherungsabrede ausdrücklich vereinbart, was bei Tilgungszahlungen auf die Forderung mit der Grundschuld passieren soll, so ist die Sicherungsvereinbarung selbst die vertragliche Anspruchsgrundlage, auf die auch direkt Bezug genommen werden kann. Fehlt jedoch eine solche explizite Vereinbarung, so ergibt sich die Anspruchsgrundlage wie hier aus der entsprechenden Auslegung des Vertragszwecks. Für Sie bedeutet das, dass Sie etwas mehr zur Anspruchsgrundlage schreiben müssen.

III. Zahlungen des S auf die Grundschuld

Sollte der mit dem Eigentümer personenidentische Schuldner E wider Erwarten auf die Grundschuld bezahlt haben, so ist die Beurteilung der Rechtsfolgen in Bezug auf Forderung und Grundschuld etwas schwieriger.

1. Erlöschen der Forderung

Es ist klar, dass der Gläubiger nur einmal Befriedigung finden soll. Aus diesem Grund erlischt bei Personenidentität die auflösend durch die Ablösung der Grundschuld bedingte Forderung nach §§ 362 I, 158 II BGB.

Auch hier wäre also die Forderung i.H.v. 25.000 € erloschen.

hemmer-Methode: Achtung! Nur bei Personenidentität zwischen Eigentümer und Schuldner erlischt die Forderung. Handelt es sich jedoch um einen personenverschiedenen Eigentümer, so richtet sich das Schicksal der Forderung danach, welche hypothekarische Norm analog angewendet wird (s.u.). Nach h.M. geht jedoch die Forderung keineswegs unter, sondern muss nunmehr dem ausgleichsberechtigten Eigentümer zustehen („Der Eigentümer kauft quasi die Forderung").

2. Entstehen einer Eigentümergrundschuld

Grds. muss die Zahlung des Eigentümers auf die Grundschuld das Entstehen einer Eigentümergrundschuld zur Folge haben. Mangels grundschuldspezifischer Vorschriften ist umstritten, auf welche Rechtsgrundlage eine solche Rechtsfolge gestützt werden kann, zumal die meisten Normen, die in diesem Fall greifen würden, hypothekarische und zugleich akzessorische Rechtsvorschriften sind.

Dennoch wird das Entstehen einer Eigentümergrundschuld mit der analogen Anwendung der folgenden Normen begründet:

- § 1143 I BGB analog
- § 1163 I S. 2 BGB analog
- §§ 1168, 1170 BGB analog

Diese drei Vorschriften sind bzgl. des vorliegenden Falles nicht passgenau. Sie führen jedoch alle zu dem Ergebnis, dass mit der Zahlung auf die Grundschuld, der Eigentümer diese zurück erwirbt.

hemmer-Methode: Im Gegensatz zu oben, wo der Schuldner auf die Forderung zahlte und die forderungsunabhängige Grundschuld grds. weiterhin dem Gläubiger zustand, hat in dem Fall einer Zahlung des Eigentümers auf die Grundschuld und dem damit verbundenen Entstehen einer Eigentümergrundschuld der Eigentümer sehr wohl einen Anspruch auf Berichtigung des Grundbuchs aus § 894 BGB.

Angewandt auf den vorliegenden Fall bedeutet dies, dass sich die Grundschuld in einer Höhe von 25.000 € zu einer Eigentümergrundschuld des E gewandelt hätte, § 1143 BGB analog.

IV. Zusammenfassung

- Ob der Schuldner auf die Forderung oder auf die Grundschuld bezahlt, kann sich aus einer ausdrücklichen Vereinbarung aus der SA ergeben. Ist dies nicht der Fall, so ist der entsprechende Wille des Schuldners im Zeitpunkt der Tilgung maßgeblich (Anrechnungsbestimmung). Kommt man auch hier nicht zu einem Ergebnis ist unter Berücksichtigung der Interessenlage, der Verkehrsanschauung und des § 242 BGB ergänzend auszulegen.

- Zahlt der mit dem Eigentümer personenidentische Schuldner auf die Forderung so erlischt diese nach § 362 I BGB. Der Gläubiger ist nach der SA schuldrechtlich verpflichtet, die Grundschuld an den Eigentümer in der entsprechenden Höhe oder bei vollständiger Tilgung ganz an den Eigentümer zurückzugeben.
- Nach Wahl des Schuldners kann der Gläubiger dieser schuldrechtlichen Verpflichtung nachkommen, indem er die Grundschuld an den Eigentümer zurück abtritt, §§ 1192 I, 1154 BGB, auf die Grundschuld verzichtet, §§ 1192 I, 1168 BGB, oder die Grundschuld aufgehoben wird, §§ 875, 1192 I, 1183 BGB.
- Zahlt der Schuldner, der mit dem Eigentümer identisch ist auf die Grundschuld, so erlischt die Forderung, §§ 362 I, 158 II BGB. Die Grundschuld wandelt sich in eine Eigentümergrundschuld.
- Auf welche Rechtsnormen zurückzugreifen ist, ist seit langem umstritten. In Frage kommen § 1143 I BGB analog, § 1163 I S. 2 BGB analog, §§ 1168, 1170 BGB analog

V. Zur Vertiefung

Zahlung und Regress bei Personenidentität zwischen Schuldner und Eigentümer

- Hemmer/Wüst SachenR III, Rn. 236.
- Hemmer/Wüst Kreditsicherungsrecht, Rn. 195.

Ermittlung der Zahlungszielrichtung

- Hemmer/Wüst SachenR III, Rn. 237.
- Hemmer/Wüst Kreditsicherungsrecht, Rn. 202.

Übersicht über die Rechtsprechung

- BGH NJW 1986, 2108; BGH NJW 1983, 2502: **alle Entscheidungen = jurisbyhemmer**.

Fall 41: Zahlung und Regress bei Personenverschiedenheit

Sachverhalt:

G hat S ein Darlehen i.H.v. 100.000 € gewährt, welches durch eine Sicherungsgrundschuld am Grundstück des E abgesichert ist.

Frage 1: *Wie ist die Rechtslage zu beurteilen, wenn S 50.000 € auf die Forderung zahlt? Wie muss bei Zahlungen des persönlichen Schuldners bei Personenverschiedenheit zum Sicherungsgeber unterschieden werden?*

Frage 2: *Wie ist die Rechtslage, wenn der Eigentümer den G i.H.v. 50.000 € befriedigt? Differenzieren Sie auch hier anhand der Haftungsverhältnisse im Innenverhältnis!*

I. Einordnung

Sind der Schuldner und der Eigentümer nicht wie im Vorfall personenidentisch und zahlt eine Partei, so steht fest, dass diese Befriedigung des Gläubigers auf jeden Fall auch Auswirkungen auf die Forderung und die Grundschuld haben muss, weil der Gläubiger lediglich einmal befriedigt werden soll.

Die exakte fallspezifische Auswirkung einer Zahlung auf beide Rechte bzw. die Beurteilung etwaiger Regress- und Ausgleichsforderungen hängt neben der Frage, ob die Zahlungen auf die persönliche Forderung oder auf die Grundschuld erfolgen sollte, im Wesentlichen davon ab, wer im Innenverhältnis zwischen Eigentümer und Schuldner letztendlich zur Befriedigung des Gläubigers verpflichtet gewesen ist.

II. Gliederung

Frage 1:
Personenverschiedenheit zwischen Schuldner und Eigentümer - S zahlt

Unterscheidung:

1. **S ist im Innenverhältnis dem E gegenüber verpflichtet, den G zu befriedigen**

Forderung: Erlöschen der Forderung nach § 362 I BGB i.H.v. 50.000 €

Grundschuld: Die forderungsunabhängige Grundschuld bleibt zunächst bestehen

⇨ §§ 1163 I S. 2, 1177 I BGB nicht anwendbar ⇨ jedoch schuldrechtlicher Anspruch des E aus der SA auf Rückgewähr der Grundschuld i.H.v. 50.000 € ⇨ Entstehen einer Eigentümergrundschuld

2. **E ist im Innenverhältnis dem S gegenüber verpflichtet, den G zu befriedigen**

Forderung: Erlöschen der Forderung nach § 362 I BGB i.H.v. 50.000 €

Grundschuld: Wurde der Sicherungsvertrag zwischen S und G geschlossen, so kann der S von G Übertragung der Grundschuld verlangen, die nunmehr den Ausgleichsanspruch gegen den E absichert ⇨ wurde der Sicherungsvertrag zwischen E und G geschlossen, so kann E vom Gläubiger Abtretung der Grundschuld an den S fordern.

Frage 2:
Personenverschiedenheit zwischen Schuldner und Eigentümer - E zahlt

Unterscheidung:

1. **S ist im Innenverhältnis dem E gegenüber verpflichtet, den G zu befriedigen**

Forderung: Die Forderung erlischt nicht, sondern der E hat gegen den Gläubiger einen Anspruch auf Abtretung der Forderung gegen den S.

Grundschuld: Zahlt der E ist anzunehmen, dass er auf die Grundschuld zahlen möchte ⇨ Entstehen einer Eigentümergrundschuld nach § 1143 BGB analog.

2. **E ist im Innenverhältnis dem S gegenüber verpflichtet, den G zu befriedigen**

Forderung: nach h.M. Erlöschen der Forderung nach § 362 I BGB (a.A.: Übergang einer einredebehafteten Forderung auf den E)

Grundschuld: Grundschuld geht auf E über, § 1143 BGB analog ⇨ Entstehen einer Eigentümergrundschuld

III. Lösung Frage 1

Grds. ist mangels anderweitiger Hinweise davon auszugehen, dass der S durch seine Zahlung i.H.v. 50.000 € an den Gläubiger seine persönliche Schuld ablösen wollte.

Nicht klar aus den Sachverhaltsumständen geht jedoch hervor, ob nun im Innenverhältnis zwischen E und S eine Vereinbarung mit dem Inhalt getroffen wurde, wer von den beiden dem jeweilig anderen gegenüber zur Befriedigung des Gläubigers G verpflichtet sein soll. Aus diesem Grund ist bei der Beurteilung von Rechtsfolgen und etwaiger Regress- und Ausgleichsforderungen der Parteien wie folgt zu unterscheiden:

1. S ist im Innenverhältnis dem E gegenüber verpflichtet, den G zu befriedigen

Erste Möglichkeit wäre, dass der leistende S auch im Innenverhältnis dem Sicherungsgeber gegenüber verpflichtet war, den Gläubiger zu befriedigen.

a) Erlöschen der Forderung

In diesem Fall erlischt durch die Teilzahlung des persönlichen Schuldners S die Forderung hälftig nach § 362 I BGB in einer Höhe von 50.000 €. Mit Eintritt der Erfüllungswirkung stand dem G somit nur noch eine Forderung gegen den S i.H.v. 50.000 € zu.

b) Entstehen einer Eigentümergrundschuld

hemmer-Methode: Schon zu einem früheren Zeitpunkt wurde geraten, sich den Fall einmal gedanklich mit einer Hypothek durchzuspielen, um auch bei der Grundschuld über die SA zu einem ähnlichen und gerechten Ergebnis zu kommen!

Bei einer Hypothek würde sich mit Erlöschen der Forderung die Hypothek kraft Gesetz automatisch in eine Eigentümergrundschuld umwandeln, § 1163 I S. 2 BGB. Da diese Vorschrift jedoch wegen ihrem akzessorischen Charakter auf die Grundschuld nicht anwendbar ist, § 1192 I BGB ist bei der Grundschuld dasselbe Ergebnis unter Zuhilfenahme der SA anzustreben.

Aufgrund der Tatsache, dass eine Grundschuld nicht akzessorisch, sondern völlig forderungsunabhängig ist, wirkt sich eine Zahlung des Schuldners auf die Forderung auf ihren Bestand nicht aus. M.a.W.: Trotz der Zahlung auf die Forderung, bleibt der G weiterhin Inhaber der Grundschuld.

Aus der Sicherungsvereinbarung ergibt sich jedoch, dass die Grundschuld ausschließlich nur zur Sicherung einer entsprechenden Forderung des G gegen S Bestand haben soll. Fällt dieser Sicherungszweck durch die (teilweise) Tilgung der Forderung weg, so ist der Gläubiger entweder aufgrund einer expliziten Regelung in der Sicherungsvereinbarung oder nach einer ergänzenden Auslegung dieser Sicherungsabrede schuldrechtlich verpflichtet, die Grundschuld (teilweise) an den Eigentümer zurück zu gewähren. Dieser Verpflichtung kann er entweder dadurch nachkommen, dass er die Grundschuld an den Eigentümer zurück abtritt, §§ 1192 I, 1154 BGB, er auf die Grundschuld verzichtet, §§ 1192 I, 1168 BGB oder die Parteien die Grundschuld vollständig aufheben, §§ 875, 1192 I, 1183 BGB.

Während sich in den ersten beiden Wahlmöglichkeiten die Grundschuld in eine Eigentümergrundschuld umwandelt, würde bei der Aufhebung die Grundschuld vollständig erlöschen.

hemmer-Methode: Ganz wichtig für die Klausur!! Finden sich genauere Angaben über den Abschluss des Sicherungsvertrages müssen Sie bei dem Anspruch des Eigentümers auf Rückgewähr der Grundschuld im Hinblick auf die Anspruchsgrundlage strikt differenzieren: Wurde zwischen dem E und dem G der Sicherungsvertrag abgeschlossen so ergeben sich keine Probleme. E kann aus eigenem Recht bzw. aus „eigener SA“ die Rückgewähr der Grundschuld von G verlangen. Wurde jedoch die SA zwischen dem S und dem G geschlossen (S hat z.B. sein Grundstück an den E verkauft) so gilt die SA nur relativ zwischen S und G und gerade nicht zwischen E und G. Logische Folge ist, dass der E entweder von S verlangen kann, dass er seine Forderung durchsetzt oder S ihm seinen Anspruch abtritt.

2. E ist im Innenverhältnis dem S gegenüber verpflichtet, den G zu befriedigen

a) Auswirkungen auf die Forderung

Zahlt der persönliche Schuldner S, obwohl der Eigentümer im Innenverhältnis zu S zur Befriedigung des Gläubigers verpflichtet ist, so erlischt die Forderung i.H.v. 50.000 € nach § 362 I BGB.

b) Übergang der Grundschuld

hemmer-Methode: Wieder zur Übersicht! Auch bei der Hypothek erlischt die Forderung, § 362 I BGB. Die Hypothek würde sich jedoch an dieser Stelle nicht in eine Eigentümergrundschuld umwandeln, §§ 1163 I S. 2, 1177 I BGB, sondern würde nunmehr den Ausgleichsanspruchs S/E sichern.

Die Hypothek ginge deshalb auf den S nach § 1164 BGB über.

Bei der Rechtsfolge bzgl. der Grundschuld ist zu unterscheiden: Wurde der Sicherungsvertrag zwischen dem S und dem G geschlossen, so kann S von G die teilweise Übertragung der Grundschuld an ihn verlangen, so dass die Grundschuld nunmehr als Sicherungsmittel bzgl. des Ersatzanspruchs S/E herangezogen werden kann.

Wurde jedoch ein entsprechender Sicherungsvertrag zwischen E und G geschlossen, so kann E von G die Abtretung der Grundschuld an den S verlangen (genauso gut ist es möglich, dass E die Forderung für den S durchsetzt oder ihm seinen Rückgewähranspruch gegen den G abtritt).

IV. Lösung Frage 2

Herrscht zwischen Eigentümer und Schuldner Personenverschiedenheit und zahlt der Eigentümer (i.d.R. auf die Grundschuld) so sind die folgenden zwei Varianten zu trennen:

1. S ist im Innenverhältnis dem E gegenüber verpflichtet, den G zu befriedigen

Ist im Innenverhältnis der S dem E gegenüber verpflichtet, den Gläubiger zu befriedigen, so hat die Tilgung durch den Eigentümer folgende Auswirkungen:

a) Kein Erlöschen der Forderung

Zahlt der Eigentümer, so geht die Forderung nicht wie bei der Hypothek kraft Gesetz auf den E über, da insoweit die Vorschrift des § 1143 BGB nicht auf die Grundschuld anwendbar ist. Nach h.M. erwirbt der Eigentümer jedoch mit der Zahlung einen Anspruch gegen G auf Teilabtretung der persönlichen Forderung des G gegen den S über 50.000 €.

b) Eigentümergrundschuld, § 1143 BGB analog

hemmer-Methode: Bei der Hypothek würde die Forderung nach § 1143 BGB auf den E übergehen und mit der Forderung kraft Gesetz automatisch die Hypothek, § 1153 BGB. Letztere würde sich in eine Eigentümerhypothek umwandeln, da dem E zugleich auch die Forderung gegen den S zustehen würde, §§ 1163 I S. 2, 1177 II BGB.

I.d.R. zahlt der Eigentümer auf seine Grundschuld. In diesem Fall geht diese als Eigentümergrundschuld i.H.v. 50.000 € auf ihn über, § 1143 BGB analog (zur Begründung der entsprechenden Anwendung des § 1143 BGB s.o.).

2. E ist im Innenverhältnis dem S gegenüber verpflichtet, den G zu befriedigen

a) Erlöschen der Forderung

Zahlt der Eigentümer und ist dieser auch im Innenverhältnis dem S gegenüber verpflichtet den Gläubiger zu befriedigen, so erlischt die Forderung (teilweise) nach § 362 I BGB, i.H.v. 50.000 €.

b) Eigentümergrundschuld des E

hemmer-Methode: Bei der Hypothek würde die Forderung erlöschen und die Hypothek würde sich kraft Gesetz in eine Eigentümergrundschuld umwandeln, §§ 1163 I S. 2, 1177 I BGB.

Mit der Zahlung geht die Grundschuld nach § 1143 BGB analog i.H.v. 50.000 € auf den E über.

V. Zusammenfassung

- Soll in einer Klausur oder auch in der Praxis die Rechtsfolge von Zahlungen auf grundpfandrechtlich gesicherte Forderungen beurteilt werden, so muss grds. zwischen einem Zweiseiten- (Schuldner-Gläubiger) und einem Dreiseitenverhältnis (Schuldner-Eigentümer-Sicherungsgeber) unterschieden werden.
- Darüber hinaus muss im Falle eines Dreiseitenverhältnisses festgestellt werden, wer von den in Anspruch Genommenen im Innenverhältnis verpflichtet war, den Gläubiger zu befriedigen.
- Außerdem ist immer darauf zu achten, auf welche Schuld bezahlt werden sollte; während der Schuldner i.d.R. auf die Forderung zahlt, sind die Zahlungen des Eigentümers auf die Grundschuld bezogen.
- Grds. sind die hypothekarischen und die die Akzessorietät verwirklichenden Vorschriften der §§ 1163, 1153, 1143 BGB nicht auf die Grundschuld anwendbar.
- Es erleichtert jedoch die Falllösung ungemein, mit Hilfe dieser Normen zunächst einen Lösungsweg bzgl. einer hypothekarisch gesicherten Forderung zu finden, um diesen dann als Vorbild für die Grundschuld zu benutzen.

VI. Zur Vertiefung

Zur Befriedigung des Gläubigers bei Personenverschiedenheit zwischen Eigentümer und Schuldner

- Hemmer/Wüst SachenR III, Rn. 236 ff.

Ausführlich über die Ermittlung der Zahlungszielrichtung

- Hemmer/Wüst SachenR III, Rn. 241 ff.

Übersicht über Rechtsprechung

- BGHZ 87, 838.

Fall 42: Die Zahlung eines von mehreren Sicherungsgebern

Sachverhalt:

S möchte in der nahen Zukunft als selbständige Hebamme eine eigene Praxis eröffnen. Da ihr das nötige Kleingeld fehlt, möchte sie bei der G-Bank einen größeren Kredit in Anspruch nehmen. Bevor es jedoch zu einer Valutierung des Darlehens kommen kann, muss sie der G-Bank zunächst mehrere Sicherheiten vorweisen.

Um ihr tatkräftig unter die Arme zu greifen, bestellt ihr Vater E der G-Bank eine Buchgrundschuld an seinem Grundstück. Ihr Onkel B verbürgt sich zudem selbstschuldnerisch für die Rückzahlung des Darlehens. Die Beteiligten möchten wissen, was denn mit ihren Sicherungsmitteln geschehen würde bzw. ob sie etwas unternehmen müssten, wenn die S die Forderung möglicherweise mit eigenen Mitteln zurückzahlen könnte. Außerdem wollen E und B davon unterrichtet werden, ob sie auch gesichert seien, wenn sie, was sie nicht hoffen, eines Tages das Darlehen zurückzahlen müssten?

Frage: *Was wird ihnen der beauftragte Rechtsanwalt R raten?*

I. Einordnung

Sind persönlicher Schuldner und Eigentümer personenverschieden und gliedert sich sogar noch ein weiterer Sicherungsgeber in dieses Verhältnis ein, so muss die Zahlung einer dieser Personen natürlich Auswirkungen sowohl auf die Forderung als auch auf das andere Sicherungsmittel mit sich bringen, zumal der Gläubiger nur einmal Befriedigung finden soll. In diesem Vier-Personen-Verhältnis kann es in diesem Zusammenhang zu dem sog. „Wettlauf der Sicherungsgeber" kommen, den der Gesetzgeber durch verschiedene Rechtsgrundsätze von Beginn an zu unterbinden versucht.

II. Gliederung

I. Persönlicher Schuldner begleicht die Forderung

1. **Forderung**: Die Forderung erlischt nach § 362 I BGB
2. **Grundschuld**: G bleibt Inhaber der forderungsunabhängigen Grundschuld ⇨ schuldrechtlicher Anspruch auf Rückgewähr gegen den G aus der Sicherungsvereinbarung
3. **Bürgschaft**: Als akzessorisches Recht geht die Bürgschaft mangels Forderung unter.

II. Sicherungsgeber E befriedigt den G

1. **Forderung**: Die Forderung erlischt grds. nicht, geht aber auch nicht nach § 1143 BGB auf den E über ⇨ nach h.M. jedoch Anspruch des E gegen den G auf Abtretung der gesicherten Forderung G/S (Ausnahme: Vereinbarung in der SA, dass Forderung erlöschen soll)
2. **Grundschuld**: Da E auf die Grundschuld zahlt, geht diese auf den E als Eigentümergrundschuld über, § 1143 BGB analog

3. **Bürgschaft**: Käme der Gläubiger dem Abtretungsanspruch des E bzgl. der gesicherten Forderung nach, dann müsste nach § 401 BGB auch die Bürgschaft auf den E mit übergehen ⇨ Problem des Wettlaufs der Sicherungsgeber ⇨ Lösung über eine entsprechende Anwendung des § 426 BGB.

III. Bürge B befriedigt den G

1. **Forderung**: Zahlt der Bürge, geht die Forderung auf ihn über, § 774 BGB
2. **Grundschuld**:

⇨ Zwar kein Übergang der Grundschuld kraft Gesetz, da zwischen Forderung und Grundschuld keine Akzessorietät besteht
⇨ Auslegung des Bürgschaftsvertrages ergibt jedoch Anspruch des B gegen den G auf Abtretung der Grundschuld
⇨ Wiederum Problem des Wettlaufs der Sicherungsgeber
⇨ Anwendung des § 426 BGB analog.

III. Lösung

I. S zahlt aus eigenen Mitteln das Darlehen zurück

Der Rechtsanwalt wird die Beteiligten zunächst über die Rechtsfolgen in dem folgenden Grundfall aufklären. In der Regel gelingt es dem persönlichen Schuldner das in Anspruch genommene Darlehen nach einer gewissen Zeitspanne zurückzuzahlen.

1. Erlöschen der Forderung

Mit der Rückzahlung des Darlehens erlischt die Forderung des G gegen den S aus § 488 I S. 2 BGB durch Erfüllung nach § 362 I BGB.

Wird die S dennoch in Anspruch genommen, so kann sie dem Gläubiger die rechtsvernichtende Einwendung der Erfüllung entgegenhalten.

2. Grundschuld

Mangels Akzessorietät zwischen Grundschuld und Forderung wandelt sich die Grundschuld bei Tilgung des Darlehens durch den Schuldner nicht automatisch bzw. kraft Gesetz in eine Eigentümergrundschuld um. G bleibt somit zunächst Inhaber der forderungsunabhängigen Grundschuld.

Der Rechtsanwalt muss folglich den E darauf hinweisen, dass er, um sein Sicherungsmittel wieder in seine Hände zu bekommen, gegen den G einen Rückgewähranspruch aus der Sicherungsvereinbarung geltend machen kann.

3. Bürgschaft

Im Gegensatz zum E kann der B die Tilgung des Darlehens durch den S in Hinsicht auf sein Sicherungsmittel regungslos zur Kenntnis nehmen. Mit der Forderung erlischt auch das akzessorische Sicherungsrecht der Bürgschaft, §§ 765, 767 I S. 1 BGB.

Sollte er durch den Gläubiger ungerechtfertigterweise in Anspruch genommen werden, kann er diesem das Erlöschen der Forderung und damit eine Einwendung, die von Amts wegen berücksichtigt werden muss, entgegensetzen.

II. Begleichung der Darlehensforderung durch den Eigentümer

Sollte der persönliche Schuldner nicht in der Lage sein, seinen vertraglichen Pflichten der Rückzahlung nachzukommen und tritt an seiner Stelle, zur Vermeidung der Zwangsvollstreckung in sein Grundstück, der Eigentümer des belasteten Grundstücks für den Schuldner ein, so ergibt sich folgendes Bild:

1. Forderung

Mangels Akzessorietät ist die Vorschrift des § 1143 BGB auf die Grundschuld nicht anwendbar, § 1192 I BGB. Aus diesem Grund geht bei Zahlungen des Eigentümers (i.d.R. auf die Grundschuld) die persönliche Forderung G/S auch nicht automatisch kraft Gesetz auf ihn über, sondern bleibt vorerst in der Hand des G.

R muss deshalb den E darauf hinweisen, dass er, nachdem er die persönliche Schuld der S ausgeglichen hat, die Forderung G/S jedoch nicht von G erhalten hat, gegen G einen Anspruch auf Abtretung der gesicherten Forderung an ihn geltend machen kann.

Eine Ausnahme hiervon wäre nur dann zu machen, wenn sich aus dem Sicherungsvertrag eine ausdrückliche Vereinbarung mit dem Inhalt ergäbe, dass in direkter Verbindung mit der Zahlung auf die Grundschuld, auch die gesicherte Forderung erlöschen soll.

2. Grundschuld

Zahlt E auf die Grundschuld, so geht diese nach § 1143 BGB analog als Eigentümergrundschuld auf ihn über.

Aufgrund dieser Rechtsstellung hat der Eigentümer gegen den zu Unrecht im Grundbuch eingetragenen G einen Anspruch auf Zustimmung zur Berichtigung des Grundbuchs, § 894 BGB, bei einer Briefgrundschuld gegen den G einen Anspruch auf Herausgabe des Grundschuldbriefs nach §§ 952 II, 985 BGB.

3. Bürgschaft

Den Bürgen sollte der R auf ein besonderes Rechtsproblem hinweisen.

a) Wettlauf der Sicherungsgeber

Unter strikter Anwendung des Gesetzes hätte der Eigentümer bei der Befriedigung des Gläubigers einen Anspruch gegen diesen auf Abtretung der persönlichen Forderung G/S (s. unter 1.). Aufgrund der strengen Akzessorietät einer Bürgschaft ginge der potentielle Zahlungsanspruch des G gegen den B aus § 765 BGB nach § 401 BGB kraft Gesetz ebenfalls auf den E mit über.

Dies hätte jedoch für den B das untragbare Ergebnis zur Folge, dass B völlig ohne Schutz durch ein Sicherungsmittel, das Risiko der Zahlungsunfähigkeit des Hauptschuldners in Zukunft ganz alleine tragen müsste, während E dieses für ihn gleichermaßen drohende Ergebnis lediglich durch seine frühere Zahlung und dem gesetzlichen Erwerb der Bürgschaft abwenden konnte. Es scheint derjenige Sicherungsgeber am besten zu stehen, der am schnellsten zahlt.

hemmer-Methode: Hätte der Bürge eher bezahlt, dann wäre die Grundschuld zwar nicht über §§ 774 i.V.m. 401 BGB übergegangen.

B hätte jedoch gegen den G einen Anspruch auf Abtretung der Grundschuld geltend machen können.
In diesem Fall wäre also genau umgekehrt der Bürge mit der Grundschuld gesichert, während der Eigentümer ungesichert beim Hauptschuldner Regress nehmen müsste. Um zu vermeiden, dass sämtliche Sicherungsgeber nun versuchen, so schnell wie nur möglich zu bezahlen, um sich einen Sicherungsvorteil zu schaffen und vor allem um den unterlegenen Sicherungsgeber vor den nachteiligen Folgen des sog. Wettlaufs der Sicherungsgeber zu schützen, hat man in der Literatur und Rspr. mehrere Lösungsvorschläge diskutiert.

b) Lösungsvorschlag einer Ansicht

Eine Ansicht vertritt die Meinung, der Bürge sei bei einem Aufeinandertreffen mit einer Realsicherheit auf die Art zu privilegieren, dass bei einer Zahlung durch den Bürgen, Letzterer die Sicherheit (hier die Grundschuld) über §§ 774 I, 412, 401 BGB (bzw. bei der Grundschuld einen entsprechenden Anspruch auf Übertragung aus der Sicherungsabrede) in voller Höhe erhält, umgekehrt jedoch der zahlende Sicherungsgeber gegen den Bürgen überhaupt keinen Ausgleichsanspruch haben soll.

Ein derartig ausgeprägtes Schutzbedürfnis des Bürgen leitet diese Ansicht aus § 776 BGB ab. Gibt demnach der Gläubiger ein mit der Forderung verbundenes Vorzugsrecht, eine für sie bestehende Hypothek, ein für sie bestehendes Pfandrecht oder das Recht gegen einen Mitbürgen auf, so wird der Bürge insoweit frei, als er aus dem aufgegebenen Rechte nach § 774 BGB hätte Ersatz verlangen können.

Hintergrund dieser Regelung und der formellen Besserstellung ist die Tatsache, dass der Bürge seine Haftung eben nicht wie ein Realpfandrechtsschuldner nur auf einen Gegenstand beschränken könne, sondern mit seinem ganzen Vermögen haften müsse.

c) H.M.: Entsprechende Anwendung des § 426 BGB

Der BGH hat hingegen einen anderen Lösungsweg entwickelt.

Er weist darauf hin, dass eine Bezugnahme auf den Erklärungsgehalt des § 776 BGB nicht überzeugt. § 776 BGB soll ein treuwidriges Verhalten des Gläubigers sanktionieren und keineswegs zu der Bestimmung der Haftungsverteilung innerhalb des Verhältnisses der verschiedenen Sicherungsgeber untereinander dienen (vgl. Weber Kreditsicherheiten, S.74).

Vielmehr müsse eine Lösung dieses Problems aus dem gesetzlichen Leitbild der Mitbürgschaft entwickelt werden. Nach § 774 BGB gibt das Innenverhältnis vor, in welchem Umfang die Hauptforderung auf den leistenden Sicherungsgeber übergehen soll. Diese Regelung lässt sich auch auf sämtliche die Hauptforderung sichernden Rechte anwenden. Für die Bestimmung des Umfanges einer etwaigen Regressforderung unter den verschiedenen Sicherungsgebern ist deshalb das Innenverhältnis maßgebend.

Demzufolge bestimmt die intern zu ermittelnde Haftungsquote den Ausgleichsanspruch nach § 426 BGB analog.

Haben die Beteiligten diesbezüglich keine haftungsspezifischen Vereinbarungen getroffen, so ist zwischen den Sicherungsgebern gleich welcher Art Gleichstufigkeit anzunehmen, mit der Folge, dass die Sicherungsgeber einander grds. wie Gesamtschuldner nach § 426 BGB analog ausgleichspflichtig sind.

d) Anwendung auf den Fall

Zahlt der Eigentümer, wie im vorliegenden Fall zuerst, so kann er zwar die Abtretung der persönlichen Forderung G/S in voller Höhe verlangen. Die Bürgschaft, d.h. der Anspruch aus § 765 BGB geht jedoch nur anteilig (hälftig) auf ihn über.

hemmer-Methode: In der bisherigen Lösungsskizze wurde der Regelfall angenommen, dass der Eigentümer ausschließlich auf die Grundschuld zahlt.
Es ist jedoch auch genauso möglich, dass der Sicherungsgeber auf die persönliche Forderung zahlen wollte. In diesem Fall erlischt die persönliche Forderung nach § 362 I BGB und mit ihr das akzessorische Recht der Bürgschaft, § 767 I S. 1 BGB. In Hinblick auf die Grundschuld kann der Eigentümer vom Gläubiger aus der SA Rückgewähr der Grundschuld verlangen.

III. Befriedigung des Gläubigers durch den Bürgen

Schließlich stellt sich noch die Frage nach den Auswirkungen, wenn der Bürge die Befriedigung des Gläubigers übernimmt.

1. Forderung

Mit der Zahlung des Bürgen geht die Forderung gegen den persönlichen Schuldner kraft Gesetz von G auf den B über, § 774 BGB.

2. Grundschuld

Mangels Akzessorietät ginge die Grundschuld nicht automatisch kraft Gesetz mit der Forderung gegen die S aus § 433 II BGB auf den B über, § 401 BGB. Es ergäbe sich jedoch mangels einer ausdrücklichen Absprache zwischen B und G mittelbar aus dem Zweck des Bürgschaftsvertrages einen Anspruch B/G auf Abtretung der Grundschuld.

Damit wäre aber das Problem vorprogrammiert, dass E das ganze Risiko der Zahlungsunfähigkeit der persönlichen Schuldnerin S tragen und ungeschützt die Hauptschuldnerin S in Regress nehmen müsste. Um einen „Wettlauf der Sicherungsgeber" zu vermeiden, muss nach h.M. zwischen den verschiedenen Sicherungsgebern Gleichstufigkeit herrschen, mit dem Ergebnis, dass E und B wie in einem Gesamtschuldverhältnis anteilig nach § 426 BGB analog haften (auch hier gilt das oben Ausgeführte).

Der R wird dem B deshalb mitteilen, dass er im Falle seiner Zahlung, nur die hälftige Abtretung der Grundschuld von G verlangen kann.

3. Bürgschaft

Der Anspruch gegen den Bürgen aus § 765 BGB erlischt wegen seiner Erfüllung.

IV. Zusammenfassung

- Wird ein Anspruch aus § 488 I S. 2 BGB durch eine Grundschuld und eine Bürgschaft abgesichert, so gilt bzgl. Zahlung und Regress zwischen dem Eigentümer und dem persönlichen Schuldner die in den vorherigen Fällen vorgestellten Grundsätze.
- Zahlt der Bürge, so erlischt der Anspruch des Gläubigers aus § 765 BGB gegen ihn und die Forderung G/S geht auf den B nach § 774 BGB über.
- Mangels Akzessorietät geht in derartig gelagerten Fällen die Grundschuld nicht kraft Gesetz auf den Bürgen über, § 401 BGB. B hat jedoch einen schuldrechtlichen Anspruch gegen den G auf Abtretung der Grundschuld.
- Damit der Bürge jedoch nicht das gesamte Risiko im Hinblick auf die Zahlungsunfähigkeit des persönlichen Schuldners tragen muss und zudem ein Wettlauf der Sicherungsgeber vermieden werden soll, wird § 426 BGB analog angewendet. B kann von G die Abtretung der halben Grundschuld verlangen.

V. Zur Vertiefung

Zahlung und Regress bei mehreren Sicherungsgebern

- Hemmer/Wüst SachenR III, Rn. 238 ff.
- Hemmer/Wüst Kreditsicherungsrecht, Rn. 195 ff.

Zum Wettlauf der Sicherungsgeber

- Hemmer/Wüst Kreditsicherungsrecht, Rn. 346 ff.

Übersicht über die Rechtsprechung und Kommentierungen

- BGH NJW 92, 3229 = **juris**byhemmer; BGH 92, 378; BGH NJW 1983, 2502 = **juris**byhemmer; BGHZ 108, 179 = **juris**byhemmer; BGH NJW 1992, 3228 = **juris**byhemmer.

Fall 43: Der Löschungsanspruch aus § 1179a BGB

Sachverhalt:

Grundstückseigentümer E hat seinem Gläubiger G zur Sicherung eines Kredits an erster Stelle eine Briefgrundschuld, an zweiter Stelle der F-Bank eine Buchhypothek bestellt. E händigt einen entsprechend ausgestellten Grundschuldbrief an den G aus. Drei Monate vor Fälligkeit zahlt E an den G den gesamten Darlehensbetrag zurück.

Als E nach drei Wochen erneut in Geldschwierigkeiten gerät, tritt er mit G in erneute Verhandlungen über eine potentielle Kreditvereinbarung. Noch bevor E und G über die genauen, später in der Tat verbindlich gewordenen Darlehenskonditionen sprechen können, wird E vom nachrangigen Hypothekengläubiger F aufgefordert, ihm umgehend die „erste Rangstelle im Grundbuch freizumachen".

***Frage 1:** Kann die F-Bank ihren Anspruch auf eine rechtliche Grundlage stellen? Wie ist F vor weiteren Verfügungen des E geschützt?*

***Frage 2:** Was müsste gelten, wenn die Parteien E und G im Sicherungsvertrag vereinbart hätte, dass etwaige Zahlungen des E immer nur die Forderung betreffen sollen?*

I. Einordnung

Es entspricht natürlich immer dem Interesse des Inhabers eines Grundpfandrechts gleich welcher Art im Hinblick auf eine möglicherweise drohende Zwangsversteigerung des belasteten Grundstücks in der Rangordnung der Gläubiger eine Stellung so weit vorne wie nur möglich zu behaupten.

Ein entscheidendes Hilfsmittel hierfür ist der § 1179a I S. 1 BGB. Nach dessen Wortlaut soll der Gläubiger einer Hypothek von dem Eigentümer verlangen können, dass dieser eine vorrangige oder gleichrangige Hypothek löschen lässt, wenn sie im Zeitpunkt der Eintragung des Gläubigers mit dem Eigentum in einer Person vereinigt ist, oder eine solche Vereinigung später eintritt.

Nach § 1179a I S. 3 BGB ist dieser Anspruch kraft Gesetzes wie eine Vormerkung gesichert.

Zwar bezieht sich der reine Wortlaut nur auf vorrangige Hypotheken, § 1179a I S. 1 BGB ist jedoch, mit Ausnahme der Reallasten, nach ganz h.M. auf sämtliche Grundpfandrechte anzuwenden.

Unter Berücksichtigung des Sinn und Zwecks der Norm sowie unter Beachtung einer juristischen Logik kann § 1179a I BGB nur die Fälle meinen, in denen die Vereinigung von Forderung und Grundpfandrecht endgültiger und gerade nicht nur vorläufiger Natur ist.

Eine Vereinigung nur vorläufiger Natur ist insbesondere anzunehmen bei:

- Zusammenfallen von Forderung und Eigentümergrundschuld bei Nichtvalutierung eines Darlehens, § 1163 I BGB, wobei noch nicht feststeht, ob das Darlehen noch ausgezahlt wird.

- Eintragung einer Eigentümergrundschuld bei Unsicherheit des Eigentümers, ob diese noch evtl. zur Kreditsicherung eingesetzt wird oder gelöscht werden soll, § 1196 I, III BGB.

Ob der vorliegende Fall unter diese Tatbestände subsumierbar ist, soll nun von Ihnen entschieden werden.

II. Gliederung

Frage 1:
Löschungsanspruch der F-Bank gegen den E aus § 1179a BGB

1. **Vorrangige** Grundschuld (+); Grundschuld zugunsten des G an erster Stelle im Grundbuch eingetragen.
2. **Vereinigung** dieser Grundschuld mit dem Eigentum im Zeitpunkt der Eintragung der Hypothek oder spätere Vereinigung, § 1179a I S. 1 BGB (+)

⇨ Zahlung des E hier auf beide Rechte ⇨ Entstehen einer Eigentümergrundschuld, § 1143 BGB analog (+)

3. Vereinigung auch **endgültig**, da kein Ausnahmefall ersichtlich ist ⇨ F ist vor weiteren Verfügungen durch Vormerkungswirkung geschützt, § 1179a I S. 3 BGB.
4. **Ergebnis**: § 1179a BGB (+)

Frage 2:
Zahlungen auf die Forderung

Rechtsfolgen: E und G haben ausdrücklich in der SA vereinbart, dass Zahlungen ausschließlich die Forderung betreffen sollen ⇨ Grundschuld bleibt deshalb zunächst als **Fremdrecht** bestehen

Anspruchsgrundlage des § 1179a BGB erst verwirklicht, wenn E seinen Rückgewähranspruch bzgl. der Grundschuld durchsetzt, wozu er allerdings nicht rechtlich verpflichtet ist, es sei denn, es wurde auch hier eine entsprechende abweichende Vereinbarung zwischen E und G getroffen; hier (-)

III. Lösung Frage 1

Löschungsanspruch der F gegen den E aus § 1179a BGB

Die F-Bank könnte möglicherweise einen Löschungsanspruch aus § 1179a BGB haben.

Nach § 1179a I S. 1 BGB kann der Gläubiger einer Hypothek von dem Eigentümer verlangen, dass dieser eine vorrangige oder gleichrangige Grundschuld löschen lässt, wenn sie im Zeitpunkt der Eintragung der Hypothek des Gläubigers mit dem Eigentum in einer Person vereinigt ist oder eine solche Vereinigung später eintritt.

1. Vorrangige Grundschuld

Für die F-Bank wurde an zweiter Stelle im Grundbuch eine Buchhypothek am Grundstück des E eingetragen. Ihr ist eine Briefgrundschuld zugunsten des G vorrangig.

2. Vereinigung der Grundschuld mit dem Eigentum in einer Person

Die vorrangige Grundschuld müsste im Zeitpunkt der Eintragung der Hypothek der F mit dem Eigentum in der Person des E vereinigt gewesen sein oder es müsste eine solche Vereinigung später eingetreten sein, § 1179a I S. 1 BGB.

Zwar bestand im besagten Zeitpunkt eine Fremdgrundschuld des G, es könnte jedoch mit der Zahlung des E an den G die zweite Variante der späteren Vereinigung verwirklicht worden sein.

Dies wäre zu bejahen, wenn eine Eigentümergrundschuld entstanden wäre. Eine Umwandlung einer Fremd- in eine Eigentümergrundschuld findet immer dann statt, wenn der Eigentümer auf die Grundschuld zahlt, § 1143 BGB analog, der Sicherungsnehmer auf die Grundschuld verzichtet, §§ 1192 I, 1168 BGB, der Grundschuldgläubiger die Grundschuld an den Eigentümer zurückgewährt oder Grundschuld und Eigentum sich nach den Maßstäben der § 889 BGB vereinigen.

Im vorliegenden Fall hat der E, wie es dem Regelfall entspricht, auf die Grundschuld bezahlt. Im Zuge dieser Befriedigung des Gläubigers geht die Grundschuld kraft Gesetzes auf den Eigentümer über, § 1143 BGB analog. Es entsteht eine Eigentümergrundschuld.

Mit der Zahlung auf die Grundschuld hat sich folglich i.S.d. § 1179a I S. 1 BGB die Grundschuld mit dem Eigentum in einer Person später vereint.

3. Sinn und Zweck der Norm

Unter verständiger Würdigung des Sinn und Zwecks der Vorschrift des § 1179a BGB soll eine Vereinigung von Grundpfandrecht und Eigentum nur dann in dessen Anwendungsbereich fallen, wenn sie auch wirklich endgültig ist.

E könnte also an dieser Stelle vorbringen, dass zwar just in diesem Moment eine Eigentümergrundschuld vorliege, diese jedoch nicht auf Dauer bestehe, da er unter Umständen der G in naher Zukunft erneut eine Fremdgrundschuld einräumen möchte.

In der Tat möchte § 1179a BGB keineswegs die Neuvalutierung verhindern, es sind jedoch damit nur die folgenden Fälle gemeint:

Während der Nichtvalutierung einer hypothekarisch gesicherten Forderung entsteht kraft Gesetz eine (vorläufige) Eigentümergrundschuld, § 1163 I S. 1 BGB, die solange nicht unter den § 1179a BGB subsumiert werden kann, wie noch nicht feststeht, ob die Forderung durch Auszahlung des Darlehensbetrages noch zur Entstehung gelangt oder nicht. Scheitert die Valutierung endgültig, so greift § 1179a BGB. Dasselbe gilt auch im Falle einer vorläufigen Eigentümergrundschuld vor Briefübergabe, §§ 1179 a II, 1163 I S. 1 BGB.

§ 1179a BGB ist auch nicht einschlägig, wenn sich der Eigentümer, z.B. zur Rangwahrung selbst eine Eigentümergrundschuld gem. den Erfordernissen des § 1196 I, II BGB bestellt und völlig unklar ist, ob diese möglicherweise noch zu einer Kreditsicherung verwendet werden soll.

Ist somit die Grundschuld einem Kreditgeber bereits gewährt worden und ist diese Fremdgrundschuld später wieder aufgrund der Tilgung an den Eigentümer zurückgefallen, so löst dies eindeutig einen Löschungsanspruch gegen den Eigentümer nach § 1179a BGB aus.

4. Schuldner des Löschungsanspruchs

Schuldner des Löschungsanspruchs ist der Eigentümer im Zeitpunkt des Zusammenfallens der Grundschuld mit dem Eigentum.

Er bleibt es auch, selbst wenn durch eine Übertragung der Grundschuld an einen Neugläubiger und dem damit direkt verbundenen Entstehen einer Fremdgrundschuld das Eigentum und die Grundschuld erneut einer Trennung unterzogen werden sollten. Ob dies jedoch im vorliegenden Fall eintritt, steht noch nicht fest.

5. Schutz vor Einwendungen des Eigentümers (Zusatzfrage)

Im Falle einer tatsächliche Übertragung der Grundschuld auf einen Dritten könnte E möglicherweise gegen seine Inanspruchnahme einwenden, er sei zur Verfügung über die Grundschuld nicht mehr berechtigt und könne deshalb diese auch nicht mehr alleine gem. den §§ 1192 I, 1183 BGB aufheben. Die Löschung der dem Hypothekar vorrangigen Grundschuld könnte ihm somit subjektiv unmöglich geworden sein, § 275 I Alt.1 BGB.

Ein solches unbilliges Ergebnis wird mit der gesetzlichen Anordnung einer Vormerkungswirkung nach § 1179a I S. 3 BGB vermieden. Demnach ist der Löschungsanspruch in gleicher Weise gesichert, wie wenn für ihn eine Vormerkung im Grundbuch eingetragen wäre, § 1179a I S. 3 BGB. Die Verfügung des E in Form der neuerlichen Bestellung einer Fremdgrundschuld ist somit der F gegenüber relativ unwirksam, soweit der gesicherte Löschungsanspruch dadurch beeinträchtigt würde, § 883 II BGB.

Selbst wenn E dem G erneut eine Fremdgrundschuld einräumen würde, könnte er im Verhältnis zu F dieses Recht auch weiterhin einseitig zur Löschung bringen.

G wäre in diesem Zusammenhang zur Abgabe der nach § 19 GBO erforderlichen Zustimmung verpflichtet, §§ 888 I, 1179a I S. 3 BGB.

6. Endergebnis Frage 1

F hat gegen den E einen Löschungsanspruch aus § 1179a BGB.

IV. Lösung Frage 2

1. Zahlungen des Eigentümers auf die Grundschuld

In erster Linie richtet sich die Zielrichtung einer Zahlung eines Sicherungsgebers nach den ausdrücklichen Vereinbarungen in der Sicherungsabrede.

Fehlen solche, so ist der im Zeitpunkt der Zahlung feststellbare Anrechnungswille des leistenden Sicherungsgebers maßgebend. Kommt man auch hier nicht zu einem Ergebnis, muss unter Berücksichtigung der Parteiinteressen, der Verkehrsüblichkeit und Treu und Glauben ausgelegt werden.

Dies ist im vorliegenden Fall jedoch nicht nötig. E und G haben offensichtlich im Rahmen des Sicherungsvertrages ausdrücklich vereinbart, dass Zahlungen des E gleich welcher Art, stets forderungsbezogen sein sollen. E hat somit nicht auf die Grundschuld bezahlt.

2. Auswirkungen auf den Anspruch aus § 1179a BGB

Infolge der Zahlung auf die Forderung und nicht auf die Grundschuld ist nicht wie im Ausgangsfall automatisch kraft Gesetz eine Eigentümergrundschuld entstanden, § 1143 BGB analog.

Vielmehr bleibt die forderungsunabhängige Grundschuld als Fremdrecht bestehen, so dass in diesem Zeitpunkt die Grundschuld und das Eigentum eben nicht in der Person des E vereint sind. § 1179a BGB scheidet folglich aus.

hemmer-Methode: Wie Sie wissen, hat der E jedoch gegen den G direkt aus der SA den schuldrechtlichen Anspruch auf Rückgewähr der Grundschuld, weil der Sicherungszweck weggefallen ist. Hat E diesen Anspruch durchgesetzt, so besteht ein Anspruch der F aus Löschung der Eigentümergrundschuld nach § 1179a BGB, wenn diese nicht schon nach § 875 BGB aufgehoben wurde.
Es ist jedoch zu beachten, dass dem E keine gesetzliche Verpflichtung auferlegt werden kann im Interesse der F seinen Rückgewähranspruch so schnell wie möglich durchzusetzen.

V. Zusammenfassung

- Vereinigt sich das Eigentum und eine vorrangige Grundschuld in einer Person, so kann der nachrangige Grundpfandrechtsgläubiger die Löschung der Eigentümergrundschuld verlangen, § 1179a BGB.
- Dieser Löschungsanspruch ist vor weiteren Verfügungen des Eigentümers in gleicher Weise gesichert, wie wenn für ihn eine Vormerkung im Grundbuch eingetragen worden wäre, § 1179a I S. 3 BGB.
- Ein solcher Anspruch kommt jedoch nur dann in Betracht, wenn die Vereinigung in einer Person endgültig ist.
- Zahlt der Eigentümer auf die Forderung und nicht auf seine Grundschuld, so bleibt die Grundschuld ein Fremdrecht, so dass eine Vereinigung des Eigentums mit der Grundschuld scheitert.
- Der Eigentümer ist zur Beschleunigung der Vereinigung und damit des Entstehens eines Löschungsanspruchs aus § 1179a BGB nicht verpflichtet, seinen Rückgewähranspruch gegen den Gläubiger geltend zu machen.

VI. Zur Vertiefung

Zum Löschungsanspruch des nachrangigen Grundpfandrechtsinhabers nach § 1179a BGB

- Hemmer/Wüst SachenR III, Rn. 212.
- BGHZ 99, 363, 367 = **juris**byhemmer.

Die Zahlen beziehen sich auf die Nummern der Fälle.

H

I

K

L

N

P

R

S

U

V

W

Z